《巴蜀文献》征稿启事

　　《巴蜀文献》是由《巴蜀全书》编纂组独家主办的学术集刊，主要刊载蜀学、巴蜀文献、巴蜀文史、巴蜀历史人物（包括采访、自传、评传等）及其他与巴蜀文化相关的研究文章，旨在弘扬巴蜀悠久而丰富的历史文化，及时报道《巴蜀全书》的编纂情况。《巴蜀文献》热忱欢迎海内外学者赐稿。现将相关事宜公告于下：

　　一、来稿须未曾在任何公开出版物或网站上发表过，字数以8000~15000字为宜。文稿内容包括：文章题名、作者姓名、工作单位、关键词、摘要、正文、注释、参考文献。并请另附作者简介（包括姓名、出生年、性别、籍贯、工作单位、邮编、学位、职称、研究方向等）。

　　二、统一使用简体字，引文标注采用当页脚注形式，用阿拉伯圈码数字（①②③……）统一编码，编码置于引文右上角。具体格式如下：

　　1. 现代专著，依著者、文献题名、出版地、出版者、出版年、页码标注。例如，库恩：《必要的张力》，福州：福建人民出版社，1981年，第229页。

　　2. 古籍类，依著者、文献题名、版本、出版地、出版者、出版年、页码标注。例如：

　　（汉）董仲舒：《春秋繁露》卷五《重政》，xxx校点，北京：中华书局，1975年，第30页。

　　（宋）李心传：《建炎以来系年要录》卷一，文渊阁《四库全书》本。

　　3. 文集和析出文献，依作者、析出篇名、文集题名、卷次/册数、出版地、出版者、出版年、页码标注。例如：

　　列宁：《新生的中国》，见《列宁全集》第22卷，北京：人民出版社，1990年，第208页。

　　黄宗羲：《汪魏美先生墓志铭》，见沈善洪主编《黄宗羲全集》第 10 册，杭州：浙江古籍出版社，1992 年，第 382 页。

4. 期刊文章，依作者、文献题名、刊名、年期、页码标注。例如：

曾毅平：《再论汉语修辞学的显科学化》，《四川大学学报》（哲学社会科学版）1996 年第 1 期。

叶舒宪：《比较文学到比较文化——后文学时代的文学研究展望》，《东方丛刊》第 3 辑，桂林：广西师范大学出版社，1995 年，第 116 页。

5. 报纸文章，依作者、文献题名、报名、日期标注。例如，周扬：《三次伟大的思想解放运动》，《人民日报》1979-05-07 第 X 版。

6. 西文书名、刊名采用斜体，文章篇名用双引号。例如，Parrick H. Hutton, The Role of Memory in the Historiography of the French Revolution, *History and Theory*, 30（1991），59.

7. 译文，要注明翻译者。例如，孔飞力：《叫魂》，陈兼、刘昶译，上海：上海三联书店，1999 年，第 207 页。

8. 文后参考文献是在学术研究过程中对某一著作或论文的整体参考或借鉴，凡征引过的文献已在注解中注明者，不再出现于文后参考文献中。

说明：凡同篇文章中脚注，再次出现时不省略出版地、出版社、出版时间等。

三、本刊对来稿实行专家匿名审稿。凡在寄出后的三个月内（以当地邮戳为准）未接到采用通知，作者可自行处理；在此期限内，若因一稿多投产生不良后果，概由作者负责。

四、来稿文责自负，但本刊有权删改；重大删改当与作者商量，不愿删改者请注明。

五、稿件一经采用发表，即付稿酬。作者著作权使用费与稿费一次性付清，优稿优酬。

六、来稿请同时发送 word 和 PDF 版至：scwx028 @ 126. com。

《巴蜀文献》编辑部

2019 年 12 月

主编 舒大刚

执行主编 王小红

巴蜀文献

第五辑

国家社科基金重大项目《巴蜀全书》（10@zh005）系列成果

四川省重大文化工程《巴蜀全书》（川宣〔2012〕110号）系列成果

四川大学国际儒学研究院系列成果

四川省哲学社会科学重点研究基地儒学研究中心系列成果

四川省社会科学重点研究基地杨慎研究中心系列成果

四川大学出版社

项目策划：舒　星　袁　捷
责任编辑：舒　星　袁　捷
责任校对：高庆梅　刘慧敏
封面设计：墨创文化
责任印制：王　炜

图书在版编目（CIP）数据

巴蜀文献．第五辑 / 舒大刚主编．— 成都：四川
大学出版社，2018.12
ISBN 978-7-5690-2674-0

Ⅰ．①巴… Ⅱ．①舒… Ⅲ．①地方文献－汇编－四川
Ⅳ．① K297.1

中国版本图书馆 CIP 数据核字（2018）第 291177 号

书名	巴蜀文献（第五辑）

主　　编	舒大刚
执行主编	王小红
出　　版	四川大学出版社
地　　址	成都市一环路南一段 24 号（610065）
发　　行	四川大学出版社
书　　号	ISBN 978-7-5690-2674-0
印　　刷	成都市新都华兴印务有限公司
成品尺寸	148mm×210mm
印　　张	14.75
字　　数	398 千字
版　　次	2019 年 12 月第 1 版
印　　次	2019 年 12 月第 1 次印刷
定　　价	60.00 元

◆ 读者邮购本书，请与本社发行科联系。
　　电话：(028)85408408/(028)85401670/
　　(028)86408023　邮政编码：610065
◆ 本社图书如有印装质量问题，请寄回出版社调换。
◆ 网址：http://press.scu.edu.cn

四川大学出版社
微信公众号

巴蜀文化　光垂萬世

巴蜀全書　澤被藝林

李學勤

二〇一二年六月九日

於清華

目　　录

论古蜀治水传统与
李冰修建都江堰的历史渊源

席惠康*

摘　要：古蜀治水有着悠久的历史，从上古时期一直延续到战国时期。大禹治水和开明治水是最典型的两次治水活动。古蜀人的治水实践留下了顺应自然、因势利导和立足本地、善用资源的宝贵经验，也形成了杩槎、竹笼、竹编拦沙筐、木桩、卵石工程、积薪烧岩等治水技术。李冰修建都江堰时借鉴了古蜀人治水的宝贵经验，也使用了古蜀人流传下来的各种治水技术，可谓集古蜀人的治水思想和技术之大成，因此能率领蜀地人民修建起伟大的都江堰水利工程。

关键词：古蜀　治水　李冰　都江堰

　　成都平原地势自西北向东南倾斜，天然水系也主要是西北—东南流向，汛期山洪暴发，呼啸而下，蜀地深受其害。长期以来，蜀地人民面临着洪水的巨大威胁。与此同时，历代古蜀人民坚持与洪水做斗争，有悠久的治水传统。从大禹治水到开明治水，古蜀人民英勇的治水实践取得了一定的成就，总结出了宝贵的治水经验和治水技术。后来秦国蜀郡太守李冰率领蜀地人民修建起都江堰水利工程，洪水问题在很大程度上得到解决，使蜀地

---

　　* 作者简介：席惠康，生于1995年，河南南阳人，四川大学2017级中国史专业在读硕士研究生。

出现了"水旱从人，不知饥馑"的状况，赢得了"天府之国"的美誉。李冰修建都江堰时广泛借鉴与吸收了古蜀的治水思想与治水技术，并非是无源之水，无本之木。

一、古蜀治水的悠久传统

1. 上古时期

大禹治水的传说人尽皆知，传世文献中关于大禹治水的记载比比皆是。大禹治水这一传说应为信史。《尚书·尧典》和《尚书·禹贡》对此有比较完整的记载。《尧典》云：

> 帝曰："咨！四岳，汤汤洪水方割，荡荡怀山襄陵，浩浩滔天。下民其咨，有能俾乂？"佥曰："於！鲧哉。"帝曰："吁！咈哉，方命圮族。"岳曰："异哉！试可乃已。"帝曰："往，钦哉！"九载绩用弗成。①

帝尧时期，洪水滔天，帝尧派遣鲧去治水。鲧治水九年，仍没有成功，葬身于羽山。

《禹贡》亦载：

> 禹敷土，随山刊木，奠高山大川。②

即帝舜后来又派禹去治水。禹吸取了鲧失败的教训，变堵为疏，取得了空前成功。

大禹治水既是整个华夏民族的光辉事迹，也是古蜀悠久治水传统的体现。大禹兴于西羌，生于石纽，也就是生于今四川岷江上游一带。《史记·六国年表》明确记载："禹兴于西羌。"③

---

① 李民、王健：《尚书译注》，上海：上海古籍出版社，2004年，第7~8页。
② 李民、王健：《尚书译注》，上海：上海古籍出版社，2004年，第54页。
③ （汉）司马迁：《史记》，北京：中华书局，1959年，第686页。

岷江上游是山高水急之地，汛期水流凶猛，水道容易阻塞并引发洪水，使下游成都平原成为一片汪洋。大禹部族为了追求更好的生存空间，向成都平原进发，就必须解决洪水的问题。于是他们在岷江上游地区治水，这种治水实践形成了宝贵的治水经验和治水技术。大禹后来能够在全国范围内治水，离不开他在岷江上游地区积累起来的这些治水经验和治水技术。

记载大禹治水事迹的文献众多，其中涉及蜀地的主要是《尚书·禹贡》所记的"岷山导江，东别为沱"①。大禹治理长江是从治理岷江开始的，具体做法就是从岷江东边开挖出一条人工河道用来分流，称为"沱"。据段渝研究，这条人工河道"江沱"的进水口在今都江堰南马尔墩。江沱在这里首受岷江之水后，一路向东，先行经徐埝河故道，再注于毗河，然后直入金堂峡，汇入沱江后南行，在今泸州市汇入大江。②

成都平原地势西北高东南低，天然水系也主要是从西北流向东南，加上成都平原东南边缘有龙泉山脉阻挡，导致水流不畅，排水困难。所以每当岷江山洪暴发时，成都平原就会深受其害。大禹在治水时，根据地形地势和水系分布特征，设置了一条新的分洪水道，从而提高了泄洪效率，在很大程度上解决了成都平原的洪水问题，使蜀地出现了"岷、嶓既艺，沱、潜既道。蔡、蒙旅平，和夷底绩"③的盛况。

《华阳国志》记载："蜀之为国，肇于人皇，与巴同囿。至黄帝，为其子昌意娶蜀山氏之女，生子高阳，是为帝（喾）〔颛

---

① 李民、王健：《尚书译注》，上海：上海古籍出版社，2004 年，第 78 页。

② 段渝：《四川通史》卷一《先秦》，成都：四川人民出版社，2010 年，第 203 页。

③ 李民、王健：《尚书译注》，上海：上海古籍出版社，2004 年，第 70 页。

项〕；封其支庶于蜀，世为侯伯，历夏、商、周。"①古蜀人可以说是大禹部族的后裔，他们在从岷江上游向成都平原进发的过程中，应当继承了大禹治水的一些宝贵经验，并且在建造城址等生产生活实践中继续发展治水技术，形成了古蜀人重视治水的优良传统。

2. 宝墩时期

宝墩文化时期，成都平原就已经有了御洪技术。宝墩文化古城址群距今 4500—3700 年，是成都平原迄今为止最早的考古学文化。宝墩文化主要包括新津宝墩城址、都江堰芒城城址、崇州双河城址、崇州紫竹城址、郫县古城城址、温江鱼凫城址、大邑盐店城址、大邑高山城址，共八座古城址。宝墩时期古蜀人的治水实践主要体现在城址选址和早期御洪技术的运用等方面。

宝墩时期的城址大都选择在"远支流，近干流"的河流台地上，这样既能避免水患，又便于取水和渔猎。这些城池的布局大多与河流平行，城内地面高于城外。古人还利用地势，沿台地边缘筑墙垣防洪。这是古蜀先民最早抵御洪水的方法之一。②宝墩时期的郫县古城，其城垣采用大量河卵石加固城墙，并用挖高坎的方法防止河卵石下滑，这种方法与后期的干砌卵石技术有较大的相似性。其中的"竹木护石"技术，则被视作其后在都江堰水利工程中大放异彩的竹笼络石技术的萌芽。③宝墩时期城址的变迁应该与治水有密不可分的关系，治水成功，则长期使用；治水失败，则废弃原有城池另觅新地。当然，这一推测还需要更

---

① （晋）常璩撰，刘琳校注：《华阳国志新校注》，成都：四川大学出版社，2015 年，第 97 页。

② 赵殿增、李明斌：《长江上游的巴蜀文化》，武汉：湖北教育出版社，2004年，第 167~168 页。

③ 黄晓枫、魏敏：《成都平原先秦时期的水工遗产与古蜀文明进程》，《中华文化论坛》2014 年第 2 期。

多考古学成果的证明，但可以肯定洪水是影响古城址变迁的重要原因。

宝墩时期诸城址表现出明显的先后继承关系。第一时期（形成期）的城址，以最早诞生的宝墩古城为代表，稍晚又产生了芒城村古城。第二时期（演变期）的城址，有双河村古城、古城村古城、鱼凫村古城等。第三时期（衰落期）则比较特殊，其特殊性表现在原属于宝墩文化范畴的三星堆遗址第一期逐渐被三星堆文化所取代。①

宝墩文化时期的治水实践虽然只是处于被动防御洪水的阶段，但是当时蜀人已经开始进行防御洪水的探索，干砌卵石和竹笼络石等治水技术即萌芽于这一时期。

3. 商周时期

约公元前 18 世纪，宝墩文化开始走向衰落，更为先进的三星堆文化（距今 3700—3200 年）兴起。它与之后的金沙文化、十二桥文化（距今 3200—1500 年）共同构成了商周时期蜀地青铜文明的高峰。商周时期古蜀的治水实践主要体现在三星堆文化、金沙文化各遗址中所反映出的防水、治水技术上。

商周时期古蜀城址依然沿用了滨河而居的传统，要求城体具备很强的抗洪能力。三星堆古城面积达 12 平方公里，规模宏大，人口众多，前后至少沿用了数百年，这足以证明古蜀人已经基本掌握了城市防洪排涝等治水技术。三星堆古城高大的城墙不仅是为了防御外敌，还兼有防洪作用。

---

① 段渝：《政治结构与文化模式——巴蜀古代文明研究》，上海：学林出版社，1999 年，第 36~37 页。

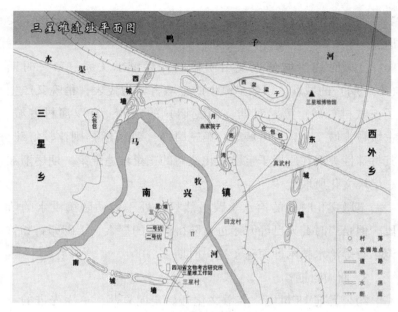

三星堆遗址平面图①

　　同时在建筑上，古蜀人也采取了不少防洪防潮的措施。十二桥遗址的建筑遗迹显示，圆竹、竹篾等材料在建筑中大量运用，该技术上承郫县古城的"竹木护石"技术，下开"竹笼卵石"技术的先声，意义重大。② 此外，干砌卵石技术在水利工程中也得到初步应用，人们在城市和聚落中通过堆砌卵石埂用于防洪。在金沙遗址中，考古学家们发现了两条由卵石砌成的埂子，这是成都现存最早的以堆砌卵石建筑河道护坡的水利工程。③

---

　　① 图片来自三星堆博物馆网站。(http://www.sxd.cn/showinfo.asp？id＝1526& bigclass＝5)

　　② 黄晓枫、魏敏：《成都平原先秦时期的水工遗产与古蜀文明进程》，《中华文化论坛》2014 年第 2 期。

　　③ 黄晓枫、魏敏：《成都平原先秦时期的水工遗产与古蜀文明进程》，《中华文化论坛》2014 年第 2 期。

总的来说，蜀地商周时期的治水实践仍然处于被动防洪的阶段，但是治水技术较宝墩时期有了明显进步。

4. 战国时期

从春秋后期开始，古蜀王国进入开明王朝统治时期。这一时期古蜀人的治水实践取得了巨大进步，并完成了从被动防御洪水到主动大规模治理洪水的历史性转变。开明治水是一次极其重要的治水实践，不仅治水效果显著，而且治水理念先进。

其时，杜宇在农业方面建树颇多，但是治水不利。丞相鳖灵治水有功，取杜宇而代之，建立了开明王朝。成都市中心商业街发掘出了一座大型多棺合葬的战国早期墓葬，据考古学家推测，该墓葬可能就是开明王族的墓地。① 蜀地数量众多的船棺墓葬显示出开明时期古蜀与治水的密切关系。

开明时期，成都平原的治水技术有了极大的发展。在成都方池街、指挥街等地发掘的这一时期的遗址中，先后发现了多处防洪、支水、护岸的水利工程。在春秋晚期，成都平原已经形成了独特的治水技术，开始普遍使用笼石技术、干砌卵石埂与木桩技术防洪。同时，这些技术可能已经从之前单纯的防水、排水逐渐向引水灌溉方面发展。②

关于开明的治水实践，史书多有记载，但有明显的矛盾之处。例如《蜀王本纪》：

使鳖灵决玉山，民得陆处。③

---

① 成都市文物考古研究所：《成都市商业街船棺、独木棺墓葬发掘报告》，载成都市文物考古研究所编著《成都考古发现 2000》，北京：科学出版社，2002 年，第 132 页。
② 黄晓枫、魏敏：《成都平原先秦时期的水工遗产与古蜀文明进程》，《中华文化论坛》2014 年第 2 期。
③ 四川省水利电力厅：《四川历代水利名著汇释》，成都：四川科学技术出版社，1989 年，第 35 页。

《华阳国志》：

会有水灾，其相开明决玉垒山以除水害。①

《本蜀论》：

时巫山峡而蜀水不流，帝使令凿巫峡通水，蜀得陆处。②

《风俗通义》：

帝使鳖令凿巫山，然后蜀得陆处。③

开明治水的地点到底是玉山、玉垒山还是巫山，玉垒山是不是今天都江堰市的玉垒山，这些问题都需要仔细考证。

首先，巫山之说明显是穿凿附会。巫山是自然形成的，绝非人工所能开凿。另外，巫山远在成都平原东侧，开明开凿巫山对于解决成都平原的洪水并无明显作用。因此，巫山之说明显错误，可以排除。

其次，玉垒山。玉垒山首见于《汉书·地理志》："绵虒，玉垒山，湔水所出，东南至江阳入江。"④ 湔水，一说为今都江堰白沙河，一说为彭州湔江，一说为北川湔江，其中与成都平原关系比较大的就是都江堰白沙河和彭州湔江。如此说来，玉垒山大概就是在这两条河流的上游。任乃强认为玉垒山即茂县南、汶川县东的九顶山。⑤ 刘琳认为白沙河发源于都江堰市北界之龙门

---

① （晋）常璩撰，刘琳校注：《华阳国志新校注》卷三《蜀志》，成都：四川大学出版社，2015 年，第 101 页。

② （蜀汉）来敏：《本蜀论》，见于（北魏）郦道元著，陈桥驿注释：《水经注》，杭州：浙江古籍出版社，2001 年，第 519 页。

③ （汉）应劭撰，王利器校注：《风俗通义校注》，北京：中华书局，1981 年，第 595 页。

④ （汉）班固：《汉书》：北京，中华书局，1962 年，第 1598 页。

⑤ （晋）常璩撰，任乃强校注：《华阳国志校补图注》，上海：上海古籍出版社，1987 年，第 121 页。

山，四时积雪，故曰"玉垒"。①

笔者认为，在没有更多证据的情况下，我们可以大致认为玉垒山是白沙河或彭州湔江发源地附近的山。白沙河上游的九顶山、龙门山，以及彭州湔江上游的九峰山都有可能是文献中的玉垒山。至于玉山，任乃强认为玉山即玉垒山，谓四时积雪凝结如玉。② 笔者认同这一说法，玉垒山应是常璩在扬雄所说之玉山的基础上增一"垒"字所形成的名称。总而言之，开明所凿的玉垒山（玉山）应当是对成都平原威胁最大的西北方向的河流上游的山，只有这样才能解释得通。

然而玉垒山是否是今都江堰水利工程附近的玉垒山？刘琳认为，龙门山沿白沙河与岷江之间迤逦而南，直趋都江堰市城西北之山，亦均谓之玉垒山。《水经注·江水》中"江水又东别为沱，开明之所凿也"③，与《华阳国志》"开明决玉垒山以除水害"一致，所以开明始凿都江堰宝瓶口。④ 段渝也认为今都江堰宝瓶口即鳖灵决玉垒山之处，其目的在于分引岷江之洪水入沱江。⑤

笔者认为玉垒山绝非今都江堰水利工程附近的玉垒山。原因很简单，玉垒山、玉山因积雪凝结如玉而得名，必然是海拔非常高的高山，绝无可能是都江堰水利工程附近海拔较低的玉垒山。

---

① （晋）常璩撰，刘琳校注：《华阳国志新校注》卷三《蜀志》，成都：四川大学出版社，2015年，第102页。

② （晋）常璩撰，任乃强校注：《华阳国志校补图注》，上海：上海古籍出版社，1987年，第122页。

③ （北魏）郦道元著，陈桥驿注释：《水经注》，杭州：浙江古籍出版社，2001年，第516页。

④ （晋）常璩撰，刘琳校注：《华阳国志新校注》卷三《蜀志》，成都：四川大学出版社，2015年，第102页。

⑤ 段渝：《四川通史》卷一《先秦》，成都：四川人民出版社，2010年，第206页。

《华阳国志》在记载杜宇王朝疆域时提到，"玉垒、峨眉为城郭"①，可知玉垒山是和峨眉山并称的高山。杜甫《登楼》诗云："锦江春色来天地，玉垒浮云变古今。"岑参《酬崔十三侍御登玉垒山思故园见寄》诗云："玉垒天晴望，诸峰尽觉低。"可见唐代时期，玉垒山仍是指高峻的、有浮云的山峰，而非都江堰水利工程附近的玉垒山。据徐亮工考证，宝瓶口左侧之小山原名虎头崖，唐后期大中十年（856）在此建玉垒阁（因其西望玉垒山而得名），虎头崖方因关而得名玉垒山。这是常璩作《华阳国志》500年后的事了。徐亮工还认为，如果决玉垒山真是指开明凿宝瓶口，这一小小的进水口如果没有配套的渠首及二江工程，是完全不能发生任何作用的，这已为都江堰水利工程两千多年的兴衰史所一再证实。②

成都平原水患的主要原因就是汛期河水暴涨，泄洪不畅。河道一旦阻塞，洪水便会泛滥，蜀人深受其害。开明的治水实践并非凿宝瓶口，而是疏通成都平原西北方向的河流上游，开山浚川，这是解决当时成都平原水患最直接、最有效的方法。杜宇王朝末期当是出现了山崩壅江、洪水泛滥的紧急情况，成都平原的古蜀人用城墙阻挡洪水和局部的排涝泄洪均无济于事，于是鳖灵去上游疏通扩展河道，从根源上解决问题。杜宇无所作为，而鳖灵做到了这一点，救古蜀人于飘没之中。鳖灵治水实践中体现出了顺应水性、积极主动、变堵为疏、因势利导的治水理念。开明氏治水为日后李冰修建都江堰提供了先例和经验，具有一定的借鉴意义。

---

① （晋）常璩撰，刘琳校注：《华阳国志新校注》卷三《蜀志》，成都：四川大学出版社，2015年，第101页。

② 徐亮工：《古蜀治水传统与华夏文明——从大禹治水到李冰治水》，见《蜀学》第十一辑，成都：巴蜀书社，2016年，第7页。

二、古蜀治水的宝贵技术

古蜀人一直面临洪水的巨大威胁，因此在长期的治水实践中不断总结经验教训，逐渐形成了许多宝贵的治水技术，例如杩槎、竹笼、竹木编拦沙筐、木桩、卵石工程、积薪烧岩，等等。这些传统治水技术具有就地取材、操作简单、施工方便、作用显著的特点。因此，这些治水技术不仅在蜀地长期流传，而且有的还北传中原，广泛应用于全国的治水实践中。通过文献记载和考古发掘材料，我们可以大致窥探出都江堰修建以前古蜀的治水技术。

1. 杩槎

杩槎是将三根木桩绑扎在一起所形成的三脚架，槎腰间镇石。若干个杩槎成排系联在一起，就形成了比较坚固的水利工程，起到固堤、拦水、截流等作用。徐中舒认为："都江堰的截流技术，是蜀人的创造发明，首先是下栀槎，用栀木三根成三脚架，直立水中，槎腰间，用竹络笼石以镇之。自腰以下，用木条纵横遮拦。这样就构成了易筑易撤的截流工程。这样就能调节两江水量。大概在李冰守蜀以前，蜀人已掌握此法，故秦人得以依其规模，迅速地把水治好，使三都能在很短的时间内兴起。"[①]杩槎的制作和使用技术，在古蜀人的治水实践发挥了重要作用。

2. 竹笼

竹笼是用当地所产的慈竹、白甲竹编织而成的一种治水工具，其内镇以卵石，用以护岸、作堰、截流、壅水。"竹笼有多种形式，如蛇皮笼、三角笼、铺盖笼等，可根据需要制作不同型

---

① 徐中舒：《古代都江堰情况探源》，《四川文物》1984 年第 1 期。

式和尺寸的竹笼。"① 《元和郡县志》卷三十一"彭州导江县"记载:"楗尾堰,在县西南二十五里。李冰作之,以防江决,破竹为笼,圆径三尺,长十丈,以石实中,累而壅水。"② 李冰治水时使用了竹笼技术,但实际上编竹为笼、络石成梗是古蜀人的传统水利技术。蜀地在商代即有以竹篾固定、保护器物的技术,位于成都抚琴小区的商代遗址中曾出土一陶罐,罐肩以下用竹篾缕箍,篾宽约 1 厘米,其原理与竹笼络石有近似之处。③ 蜀地所用竹络笼石筑堤防水的治水方法,具有就地取材、效果显著等优势,汉代以后传入中原地区,用于治理黄河水患。

从考古资料中可以发现,古蜀人很早就使用竹笼治水。例如在 1985 年发掘的成都方池街总工会古遗址的第 4 层下、第 5 层之上,发现有东、西、中三条大的有规律的卵石石埂,形状呈工字形。"从其建筑特点还可以看出,石埂不是用卵石垒砌而成,也未使用任何粘接材料,卵石间空隙为流水穿漏时沉淀下来的沙质土填塞。堆积的卵石重心极不稳定,或倒或立或斜,许多卵石的最大面与沙砾层平面呈 30-50°倾斜,有的直立呈 90°而不倒。如此屡遭水流冲击,既无黏合剂,重心倾覆又大,而石埂历数千年而不颓,必有外力作用,可能是使用竹笼的结果。这种用竹笼装石砌埂防洪的方法,四川境内直到 20 世纪 40 年代还在使用。都江堰工程使用这种方法最为普遍。"④ 所以,方池街石埂极有可能是护岸或支水设施,此石埂遗迹提供了迄今所知最早的笼工

---

① 　四川省地方志编纂委员会:《都江堰志》,成都:成都辞书出版社,1993年,第 411 页。

② 　(唐)李吉甫:《元和郡县图志》,北京:中华书局,1983 年,第 774 页。

③ 　王毅:《从考古发现看川西平原治水的起源与发展》,载罗开玉、罗伟先主编《华西考古研究》(一),成都:成都出版社,1991 年,第 167 页。

④ 　成都市博物馆考古队、成都市文物考古研究所:《成都方池街古遗址发掘报告》,《考古学报》2003 年第 2 期。

实物证据，"表明李冰入蜀之前蜀中已有科学的治水方法。方池街石埂显示的是比较成熟的笼工，其发明时间还应提前。它说明当时的人们便已熟练掌握了竹笼砌埂技术"。①

3. 竹木编拦沙筐

竹木编拦沙筐的构造和作用类似于竹笼，区别是竹木编拦沙筐装的是沙子而竹笼装的是卵石。成都指挥街周代遗址中发现了竹木编拦沙筐的遗迹。"拦沙筐无底，残高 0.60 米，现见长度为 1.52 米，平编、纬篾为竹，经篾竹木都有。性质不详，但根据某些现象观察，可能与防洪治水有关。"② 因为该遗址位于河沿，"这只竹编拦沙筐是作为装沙防水之用的"③，由此可见"竹木编拦沙筐……应为竹笼技术最早的实物资料"④。

4. 木桩

木桩是在水流湍急、河底严重淘刷之处护底防冲的工程措施。⑤ 成都指挥街周代遗址竹木编拦沙筐的附近发现了六根木桩。柱桩下部为人工砍成的尖形，从其遗痕观察，柱桩是受重力后插在沙砾层表面或插入沙砾中的。⑥ 其具体形制不详，或是

---

① 王毅：《从考古发现看川西平原治水的起源与发展》，载罗开玉、罗伟先主编《华西考古研究》（一），成都：成都出版社，1991 年，第 151 页。

② 四川大学博物馆，成都市博物馆：《成都指挥街周代遗址发掘报告》，载《南方民族考古》第 1 辑，成都：四川大学出版社，1987 年，第 175 页。

③ 段渝：《四川通史》卷一《先秦》，成都：四川人民出版社，2010 年，第 207 页。

④ 黄晓枫、魏敏：《成都平原先秦时期的水工遗产与古蜀文明进程》，《中华文化论坛》2014 年第 2 期。

⑤ 四川省地方志编纂委员会：《都江堰志》，成都：成都辞书出版社，1993 年，第 416 页。

⑥ 四川大学博物馆、成都市博物馆：《成都指挥街周代遗址发掘报告》，载《南方民族考古》第 1 辑，成都：四川大学出版社，1987 年，第 175 页。

"用于堤埂、护岸梗基脚的坝体工程"①。

5. 卵石工程

卵石工程历史悠久，古蜀人早已将本地出产的卵石运用于治水实践之中。卵石工程用途广泛，可以用于护岸、筑堤埂、分水、导水等。卵石具有本土出产、造价低、抗洪能力强、抗摩性能好等优点。随着时间的推移，古蜀人利用卵石的方式不断进步，最终形成了干砌卵石、砌筑卵石等技术。

古蜀城址的城墙和建筑不仅具有防御敌人的功能，还兼有防御洪水的作用，这已经成为学界的共识。卵石工程在古蜀城址的城墙和建筑中广泛使用，对防御洪水起到了关键作用。卵石工程在古蜀考古遗址中的实例很多。

郫县古城遗址的城墙就存在一个卵石层。卵石层，夹杂少量泥土，以小卵石为主，堆筑紧密。郫县古城大型房屋的建筑方法为先挖一个基坑，在基坑周缘铺设卵石，于卵石内埋设木柱，然后在基坑内垫土，垫土内有意掺入大量的红烧土。卵石面宽 0.80~1.0 米，现存厚度 0.15~0.28 米。房屋内发现有五处呈长方形的卵石堆积，由东往西有规律地排列。通过现场发掘，发现其卵石周围挖有基槽，槽内埋设密集的圆竹，圆竹已经炭化，但清晰可辨。基槽内埋设圆竹，应是作护壁使用，护壁内填卵石构筑台子。② 郫县古城的城垣已经采用了大量河卵石来加固城墙，并发明了挖高坎的方法来防止河卵石下滑，这种方法与后期的干砌卵石技术有较大相似性。这些大量使用的卵石建筑说明在城墙

---

① 黄晓枫、魏敏：《成都平原先秦时期的水工遗产与古蜀文明进程》，《中华文化论坛》2014 年第 2 期。

② 成都市文物考古研究所，郫县博物馆：《四川省郫县古城遗址 1997 年发掘简报》，《文物》2001 年第 3 期。

防水体系中，卵石作为一种重要的建筑材料已经受到古蜀先民的重视。①

后来，堆砌卵石埂的方法开始出现在城市与小聚落的防水防洪设施中，金沙遗址金煜地点发现了两条由卵石砌成的埂子，这是成都现存最早的以堆砌卵石建筑河道护坡的水利工程。卵石埂宽约一米，残存数十米长，砌在一条古河道的东侧，其防洪功能非常明显。这是干砌卵石技术在水利工程中的初步应用。②

6. 积薪烧岩

"积薪一炬石为坼，锤凿既加如削腐。"③ 清代梁清宽在《贾大司马修栈歌》中生动描述了积薪烧岩技术的操作方式。简单来说，用燃烧的木材将岩石烧红发烫，再用冷水浇泼，这样岩石就会因热胀冷缩而破裂，便于下一步开凿。这是古代开凿坚硬岩石常用的一种方法④，这一技术对开凿悬崖、疏通河道起到了至关重要的作用。

《华阳国志》记载："僰道有故蜀王兵兰，亦有神作大滩江中。其崖崭峻不可凿，乃积薪烧之，故其处悬崖有赤白五色。"⑤ 李冰在开凿僰道的时候已经能够熟练掌握积薪烧岩的方法，使用木材燃烧的烈火来灼烧岩石，开凿悬崖。《华阳国志》记载："时青衣有沫水，出蒙山下，伏行地中，会江南安，触山胁溷

---

① 黄晓枫、魏敏：《成都平原先秦时期的水工遗产与古蜀文明进程》，《中华文化论坛》2014 年第 2 期。

② 黄晓枫、魏敏：《成都平原先秦时期的水工遗产与古蜀文明进程》，《中华文化论坛》2014 年第 2 期。

③ （清）沈青崖：《敕修陕西通志》卷九五《艺文十一》。

④ （晋）常璩撰，刘琳校注：《华阳国志新校注》卷三《蜀志》，成都：四川大学出版社，2015 年，第 116 页。

⑤ （晋）常璩撰，刘琳校注：《华阳国志新校注》卷三《蜀志》，成都：四川大学出版社，2015 年，第 115 页。

崖，水脉漂疾，破害舟船，历代患之。冰发卒凿平溷崖，通正水道。"① 李冰在疏通水道时，常进行凿平悬崖的工程。

由于蜀地周边群山环绕，山谷河谷众多，开凿岩石的工程在蜀地十分常见。无论是治水还是修建栈道，都需要开凿岩石。蚕丛有居于岷山石室中的传说。《华阳国志》记载："有蜀侯蚕丛，其目纵，始称王。死，作石棺石椁，国人从之，故俗以石棺椁为纵目人冢也。"② 修建石室，开凿石棺都需要开凿岩石。蜀人先祖的生活习惯和丧葬传统要求蜀人进行开凿岩石的活动，治水和修建栈道也需要蜀人进行开凿岩石的活动。积薪烧岩的技术应该就是为满足这些迫切需求而产生的。

积薪烧岩的方法简单易行，效果明显。蜀地植被茂盛，木材资源丰富，无论是治水还是修建栈道，木材都可以就地取材，方便易行。积薪烧岩的技术是古蜀人在长期生产生活实践中逐渐发明的，而不是由李冰发明创造的。李冰入蜀后，继承了蜀地的积薪烧岩技术，将其运用到治水和修栈道的实践中去，进而将其发扬光大。《华阳国志》明确记载李冰在修建僰道时使用了积薪烧岩的技术。那么李冰在修建僰道之前，也就是疏通水道和修建都江堰的时候，想必也使用了积薪烧岩的技术。

三、李冰修建都江堰的实践与其历史渊源

"周灭后，秦孝文王以李冰为蜀守。"③ "秦昭王听田贵之

---

① （晋）常璩撰，刘琳校注：《华阳国志新校注》卷三《蜀志》，成都：四川大学出版社，2015 年，第 114 页。

② （晋）常璩撰，刘琳校注：《华阳国志新校注》卷三《蜀志》，成都：四川大学出版社，2015 年，第 99~100 页。

③ （晋）常璩撰，刘琳校注：《华阳国志新校注》卷三《蜀志》，成都：四川大学出版社，2015 年，第 111 页。

议，遣李冰为蜀郡太守，开成都两江"①。李冰大致在秦昭王晚期或秦孝文王时期入蜀，在其担任蜀郡太守的时期，率领蜀地人民修建起了闻名世界的都江堰水利工程。都江堰水利工程历经2000多年沿用至今，是世界水利史上的伟大奇迹。蜀地悠久的治水传统是李冰修建都江堰的地域文化渊源，而古蜀宝贵的治水经验和治水技术是都江堰水利工程取得巨大成功的重要基础。李冰的重要贡献就在于总结和借鉴古蜀治水的传统经验技术，取其精华，为我所用。李冰顺应自然，因势利导，因地制宜，善用资源，并在此基础上更进一步，精心设计，系统治理，将蜀地治水从单一治理洪水发展到防洪、灌溉、航运并重的更高水平。

（一）李冰修筑都江堰的实践

1. 壅江作堋

> 冰乃壅江作堋，穿郫江、检江，别支流双过郡下，以行舟船。岷山多梓、柏、大竹，颓随水流，坐致材木，功省用饶；又溉灌三郡，开稻田。于是蜀沃野千里，号为"陆海"。旱则引水浸润，雨则杜塞水门，故记曰：水旱从人，不知饥馑，时无荒年，天下谓之"天府"也。②

李冰修筑都江堰的最典型事迹就是"壅江作堋"。壅是指阻塞，堋是指分水坝。李冰阻塞江水，建造分水坝，即鱼嘴。通过鱼嘴将从山口流出的岷江分为内江和外江。平时六成江水流入内

---

① （汉）应劭撰，王利器校注：《风俗通义校注》，北京：中华书局，1981年，第583页。

② （晋）常璩撰，刘琳校注：《华阳国志新校注》卷三《蜀志》，成都：四川大学出版社，2015年，第112页。

江，用于成都平原的灌溉和行船。洪水袭来时六成以上的江水涌入外江，使成都平原免受洪灾。

2. 凿离堆

《史记·河渠书》对李冰治水也有明确的记载。

> 蜀守冰凿离堆，辟沫水之害，穿二江成都之中。此渠皆可行舟，有余则用溉浸，百姓飨其利。至于所过，往往引其水益用溉田畴之渠，以万亿计，然莫足数也。①

司马迁认为李冰开凿离堆，避免了洪水的危害，使郫江、检江穿越成都。这一段话意义连贯，就是讲李冰修筑的都江堰具有防洪、灌溉、行船三大功能。现在一些学者认为"蜀守冰凿离碓，辟沫水之害"与"穿二江成都之中"要分开讲，是两件不同的事情。李冰所凿离堆是指《华阳国志》下文中记载的南安县之溷崖，而非今都江堰之离堆。首先提出这种说法的应该是清代学者胡渭，他在《禹贡锥指》中认为："李冰凿离堆是一事，穿二江又一事……李冰所凿当在汉南安县界沫水中。离堆盖即道元所谓溷崖者是也。说者合两事而为一，遂谓离堆在今灌县西南，因穿二江而凿之，此地与沫水无涉，恐非。"② 任乃强、刘琳都认同李冰所凿离堆不是今都江堰离堆，而是沫水溷崖的说法。

笔者认为，李冰所凿就是今都江堰水利工程的离堆。司马迁是实地考察过西南地区的。《史记》所载为司马迁亲眼所见，史料可信度较晚出的《华阳国志》高出很多。至于对史料的理解，

---

① （汉）司马迁：《史记》，北京：中华书局，1959 年，第 1407 页。
② （清）胡渭著，邹逸麟校点：《禹贡锥指》，上海：上海古籍出版社，2006年，第 275 页。

笔者认为司马迁整段话都是在讲李冰修筑都江堰的作用这一件事情，文意连贯。如果将一件事情分为两件，则前后明显逻辑不通。

3. 综合工程

李冰修建都江堰的实践见于史料记载的只有壅江作堋和凿离堆两件事情。然而我们知道李冰修筑的都江堰是一个综合性的伟大工程。渠首工程主要包括鱼嘴、飞沙堰、宝瓶口三个部分，还包括后续的灌溉工程和航运工程。李冰修建的都江堰集防洪、灌溉、航运三大功能于一体，对蜀地的繁荣发展起到了至关重要的作用。

（二）李冰修建都江堰借鉴了古蜀治水的宝贵经验

1. 顺应自然，因势利导

从大禹治水到开明治水，古蜀治水留下了顺应自然，因势利导的宝贵经验。成都平原的地势就是西北高，东南低。龙泉山脉横亘于东南方向，不利于汛期泄洪。在这种自然条件下，只靠一味地围堵是无济于事的。必须主动出击，从上游的根源入手，变堵为疏，疏通拓宽水道，通过增加新的分水河道来泄洪。如此看来，大禹的"岷山导江，东别为沱"和开明的"决玉垒山"，再到李冰的"壅江作堋、凿离堆"都是一脉相承的。这些治水活动的核心思想都在于疏导、分流。李冰修建都江堰取得巨大成功的原因就在于其借鉴和发扬了古蜀人顺应客观自然条件、借助地形地势进行人工创造的先进治水理念。

2. 因地制宜，善于利用资源

古蜀人一直以来都是利用本地产的物产和资源进行治水的。无论是杩槎、竹笼，还是砌筑卵石、羊圈，都是利用本地所产的林木、慈竹、卵石等物产。这些本地物产取材方便，成本极低，使用效果又好。立足本地，因地制宜，善于使用本地物产是古蜀治水取得辉煌成就的重要原因。李冰修建都江堰沿用了古蜀立足本地资源治水的经验，本地物产资源在"壅江作堋"和"凿离堆"的过程中发挥了重要作用。

三、李冰治水使用了古蜀治水的传统技术

都江堰很早就开始使用杩槎截流。若干杩槎排列江中，加上檐梁、木签、竹笆，再在迎水面堆上黏土，便成为不透水的临时挡水坝。枯水时，蜀人以杩槎拦外江，使江水向内江流入；洪水暴发时，则宝瓶口外之飞沙堰、人字堤均可溢洪入外江，内江下游各水闸亦可随时启闭，防止洪水泛滥。至内江所需水量之大小，则有水则为准，确保"水旱从人"。① 试想一下，如果没有杩槎，李冰何以截流？不能截流，都江堰的水利又工程如何修建？文献中记载李冰"壅江作堋"，其实李冰"壅江"主要依靠的就是杩槎。杩槎也可以用于调节水流量。当内外江水流量比例不符合人们需求的时候，可以使用下杩槎的办法调剂水量。另外，支水杩槎可以用于调整水流方向和消减部分水流冲势的作用，从而达到护岸防冲的目的。② 杩槎是古蜀人长期使用且行之有效的技术，李冰治水必然会大量使用。

竹笼在李冰修筑都江堰的时候也发挥了重要的作用，并被广泛运用于都江堰的主体工程之中。"楗尾堰，在县西南二十五里。李冰作之，以防江决，破竹为笼，圆径三尺，长十丈，以石

---

① （晋）常璩撰，刘琳校注：《华阳国志新校注》卷三《蜀志》，成都：四川大学出版社，2015年，第113页。

② 四川省地方志编纂委员会：《都江堰志》，成都：成都辞书出版社，1993年，第404~405页。

实中，累而壅水。"① 具体来看，鱼嘴就是由竹笼垒砌而成的。岷江洪水峰高流急，河底又为砂卵石动床；鱼嘴位于江心，当流顶冲，其结构直接关系到鱼嘴的安危。自李冰修建都江堰直至元代，蜀人一直用竹笼雍水。② 飞沙堰坝身，历史上长期用竹笼堆砌，明代时，人们又在坝面砌龟背海漫石三层，清末，人们又用竹笼纵横垒砌坝身，间以梅花桩贯穿上中下三层，然后又沿坝缘筑四道挑水坝，以加强抗冲能力。溢流坝前还用竹笼砌成四道导流墙，使水流顺正，减少横流斜射。从"由于飞沙堰工程在历史上长期就地取材，用竹笼装卵石年修年毁"③ 的记载看，鱼嘴和飞沙堰主要使用的建筑材料就是竹笼。

　　木桩和沙筐在李冰修筑都江堰时发挥的作用也不容忽视。木桩广泛运用于水利工程的基座，用于夯实基础和固定基座。鱼嘴形状前低后高、头尖尾宽，其护底工程十分重要，常用关门桩和羊圈保护基座。一般鱼嘴前面都会埋设几排木桩，以消杀水势和防止漂木撞击。④ 沙筐类似于现在的沙袋，在拦水、护岸等方面有明显的效果。李冰修筑都江堰时应该大量使用到了木桩和沙筐。

　　桩工和羊圈是2000多年以前流传下来的一种治水技术。桩工和羊圈都是在水流湍急、河底严重淘刷之处护底防冲的工程措施。⑤ 羊圈即在河床上挖深坑，四角立四根大木桩做骨架，每边

　　① （唐）李吉甫：《元和郡县图志》，北京：中华书局，1983年，第774页。
　　② 四川省地方志编纂委员会：《都江堰志》，成都：成都辞书出版社，1993年，第180页。
　　③ 四川省地方志编纂委员会：《都江堰志》，成都：成都辞书出版社，1993年，第185页。
　　④ 四川省地方志编纂委员会：《都江堰志》，成都：成都辞书出版社，1993年，第411页。
　　⑤ 四川省地方志编纂委员会：《都江堰志》，成都：成都辞书出版社，1993年，第416页。

连以横木，再在四壁插签子形成木框，其内装填大卵石；卵石在框内有如羊关在圈内，故谓之羊圈。① 李冰治水很有可能使用了这一技术，但李冰治水之前古蜀人是否就已经成熟使用该技术，目前尚无充足的证据。可以肯定的是，桩工和羊圈技术显然是在古蜀治水中的木桩、沙筐技术的基础上逐渐发展完善起来的。李冰治水无疑是在古蜀人的基础上，更加充分地利用木桩等材料修建更大规模的水利工程。

卵石工程在都江堰的修筑中运用极为广泛。古蜀人早已认识到卵石对于治水的重要作用。到了李冰治水的时候，卵石更是修建都江堰时不可或缺的重要材料。卵石不仅仅被用于填充枵槎、竹笼、羊圈，更是直接用于砌筑，修筑护岸、堤埝、拦水埝、分水鱼嘴、导水埝，等等。

现在的鱼嘴和飞沙堰已使用混凝土浇筑，古蜀和李冰治水时可能使用的是红烧土。郫县古城遗址一处房屋遗址的东北部发现一灶坑，为方形浅坑，残深约 0.1 米。坑内堆积许多大小不一的卵石，坑底有红烧土，卵石上有火烧痕迹。② 据考古学者的研究，红烧土多用黏土等泥料筑成墙壁、居住面、屋内设施、屋面等建筑构件，使其在烧烤之后整体达到陶化程度。红烧土作为人工制作的早期建筑材料，在中国古代建筑史上占有一定的地位。红烧土构件制作工艺较粗；从墙壁或屋面上倒塌下来的红烧土块，可以作为"羼和料"用于筑墙，或用于铺设垫层、地面、道路、场地等。③ 因此，郫县古城遗址发现的红烧土和卵石极有可能是

---

① 四川省地方志编纂委员会：《都江堰志》，成都：成都辞书出版社，1993年，第 271~272 页。

② 成都市文物考古研究所、郫县博物馆：《四川省郫县古城遗址 1997 年发掘简报》，《文物》2001 年第 3 期。

③ 李文杰：《大溪文化红烧土房屋研究》，《中国国家博物馆馆刊》2012 年第 6 期。

用于铺设地面或垫层的建筑材料。李冰修筑都江堰时很有可能借鉴了古蜀人的经验，使用红烧土砌筑卵石，修建水利工程。

四、结论

总而言之，古蜀人治水的宝贵经验和传统技术对李冰的治水实践起到了极大的作用。李冰之所以能够在短时间内成功地修筑了举世闻名的都江堰水利工程，就是因为李冰充分借鉴和使用了古蜀人的治水经验和治水技术。没有古蜀人长期的经验和技术积累，就没有李冰修建的都江堰。可以说，古蜀人的传统治水经验和治水技术给李冰提供了极为关键的理论和技术支持。李冰集古蜀人治水经验和技术之大成，率领蜀地人民修建起了都江堰这一伟大的水利工程，从而彪炳史册、名垂千古。

杨慎与"蜀学"研究

舒大刚[*]

摘　要："蜀学"作为诞生并主要流行于巴蜀大地的学术，源远流长，成果丰硕，体系鲜明，内涵丰富，杨慎是其中贡献最大的几位学者之一。他博学多能，才气横溢，志量远大，境界高深，经史子集，诗词歌赋，儒释道蜀，道德仁义，考据义理，政事文学，无所不有，无所不能，极大地丰富了"蜀学"的内涵。他对巴蜀文化、蜀学人物进行了系统关怀和研究，有力推动了蜀学的研究和继承。他对蜀学制度、蜀学义理、蜀学信仰、蜀学精神、蜀学人物等的关注和阐释，为我们研究"蜀学"，振兴"蜀学"奠定了基础，树立了榜样。杨慎无疑是蜀学史上的丰碑，文化星空的巨人，也是蜀学振起的前趋，蜀学复兴的旗帜。

关键词：杨慎　蜀学　贡献

组委会要我讲一讲"杨慎与蜀学"问题，本次发言，我想说明这样几个问题：第一个什么是"蜀学"？第二个是杨慎对"蜀学"的研究，第三个是杨慎对"蜀学"的贡献，最后就是结语。

---

　*　作者简介：舒大刚，生于 1959 年，重庆秀山人，四川大学中华文化研究院、国际儒学研究院、古籍整理研究所教授。主要研究方向：历史文献、儒学文献、巴蜀文化。

　本文据作者于 2018 年 4 月 23 日在泸州"杨慎高峰论坛"上所作演讲的录音整理。感谢会议组委会的帮助。

一、什么是"蜀学"?

"蜀学"是发生在巴蜀大地的学术,它也在这里传承和发展,甚至出现多次辉煌景象,它在与中原文化涵容互摄、彼此推动的同时,也有自己的特色和内涵。它不是一个简单地以地域来命名的学术名词,而是中华学术在蜀地发生并带上浓厚巴蜀文化特征的学术。当然它并不固守、封闭在这一个地方,而是与中原学术互动互补、相协发展。"蜀学"的许多内涵加入了整个中华学术当中,与齐学、鲁学、关学、洛学、闽学、楚学、浙学、徽学、湘学等,一道构建起中华国学的壮丽大厦。

"蜀学"具有历史悠久、人物众多、成果丰富、内涵鲜明等特点;它经历了先秦孕育、两汉初盛、魏晋南北朝持续发展、隋唐五代异军突起、两宋高峰、元明清初低迷、晚清民国复盛等七个时期。其中先秦、两汉、两宋、晚清民国四个阶段,在全国居于比较领先的地位。蜀学史上涌现出许多优秀的学人,这里先大致介绍一下每个时期的状况。

其一,先秦时期。今天来参加会议的有许多省外专家,可能会感觉巴蜀人讲学术怎么会扯得很远,比如谢无量先生当年就说过"蜀有学先于中国(中原)",其实这是在讲学术的起源。确实有许多学术的源头可以追溯到巴蜀。巴蜀人,大家都与杨升庵一样,他们热爱家乡,传承故老之言,坚信大禹、涂山氏的籍贯在巴蜀,还有彭祖、尹吉甫,以及苌弘、臣君子、尸佼这些人,都是巴蜀籍或终老于巴蜀的,他们在巴蜀往往留有著作。先秦时期,巴蜀地区已经有了重要的文化成果,如"三易"鼻祖《连山》(《山海经》佚文说是夏禹所造)、历法(有"夏时"《夏小正》)、阴阳("三易"的基本元素)、三才(天皇、地皇、人皇）、五行（《洪范》九畴之一）、道论（《臣君子》，《汉书·艺文志》载在"道家"）等这些观念，都早早地在巴蜀地区诞生了。

其二，两汉时期。由于刘邦做汉王时，实际上拥有巴蜀，汉朝建立后，当时巴蜀的地位在全国很高，"蜀学"也应时登上历史舞台，甚至在全国也处于领先地位。代表人物有胡安（隐士，司马相如曾从他学《易》）、司马相如（汉赋四大家之首）、文翁（首创郡学）、落下闳（"浑天说"提倡者，《太初历》主要制作者）、张宽（通《春秋》）、王褒（汉赋四大家之一）、严遵（隐士，《易》、儒、道结合的哲学家，扬雄从他问学）、扬雄（创立"玄"的哲学，辞赋家、哲学家）、赵典（通"七经"）、李尤（文学家）、姜诗（"二十四孝"之一）；重要成果有石室精舍（全国第一所郡学）、周公礼殿（庙学合一）、七经（新经典体系）、辞赋（汉赋四大家蜀有其三）、天文（落下闳成就《太初历》，有"天数在蜀"之称）、孝道（"二十四孝"有其一），这时也就正式形成了"蜀学"（有"蜀学比于齐鲁"之说）概念。

"蜀学"在历史上大致包含的三大内涵（学校、学人、学术），此时皆具。首先是蜀中学校。文翁创办全国第一个地方官办学校（石室学宫），引进儒家"七经"（《易》《书》《诗》《礼》《春秋》《论语》《孝经》）和当朝律令，教化一方，后来汉武帝把这个经验向全国推广，全国才有郡国之学。其次是蜀中学术。蜀学形成了兼容并包的治学方法（严君平熔《易》《老》而成《道德指归》；扬雄《太玄》与之同风，他的玄学被桓谭称为与"伏羲之易、老子之道、孔子之元"并驾齐驱的第四大哲学体系）、特别的学术体系（王褒、严遵和扬雄"道德仁义礼"五德说）和丰富的学术成果；其三是蜀学人物，从司马相如、严遵、王褒、扬雄等始，直到苏东坡、杨慎、郭沫若，一代一代，世有传人，史不绝书，这些学人都是后辈榜样，一代一代地被学习、仿效，也被超越、创新。杨升庵对他的前辈也是很崇敬、很细心地学习并超越的。

其三，魏晋南北朝时期。是时中原等地区很乱，蜀中相对安定，其间虽然也有一些战乱，但是很快被平息，蜀学没有中断。其人物有张陵、谯周、诸葛亮、陈寿、范长生、李密、常璩，其成果有张陵创立的道教、李密的忠孝、孔明之谋略，以及《古史考》《三巴记》《三国志》《华阳国志》《蜀才易注》《陈情表》等。

其四，隋唐五代时期。是一个从统一到分裂的时代，中唐以后，中原和江南时时战乱，只有巴蜀相对平稳，唐代两任皇帝在战乱中都跑到四川来了，天下辞章、文人雅士尽入蜀中，成都一时成了人文荟萃、风雅辐辏的地方。其时人物有陈子昂、赵蕤（隐者，著《长短经》，李白之师）、李白、李鼎祚（著《周易集解》）、毋昭裔（倡刻"蜀石经"）等，成果有诗歌、术数、易学、"石室十三经"等，还有八位状元（尹极、尹枢还兄弟连科举首）。

其五，两宋时期。两宋"蜀学"是空前绝后的学术高峰。这个时候的人物就不是一个一个地出来，那是一个家族一个家族群体式地涌现："阆中三陈"（尧叟、尧佐、尧咨）出了两个状元，"华阳范氏"（镇、祖禹等）出了二十多个进士、好几个翰林；此外，"眉山三苏"（洵、轼、辙）、"铜山三苏"（易简、舜卿、舜元等）、"陵阳虞氏"（允文、集）、"井研四李"（舜臣、心传、性传、道传）、"锦竹二张"（浚、栻）、"丹棱三李"（焘、壁、垕），等等，更是中国家族文化、学术世家的奇观。这个时期"蜀学"的成就，在文学、史学、医学、数学、货币

（交子），还有政事（川人出了"五贤相""十三状元"）等方面，在全国都很有影响和地位。

其六，元明清初时期。这一时期是"蜀学"史上相对低迷的时期，但也出现了一些比较重要的人物：如明代"新都二杨"（杨慎和他的父亲杨廷和），"宰相府第状元家"，他们家族出过七个进士。还有"南充二陈"父子（以勤、于陛），也是明朝的内阁学士（相当于前朝的宰相），为政都很清廉、正直。嘉靖"八才子"（李开先、王慎中、唐顺之、陈束、赵时春、熊过、任瀚、吕高），其中有两位是四川人（熊过、任瀚），此外，还有西蜀"四大家"（杨慎、熊过、赵贞吉、任瀚）。清代则有"丹棱彭氏"（端淑、遵泗、兆洙等）、"新繁费氏"（经虞、密、锡璜等）、"遂宁张氏"（鹏翮、问陶等）、"罗江四李"（化楠、调元、鼎元、骥元等）；在政事、考据、文学、易学等方面，在全国也有很大贡献。

其七，晚清民国时期。晚清民国时期"蜀学"到达另一个高峰。这时人物有"双流刘氏"（沅、咸荣、咸焌、咸炘等）、"井研廖氏"（廖平）、"尊经书院"及"国学院"等群彦，他们在经学、革命、政事、史学等方面也有很多超越前贤、领先全国的一些贡献。

整个"蜀学"大致分为以上七个时期，比较重要的是两汉、两宋及晚清民国时期，从源头来讲，还有先秦时期。每个时期蜀学都有重要的学术思想和达到一定高度的文化造诣，并且得以在全国推广。从人物类型上讲，有教育家、文学家、易学家、思想家、史学家、博物学家，还有隐士、宗教家、改良派、革命家，等等；从学术成就上讲，蜀学有制度创新（西汉有文翁石室、东汉有周公礼殿、东汉已用天然气、唐时发明雕版印刷、五代有蜀刻十三经、宋代使用交子，等等），学术创新（有"天数在蜀""易学在蜀""蜀学比于齐鲁""自古文宗出西蜀""唐后史学莫隆于蜀"等说法),文学独盛("汉赋四家"蜀有其三,"唐宋八大家"蜀有父子三人;近现代文学所谓"巴老曹,鲁郭茅"六家争辉映日,蜀占其二)。"蜀学"的具体成果,许多也是影响全国的,如蜀中的"三才皇""五色帝"和"蜀五主"古史传承体系和信仰系统,与中原以"伏羲、女娲、神农""黄帝、颛顼、帝喾、尧、舜""唐虞夏商周"为主体的体系就不一样;还有"阴阳"(《连山》)、"三才"(天皇、地皇、人皇)、"五行"(水火木金土)等观念,还有"南音"(涂山氏制,后演为《周南》《召南》和《楚辞》)等文学创作,这些也是在蜀中孕育形成的,后来都走向了全国。这些成果都集中体现于万余种文献(现存 5000 种左右)之中。这其中又以苏轼、杨慎、廖平、郭沫若等人的贡献最多,影响最大,也最值得深入研究和继承发展。

二、杨慎对"蜀学"的研究

杨慎在"蜀学"中的地位如何,首先要看他自己对蜀学的意识如何,他自己在蜀学中如何定位自身。考察文献,我们欣喜地发现,杨慎已经对"蜀学"的学术、学校、学人等诸多问题都有所关注,并且自觉地加入蜀学问题的讨论之中,参与蜀学体系的构建。

"蜀学"学术问题,无如信仰体系和古史传说更重要了。杨慎对蜀中流传的"三才皇"和"五色帝",也有所关注。如前所述,蜀中"三皇"与中原"三皇"不一样,中原以"伏羲、女娲、神农"或"伏羲、燧人、神农"为"三皇",巴蜀则以"天皇、地皇、人皇"为"三皇"(《世本》《蜀王本记》《华阳国志》都说"蜀之先肇于人皇",而人皇是与天皇、地皇搭配的;《三国志》《河图括地象》都说"三皇"出于巴蜀),强调天、地、人三才的一统,是为"三才皇"。中原"五帝"是以"黄帝、颛顼、帝喾、尧、舜"为五帝,而巴蜀则以"青帝、赤帝、黑帝、白帝、黄帝"为"五帝"(《华阳国志·蜀志》说,开明王朝"未有谥列,但以五色为主,故其庙称青、赤、黑、黄、白帝也"①),体现五行互补的哲学,是为"五色帝"。

　　杨慎在自己的著作中对"三才皇"和"五色帝"都有关注。收入《升庵集》卷六十五《璅语》一则说:"天皇万八千岁,周家三十六王。"② 又在《丹铅余录》卷十七考证《左传》的"九丘八索"时说:"九丘,即九州也;八索,即八泽也。见《淮南子》。"又据《通鉴外纪》所说:"人皇氏依山川土地之势,财度为九州,谓之九囿。各居其一,而为之长。人皇居中州,以制八辅。"指出"此引《春秋命历叙》文也"。"九囿,取育草木为义,即后世所谓九州也。"并具体落实说:"中州,则人皇之都,《石鼓文》所谓'寓逢中囿'也。"③ 人皇虽然居于九州的中州,但若溯其初则出自巴蜀之地。杨慎在《升庵集》卷三《剑州志序》中说:"志流别于史,《九丘》先于六籍,《地象》效于《河图》,虽迂怪弗稽,实志初也。至《禹贡》《职方》,则大备矣。剑以山形名州,'人皇乘祇车出谷口',秦宓谓即剑道之谷。溯其世正际九丘。而'岷山之精,上为井络',见《河图》文,实今井络关,剑首区也,奚待《禹贡》《职方》始著梁益哉?"④

---

①　(晋)常璩撰,刘琳校注:《华阳国志新校注》卷三《蜀志》,成都:四川大学出版社,2015年,第103页。
②　(明)杨慎:《升庵集》卷六五,文渊阁《四库全书》本。
③　(明)杨慎:《升庵集》卷四三,文渊阁《四库全书》本。
④　(明)杨慎:《升庵集》卷三《剑州志序》,文渊阁《四库全书》本。

秦宓之言，见于《三国志》蜀书的《秦宓传》裴松之注。杨慎此文的大意是说，讲地理的书，《左传》所称《九丘》比儒家"六经"要早，纬书《河图括地象》是对《河图》的解释，时代与"六经"中的《禹贡》《职方氏》相当。《括地象》说"人皇乘祇车出谷口"，如果追溯其产生时代，也与"三皇之书谓之《三坟》，九州之书谓之《九丘》"（《古文尚书》孔传序）的时代相当。秦宓说"谷口"即剑阁古道的谷口，说明"人皇"实从巴蜀地区，经由谷口而出居中州。

对于"五色帝"，杨慎也有关注。《升庵集》卷七十四《丹铅总录》里，运用"石氏星经"对四方四帝与天文、地理、季节、物候的关系进行了考证："东宫青帝，其精苍龙，为七宿，其象有角、有亢、有氐、有房、有心、有尾、有箕，氐胸房腹，箕所粪也；司春，司木，司东岳，司东方，司麟虫三百六十。"

又说："北方黑帝，其精玄武，为七宿，斗（有龙蛇蟠结之象）、牛（蛇象）、女（龟象）、虚、危、室、壁（皆龟蛇蟠虬之象）；司冬，司水，司北岳，司北方，司介虫；三百六十。"

又说："西方白帝，其精白虎，为七宿，奎（象白虎）、娄、胃、昴（虎三子也）、毕（象虎）、觜、参（象麟，与鳞同斑文也。觜首参身也）；司秋，司金，司西岳，司西海，司西方，司毛虫三百六十。"

又说："南方赤帝，其精朱鸟，为七宿，井（首）、鬼（目）、柳（喙）、星（颈）、张（嗉）、翼（翮）、轸（尾）；司夏，司火，司南岳，司南海，司南方，司羽虫三百六十。"

在这几段文字中，他已经考察出"东方青帝、南方赤帝、西方白帝、北方黑帝"等四帝。但是他并不停步于此，继续考察第五帝。在《丹铅总录》中他又列"中宿宫"条，考证说："余尝疑天有五行，星有五纬，地有五岳，人有五事，而二十八宿，何独无中央之宿也？后观《石氏星经》云："中宫黄帝，其精黄龙，为轩辕，首枕星、张，尾挂柳、井，体映三台；司四季，司中岳，司中土，司黄河、江、汉、淮、济之水，司黄帝之子孙，司倮虫三百六十。'则固有所谓中宿矣。"① 杨慎根据蜀人熟悉的传统"五行"学说，将"中宫黄帝"举以配四方四帝，于是五方五帝五色乃全。这完全符合《华阳国志》"五色帝"的概念组合，也与后来在山东临沂银雀山出土的汉墓竹书《孙子兵法》中"黄帝战四帝"的说法吻合。

"阴阳""五行"观念，既是中国哲学的重要概念，也是蜀中学术的重要成就。杨慎在著作中，对此也颇有关注。杨氏讨论"阴阳五行"，避开神秘传说和禨祥谬论，从天文角度和物候特征出发，对此加以探讨。其《丹铅总录》卷一"《甘氏星经》论日月黄道"条，运用《甘氏星经》理论解释说："日，一星在房之西、氐之东。日者，阳精之宗也，为鸡二足，为乌三足。鸡在日中，而乌之精为星，以司太阳之行度。日生于东，故于是位焉。"将日与二十八宿的位置，日为阳的集中体现，日中图纹代表的物象，日在黄道中的行度，都一一阐释清楚了。

同时又解释"月"说："月，一星在昴、毕间，故昴、毕之间为天街，黄道之所经也；月者，阴精之宗也，为兔四足，为蟾蜍三足。兔在月中，而蟾蜍之精为星，以司太阴之行度。月生于西，故于是位焉。"同样将月与二十八宿、黄道、月纹物象、月与阴的关系等，要言不烦地讲解清楚了。

最后还总结说："日精在氐、房，月精在毕、昴，自司其行度，而氐、房、毕、昴乃黄道之所经，不得而司之。"② 杨慎将

---

① （明）杨慎：《升庵集》卷七四，文渊阁《四库全书》本。
② （明）杨慎：《丹铅总录》卷一，文渊阁《四库全书》本。

阳归结为日，将阴归结为月，将阴阳变化归结为日月运行的结果，全然没有阴阳不测、神秘莫辨的意味，阴阳问题既然是宇宙运行的表现，那么就完全可以从天象的变化中来加以考察和预测。

对于"五行"，杨慎根据《洪范》原理解释说："五行兆于龙马之图，列于命箕之书。""五行"是从客观现象（"龙马之图"）中总结出来后，是经大禹运用和箕子复述（"禹箕之书"）出来的。五行相生相克的原理，具有普遍性，广泛地适用于一切互相对峙和相互依存的事物之中："其见象于天也，为五星；分位于地也，为五方；行于四时也，为五德；禀于人也，为五常；播于律吕，为五音；发于文章，为五色。《易》曰五位，史曰五材，志曰五物，医曰五运，其该曷既哉！"①

对于"蜀学"之学校制度，杨慎也有专门表彰。如前所述，西汉文翁首创郡学（石室学宫），肇开巴蜀公学教育；东汉高朕建周公礼殿，首创庙学合一制度；五代至北宋刻成的蜀石经，首次形成儒家"十三经"。对于这些业绩，宋吕陶《府学经史阁落成记》称："蜀学之盛冠天下而垂无穷者，其具有三，一曰文翁之石室，二曰周公之礼殿，三曰石壁之九经。"② 席益《府学石经堂图籍记》也称赞："蜀儒文章冠天下，其学校之盛，汉称石室、礼殿，近世则石九经。"③ 杨慎对此也大加赞扬，其在《四川总志序》中说："昔汉代文治，兴之者文翁，礼殿之图，后世建学者仿焉；七十子之名，马迁之立传征焉。当时号为西南齐鲁、岷峨洙泗，文之有关于道若此，文翁之功，不可诬也。"④

---

① （明）杨慎：《丹铅总录》卷一《天文类·五行》，文渊阁《四库全书》本。
② （宋）吕陶：《净德集》卷一四《府学经史阁落成记》，文渊阁《四库全书》本。
③ 席益：《府学石经堂图籍记》，《成都文类》卷三〇，文渊阁《四库全书》本。
④ （明）杨慎：《升庵集》卷二《四川总志序》，文渊阁《四库全书》本。

对文翁石室的教化功能、周公礼殿的制度创新、石室图赞的文献价值，都进行了全面肯定；甚至将汉代政治从"武定天下""无为而治"到"文治天下"的转折点，归结为文翁在蜀中的立学兴教。其《新都县重修儒学记》更对文翁石室的历史影响进行了重申："吾邑新都之有学旧矣，自汉文翁为守而还，列城皆有学。而蜀之弦诵比邹鲁，文章冠天下。"①

对后蜀孟昶所刻"蜀石经"，《升庵集》也有"石经考"专条记载："五代孟昶在蜀刻'九经'，最为精确。是时僭据之主，惟昶有文学，而蜀不受兵，又饶文士，故其所制尤善。朱子《论语注》引'石经'者，谓《孟蜀石经》也。"② 又"王锴藏书"条："前蜀王氏朝，伪相王锴，字鳝祥，家藏书数千卷，一一皆亲札，并写藏经。每趋朝，于白藤担子内写书，书法尤谨。至后蜀孟昶，又立'石经'于成都。宋世书传，蜀本最善。以此，五代僭伪诸君，惟吴、蜀二主有文学。然李昇不过作小词，工画竹而已；孟昶乃表章'五经'，纂集《本草》，有功于经学矣。今之《戒石铭》，亦昶之所作。又作《书林韵会》，宋儒黄公绍《韵会举要》实祖之，然博洽不及也。故以《举要》为名。余及见之于京师，惜未假抄也。"③ 充分表彰了后蜀政权刊刻"石经"的重要性和他们对于经学发展的贡献。

对于"蜀学"人物，杨慎尤其关注，并加以正面考察。首先是大禹，杨慎明确说他是"蜀人"。大禹的籍贯，本来历代多说，全国很多地方都说有大禹生活的遗迹。但是这些资料出现的时间并不太早，大都是东汉以后才有的。禹出西羌则战国、西汉时期的文献中就有记载了。杨慎《丹铅续录》亦有专条考证

---

① （明）杨慎：《升庵集》卷四《新都县重修儒学记》，文渊阁《四库全书》本。
② （明）杨慎：《升庵集》卷四七，文渊阁《四库全书》本。
③ （明）杨慎：《升庵集》卷七二，文渊阁《四库全书》本。

· 34 ·

"禹生石纽"。他在人们习称的《孟子》佚文、《荀子·大略》《史记》等文献所载"禹生西羌"外，另外举出："《易林》'舜升大禹石夷之野'，《后汉·戴叔鸾传》云：'大禹生西羌。'《水经注》'禹生于蜀之广柔县石纽村，今之石泉县也'。"并引证当地故老的传说，进而考证说："石纽村，今之石鼓山。其山朝暮二时，有五色霞气；又有大禹采药亭，在大业山。其地药气触人，往往不可到。地志不载，闻之土人云。"①

又在《升庵集》卷六十四"塗字音"条说："塗字从余。余有三音（略），李义山《蜀尔雅》云：'《禹贡》"厥土惟塗泥"，《夏小正》"寒日涤冻塗"，二"塗"字，音在巴荼之间。'盖禹本蜀人，故塗泥、冻塗，皆叶蜀音。今蜀人目濡土曰塗泥，肉烂曰塗肉，盖禹时已有此音。蜀之土音亦古矣！《毛诗》'昔我往矣，黍稷方华；今我来思，雨雪载塗'。《易林》'雨雪载塗，东行破车，旅人无家'。以此博证之，则古音昭昭矣！"② 进一步从古音上佐证了"禹本蜀人"。

杨慎对汉代易学鼻祖商瞿（孔子弟子）之籍贯，也进行了考证，力证商瞿为蜀人。《丹铅续录》卷三"蜀志遗事"条说："孔子弟子商瞿，《世本》作'商瞿上'，《文翁石室图》亦作'商瞿上'。宋景文公作《成都先贤赞》以商瞿上为蜀人。考之《路史》及《舆地纪》，瞿上城在双流。"③ 从而将蜀中《易》学从西汉赵宾（或胡安），提升到春秋末年的商瞿时代，也使后来程子所说"易学在蜀"有了更为广远的渊源。当然，杨慎所举的《世本》《文翁石室图》《成都先贤赞》的相关文字，可惜今天已经难以找全了。商瞿是否为蜀人至今仍然是个疑问。

---

① （明）杨慎：《丹铅续录》卷六，文渊阁《四库全书》本。
② （明）杨慎：《升庵集》卷六四，文渊阁《四库全书》本。
③ （明）杨慎：《丹铅续录》卷三，文渊阁《四库全书》本。

对于后世聚讼的李白出生地问题，杨慎当年也反复考证过。《丹铅续录》卷三"李白"条明确说："李白生于彰明县之青莲乡，其诗云'青莲居士谪仙人'是也。读书于匡山，匡山亦在彰明，杜工部《寄李太白诗》所谓'匡山读书处，头白好归来'是也。晏元献公《类要》引此诗，今人不知，乃改'匡'为'匡庐山'。且太白在庐山亦是寓居，何得言归来乎？又考《太白全集》，如《悲清秋赋》云'余以鸟道计于故乡兮，不知去荆吴之几千'；《上安州裴长史书》云'见乡人相如大夸云梦之事，楚有七泽，遂来观焉'；《淮南卧病寄蜀中赵征君蕤》云：'国门遥天外，乡路远山隔。朝忆相如台，夜梦子云宅。'观此，则太白为蜀人无疑矣。"同卷又在"李白墓志"一条中说："全白（刘全白）指太白为广汉人，盖唐世彰明县属广汉郡，故独举郡为称耳。"又在"李白家世"条中说："李太白《上裴长史书》自叙云：'白家本金陵，世为右姓，遭沮渠蒙逊之难，奔流寓家。少长江汉，见乡人相如大夸云梦之事，云楚有七泽，遂来观焉。'又'与逸人东岩子隐于岷山之阳，巢居数年，不迹城市。广汉太守闻而异之，因举二人有道，并不起'。案此，则《唐书》谓'白为陇西人，唐之宗室'，谬也。唐之先，岂有金陵之籍哉？少长江汉、蜀之彰明、以相如为乡人、隐居在岷山、举有道于广汉，为蜀人无疑！"[1] 杨慎对宋以后人们热衷杜甫而忽略李白的做法甚为不满，故对李白的世家、事迹做了长篇考证。其《丹铅摘录》卷六："余尝怪杜少陵有年谱，而太白出处略不著见，因刊定李诗，遂就其集中游历及小说诸家，著其梗概，今书于此。"又说："太白生于蜀之昌明县青莲乡，昌明今之彰明也。读书于县南之匡山，杜子美赠诗所谓'匡山读书处，头白好归

---

① （明）杨慎：《丹铅续录》卷三，文渊阁《四库全书》本。

来',指此山。今以为匡庐,非也。太白非九江人,何得言归来乎?(此见晏公《类要》)"① 《升庵集》卷五十一"轩轩霞举"条:"李白见玄宗于便殿,神气高朗,轩轩然若霞举;相如奏赋黄门,飘飘有凌云气。正可相对,二子皆蜀人也。"② 反复申说,其表彰蜀中学人的用意甚为明了。

另外,杨慎还表彰了一大批不为外人所知的蜀中人士。《升庵集》卷四八有几篇专门表彰蜀中士人的文字。

一则"蜀才":杨慎经过考证,认为历史上有两位蜀才。"注疏中有'蜀才'名姓,宋儒谓'蜀才即范长生',盖别无所见也。《陈子昂集》有曰:'襄阳有庞德公,谷口郑子真,东海王霸,西山蜀才,皆避人养德,躬耕求志。'由此观之,范长生与蜀才,自是二人。"

二则"蜀士":"唐睿宗问蜀士于苏颋,对曰:'李白文章,赵蕤术数。'宋英宗问蜀士于欧阳修,对曰:'文行苏洵,经术黎醇。'二事何其相类!"

三则"蜀诗人":表彰蜀中诗人。"唐时蜀之诗人,陈子昂、于季子、间丘均、李白、阮咸、雍陶、刘湾、何兆、李余、刘猛,人皆知之。《北梦琐言》云:'符载、杨衡、宋济、张仁宝,皆蜀人,栖隐青城山。符载字厚之,文学武艺双绝,文见《唐文粹》。杨衡,诗见《唐音》;宋济,诗止有《东陵美女》一首。张仁宝,阆中人,见刘后村《千家诗》。"紧接又补充说:"唐世蜀之诗人,陈子昂(射洪),李白(彰明),李余(成都),雍陶(成都),裴廷裕(成都),刘蜕(射洪),唐珠(嘉州),陈咏(青神),岑伦(成都),符载(成都),雍裕之(成都),王

---

① (明)杨慎:《丹铅续录》卷六,文渊阁《四库全书》本。
② (明)杨慎:《升庵集》卷五一,文渊阁《四库全书》本。

严（绵州布衣），刘暌（绵州乡贡进士），李渥（绵州），田章（绵州），柳震（双流），阮咸（成都），刘湾（蜀人），张曙（巴州），僧可朋（丹棱），扈处宸（蜀人），毛文锡（蜀人），朱桃椎（蜀人），杜光庭（青城）。若张蠙、韦庄、牛峤、欧阳炯，皆他方流寓而老于蜀者。尝欲裒集其诗为一帙，而未暇焉。"

四则"蜀之隐逸"：表彰蜀中隐逸易家。"谯定，字天授，其学得于蜀囊氏夷挨。袁溉，字道洁，其学得于富顺监卖香薛翁。程子遇青城箍桶翁，乃知《未济》'三阳失位为男穷'之义。又渡涪江，舟将危，正襟端坐，人问之，曰：'心存诚敬尔。'有一樵夫同舟，登岸乃问伊川曰：'公是达后如此，舍后如此？'伊川欲与之言，已去而不可追矣。此皆宋世蜀之隐逸失名者。"

五则"蜀诗人王谦"：表彰蜀中隐逸诗人。"王谦，蜀人，有诗一卷。中有《约赵冰壶赏海棠》一篇，云：（略）其诗绝如李贺，尝一脔可知鼎味也。"

六则"蜀士在唐居首选者"：表彰巴蜀状元。"吾蜀士在唐居首选者八人，垂拱三年，射洪陈伯玉；开元四年，内江范金卿；贞元七年，阆州尹枢；元和八年，枢弟尹极；太中七年，绵州于环；太始五年，夔州李远；八年，成都李余；龙纪元年，巴州张曙。"

七则"蜀贤五相"：表彰巴蜀贤相。"谢叠山《毋制机墓志》：'宋中兴，张德远、虞仲信、赵景温、游景仁、谢德方，五贤相。'皆蜀人也。"

八则考证"蜀八仙"：表彰蜀中仙道。"谯秀《蜀纪》载蜀之八仙，首容成公，云即鬼容区，隐于鸿冢，今青城山也。次李耳，生于蜀，今之青羊宫。三曰董仲舒，亦青城山隐士，非三策之仲舒也。四曰张道陵，今大邑鹤鸣观。五曰庄君平，卜肆在成都。六曰李八百，龙门洞，在新都。七曰范长生，在青城山。八曰尔朱先生，在雅州，有手书石刻《五经》在洞中，好事绘为图。”① 较之明代才形成的“道教八仙”，时代大为提前。

杨慎还在著作中极力辩驳史书之诬，还蜀学人物之清白。其中最著名的就是辨朱子之诬东坡。《升庵集》卷四十九“郧山正论”载黄郧山（震）《答蜀人黄制参有大书》曰：“考亭于介甫，爱而不知其恶；于东坡，憎而不知其善。”认为朱子言有偏颇，并非正论：“考亭有性气，此一时有激不平之言，非平日议论之正也。”黄氏指出，朱之所以如此偏袒王安石，完全出于门户之见：“介甫亦可谓侥幸甚矣！然其苗脉，亦从为伊川护法中来。甚至介甫作诗骂昌黎，而考亭亦以其诗为是。”因而深深叹惜：“平生克治其身如考亭，因为门庭，有此等偏处，亦不自觉。则后学可不深自警也哉！”杨慎引黄震之说为“正论”，而深以为然：“郧山，朱子门人之门人也。其言如此，可谓朱子之忠臣矣。”杨慎对朱子贬东坡而褒介甫的做法大为不满，说他朱紫不分、忠奸莫辨：“朱子学孔孟者也，孔孟平日之论，曷尝誉驩兜而贬元凯乎？朱子尝谓陈同甫跻汉唐于三代，是精金顽铁作一锅销。朱子以安石与韩范齐名，何不分别金铁之甚邪？”②

杨慎又在《丹铅余录》中批评朱子评价人物有失公允：“朱文公谈道著书，百世宗之。愚详观其评论古今人品，诚有违公是而远人情者。”他举例说：“王安石引用奸邪，倾覆宗社，元恶大憝也，乃列之《名臣录》，称其‘文章道德’，文章则有矣，焉有用引奸邪而可名为道德邪？”又说：“苏文忠公文章忠义，

---

① （明）杨慎：《升庵集》卷四八，文渊阁《四库全书》本。
② （明）杨慎：《升庵集》卷四九，文渊阁《四库全书》本。

古今所同仰也，乃力诋之，谓'得行其志，其祸甚于安石'。"
实属欲加之罪，捕风捉影，想当然尔。他举《论语》中孔子的
话："'吾之于人也，谁毁谁誉？如有所誉，其有所试。'朱文公
解书时尚知其意，《集注》曰：'善善速而恶恶则已缓矣。'"又
曰："但有先褒之善，而无预诋之恶。"就是说，对于善的表扬，
不妨预先设置；而对于恶的惩戒，则要留观后效。杨慎说朱子的
这个解说没有错："信斯言也！"可是朱子在具体对待苏轼和王
安石时，却将王安石的已然之恶予以宽贷，而对苏轼未然之过，
却预先给予惩处了："（朱子）自蹈于预诋人之恶也夫？以安石
之奸，则未减其已著之罪；以苏子之言，则巧索其未形之瘢。"
杨慎不禁要问朱子，这是何等居心："此心何心哉？"①

　　他又进一步举他人批评朱子的话说："或曰：不惟此也。秦
桧之奸，人欲食其肉者也，文公称其有骨力；岳飞之死，天下垂
涕者也，文公讥其横，又讥其直。向前厮杀汉儒，如董贾之流，
皆一一议其言之疵；匡衡之言，颇纯粹无疵，文公则曰'匡衡
有好怀挟'，其不成人之美例如此。诸葛亮则名之为盆成括，又
讥其为申韩；陶渊明则讥其为庄老，韩文公则文致其大颠往来之
书，亹亹千余言力诋之，必使之不为全人而后已。"可见朱子评
论人物并无一定正确的标准，完全出自一己之好恶，不分忠奸善
恶："盖自周孔以下，无一人逃其议。古人谓君子当于有过中求
无过，不当于无过中求有过。文公《语录》论人，皆无过中求
有过者也。观其与同时二三同道私地评论之说，直似村汉骂街，
词讼评单，岂有道者气象耶？或者门人记录之过，朱子无忠臣，
遂至此欤？"②

----

① （明）杨慎：《丹铅余录》卷一二，文渊阁《四库全书》本。
② （明）杨慎：《丹铅余录》卷一二，文渊阁《四库全书》本。

杨慎对蜀学在科举上的成就,也热情洋溢地予以表彰。如前所述,他在《升庵集》中专门梳理了唐代八位状元,列"蜀士在唐居首选者"条,有陈伯玉、范金卿、尹枢、尹极、于环、李远、李余、张曙等。又有"制策入等"条,专门表彰宋代蜀人在制科中所取得的优秀成绩:"宋之制策,虚第一等以待伊、吕之流。其入等者,惟苏氏轼、辙兄弟,吴育、范百禄、李垕,终宋世仅五人,而蜀居其四,盖二苏、范、李皆蜀人也。"(《升庵集》卷六十八)① 所有这些,都表现出杨慎对家乡的热爱之情、对蜀学的关注和维护之意。

三、杨慎对"蜀学"的贡献

除了从外围表达其对"蜀学"的关注和维护外,杨慎还从内在建设、内容充实等方面,积极参与"蜀学"的丰富和发展。

首先,杨慎上承自元代以来二百年"蜀学"衰微之势,经过努力实践、大胆创新,力担"蜀学"振起的重任,下开"蜀学"发展之新运。巴蜀在宋代抗金、抗蒙的历次活动中,由于处于战争最前线,处境最为艰难,对侵略者的杀伤力也最大;后来蒙古占领巴蜀,便在这里大肆屠杀,蜀中学术文化也遭到很大破坏。进入元代之后,巴蜀原来的世家贵族很多迁居外地(犹以江浙为多),因此蜀学从元代到明初,都一直处于衰势。

明世专制日甚,对思想文化领域的钳制亦复如此。明代从初年开始,即以程朱理学牢笼人心,以八股制艺扼杀才情,巴蜀士人亦受害殊深。巴蜀学术在明代前期,除了由元入明、且在川外长成的苏伯衡、杨基、徐贲稍有事迹可陈外,在明代具有代表性

---

① (明)杨慎:《升庵集》卷六八,文渊阁《四库全书》本。

的学术流派中，蜀人身影寥寥；直到正德以后，这一学术不振的状况才稍有转机：蜀人杨廷和为正德首辅（宰相），熊过、任瀚成为"嘉靖八才子"之一，还涌现出"西蜀四大家"（杨慎、赵贞吉、熊过、任瀚）等学术人物。但是却没有产生出像唐、宋时期的李白、苏轼一样的领全国风骚的人物，这一现象一直到杨慎登上历史舞台才开始改变，"蜀学"也才有振起的气象。杨慎出身相府、状元及第、仕为帝师、文富学博、风骨盖世，蔚为士林领袖，可谓空前绝后，史称"明世记诵之博，著作之富，推慎为第一"①，实居明代三大才子（另有解缙、徐文长）之首。这就为"蜀学"补充了几项第一（或唯一）：明代记诵之博第一、明代著述丰富第一、明代道德文章第一、明代才子风流第一、明代四川状元唯一！有了这些"第一"和"唯一"，"蜀学"自然就幡然改观，令人刮目相看了。

其次，杨慎具有研究和总结"蜀学"成果的自觉担当。杨慎之父杨廷和即开始着手收集整理蜀学文献，至杨慎时，则编成《全蜀艺文志》行世。此书虽然是当时所纂《四川总志》的一部分，但是完全可以别裁单行。他在《四川总志序》中说："先君子在馆阁日，尝取袁说友所著《成都文类》，李光所编《固陵文类》，及成都丙丁两《记》、《舆地纪胜》一书，上下旁搜，左右采获，欲纂为《蜀文献志》，而未果也。"② 后来在杨慎因大礼议被贬谪云南十八年后的嘉靖二十年（辛丑，1541），四川都御史刘大谟主持编纂《四川总志》，将"'艺文'一局委之（杨）慎"。杨慎"乃检故篋，探行箧"，将其父亲与自己多年的积累搜找出来；再"参之近志，复采诸家，择其菁华，裁其烦重，

① （清）张廷玉：《明史》卷一九二《杨慎传》，北京：中华书局，1974年，第5083页。
② （明）杨慎：《升庵集》卷二《四川总志序》，文渊阁《四库全书》本。

拾其遗逸，翦彼稂秕"，以为补充；复得"支郡列邑，各以乘上"，又增添新的内容；还发现一些汉代遗碑拓片，"又得汉太守樊敏碑于芦山，汉孝廉柳庄敏碑于黔江"。于是"唐宋以下，遗文坠翰，骈出横陈，实繁有旷"，于是将所得文献，"博选而约载之，为卷尚盈七十"。在内容上，"凡名宦游士，篇咏关于蜀者载之；若蜀人作仅一篇传者，非关于蜀，亦得载焉"。① 使许多"蜀学"资料（如前述文翁石室，周公礼殿，各地书院、文庙重修记等），特别是一些稀见蜀人文献（如花蕊夫人词等），都借此得以保存。《全蜀艺文志》比之宋人《成都文类》，自然在内容上增加了许多；就是后来编纂的巴蜀总集，也因许多文章的原始出处无法找到，大多只有根据是书进行采录。《全蜀艺文志》无愧为"蜀学"资料渊薮，是当今研究蜀学历史不可或缺的文献荟萃！

还有，杨慎对蜀学重要的核心价值观，也有一定的抽绎和阐发。在儒学史上，核心价值观念往往随着时代和人物的迁移而有不同的构建。孔子主"仁智义勇"[子曰："君子道者三，我无能焉：仁者不忧，智者不惑，勇者不惧。"（《论语·宪问》）]，又提出"道、德、仁、艺"（"志于道，据于德，依于仁，游于艺。"《论语·述而》）；子思提倡"仁义礼智圣"五行（《荀子·非十二子》）；孟子力倡"仁义礼知"四端（《孟子·尽心下》）；至汉代董仲舒形成"仁、谊（义）、礼、知（智）、信"② 五常。蜀中人物则与此不完全一样，王褒提出"道、德、

---

① （明）杨慎：《升庵集》卷二《四川总志序》，文渊阁《四库全书》本。
② （汉）班固：《汉书》卷五六《董仲舒传》，北京：中华书局，1962年，第2505页。

仁、艺、礼"（"冠道德，履纯仁，被六艺，佩礼文"①），严遵、扬雄、赵蕤、张商英则提出"道、德、仁、义、礼"（严遵"故有道人，有德人，有仁人，有义人，有礼人"②；扬雄"道德仁义礼譬诸身乎：夫道以导之，德以得之，仁以人之，义以宜之，礼以体之，天也。合则浑，离则散"③），一以贯之，自成一系。到了明代，杨慎提出了"道德、仁义、礼法"（《璅语》），来知德也提出了"冠道德，履仁义，衣百家，佩六艺"④。蜀学这一体系，体现出"道家与儒家结合"的路数，形上与形下统一的哲学，务虚与务实协同的取向。杨慎并不排斥董仲舒"五常"观念，甚至还为之论证："五性本于五行，故仁义礼智信，象金木水火土也。"⑤ 但另一方面又说，既要具体的"仁义礼智"之道理，又要抽象的"道德性命"之哲思。他在论证问题时，常常采用三教合一的方法，将儒家、道家、佛教自觉地融为一体，主张"恬智安虑诚明"⑥，并引《庄子》《大学》《中庸》之说，最终形成"理之会，族玄通，无古今，无华夷，而符合浑融"⑦ 的境界。他在《凤赋》中，讲了凤凰所代表的伦理观念是"首若藞青，戴仁也；婴若白垩，抱义也；背若赤丹，负礼也；胸若石墨，蕴智也；足下秫黄，履信也。厥像有六，厥苞有九"⑧。这个观念，实与《山海经》所载巴蜀凤凰如

---

① （汉）王褒：《四子讲德论》，载（宋）扈仲荣等编《成都文类》卷四九，文渊阁《四库全书》本。
② （汉）严遵：《道德指归论》卷一《上德不德篇》，文渊阁《四库全书》本。
③ （汉）扬雄：《法言》卷三，文渊阁《四库全书》本。
④ （明）来知德：《客问》，载（清）黄宗羲编《明文海》卷一三六，文渊阁《四库全书》本。
⑤ （明）杨慎：《升庵集》卷四二《天生烝民》，文渊阁《四库全书》本。
⑥ （明）杨慎：《升庵集》卷七五《恬智安虑诚明》，文渊阁《四库全书》本。
⑦ （明）杨慎：《升庵集》卷七五《恬智安虑诚明》，文渊阁《四库全书》本。
⑧ （明）杨慎：《升庵集》卷一《凤赋》，文渊阁《四库全书》本。

出一辙。《南山经》"丹穴之山":"有鸟焉,其状如鸡,五采而文,名曰凤凰。首文曰德,翼文曰义,背文曰礼,膺文曰仁,腹文曰信。是鸟也,饮食自然,自歌自舞,见则天下安宁。"① 《海内经》"苗民":"有鸾鸟自歌,凤鸟自舞,凰鸟首文曰德,翼文曰顺,膺文曰仁,背文曰义。见则天下和。"② 巴蜀凤凰身上有字,一曰"德义礼仁信",一曰"德顺仁义",与蜀学"道德仁义礼"绝相类似。

杨慎还对《禹碑》倾注了大量心血。《禹碑》传说为大禹所遗。碑原在南岳衡山祝融峰上,因衡山又称岣嵝山,故碑又称"岣嵝碑"或"祝融碑"。该碑始见于东汉罗含《湘中记》、赵晔《吴越春秋》,后来人如郦道元《水经注》、徐灵期《南岳记》、王象之《舆地纪胜》均有记述,诗人韩愈、刘禹锡也曾为之赋诗。《禹碑》全文 77 字,像缪篆,又像符篆,字迹难辨,学人称叹,杨慎将其视为稀世之刻,乃为释文,定为大禹治水事。《丹铅余录》卷十六:"字书于碑碣,比之简牍已难得,刻手精尤为难。古刻之存于今者,岣嵝山《禹碑》,是夏时刻工所成;《石鼓》为周刻;夏承碑、雅州高孝廉碑、夹江县酒官碑、新都县王稚子石阙,皆汉刻。"③ 卷十七又考证说:"徐灵期《衡山记》云:夏禹导水通渎,刻石书名山之高。刘禹锡《寄吕衡州诗》云:'传闻祝融峰,上有神禹铭。'……崔融云:'于铄大禹,显允天德。'……韩退之诗:'岣嵝山尖神禹碑,字青石赤形模奇。'……今文士称述禹碑者不一,然刘禹锡盖徒闻其名矣,未至其地也。韩退之至其地矣,未见其碑也。崔融所云,则似见之,盖所谓螺书匾刻,非目睹之不能道耳。宋朱晦翁、张南

---

① 《山海经》卷一《南山经》,文渊阁《四库全书》本。
② 《山海经》卷一八《海内》,文渊阁《四库全书》本。
③ (明)杨慎:《丹铅余录》卷一六,文渊阁《四库全书》本。

轩游南岳，寻访不获。其后晦翁作《韩文考异》，遂谓退之诗为传闻之误，盖以耳目所限为断也。王象之《舆地纪胜》云：'《禹碑》在岣嵝峰，又传在衡山县云密峰，昔樵人曾见之，自后无有见者。宋嘉定中，蜀士因樵夫引至其所，以纸打其碑七十二字〔七十七字〕，刻于夔门观中，后俱亡。'近张季文金宪自长沙得之，云是宋嘉定中何政子一模刻于岳麓书院者。斯文显晦，信有神物护持哉！韩公及朱、张求一见而不可见，余生又后三公，乃得见三公所未见，亦奇矣！"然后经过他精心考释，乃得其文，云："承帝曰嗟，翼辅佐卿，洲渚与登，鸟兽之门。参身洪流，而明发尔兴，久旅忘家，宿岳麓庭。智营形折，心罔弗辰。往求平定，华岳泰衡。宗疏事裒，劳余伸禋。郁塞昏徙，南渎衍亨，衣制食备。万国其宁，窜舞永奔。"将此碑释为大禹治水成功后所刻记功碑，颇合情理，也合晋以来诸人的猜测。这是杨慎的尝试，也是他的杰出贡献。

考释完《禹碑》文字，杨慎意犹未尽，还赋诗一首，大赞"神禹碑在岣嵝尖，祝融之峰凌朱炎。龙书傍分结构古，螺书圌刻戈锋铦。万八千丈不可上，仙扃鬼闭幽以潜。……七十七字挐蟒虎，三千余岁丛蛇蚰"[1] 云云，凡七十句，大大强化了《禹碑》的神圣性和重要性。

四、结　语

"蜀学"作为诞生并主要流行于巴蜀大地的学术，源远流长，成果丰硕，体系鲜明，内涵丰富，杨慎是其中贡献最大的几位学者之一。他博学多能，才气横溢，志量远大，境界高尚，经

---

① （明）杨慎：《丹铅余录》卷一七，文渊阁《四库全书》本。

史子集，诗词歌赋，儒释道蜀，道德仁义，考据义理，政事文章，无所不精，无所不能，极大地丰富了"蜀学"的内涵。他又因忧谗畏讥、去国怀乡的人生际遇，虽处江湖之远，仍以天下为怀；居"南夷"之陋，则以故乡为念。对巴蜀文化、蜀学人物进行了系统关怀和研究，极大地推动了蜀学的研究和继承。他对蜀学制度、蜀学义理、蜀学信仰、蜀学精神、蜀中学人等的关注和阐释，为我们研究"蜀学"，振兴"蜀学"奠定了基础，也树立了榜样。杨慎无疑是蜀学历史上的丰碑，文化星空的巨人，也是蜀学振起的前趋，蜀学复兴的旗帜。我们应当立足杨慎所到达的高度，沿着杨慎所指引的方向，认真清理蜀学文献，深入研究蜀学成就，继承蜀学的优秀内涵和精神，实现蜀学的创造性转化和创新性发展，为文化自信和文化自强添砖加瓦。

可是，就目前而论，研究"蜀学"的话语权还不在巴蜀，很多丛书收录蜀学的东西很少。从前乾隆朝编《四库全书》时，尚收录蜀人著作达二三百种，但是在《皇清经解》里却没有一种蜀人著述，在黄宗羲编的《明儒学案》中，蜀人只有寥寥几位，而且都不是主案，只是配角。这说明"蜀学"的成果还没有引起关注，我们必须加以补充。因此我们在编《儒藏》时就注意收录蜀人著作，其中杨慎著作就有十余种；《巴蜀全书》更是系统收录蜀学成果的大型丛书，其中收录杨慎著作90余种，这部分整理成果很快会以《杨慎全书》之名正式出版。我们希望学界团结起来，构筑杨慎文献收集、整理、研究、出版的坚实基础，实现"升庵学"的真正创建，促进以扬雄、苏轼、杨慎等名家为代表的"蜀学"的当代复兴。

从杨慎《诗经》韵例分析看明代古音学的前沿性

郭懿仪 *

摘　要：杨慎古音学的最大成就为《转注古音略》与《古音丛目》，其古音学系统又反映在他对先秦韵文的分析上。因此，通过分析《古音略例》中关于《诗经》的十七个韵例，就可以发现杨慎的古音系统及其成果的前沿性。杨慎在宋代吴才老的古音基础上，正式承认古音与今音不同，不得混为一谈。分析杨慎在《诗经》韵例中予以改读的韵脚，可以看出杨慎的古音观点与拟测音读的系统性和严谨的治学态度。杨慎以"转注"的观点为支撑，强调音义的关联性，以确保古音拟测的正确度。

关键词：杨慎　《诗经》　韵例　古音学

一、前言

杨慎（1488—1559），字用修，初号月溪、升庵，四川新都（今成都市新都区）人，祖籍庐陵，明代著名文学家，明代三才子之首，东阁大学士杨廷和之子。杨慎于正德六年（1511）状元及第，官任翰林院修撰并参与编修《武宗实录》；嘉靖三年

---

* 作者简介：郭懿仪，生于 1979 年，台湾台南人，四川大学古籍整理研究所特聘副研究员。主要研究方向：汉语音韵学、词汇学、佛典语言学。

（1524），因"大礼议"受廷杖，谪戍至云南永昌卫，此后往返于四川、云南等地。嘉靖三十八年（1559），杨慎卒于戍所，年七十二。明穆宗时追赠杨慎为光禄寺少卿，明熹宗时追谥"文宪"，世称"杨文宪"。

杨慎的著作成果丰富，除了从事散文、诗词创作外，文献考证功夫也极深。《明史·杨慎传》："明世记诵之博，著作之富，推慎为第一。"① 著作达四百余种，多数收入《升庵集》中。杨慎除了研究文学与思想外，对传统小学也有所涉猎，著有《古音》七书、《丹铅》诸录、《六书博证》等书，特别是他在古音学方面的成就，在历史上起着承前启后的作用，他的《转注古音略》《古音丛目》《古音附录》《古音余》《奇字韵》《古音猎要》《古音略例》，系依平水韵编排，一般合称为"升庵韵学七种"。清代李调元将之辑入丛书《函海》，后来除《古音后语》外，其他又收入《四库全书》。

由于去古已远，明代时音与上古音已差距甚大，阅读先秦典籍时，押韵成为很大的阻碍。对此，明代读书人仍沿用"叶音说"的理论，却又时常遇到无法解释的押韵现象，这个问题逼迫着读书人不得不面对。杨慎持"古今音异"的观念，他说："故凡见于经传子集与今韵殊者，悉谓之古音。"② 可见，杨慎有明确的古音观念。他不仅承继吴棫的学说，同时也检视其错误之处并加以修正。从杨慎的古韵著作里可以看出他的学术理念与观点。

从宋代始萌芽的上古音研究，发展至清代，已取得了重大成就。其中《诗经》用韵分析在上古音研究中是很重要的方法。

---

① （清）张廷玉：《明史》卷一九二《杨慎传》，北京：中华书局，1974年，第5083页。

② （明）杨慎：《答李仁夫论转注书》，日本宫内厅内阁文库本。

正如王力所说："韵例的研究很重要：只有了解了《诗经》的韵例，才能更好地了解《诗经》时代的韵部。"① 杨慎的古音研究中也针对《诗经》用韵提出了自己的见解与判断，从中可以了解杨慎古音学的观念及其成果的前沿性。本文将以杨慎《古音略例》中对《诗经》的研究为例，逐一检视与分析杨慎对《诗经》用韵的古韵分部与韵脚认定。

二、杨慎《诗经》相关诗篇叶音注说明与分析

杨慎《古音略例》的学术旨趣，见于《古音略例·跋》，其云："予既辑《古音丛目》《古音猎要》二书，又取《易象传》《毛传》，下逮汉文人用韵之古者，一百八十五条，为《古音略例》。盖于二书，有相发明焉。"② 《古音略例》是杨慎将古音成就应用在先秦韵文解析中的具体体现，并有其严谨性及系统性。《古音略例》标有"辨误""变例""正误""叶音""隔句用韵""三句一韵"等各种术语，卢淑美研究指出，其标注"正误"是"改吴才老旧叶改音之误"，标注"变例"则专指杨慎研究韵例的部分。其中，被杨慎标注"叶音"者在《诗叶音例》中仅有两条，虽然数量不多，但对于了解杨慎叶音观念仍有一定的帮助。

本文研究《古音略例》中《诗叶音例》，涉及 17 首《诗经》诗作，笔者将逐一考求各诗的押韵韵例与用韵状况。各诗中【】内文字为杨慎的随文注。杨慎所言"今韵"的部分，其语音基

---

① 王力：《诗经韵读》，《王力文集》第六卷，济南：山东教育出版社，1986年，第46页。

② （明）杨慎：《古音略例》，载《转注古音略》，日本宫内厅内阁文库本。

础以明代兰茂《韵略易通》① 为基准，兼采以杨慎其他的音学著作为参照。隶定《诗经》的用字、用韵及韵脚拟音，则以王力《诗经韵读》为准。

1.《周南·兔罝》

秦秦兔罝［ʧˈɪɒ］，椓之丁丁［teŋ］。赳赳武夫［piuɑ］，公侯干城［ʑɪŋ］。

杨慎注：罝与夫叶，丁与城叶，此隔句用韵，叶音之变例也。与《鱼丽》之诗，鳢与酒叶、鲿与多叶例同。朱文公曰"隔句用韵"，人罕知之。韩文公《张彻墓铭》用此法。

本诗三章，杨慎讨论的是第一章。此章句句押韵，属密韵，韵脚字为"罝""丁""夫""城"。此诗采用的是耕部与鱼部"交韵"的押韵方式。所谓"交韵"是指两韵交错进行，单数句与单数句押韵，偶数句与偶数句押韵。《兔罝》全诗皆以"交韵"方式进行。"交韵"这种押韵形式在《诗经》中并非罕见。另有《召南·野有死麕》《邶风·静女》《小雅·皇皇者华》等诗。

依杨慎所说，"罝"与"夫"、"丁"与"城"可相叶，属隔句用韵。杨慎又论及韩愈《故幽州节度判官赠给事中清河张君墓志铭》的交韵状况，将韵脚字分别标示："世慕顾以行，子揭揭也。噎暗以为生，子独割也。为彼不清，作玉雪也。仁义以为兵，用不缺折也。知死不失名，得猛厉也。自申于暗明，莫之

---

① 明代的韵书及韵图，多以反映时音为主，本文采用者为兰茂《韵略易通》。原因在于，一是其语音系统反映了明朝初期官话的语音面貌，二是作者兰茂为云南人，与久居川滇一带的杨慎有共同的语言环境。兰茂《韵略易通》载明代高举所编之《古今韵撮》卷六，明万历四十一年刻本。

夺也。我铭以贞之，不肖者之咠也。"① 偶数句皆以"也"结尾，奇数句押"行""生"［-ɐŋ］、"兵""明"［-ǐwɐŋ］、"清""名"［-ǐɛŋ］三组，主要元音相近，韵尾相同，可相叶。

2.《召南·小星》

嘒彼小星［ʃyeŋ］，维参与昴【旧叶力求切】［meu］。肃肃宵征［tɕiɛŋ］，抱衾与裯［dɪu］。寔命不犹［jɪu］！

杨慎注：吴才老以昴音留，无义。按《史记·天官书》，昴为髦头，军中旄头象之。徐邈音昴为旄，有据也，当从之。裯当音条，北人呼裯子为条子，正此裯字。旧注：裯，禅被也。衾，亦被也。既抱衾又抱裯，则是重被而无茵褥也，于义亦碍。犹音摇，则《檀弓》有此音矣。

此诗共有二章，杨慎讨论的是第二章。此章共有五个韵脚字，句句押韵，属密韵，有换韵。韵脚字"星""昴""征"属耕部，"裯""犹"属幽部。本诗属"不完全交韵"，若仅看前四句则是"星"和"征"（耕部）及"昴"和"裯"（幽部）"交韵"，但加上第五句，就形成了"不完全交韵"② 的押韵形式，这种形式多出现于四句以上的诗章。

杨慎于"昴"字下标"旧叶力求切"，"力求切"读为"留"，这是引自宋代吴棫《韵补》。徐邈则音"昴"为"旄"，该音出自《史记·天官书》，杨慎认为"有据也，当从之"。

① （唐）韩愈撰，马其昶校注：《韩昌黎文集校注》，上海：上海古籍出版社，1986年，第548页。

② 王力：《诗经韵读》，《王力文集》第六卷，济南：山东教育出版社，1986年，第79页。

"留"，《韵略易通》属来母幽楼韵平声。"旄"，《韵略易通》属明母萧豪韵平声，与"毛"同音，而"昴"属明母萧豪韵上声。"褓当音条"，取自"北人呼褓子为条子，正此褓字"，是以字义类推的结果，同时"褓""条"亦同音，《韵略易通》透母萧豪韵平声。"犹音摇，则《檀弓》有此音矣。""犹"，《韵略易通》影母幽楼韵平声。"摇"，《韵略易通》影母萧豪韵平声。此诗，杨慎将读为幽楼韵的字改读为萧豪韵，并认为首句韵脚字"星"属《韵略易通》从母庚晴韵平声，视为非韵脚字。

3. 《召南·驺虞》

彼茁者葭 [kɑ]，壹发五豝 [pɑ]。于嗟乎驺虞 [ŋiuɑ]！【旧叶音牙】彼茁者蓬 [bɔŋ]，壹发五豵 [ʧʲɪɔŋ]。于嗟乎驺虞 [ŋiuɑ]！【旧叶五红切】

杨慎注：虞字，一也。此诗一音牙，一叶五红。《诗》有二章而叶音二变，使诗五六章尾句同者，亦五六变乎？不知古诗有屡章，而尾句同者多不叶，如《黍离》《桑中》《椒聊》《文王》《烝哉》之类也。此犹为远，即以《麟趾》之诗例之。《麟趾》者，《驺虞》之对也。《麟趾》三章结句皆曰"于嗟麟兮"，《驺虞》二章结句皆曰"于嗟乎驺虞"。《麟趾》三章，趾与子、定与姓、角与族为韵；《驺虞》二章，葭与豝、蓬与豵为韵，其例同也。即据才老之说，虞之一字，既音牙以叶豝，又音烘以叶豵，则《麟趾》首章，当音廌以叶子；二章，当音瞪以叶姓；三章，当音鹿以叶族矣。《麟趾》既不叶，则《驺虞》结句何独叶乎？此其纰缪之极者，故不容不详辨之。

此诗共有二章，共有六个韵脚字，句句押韵，属密韵。本诗的押韵方式为"遥韵"。所谓"遥韵"，即隔章押韵。遥韵多出现在诗章的开头及末尾，且以同样的句子出现。以《召南·驺虞》来说，两章末句皆为"于嗟乎驺虞"，韵脚字为"虞"，与第一章韵脚字"葭""豝"押韵（鱼部），第二章的韵脚字"蓬""豵"（东部），末句接"于嗟乎驺虞"，则形成遥韵。

杨慎也发现了遥韵这个特别的押韵现象。因为这两章的末句皆相同，必定押韵，同时为了配合前面的韵脚字，那么"虞"须有两音，杨慎定为"一音牙，一叶五红"，认为这样才能分别与"葭""豝"（鱼部）和"蓬""豵"（东部）通押。并举出类似押韵的诗篇，如《周南·麟之趾》。《麟之趾》共有三章，末句皆相同，为"于嗟麟兮"。为了达到押韵的要求，"麟"则要有三音才能分别和"趾"与"子"（之部）、"定"与"姓"（耕部）、"角"与"族"（屋部）三组韵脚相叶，那么"麟"字则"音鏖""音瞪""音鹿"。但是不可能有一个字能够同时出现之部、耕部与屋部三种读音，杨慎提出的"转注说""声之转"也有其限度，因此他认为："《麟趾》既不叶，则《驺虞》结句何独叶乎？此其纰缪之极者，故不容不详辨之。"也就是《麟之趾》既然不叶韵，又如何能要求《驺虞》叶韵呢？

虽说如此，但《诗经》不会有完全不叶韵的篇章，差别在于叶韵的形式相当多元而已。杨慎虽已注意到这一点，但对于《麟之趾》和《驺虞》的押韵形式依然无解，并没有因此勉强改变字音来配合叶韵。这是杨慎治古音学的新高度，他认为不应任意的改动读音，并且承认合理的范围可以适当地调整音读。在这一点上，杨慎推翻了吴棫的论点，只是尚未意识到《诗经》的押韵形式是多样化的。

4.《邶风·凯风》

凯风自南 [nəm]，吹彼棘心 [sɪəm]。棘心天夭［cɔ］，母氏劬劳［lɔ］。

杨慎注：旧叶音僚。今按劳自可叶夭，不必改音僚也。

此诗共有四章，杨慎讨论的是第一章。此章共有四个韵脚字，句句押韵，属密韵。前两个韵脚字"南""心"属侵部，后两个韵脚字"夭""劳"属宵部。其中"劳"字，杨慎注曰："旧叶音僚，今按劳自可叶夭，不必改音僚也。"以杨慎的时音来看，"劳"，《韵略易通》来母萧豪韵平声；"僚"，《韵略易通》来母萧豪韵平声，声韵相同，自然不必改音。而"夭"，《韵略易通》影母萧豪韵平声，与"劳"韵母相同，自可相叶。宋代吴棫将"夭"归入萧韵，"劳"为豪韵，故"劳"必须改读为"僚"（萧韵），方可相叶。杨慎以自己的时音来读，已可相叶，自然不必改音。

5.《邶风·泉水》

我思肥泉［dʑiuan］，兹之永叹［tʼan］。思须与漕［dʑu］，我心悠悠［jɪu］。驾言出游［jɪu］，以写我忧［ɪu］。

杨慎注：旧叶他涓切。今按叹音叹字可叶泉，不必改音。

本诗共有四章，杨慎讨论的是第四章。该诗句句押韵，属密韵，有换韵。前两句"泉""叹"属元部，后四句"漕""悠""游""忧"属幽部。"叹"，杨慎注"旧叶他涓切，今按叹音"，他涓切是《韵补》记录的音读，读为"番"。"泉"，《韵略易通》从母先全韵平声［tsʼyɛn］；"叹"，《韵略易通》透母山寒韵去声［tʼan］，两字的主要元音相近，韵尾相同，因此不必改读为"番"（山寒韵），即可叶韵。

6.《邶风·北门》

　　出自北门［muən］，忧心殷殷［ɪɛn］。终窭且贫［bɪən］，莫知我艰［keən］。已焉哉，天实为之，谓之何［hɑi］哉！

杨慎注：门，旧叶眉贫切。今按门自可叶殷，不必改音。

本诗三章，杨慎讨论的是第一章。此章句句押韵，属密韵，有换韵。前四句"门""殷""贫""艰"属文部。本章的下半段，依循《诗经》押韵的原则："小停顿处可以无韵。"① 虽然本章句句押韵，但"已焉哉"属小停顿处，不用韵是正常的。韵脚的位置界定，若为"虚字脚"②，也就是句尾是一个虚字，通常押韵在倒数第二个字。因此，"为""何"为韵脚字，属歌部。

杨慎注："门,旧叶眉贫切。今按门自可叶殷,不必改音。""门""珉"，《韵略易通》皆属明母真文韵平声；"殷"，《韵略易通》影母真文韵平声。因此，不必多此一举，以"门"即可叶"殷"。

7.《卫风·硕人》

　　硕人敖敖［ŋɔ］，说于农郊［keɔ］。四牡有骄［kɪɔ］，朱幩儦儦［pɪɔ］，翟茀以朝［dɪɔ］。大夫夙退，无使君劳［lɔ］。

杨慎注：旧叶音高。今按骄自可叶儦，不必改音。

---

① 王力：《诗经韵读》，《王力文集》第六卷，济南：山东教育出版社，1986年，第55页。

② 王力：《诗经韵读》，《王力文集》第六卷，济南：山东教育出版社，1986年，第47页。

本诗四章，杨慎讨论的是第三章。此章句句押韵，属密韵，有换韵。杨慎注："旧叶音高。今按骄自可叶僬，不必改音。""骄"，《韵略易通》见母萧豪韵平声［kiau］；"僬"，《韵略易通》滂母萧豪韵平声［p'au］；"高"，《韵略易通》见母萧豪韵平声［kau］。三字同属萧豪韵，因此不必改音即可叶韵。

8.《秦风·小戎》

小戎俴收［ɕiu］，五楘梁辀［tɕiu］。游环胁驱［k'io］【音去】，阴靷鋈续［zok］【音绪】。文茵畅毂［kok］，驾我骐馵［tɕiok］【音注】。言念君子，温其如玉［ŋiok］【音裕】。在其板屋，乱我心曲［k'iok］。

杨慎注：此诗旧叶非，今细味之，数四当作三换韵，乃得其读。收、辀为一韵，驱、续、馵、玉为一韵，屋、曲为一韵。读《诗》至此，可以解颐矣。

本诗三章，杨慎讨论的是第一章。此章十句九押，属于密韵，有换韵，王力标为"侯屋通韵"。前三句是幽侯合韵，幽部［u］与侯部［o］皆为圆唇音，"收"［ɕiu］、"辀"［tɕiu］、"驱"［k'io］都是三等字，故可叶韵。其余韵脚字"续"［zok］、"毂"［kok］、"馵"［tɕiok］、"玉"［ŋiok］、"曲"［k'iok］是屋韵，侯屋阴入相配，又与幽部主要元音发音部位相近，故可相叶。

关于此章，杨慎评为"此诗旧叶非，今细味之，数四当作三换韵，乃得其读"，认为此章三次换韵，且十句八押，共分"收、辀为一韵，驱（音去）、续（音绪）、馵（音注）、玉（音裕）为一韵，屋、曲为一韵"。

根据杨慎所改读的音来分析，"收""辀"皆属幽楼韵平声，相叶。"驱"（居鱼韵平声）读为"去"（居鱼韵去声）、"续"

（东洪韵入声）读为"绪"（居鱼韵去声）、"吾"（呼模韵去声）读为"注"（居鱼韵去声）、"玉"（东洪韵入声）读为"裕"（居鱼韵去声）。很显然，杨慎将此四字统一为居鱼韵去声以相叶。最后"屋""曲"两韵脚字皆属东洪韵入声，可相叶。

9.《小雅·杕杜》

　　有杕之杜［dɑ］，有睆其实［dʑɪet］。王事靡盬［kɑ］，继嗣我日［ȵɪet］。日月阳［jɪɑŋ］止，女心伤［ɕɪɑŋ］止，征夫遑［huɑŋ］止。

有杕之杜［dɑ］，其叶萋萋［tsyei］。王事靡盬［kɑ］，我心伤悲［pəi］。卉木萋［tsyei］止，女心悲［pəi］止，征夫归［kɪuəi］止。

陟彼北山，言采其杞［kʻɪə］。王事靡盬，忧我父母［mə］。檀车幝幝［ɕɪɑn］【音阐】四牡痯痯［kuɑn］【音管】，征夫不远［hɪuɑn］。

匪载匪来［lə］【叶六直切】，忧心孔疚［kiuə］。期逝不至［tɕet］【叶朱力切】，而多为恤［ɕuet］。卜筮偕［kei］【叶举里切】止，会言近【叶渠纪切】止，征夫迩［ȵɪei］止。

杨慎注：此诗四章，章七句。首章尾三句，阳、伤、皇为韵。次章，萋、悲、归为韵。三章，幝、痯、远为韵。末章，皆、近、迩为韵。又皆三句比诸《诗》例既异，而体裁亦奇矣。

本诗四章，杨慎皆有讨论，这首诗的用韵形式，句句押韵，属密韵。第一、二章相同，第三章与第四章则各有特色。

第一、二章内部用韵分为前四句与后三句，前四句属交韵，第一句"杜"、第三句"盬"属鱼部，第二句"实"、第四句

"日"属质部。后三句由于是"虚字脚",故由倒数第二个字押韵,"阳""伤""遑"属阳部。次章亦同,前四句是"杜""鹽"属鱼部;"萋"(脂部)、"悲"(微部),后三句"萋"(脂部)、"悲"(微部)、"归"(微部),属脂微合韵。

第三章用韵较为单纯,隔句用韵,有换韵,"杞""母"属之部,"嶍""瘏""远"属元部。第四章用韵形式类似第一、二章,但又相对单纯,前四句属隔句用韵,"来""疚"属之部,"至""恤"属质部。后三句和第一、二章同,由倒数第二个字押韵,"偕""近""迩"属脂部。

杨慎注:"此诗四章,章七句。首章尾三句,阳、伤、皇为韵。次章,萋、悲、归为韵。三章,惮、瘏、远为韵。末章,皆、近、迩为韵。"在于每章七句,只有尾三句押韵,前面的四句并不叶韵,因此认为"比诸《诗》例既异,而体裁亦奇矣"。《诗经》前四句不押韵,是不合常理的。王力指出《诗经》最多前两句不用韵,第三句起一定要用韵,称之为"三句起韵"[①],是"疏韵"的一种。因此,不会有前四句皆不用韵的情形,这是由于杨慎对《诗经》多元用韵形式的不了解所致。他未归纳出如"交韵"的用韵形式,这是因为明代古音学的发展尚在萌芽阶段,并非杨慎之过。

10.《小雅·鱼丽》

　　鱼丽于罶 [lɪu],鱨鲨 [ʃeai]。君子有酒 [ʧˊɪu],旨且多 [tɑi]。

　　杨慎注:此诗隔句用韵,与《兔罝》同。

　　本诗六章,杨慎讨论的是第二章。此章句句押韵,属密韵,

---

　　① 王力:《诗经韵读》,《王力文集》第六卷,济南:山东教育出版社,1986年,第87页。

且为交韵。韵脚字第一句"罶"与第三句"酒"属幽部，第二句"鲨"、第四句"多"属歌部，是幽部与歌部交韵的用韵形式。此种用韵形式，杨慎一律称为"隔句用韵"。

11.《小雅·南山有台》

　　南山有栲 [kʻu]【栲，旧叶音口】，北山有杻 [nɪu]。乐只君子，遐不眉寿 [zɪu]。乐只君子，德音是茂 [mu]。

杨慎注：慎按："栲，去九切。《说文》本作槻，从尻为声。《诗草木疏》云：'许慎读栲为糗，今人言考，失其声也。'《尔雅》'栲，山樗'疏亦云：'许慎正读为糗。'是其明证，然则栲之音口，正音也，非叶也。"

本诗五章，杨慎讨论的是第四章，首句押韵，隔句用韵，一韵到底。此章四个韵脚字"栲""杻""寿""茂"皆属幽部。先从"栲"字来分析，从考得声，若读为"考"，则属萧豪韵。杨慎注"栲"，读为去九切，此属幽楼韵上声。又于"栲"字下标"栲，旧叶音口"，"口"亦属幽楼韵上声。其他韵脚字"杻""寿""茂"亦属幽楼韵，故杨慎改音是为叶韵。

12.《小雅·车攻》

　　决拾既佽 [ʧɪei]【音次，与柴叶】，弓矢既调 [dɪoŋ]【读如同，与同叶】。射夫既同 [doŋ]，助我举柴 [ʤe]【音恣】。

杨慎注曰：佽、柴为韵，于首尾调同，为韵于中，又一体例也。

本诗共计八章，杨慎讨论的是第五章。此章句句用韵，属密韵，其用韵形式属"抱韵"。所谓"抱韵"，多四句两韵，第一、四句押韵，第二、三句押韵，如同环抱一般，故称之为"抱韵"①。这种押韵类型在《诗经》中并不常见。

杨慎注曰："伙、柴为韵，于首尾调同，为韵于中，又一体例也。"认为"伙""柴"叶韵，因此造成首尾叶韵的情形，如此当算为一种体例。虽然杨慎没有明确提出"抱韵"，但已认知此种押韵形式当视为体例，并非例外。

以此章来说，伙 [ʧɪei]（脂韵）、柴 [ʤe]（支部），属脂支合韵，这在《诗经》中十分常见。然而杨慎"伙"标"音次，与柴叶"，"柴"标"音恣"。"伙""次""恣"，《韵略易通》皆属支辞韵，"柴"属皆来韵平声，若"柴"不改读为"恣"则无法叶韵。其次是"调"的音读，杨慎云"读如同，与同叶"，将"调"读为"同"，这样的改读在《离骚》、东方朔《七谏》中也曾出现。段玉裁《六书音韵表》云："调，本音在第三部（幽部），读如'稠'，《车攻》以韵'同'字，屈原《离骚》以韵'同'字，东方朔《七谏》以韵'同'字，皆读如'重'，此古合韵也。"② 因此，"调"字与"同"字叶韵是符合古韵分部的。

13.《小雅·小明》

　　昔我往矣，日月方奥 [ɪuk]【音郁】。曷云其还？政事愈蹙 [ʧɪuk]。岁聿云莫，采萧获菽 [ɕɪuk]。心之忧矣，自诒伊戚 [ʧyuk]。念彼共人，兴言出宿 [ʃɪuk]。岂不怀归？畏此反覆 [pʼɪuk]。

杨慎注曰：此诗与今韵叶。

　　① 王力：《诗经韵读》，《王力文集》第六卷，济南：山东教育出版社，1986年，第85页。

　　② 段玉裁：《诗经韵分十七部表》，见《说文解字注》附《六书音韵表》四，北京：中华书局，2013年，第857页。

本诗五章，杨慎讨论的是第三章，隔句用韵，一韵到底。此章四个韵脚字"奥""薁""菽""戚""宿""覆"皆属觉部。

以杨慎的时音来读，是可叶韵的。其中"奥"标以"音郁"。"奥"，《韵略易通》属萧豪韵，改读为"郁"，属真文韵 [-yən]；"薁""菽"皆属东洪韵 [-uŋ]；"戚"属庚晴韵 [-əŋ]；"宿""覆"皆属幽楼韵 [-əu]。如此看来，前四句应归入抱韵形式，真文韵与幽楼韵主要元音相同，韵尾 [-ŋ] 是一个很弱的音，可与 [-n] 相叶。且《小雅·车攻》一诗中，杨慎亦认同了抱韵的用韵体例，后两个韵脚字属幽楼韵，虽然分属韵部不同，但主要元音 [ə] 相同，可与前半部相叶。

杨慎以今韵来读，形成前抱韵、后隔句用韵的形式，加上主要元音相同，故可通叶。但事实上以古韵来分析，"奥""薁""菽""戚""宿""覆"六个韵脚字全属觉部。

14.《小雅·楚茨》

执爨踖踖 [tʃˊyak]【叶七略切】，为俎孔硕 [ʐyak]【叶常约切】，或燔或炙[tɕyak]【叶直略切】。君妇莫莫[mak]【叶木各切】，为豆孔庶[ɕiak]【叶陟略切】，为宾为客 [kˊeak]【叶克各切】。献酬交错 [tʃak]，礼仪卒度 [dak]【叶徒各切】，笑语卒获 [hoak]【叶黄郭切】。神保是格[keak]【叶冈鹤切】，报以介福，万寿攸酢 [dʒak]。

杨慎注曰：此诗皆古韵，非叶，殆不可读。

全诗六章，杨慎提出的是第三章的用韵问题。此章十二句十一句用韵，属密韵。韵脚字"踖""硕""炙""莫""庶""客""错""度""获""格""酢"，全属铎部。

杨慎注曰："此诗皆古韵，非叶，殆不可读。"他认为如果不改动读音的话，整章无法相叶，而《诗经》不可能有无法相叶的诗章。为了相叶，十一个韵脚字，杨慎共改读了九个字，见下表所示：

	韵脚字	《韵略易通》	
		原本的音读	改读后的音读
1	踖	庚晴韵入声	七略切（江阳韵去声）
2	硕	庚晴韵入声	常约切（江阳韵入声）
3	炙	庚晴韵入声	直略切（江阳韵去声）
4	莫	江阳韵入声	木各切（江阳韵入声）
5	庶	居鱼韵去声	陟略切（江阳韵去声）
6	客	庚晴韵入声	克各切（江阳韵入声）
7	错	江阳韵入声	未改读（江阳韵入声）
8	度	江阳韵入声	徒各切（江阳韵入声）
9	获	庚晴韵入声	黄郭切（江阳韵入声）
10	格	庚晴韵入声	冈鹤切（江阳韵入声）
11	酢	江阳韵入声	未改读

若照杨慎的时音来读，押韵的情形如下："踖""硕""炙"（庚晴韵入声 [-uək] / [-ik]），"莫"（江阳韵入声 [-ɑk]），"庶"（居鱼韵去声 [-y]），"客"（庚晴韵入声 [-ək]），"错""度"（江阳韵入声 [-uɑk]），"获""格"（庚晴韵入声 [-uək] / [-ək]），"酢"（江阳韵入声 [-uɑk]）。可以发现主要元音从 [ə] → [ɑ] → [y] → [ə] → [ɑ] → [ə] → [ɑ]，如果仅是 [ə] 和 [ɑ] 的循环用韵，因其规律性，可视为押韵，但"庶"字 [y] 怎么样都无法解释，加上"庶"字属于该章中的"大停顿处"，这个位置必然用韵。为了解决这个问题，杨慎选择改读字音。

从上文可知，杨慎将属庚晴韵入声［-ək］的韵脚字皆改读为江阳韵，其中前六句的奇数句为合口去声［-uaŋ］，偶数句为开口入声［-ak］，后六句的五个韵脚字皆属江阳韵入声［-ak］，而唯一不押韵的"报以介福"的"福"字，其实也是入声字。庚晴韵的主要元音［ə］是一个央元音，发音位置不前不后，是自然状态的发音，当然也容易受到其他强势元音的影响，杨慎选择将庚晴韵改读为江阳韵。较具争议的是"庶"，属居鱼韵［y］，是一个圆唇前高元音，改读为［a］，是一个后低元音，就只能再使用"叶音说"的方式了。"莫"与改读的语音"木各切"声韵调相同，但有开合口的区别，因此杨慎依旧改读。从杨慎的改读可以看出他追求韵脚和谐的意图。

15.《小雅·瞻彼洛矣》

瞻彼洛矣［jɪə］，维水泱泱［jaŋ］。君子至止［tɕɪə］，福禄如茨［dʑɪei］。韩斡有奭【音饱】，以作六师［ʃɪei］。

瞻彼洛矣［jɪə］，维水泱泱［jaŋ］。君子至止［tɕɪə］，鞞琫有珌［pɪet］。君子万年，保其家室［ɕɪet］。

瞻彼洛矣［jɪə］，维水泱泱［jaŋ］。君子至止［tɕɪə］，福禄既同［doŋ］。君子万年，保其家邦［peoŋ］。

杨慎注曰：此诗首二句不叶韵，亦犹《驺虞》尾句不叶之例。

全诗三章，每章六句五用韵，属密韵。首章五个韵脚字："矣""泱""止""茨""师"，其中"矣"与"止"叶，属之部，"泱"则与二三章形成"遥韵"，末尾三句二用韵，"茨""师"属脂部。第二、三章亦同，末尾二用韵，分别是"珌""室"属质部，"同""邦"属东部。

该诗的用韵体例，杨慎注曰："此诗首二句不叶韵，亦犹《驺虞》尾句不叶之例。"认为每章的开头两句不叶韵，从第三句开始用韵，且《驺虞》也有类似的用韵现象。《诗经》中确实有前两句不用韵，至第三句始用韵，称之为"三句起韵"，但《驺虞》和《瞻彼洛矣》相同，是诗章的开头或末尾，句子相同，遥韵位置也必须相同，并非"三句起韵"的用韵形式，只押韵在第三句，这是两种截然不同的形态。杨慎认为第一个用韵处是"君子至止"，这是依循《驺虞》的用韵思路而来的。

王力在《诗经韵读》中，将"矣"后标"与止叶"，"止"是第三句"君子至止"的"止"，同为之部。"泱"后标"与二三章遥韵。"二三章亦同。此诗的用韵是首句用韵，隔句用韵中穿插遥韵的形式。遥韵的位置为何是"泱"？首先观察各章的段落，以第一章为例：瞻彼洛矣，维水泱泱。/君子至止，福禄如茨。/韎韐有奭，以作六师。共分三段，遥韵的位置是"维水泱泱"，因为该句是文意的结束处，方能成为韵脚。各章开头的"瞻彼洛矣"与"君子至止"相叶，都是之部，第三个段落各自押韵。由此可看出，《诗经》每首诗每章中的诗句是与用韵有所配合的，杨慎虽注意到了《诗经》中的特殊用韵现象，但诗句与用韵常出现矛盾之处。

16.《大雅·抑》

其在于今，兴迷乱于政［tɕien］。颠覆厥德，荒湛于酒［tʃʼɪu］。女虽湛乐从，弗念厥绍［ziɔ］。罔敷求先王，克共明刑［hyen］。

杨慎注曰：详此诗，与《尚书》命辞同，不必强叶。

全诗十二章，前三章，每章八句；后九章，每章十句，隔句用韵，有换韵。杨慎提出的是第三章，杨慎注曰："详此诗，与

《尚书》命辞同，不必强叶。"意指该章的韵脚彼此间不押韵。根据古韵分部来看，韵脚字第二句"政"与末句"刑"叶，属耕部；第四句"酒"与第六句"绍"叶，是幽宵合韵，疑似形成"抱韵"用韵形式。

17.《鲁颂·驷》

　　驷驷牡马［mea］，在坰之野［jya］。薄言驷者［tɕya］，有骓有骆［lak］，有骝有雒［jak］，以车绎绎［jyak］。思无斁［jyak］，思马斯作［tʃʹak］。

杨慎注曰：斁音度，作音做。

全诗四章，每章八句，句句用韵，属密韵，有换韵。杨慎提出的是第三章，韵脚字"马""野""者"属鱼部，"骆""雒""绎""斁""作"属铎部。

关于此章，杨慎仅注曰："斁音度，作音做。"只改动的两个字音"斁"及"作"，皆改为江阳韵入声。那么，此章的用韵情况如何？试着还原此章的用韵情形，以杨慎《古音丛目》及《韵略易通》相对照，先将各句末字的韵调状况逐一列出，详见下表：

	各句末字	《古音丛目》	《韵略易通》	杨慎改音
1	◎马	姎上［-a］	家麻上［-a］	无
2	野	语虞上［-y］	遮蛇上［-iɛ］	无
3	◎者	药入［-ak］	江阳入［-ak］	无
4	骆	御遇去［-y］	江阳入［-uak］	无
5	◎雒	药入［-uak］	江阳入［-uak］	无
6	◎绎	药入［-uak］	庚晴入［-ik］	无

	各句末字	《古音丛目》	《韵略易通》	杨慎改音
7	◎斁	御遇去 〔-y〕	呼模去 〔-u〕	音度，江阳入〔-uɑk〕
8	◎作	御遇去 〔-y〕	江阳入 〔-uɑk〕	音做，江阳入〔-uɑk〕

杨慎标注仅"斁""作"（江阳韵入声），可见将此两字视为韵脚字。"斁""作"于《古音丛目》皆归入御遇韵去声，但《韵略易通》分别读为呼模韵去声及江阳韵入声，如此一来则不叶韵，故才需要改音。那么，此章的用韵情形如何？接着观察第一至六句。这些字最大的相同点即主要元音相近，即〔-a〕和〔-ɑ〕，此两音发音部位一前一后，但以听觉感知来说，没有明显的区别，因此将"马""者""雏""绎""斁""作"以◎标出，这些即为杨慎认定的韵脚字。

三、杨慎《诗经》韵脚字音改读分析

杨慎有明确的古音观念，认为"古音"与"今音"有别。当遇到古今音不同时，也就是当他以今音读之不相叶时，即古今音产生变化的地方，杨慎采取的是以"转注"的方式来考求古音。他将搜罗的四千五百余有别于今音音读的字，加以搜集编列，并考虑到使用者的便利性，以平水韵编排。这种不附会、实事求是的态度，值得肯定。杨慎的十三世孙杨崇焕曾推崇道："在明世独公始讥议叶音，直称古音，遂搜辑四千五百余字之多，成立古音学，开后贤途径。其提倡之功，实不可没。"① 杨慎的"转注"理论是在叶音的基础上采以"转注古音"，并强调音义的关联性。他在《转注古音略·题辞》中说道："《毛诗》《楚辞》悉谓之叶韵，其实不越保氏转注之义耳。……学者虽稍知密诵而犹谓叶韵自叶韵，转注自转注，是犹知二五而不知十也。"② 又说"原古人转注之法，义可互则互，理可通则通，未必皆互皆通也。……《诗》之叶音如《易》之卦变，六十四卦可变为九千四十六卦……盖变而有义则取之，无义则弗之取也。"③ 以杨慎的"转注"理论来说，音韵相通转的条件，除了须具备语音上的关联性外，也要具备字义上的关联及方言的依据。杨慎所言的"叶音"，并非宋人的"叶音"，而是利用"转注古音"而来的古音。这些古音存于经传子集之中，与今韵殊者之叶音即为古音。

上文已分析了《古音略例·诗叶音例》中十七首《诗经》作品的韵例及韵脚音读状况，以下就用韵现象进行分析。回顾上文所论，杨慎对《诗经》韵脚字音读予以改读并加以分析与讨论者，共计十一首诗作；余下六首，则属其因未认识《诗经》韵例多元化特质，又受到近体诗隔句用韵的影响而改读字音的情况。接下来，笔者结合《诗叶音例》，对这十七首作品进行韵脚的归纳、系联及分析。在分析字音改读的部分，可再分为两种类型，一是随文改叶者（共有七首诗作），二是自可叶不必改音者（共有四首诗作）。

———————

① 杨崇焕：《陈第古音学出自杨升庵辨》，载林庆彰、贾顺先编《杨慎研究资料汇编》，台北："中央研究院"中国文哲研究所筹备处，1992年，第538页。

② （明）顾应祥：《转注古音略·题辞》，载《转注古音略》，日本宫内厅内阁文库本。

③ （明）杨慎：《答李仁夫论转注书》，载《转注古音略》，日本宫内厅内阁文库本。

（一）随文改叶

"随文改叶"的诗作共有七首，分别是《小星》《小戎》《南山有台》《车攻》《小明》《楚茨》《瞻彼洛矣》《驷》。在杨慎所辑的韵书中，常见一字多音的现象，而在这些诗作中，杨慎如何求其古音，以下将逐一推演。

1.《小星》

嘒彼小星，维参与昴【旧叶力求切】。肃肃宵征，抱衾与裯。寔命不犹！

对《小星》一诗，杨慎订为相叶的韵脚为"昴""裯""犹"，全读为萧豪韵。其中改读的部分有二处，分别是"音昴为旄""犹音摇"。

"昴"归入《转注古音略》三肴韵，曰："昴，音旄。《诗》'维参与昴'。徐邈读：今按昴星，象旄头，旄音近是。吴才老叶音作留，非。"《古音丛目》："昴，音旄，《诗》。"而"昴""旄"，《韵略易通》分属萧豪韵的上声与平声，在此杨慎订正吴才老"叶音作留"的误读，而改读为"旄"，与其时音相距不远。

"犹"归入《转注古音略》二萧韵，曰："犹，音摇。《礼·檀弓》'陶斯咏，咏斯犹'，又'君子盖犹犹尔'，曰《毛诗》'抱衾与裯，寔命不犹'。"《古音丛目》二萧韵："音摇，《檀弓》。"所举的例子皆为先秦古籍，读为"摇"。《古音略例》中则注"犹音摇"，可见"摇""摇"同音。

"犹""摇"自古已相涉。"摇"，《集韵》注"或作犹"，《礼记·檀弓下》"陶斯咏，咏斯犹，犹斯舞"，"犹"当为"摇"，是声近而误也。又《诗·巧言》"秩秩大猷"，《汉书·

叙传》注作"秩秩大猷"可证。"猷""谣"为古今字，因此在杨慎的判断里"犹""谣"古音同。"犹"，段玉裁将其归入古韵第三部①，王力的古韵拟测为 [-u]；杨慎曰"音谣"，则韵母拟为复元音 [-au]。

2.《小戎》及《南山有台》

> 小戎俴收，五楘梁辀。游环胁驱【音去】，阴靷鋈
> 续【音绪】。文茵畅毂，驾我骐駵【音注】。言念君子，
> 温其如玉【音裕】。在其板屋，乱我心曲。（《小戎》）

关于此章，杨慎将韵脚订为"收、辀为一韵，驱（音去）、续（音绪）、駵（音注）、玉（音裕）为一韵，屋、曲为一韵"，其中将"驱""续""駵""玉"分别改读为"去""绪""注""裕"，于《韵略易通》皆属居鱼韵。以下逐一分析杨慎将此四字改读为居鱼韵的缘由。

"驱"，《转注古音略》未收。《古音丛目》七遇韵："驱，区遇切。陶侃《相风赋》。""驱"，段玉裁将其归入古韵第四部，古韵拟测为 [-o]；杨慎曰"音去"，则韵母拟为 [-y]。

"续"归入《转注古音略》七遇韵，曰："续，音绪。《诗》'阴靷鋈续'。"《古音丛目》七遇韵："续，音绪。《诗》。""续"，段玉裁将其归入古韵第三部，古韵拟测为 [-u]；杨慎曰"音绪"，则韵母拟为 [-y]。

"駵"，《转注古音略》和《古音丛目》皆未收该字，杨慎标"音注"，与《说文解字》同。《说文解字》云："马后左足白也。从马，二其足。读若注。之戍切。""駵"，段玉裁将其归入古韵第

---

① 按：本文探讨古韵分部时，采用段玉裁古韵十七部，是为了配合《说文解字注》及段玉裁《诗经韵分十七部表》，而古韵拟测则采用了王力拟定的古音系统。

三部，古韵拟测为［-u］；杨慎曰"音注"，则韵母拟为［-y］。

"玉"，杨慎考有三音，一是归入《转注古音略》一屋韵，曰："音肃，人姓。西汉有公玉带，东汉有京兆玉况。"《古音丛目》一屋韵："音肃，人姓。"二是《转注古音略》十药韵："音珏。《易林》'桑叶腐蠹，衣弊如络。女功不成，丝布为玉'。"《古音丛目》十药韵："音珏。《易林》。"三是《古音丛目》二十六宥韵："欣救切。篆玉工也。"因此杨慎选用"玉"的音读应该是宥韵。"玉"，段玉裁将其归入古韵第三部，古韵拟测为［-u］；杨慎曰"音裕"，则韵母拟为［-y］。

> 南山有栲【栲，旧叶音口】，北山有杻。乐只君
> 子，遐不眉寿。乐只君子，德音是茂。(《南山有台》)

此章杨慎将韵脚订为"栲""杻""寿""茂"，并分析了"栲"的旧读，按其注，"栲，旧叶为口"，是正确的读音，同时注"去九切"。"栲"，《转注古音略》未收，但"九"属十一尤韵，"栲"应属同部。

《古音丛目》二十五有韵："栲，去九切。《诗》'南山有栲'。《说文》本作栲，从尻为声。《诗草木疏》云：许慎读栲为糗，今人言考，失其声也。《尔雅》'栲，山樗'疏亦云：许慎读为糗。徐铉注《说文》，作若浩切，不考之罪也。况《诗》'栲'与'杻'合韵，乃正读，非叶。"

"口"，《转注古音略》未收。《古音丛目》十一尤韵："口，音驱。法云《三洲歌》。""栲"，段玉裁将其归入古韵第三部，古韵拟测为［-u］；杨慎曰"旧叶音口"及"去九切"，皆韵母拟为［-əu］。

综上所述，《小戎》及《南山有台》两首诗反映的皆是尤、侯、幽三部之间的错杂关系，详见下表：

	韵脚字	音注字	杨慎音注拟音	韵脚字古韵十七部归部	王力拟测音标
1	驱	去	[-y]	四	[-o]
2	续	绪	[-y]	三	[-u]
3	异	注	[-y]	三	[-u]
4	玉	裕	[-y]	三	[-u]
5	栲	口/去九切	[-əu]	三	[-u]

从古韵分部来观察，韵脚字集中在第三、四部，即为尤、侯、幽。段玉裁将侯部独立，因此才分出了第三、第四部。杨慎注意到了尤、侯、幽的区别，但他选择配合押韵的整齐度，仍然将"驱"读为 [-y]、"栲"读为 [-əu]。依照王力拟测的结果来看，侯部 [-o] 与幽部 [-u] 属于后中元音和后高元音，在《诗经》中时常合韵，在允许的范围内。杨慎拟定古音时，仍以叶韵与否为主要原则。

3.《车攻》

决拾既伙【次，与柴叶】，弓矢既调【读如同，与同叶】。射夫既同，助我举柴【音恣】。

杨慎订韵脚"伙""柴"为一韵，"调""同"为一韵。其中"伙"标"音次，与柴叶"，"柴"则标"音恣"。

"伙"，《转注古音略》及《古音丛目》皆未收。"次"，《古音丛目》四支韵："次，音咨。愒次，地名。""伙"，段玉裁将其归入古韵第十五部，古韵拟测为 [-ei]；杨慎曰"音裕"，则韵母拟为 [-i]。

"柴"，《转注古音略》四支韵："柴，初曦切。《毛诗》'射夫既同，助我举柴'，《庄子》'柴立其中央'，扬雄赋'柴虒参差'，不齐貌。"《古音丛目》四支韵："柴，初羲切。《毛诗》。"
"次，音咨。惰次，地名。""柴"，段玉裁将其归入古韵第十六
部，古韵拟测为 [-e]；杨慎曰"音裕"，则韵母拟为 [-i]。

"伙""柴"分属古韵第十五及十六部，同时是段玉裁支、
脂、之三分的成果，其主要区别在于有无韵尾 [-i]。《诗经》
中常可见支、脂、之叶韵的情况，杨慎皆读为支辞韵 [-i]，是
尚处于支、脂、之相混的状态中。

4.《小明》

> 昔我往矣，日月方奥【音郁】。曷云其还？政事愈
> 蹙。岁聿云莫，采萧获菽。心之忧矣，自诒伊戚。念彼
> 共人，兴言出宿。岂不怀归？畏此反覆。

杨慎将此章的韵脚订为"奥""蹙""菽""戚""宿"
"覆"，是一首可以用时音来叶韵的诗。最后两个韵脚字属幽楼
韵，前面四个韵脚字呈抱韵。因此，"奥"和"戚"，"蹙"和
"菽"相叶。其中"奥"，杨慎改读为"郁"，以与"戚"叶。

"奥"，《转注古音略》《古音丛目》皆未收，但《转注古音
略》及《古音丛目》五物韵中有"狸""蔚""菀""熨"标音
"郁"，共四字与"奥"同音。"奥"《说文解字》："宛也。室之
西南隅。从宀，桒声。"段玉裁注曰："宛奥双声。……古音在
三部。按艸部，桒读若书卷，则奥宜读若怨。"古韵归入第三
部，古韵拟测为 [-u]；杨慎曰"音郁"，则韵母拟为 [-yən]。

杨慎将"奥" [-yən] 和"戚" [-ən] 相叶，是取其主要
元音相同。从古韵拟测的结果来看，杨慎将"奥"读为"郁"，
是为了符合该章的韵例。"奥"的时音属萧豪韵 [-au]，而其
他三个韵脚字都带韵尾 [-n] 或 [-ŋ]，"奥"是元音收尾，显
然不合，而《诗经》押韵最迟于第三句一定要出现，因此"奥"

必为韵脚字，如此一来，"奥"的音读必须修正，古音"奥"与时音不同，故杨慎改读为"郁"。这个改动亦是前有所承，并非任意更改。

"奥"，《说文解字注》云："宛奥双声。宛者，委曲也。室之西南隅，宛然深藏，室之尊处也。"一方面，"奥"除了解释为西南隅，是房室内幽深之处，还可以引申为深、幽，乃至秘藏之意，与"宛"通。其他如《文选·张协·七命》"吞响乎幽山之穷奥"，注云："奥，隐处也。"《汉书·王褒传》"去卑辱奥渫而升本朝"，注云："张晏曰：奥，幽也。"《广雅·释诂·四》云："奥，藏也。"

另一方面，"郁"，《说文解字》云："木丛生者。从林，鬱省声。迂弗切。"段玉裁注："郑司农注《考工记》曰：窋读如宛，彼北林之宛。《菀柳传》曰：菀，茂林也。《桑柔传》曰：菀，茂皃。按：宛、菀皆即郁字，从林，鬱省声，迂弗切，十五部。"古韵拟测为［-əi］，可知"宛""菀"通"郁"字。因此，杨慎将"菀""奥"都读为"郁"，是由字义转注推敲而来的。

5.《楚茨》

执爨踖踖【叶七略切】，为俎孔硕【叶常约切】，或燔或炙【叶直略切】。君妇莫莫【叶木各切】，为豆孔庶【叶陟略切】，为宾为客【叶克各切】。献酬交错，礼仪卒度【叶徒各切】，笑语卒获【叶黄郭切】。神保是格【叶冈鹤切】，报以介福，万寿攸酢。

此章杨慎注曰："此诗皆古韵，非叶，殆不可读。"用时音读不通，故杨慎以叶韵改读了九个字，将其全改为江阳韵入声［-ak］。从反切用字来看，只用了"略""约""各""郭"

"鹤"共五字。

"蹋",《转注古音略》未收。《古音丛目》归入十药韵："七略切,《诗》。"段玉裁《说文解字注》云:"长胫行也。《小雅》'执爨踖踖'。毛曰:'踖踖,言爨灶有容也。'从足昔声,资昔切,古音在五部。"古韵拟测为[-ɑ]。杨慎即沿用《古音丛目》的切语"七略切",韵母拟为[-ɑk]。

"硕",《转注古音略》十药韵:"实若切,大也。《大学》:'人莫知其子之恶,莫知其苗之硕。'《太玄》:'心孔硕乃后有铄。'"《古音丛目》十药韵:"常灼切,《诗》。"段玉裁《说文解字注》曰:"头大也。引伸为凡大之称。《释诂》《毛传》皆曰:'硕,大也。'《简兮传》曰:'硕人,大德也。'硕与石二字互相借,从页石声,常只切,古音在五部。"古韵拟测为[-ɑ]。杨慎"硕"古音读实若切及常灼切,此两音相同,时音属江阳韵,于此章则改读常约切,亦属江阳韵,韵母拟为[-ɑk]。杨慎基本上是沿用了《转注古音略》及《古音丛目》收录的古音。

"炙",《转注古音略》未收。《古音丛目》十药韵:"陟略切,《诗》。"《说文解字》曰:"炮肉也。从肉在火上。凡炙之属皆从炙。之石切。"段注:"之石切,古音在五部。"古韵拟测为[-ɑ]。杨慎将"炙"古音读为陟略切,在此章读为直略切,两切语同音。杨慎沿用《古音丛目》的古音,韵母拟为[-ɑk]。

"莫",《转注古音略》十二锡韵:"莫,音觅,虚无也。《庄子》'合气于莫'。"《古音丛目》十二锡韵:"莫,音觅。《庄子》。"段玉裁《说文解字注》曰:"日且冥也。且冥者,将冥也。木部曰:杳者,冥也。夕部曰:夕,莫也。引伸之义为有无之无,从日在茻中,会意,茻亦声。此于双声求之,莫故切,又慕各切,五部。"古韵拟测为[-ɑ]。杨慎将"莫"古音读为

"音觅"，韵母拟为［-i］，改读为木各切，韵母拟为［-ak］。

"庶"，共收有三音，分别是《转注古音略》六语韵："音煮。《周礼》：'有庶氏，驱除毒蛊之官。'"《转注古音略》六麻韵："上奢切。《易》'锡马蕃庶'，郑注。"《古音丛目》仅收一音，归入十药韵："陟略切。《诗》。"段玉裁《说文解字注》曰："屋下众也。诸家皆曰'庶，众也'，许独云屋下众者，以其字从广也。《释言》曰：'庶，侈也。'……商署切，五部。"古韵拟测为［-a］，于此章"庶"读为陟略切，与《古音丛目》所收相同，同属江阳韵入声，韵母拟为［-ak］。

"客"，《转注古音略》十药韵："音恪。周封虞夏商三代之后为三恪。恪者，客也。《诗》云：'有客有客，亦白其马。'《左传》：宋，殷后也，于周为客。《易林》：'山鸟野鹊①，来集六博。三枭四散，主人胜客。'《甘氏星经》：炎火之状名曰格泽，不有土功，必有大客。格泽，音阁夺。"《古音丛目》十药韵："克各切。《诗》。"段玉裁《说文解字注》曰："寄也。字从各。各，异词也。故自此托彼曰客，引伸之曰宾客。宾，所敬也。客、寄也。……各声，苦格切，古音在五部。"古韵拟测为［-a］。杨慎将"客"标"音恪"，于此章将"客"读为克各切，而"恪"及克各切，同属江阳韵入声，韵母拟为［-ak］。

"度"，《转注古音略》十一陌："古宅字。《毛诗》'爰究爰度'，又'度其鲜原'。"《古音丛目》十一陌："古宅字。《诗》'爰究爰度'，又'度其鲜原'。"段玉裁《说文解字注》曰："法制也。《论语》曰：'谨权量，审法度。'《中庸》曰：非天子，不制度。今天下车同轨。古者五度，分寸尺丈引谓之制。

---

① 山鸟野鹊：据《焦氏易林》卷一，当改作"野鸟山鹊"，文渊阁《四库全书》本。

《周礼》：出其淳制，天子巡守礼。制币丈八尺，纯三咫。……徒故切，五部。"古韵拟测为［-ɑ］。由于"度"并无标音，杨慎于此章改读为徒各切，属江阳韵入声，则韵母拟为［-ɑk］。

"获"（獲），《转注古音略》十药韵："音勺。《汉志》：'尺者，蒦也。'"《古音丛目》十药韵："音勺。《诗》。"段玉裁《说文解字注》曰："猎所获也，故从犬。引伸为凡得之称。从犬蒦声，胡伯切，古音在五部。"古韵拟测为［-ɑ］。杨慎将"获"古音读为"音勺"，与此章改读的黄郭切，同属江阳韵入声，韵母拟为［-ɑk］。

"格"，《转注古音略》十药韵："音阁。格，泽星名。《说文》'长皃'，徐曰：'树高长枝为格。'庾信《小园赋》：'草树混淆，枝格相交。'又阻隔不行。《汉·义纵传》：'废格沮事。'《唐书》：'其议遂格。'又角戏也。'吾丘寿王，善格五。'《韩非子》：'严家无格虏。'又以杙阁兽也。《选·吴都赋》：'儰罳咴而彼格。'又杙也。《选·吴都赋》：'峭格周施。'"《古音丛目》十药韵："音阁，泽星名。"段玉裁《说文解字注》曰："木长皃。以木长别于上文长木者，长木言木之美，木长言长之美也。木长皃者，格之本义，引伸之长必有所至。故《释诂》曰：'格，至也。'抑《诗传》亦曰：'格，至也。'凡《尚书》'格于上下''格于艺祖''格于皇天''格于上帝'是也。此接于彼曰至，彼接于此则曰来。郑注《大学》曰：'格，来也。'凡《尚书》'格尔众庶''格汝众'是也。……从木各声，古百切，古音在五部。"古韵拟测为［-ɑ］。杨慎于"格"古音读"音阁"，此章改读冈鹤切，同属江阳韵入声，韵母拟为［-ɑk］。

韵脚字"踖""硕""炙""莫""庶""客""度""获""格"，大部分依循《转注古音略》及《古音丛目》的古音，仅有"莫"及"度"两字呈现改读的情况，以下进行说明与讨论。

"莫"于《转注古音略》标"音觅",拟为［mi］。"度"于《转注古音略》中标"古宅字",但无标音。首先,"莫",杨慎订为"音觅",是取其虚无之义。《说文解字》中"莫"的本义是"日且冥也,从日在茻中",是形容傍晚天快黑的样子,而杨慎将其解释为"虚无",与《说文解字》本义也有相通之处,但是改读为"音觅"的"莫",其字义已是引申解释后的字义了,而音读上则无明显关系。

"度",杨慎认为是"宅"的古字,是从《诗·大雅·文王有声》"考卜维王,宅是镐京"、《礼记·坊记》引《诗》"考卜惟王,度是镐京。惟龟正之,武王成之"而来的。"度",王力拟为［deɑk］;"宅",拟为［dɑk］,同为铎部,两字音近,因此可通用。

6.《駉》

> 駉駉牡马,在坰之野。薄言駉者,有驈有骆,有骊有雒,以车绎绎。思无斁,思马斯作。

此章杨慎将韵脚字订为"马""野""者"相叶,"骆""雒""绎""斁""作"相叶。其中杨慎注:"斁音度,作音做。"

"斁",《转注古音略》七遇韵:"音妒。《尚书》'彝伦攸斁'。《诗》'在彼无恶,在此无斁。庶几夙夜,以求终誉'。"《古音丛目》七遇韵:"音度。《书》。"段玉裁《说文解字注》曰:"解也。此与《释音》义同。后人区别之,从攴睪声,羊益切,古音在五部。"古韵拟测为［-a］。杨慎注"音妒"及"音度","妒""度"同音,即沿用《转注古音略》及《古音丛目》的音读,同属江阳韵入声,韵母拟为［-ak］。

"作"有二音,分别是《转注古音略》七遇韵:"音做。

《毛诗》'侯作侯祝'。《汉书》'金可作,世可度'。又,'廉叔度,来何暮?不禁火,民夜作'。梁元帝诗'芙蓉作船丝作索'。《六朝诗话》云'作读为做'。"《转注古音略》七遇韵:"音聚。《毛诗》'作昼作夜',作,即具切,读作。《冲虚经》'以昼足夜'之(足)谓夜不足,以昼补之也。"《古音丛目》七遇韵:"则故切。《诗》:'采薇采薇,薇亦作止。曰归曰归,岁亦莫止。'又,'思无斁,思马斯作',斁音度。"段玉裁《说文解字注》:"作,起也。《秦风·无衣传》曰:'作,起也。'《释言》《谷梁传》曰:'作,为也。'《鲁颂·駉传》曰:'作,始也。'《周颂·天作传》曰:'作,生也。'其义别而略同,别者所因之文不同,同者其字义一也。……从人乍声,则洛切,五部。"古韵拟测为 [-a]。"作"于明代有两音,一是江阳韵入声,韵母拟为 [-ɑk];一是呼模韵去声,韵母拟为 [-u]。《韵略易通》中"作"(江阳韵)、"做"(呼模韵)不同音。《转注古音略》中"音做"应是指江阳韵入声的音读,否则不与"斁"相叶。另一音则是读为居鱼韵去声,韵母拟为 [-y]。杨慎的时音中"作""做"同属江阳韵,但兰茂的《韵略易通》仍分属两音。

(二) 自可叶不必改音

在杨慎所引《诗经》的 17 首诗中,共有 4 首诗属于不必改音者,分别为《凯风》《泉水》《北门》《硕人》。杨慎突破宋代以来人们认为古韵仅是"古人韵缓"的陈说,指出古人的韵部也有其内部秩序,并非单纯"韵缓"。他在《古音韵例》中综合评价道:

> 今按上四条,如字读自可叶,才老必欲改之者,以劳在豪韵,天在萧韵,故改劳为僚,以就天也。泉在先韵,叹在删韵,故改叹为他涓切,以就泉也。门、殷、

骄、僬之改音意亦如此。才老诗中所叶，如《杨且》之颜为鱼坚切、《鹑》之奔（奔）为遣眠切。凡百余字，聊举四条以例，其余皆改古韵，以趁沈约之韵。不思古韵宽缓，如字读自可叶，何必劳唇齿、费简册哉？况四声之分在齐梁间，成周之世宁知有沈约韵哉？予尝慨近世俗儒尊今卑古：《春秋》，三传之祖也，反以三传疑《春秋》。《孟子》，《班爵》《禄章》《王制》之祖也，反以汉人《王制》、刘歆《周礼》而疑之，谓《孟子》此章不与《王制》《周礼》相合。《诗》《楚辞》，音韵之祖也，反以沈约韵而改《诗》《楚辞》古韵以合之，缪也久矣。欲一旦正之，宜乎蜀日越雪之吠也。

杨慎很清楚不得"尊今卑古"，倘如宋吴棫"皆改古韵，以趁沈约之韵也"，岂不本末倒置？杨慎在《古音略例》中的改读，皆以《古音丛目》为准，又因其时代不同，字音也随之修正。通过以上四首诗，杨慎反对宋代吴棫任意改动音读以叶其韵的做法，认为吴棫是将沈约之韵强加于《诗经》，而不解古人韵缓的道理。

杨慎所举的例子，若以明代的时音来朗读，确实不须像吴棫那样更改音读即可叶韵，但若以上古音来比对，则发现各诗内部押韵的韵部完全不同，这是时间流转，语音迁移造成的结果，同一类音读从先秦至明代发生了一致的变化，故以明代时音来读，依然可以叶韵。杨慎指出古音不同于今音，这一点是值得肯定的。

四、结论：从杨慎《诗经》
叶音注分析其古韵学成就

清代的古韵学家最大的错误是从今音中寻找古本音，明代的古韵学家更不用说了。上古的读音虽然可能保存到现代，但只是极少数。在多数情况下，上古的读音经历两千多年已经发生很大的变化，甚至面目全非，必须深刻地认识这个道理，才算真正以历史的眼光看待问题。

杨慎古韵学出自吴棫，他的功绩在于明确提出了"古音"概念，注意到了古今音变的复杂性，改进了考订古音的方法，为后来的陈第及清代的古音学发展打下坚实的基础。明代的古音学，在杨慎及陈第的传承之下，完成了与清代朴学的对接。顾应祥在《转注古音略·题辞》中提道："升庵子谪居于滇，慨古学之弗明，而六书之义日晦，于是乎有《古音略》之作焉。《略》凡五卷，上自经史，下及诸子百家之书，靡不究极。而所取以为证据者，五经之外，唯汉以前文字则录，晋以下则略焉，盖本于复古而不欲以后世之音杂之也。"① 总结杨慎对于古音的态度，可见杨慎已经认知到语音古今有别，不能以"古人韵缓"一以概之。

从上文的分析与讨论中，我们可以了解到杨慎订定古音音读时，不仅参考传世文献，还十分强调字的音义关系，这是他"转注古音"的精髓所在。《小戎》及《南山有台》提示了尤、侯、幽三韵间的关系；《车攻》则提供了支、脂、之三分的线

---

① （明）顾应祥：《转注古音略·题辞》，见杨慎《转注古音略》，日本宫内厅内阁文库本。

索;《小明》则利用"转注古音"的方式,字义相涉,字音自然随之改变;《楚茨》及《驷》则是在面对"无声字多音"的难题下,依然凭借"转注古音"的概念解决《诗经》中存在的音读问题,同时还注意到了明代语音中的地域差别。

　　杨慎的古音成就,清代的江永曾予以评价,江氏在《古韵标准·例言》中说:"宋吴棫才老始作《韵补》,搜群书之韵异乎今音者,别之为古音。明杨慎用修又增益之为《转注古音》。言韵学者谓二家为古韵权舆,而《韵补》尤《毛诗》功臣。余谓凡著述有三难,淹博难,识断难,精审难。二家淹博有之,识断精审则未也。"① 的确,杨慎虽然在识断与精审上不如清儒,但博览群书则无人能及。学术不断进步原就是奠基在前人的基础上,没有吴棫、杨慎的努力与尝试,就不会有陈第《毛诗古音考》的出现。

---

① 　(清)江永:《古韵标准》,文渊阁《四库全书》本。

论清代四川地区的
水陆道场与水陆画

李黎鹤　李远国*

摘　要：清代四川地区的道教，一改道教传统"黄箓斋"的称谓，直接用了"水陆斋"的名称。时陈仲远应四川地方官绅、各地道观的邀请，曾主持举办了多次水陆道场，并留下许多珍贵的历史文献，因此四川地区留下了大批清代水陆画。据初步统计，经重新装裱修复的千余件水陆画中，共绘制人物三万余位，包括天神地祇、三清四御、诸佛菩萨、十殿冥王、元帅将军、帝王将相、商贾学人、市民农夫、老弱病残及地狱冥神、精灵鬼怪，既有丰富多彩的市井生活，又有阴森可怕的地狱场景，生动形象地展示了清代四川地区的社会生活、民俗信仰、宗教状况。

关键词：清代　四川地区　水陆道场　水陆画

一

明清时期，水陆法会已成为宗教寺庙的一种文化活动，广泛流行于社会。在这一时期除了成套的卷轴水陆画像外，佛寺中还出现了专门的水陆殿，绘有构图完整的水陆壁画。据记载，建于

＊作者简介：李黎鹤，生于1985年，四川成都人，四川传媒学院讲师，研究方向：道教神系、道教图像；李远国，生于1950年，四川成都人，四川省社会科学院研究员，主要研究方向：中国哲学、中国道教、巴蜀文化。

金代的山西繁峙岩山寺的水陆殿壁上就绘有水陆画，该壁画为正隆三年（1158）御前承应画匠王逵、王道所绘，可惜如今壁画已毁。山西地区现存的水陆画多为明代作品，如棱山青龙寺腰殿（水陆殿）的壁画就保存得较为完整，从建筑、壁画的风格以及相关纪年的考察，全殿的壁画当最后完成于明代初年。该殿四壁绘以往古诸神仙鬼怪、帝王后妃等人物形象，又绘有阴曹地府，借以倡导"因果报应"，暗示人们皈依宗教，免遭苦难。晋南定林寺、浑源永安寺和灵石资寿寺的明代壁画也绘有水陆功德画，气势雄伟，人物繁密，是研究水陆画内容和艺术的重要依据。

清道光年间，清僧仪润依袾宏之意，详述水陆法会做法规则，在汇集诸家之说、订讹正误的基础上，撰成《法界圣凡水陆普度大斋胜会仪轨会本》六卷，成为现在通行的水陆法会仪式手册。之后，水陆斋法仍在不停地订正。咫观更在袾宏《水陆仪轨》的基础上详细增补论述，撰《法界圣凡水陆大斋普利道场性相通论》九卷，以及《法界圣凡水陆大斋法轮宝忏》十卷。每年农历七月十五日，全国各地的大型寺院、道观都要举行水陆法会。今天，人们在农历七月十五日上坟，给逝者烧纸上香，供献祭品，半月食斋，以及正月初八拜阎王，也都是水陆法会的遗风。

纵观历代记载，水陆法会不仅起源早、流传广，而且影响极大，上自皇帝、高官，下至平民、百姓，都曾举办过规模不等的水陆法会。水陆法会因其殊胜的功德，千百年来一直是佛道两教最重要的大法会之一。该法会通过诵经设斋、礼佛拜忏和追荐亡灵等方式，以食施、法施为手段，救度陷于水陆之处，蒙受深重苦难的六道众生，使其得以解脱。基于这种特殊的宗教功能，水陆法会在民间获得了极大的认可和推崇。

进入清代，四川地区的道教，一改道教传统"黄箓斋"的称谓，直接用了"水陆斋"的名称。清陈复慧《诸品斋醮安建寒林集》："兹缘善会，念及苦伦，体玉山之大献，济彼寒林。奉铁罐之元章，宣诸妙法。欲期水陆含情，均沾利益。"① 所谓"水陆含情"，即指六道众生、三界亡魂。陈复慧编有《水陆大斋普召孤魂全集》《水陆大斋迎请符简全集》《水陆大斋伤亡天医全集》三种经书，专门讲述水陆大斋的仪式与理义。

图1 平政王殿（清代 纸本设色 李黎鹤藏）

陈复慧，字仲远，号云峰羽客，清代乾嘉年间四川著名道

---

① （清）陈仲远：《诸品斋醮安建寒林集》，见《藏外道书》第 13 册，成都：巴蜀书社，1992—1994 年，第 258 页。

士。关于陈复慧的生平，据《龙门正宗碧洞堂上支谱》载："陈复慧，号仲远，住持温江盘龙寺，著有《雅宜集》行世。"① 另据民国《灌县志》载："陈仲远，别号云峰羽客，青城道士。淹博能文，校正《广成仪制》数十种，著有《雅宜集》。清乾隆年间，邑人患疾，仲远为建水陆斋醮，会川督巡境临灌，闻于朝，敕赐南台真人。别号云峰羽客，著有《雅宜集》。"② 又据《广成仪制·原序》载："祖师兰台亚史陈公仲远，法派复慧大真人，原系新津县江家沱人氏，名宽仁，行二。生于清雍正甲寅年（1734）十二月二十五日卯时。父希觊，母李氏。公三岁离母随父汉州贸易。七岁亡父，无靠，拜老君观长老毛公，出家为道，投陈贡生门下受业多载，聪敏过人，儒理淹通。公二十，毛公羽化，师兄各爨，公携分受银三百两，来至温江县兴利场文武宫二十载，接龙盘寺为业。公博览群书，熟知典籍，著文、制录《连珠》《雅宜》二集，《广成仪》斋醮科本，裕国裕民，无不应验；并符篆、笺表、申章、词牒，不下二三百集，刊板者尚少，誊写者尤多，盖其间之苦心擢发难穷迫。乾隆三十八年，金首作乱，大振王师，军兴五载，至四十三年唱凯之日时，闻鬼哭之声，当奉督宪文翁，命我祖师修建水陆大斋，遂而阴夜澄清，阳垣利泰。旋蒙制宪将《广成仪》并六朝诸书，具文咨部，恭呈御览，始荷皇恩，增添制字，书可传世，论为翰院之材。公年六十有九，于嘉庆七年季秋月，神返清虚，弃红尘。即将祖师凡体葬寺侧，癸山丁向，其地沟河夹心，水秀山明，真吉地也。"③

---

① 青城山天师洞祖堂珍藏：《龙门正宗碧洞堂上支谱》，清光绪二十四年重辑，民国三十五年续辑，手抄本。

② 叶大锵修，罗骏声纂：民国《灌县志》卷一二，《中国地方志集成·四川府县志辑》，成都：巴蜀书社，1992年，第9册，第353页。

③ 《广成仪制·原序》，载《广成仪制》，成都二仙庵刊本。

民国《温江县志》亦载："羽士陈复慧，字仲远，新津县人。少时即好黄老，学徒汉州老君观道士毛来玉，受玄门奥旨，后来温江，住龙盘寺羽化，著有《广成仪制》《连珠集》等书。"① 以上记载，可知陈复慧生于清雍正甲寅年（1734）十二月二十五日，卒于清嘉庆癸亥年（1803），享年69岁，他在辑录斋醮科仪和撰著科仪词文方面的成就，深得时人敬重。

陈仲远《水陆大斋普召孤魂全集》曾论述水陆斋的缘起，认为水陆斋与梁武帝、志公无关。他说：世运有循环，冥途多沉滞，非一时一代，屡劫屡朝事迹，皆缘罪孽，果报加体。自七国并争而霸业，因孤秦奇虐，世更汉晋，迨至隋唐，迄明清而历国朝，亿万斯年，逞英雄而用武，屠城市而扬兵，劫数所钟，死亡甚众。上而王臣将相，文武官员，下而吏役兵丁，士魄归山岩之畔，病起瘟灾，人遭天厄，甚至饥馑流离，兼之寇贼水火，种种流殃，方方遇害，白骨堆山而不可见闻，黄坟遍野而何堪讲，数厄运虽平，沉冤犹在。谁怜无靠之人，瘖哑盲聋，跛挛颠倒，斩绞凌剐，犯国法而粉身碎骨，远窜异域，竟死他乡，抑或尸骸暴露，形质伤残，三世冤仇，一番委曲，登高覆险，涉水投江，坐草临盆产中去，悬梁吊颈索下亡，卑田院里，乞丐之徒，乱石岗头，饿殍之辈，无主无依，夜月墦间如怨诉，乏超乏际，阴风冢畔动悲啼，不逢济度之缘，罕遇害慈悲之法。"今者水陆斋修，冥阳建会，普照万类孤魂，同沾胜利，旁抽三途苦趣，均受荐扬，务期阴景焕然，尽俾幽灵度矣。"② 这种观点虽然出于清代，但却反映了道教对水陆斋起源的认识，亦值得重视。

---

① 张骥修，曾学传纂：民国《温江县志》卷六，《中国地方志集成·四川府县志辑》，成都：巴蜀书社，1992年，第9册，第402页。

② （清）陈仲远：《水陆大斋普召孤魂全集》，见《藏外道书》第14册，成都：巴蜀书社，1992—1994年，第426页。

图 2　转轮王殿（清代　纸本设色　李黎鹤藏）

道教水陆斋中奉请的对象与超度的亡魂，非常广泛，几乎包括了六道众生。奉请的对象有历代帝王，屡朝天子，秦皇汉武，唐宪宋文，公卿省台，藩臬府县，儒林名士，登坛大将，秉节元戎，武将兵丁，林宫羽士，肃寺僧人，羽士缁流；超度的亡魂有衙门吏役，官署公差，各行匠艺，班门妙艺，木匠窑户，渔樵二户，鉴卜星相，术士清客，市廛客旅，乡里农家，俊俏儿郎，顽嚣子弟，母子双亡，绝体亡身，无依孤魂，乏祭穷魄，瘖聋盲跛，饥冻癃残，乞丐殍亡，江中船户，河上渡夫，土精木魅，古怪山妖，魑魅魍魉，精祟游魂，魔灵应世，修罗道众，无间幽魂，冥途饿魄，饿鬼道众，山林走兽，胎生卵生，甲族羽族鳞族，畜生道众，怀胎含孕，生卵伏雏，坛会道众，各门宗亲，三界十方，九幽五姓，六道四生，仙蓬贵厂，灵堂鬼席，寒林幽户，天仙真人，法士仙灵。"一请历代人王主后妃嫔，诸王天潢眷属，安位基祇，听经闻道，作乐如前设拜。一请古今宰辅公卿、大小官员、文人才子，入贵厂安位，钦依妙法，作乐设拜。一请元戎巨师、大小将佐、官兵草寇，修罗道威灵安位，同归善道，作乐如前。一请三教九流、百家事业，泊众宗亲等魂安位，领沾功德，作乐如前。一请古今人伦道、士农工商、客旅匠艺等魂，入灵堂安位，领沾功德，作乐如前。一请古今十类伤亡、五音无祀穷魂、地狱道等众人鬼席安位，克沾利益，作乐如前。一请贱工苦役、路死夭亡、精魅一切等灵安位，克沾利益，作乐如前。一请薛荔饿鬼、道中一切凳魂，入寒林安位，领沾法味，作乐如前。一请四生万类、飞走潜动、畜生道等众，入幽户安位，得悟法缘，作乐一揖。恭惟金箓宏开度，人者爱遵行，于元范玉山大献济鬼者，乃施给于夜斋，众魂自离阳世，久住阴都，咽喉闭塞，饮食难通。教有开咽喉神咒真言，羽众加持。"①

陈仲远《水陆大斋伤亡天医全集》所奉祀的神灵，为神农大帝、大慈天尊、神功妙济天尊、香云达信天尊、三皇圣祖、天医大帝、超凌仙界天尊、神功妙济许真君、郭赵刘三大仙官、拯救凳主宰真君、神功妙手华真人、制药灵妙雷真人、医学入门岐伯真人、九九难经卢真人、归正脉法王真人、金匮玉函张真人、丹溪心法朱真人、医学全备刘真人、推明内外李真人、云林神毂龚真人、博览统删葛真人、保元寿世周真人、疗虎针龙孙真人、采药童子、制药玉女、采药主方四大魔女、治病灵官、疗疾使者等，而无一位佛教人物。

内曰："兹因□□□之伤亡，含冤惨死，敬叩天医之慈，悯

---

① （清）陈仲远：《水陆大斋普召孤魂全集》，见《藏外道书》第 14 册，成都：巴蜀书社，1992—1994 年，第 435 页。

复体全行，振救两途孤鬼，拔度十伤荧魂。或边江战阵而身死，或斩绞徒流而命亡，或被仇冤刀劫而致殒，或囚牢狱笞杖以丧生，山崩石压，埋没身形，树挞岩摧，抛残骨肉。尤有三世结就之冤，蛇伤虎咬。十月怀胎之厄，母丧儿亡。甚至胎未成形而殒命，产将临月以丧生。或雷击火焚，悬梁溺水，或车碾马踏，坠井翻船，临难舍死，服毒忘生，十类伤亡，非妙剂不能全色相。三途滞魄，舍神医奚可复形。魂故有事于苦灵，爰冒投于师造。今则华坛已备，秘范宣行，敬叩师颜，迁光命驾，降赴道场，证盟修奉。"① 陈仲远《水陆大斋迎请符简全集》中则专门讲述水陆大斋所用符简，这与佛教水陆法会的仪轨亦大不一样。②

陈复慧（仲远）应四川地方官绅、各地道观的邀请，曾经主持举办了多次水陆道场，并留下许多珍贵的历史文献。在他所编著的《雅宜集》中有关水陆道场者就有九条：《为灌邑武庙请建水陆稟序》《特建水陆道场序并附条程》《为武庙设建水陆鸿斋都意》《为桃关设建水陆鸿斋都意》《为武庙水陆道场金立书记榜》《为武庙水陆道场金立经员榜》《为桃关修建水陆道场疏》《为灌邑武庙修设水陆鸿斋联句》《为桃关修设水陆鸿斋联句》，说明陈复慧不仅精通水陆道场，而且为水陆科仪的规范亦做出了新的贡献。这也说明清代四川地区的水陆斋多由道教人士主持，其对象、仪式、方法都与佛教不同。因此四川地区留存的水陆画，绝大多数为道教题材，这也反映了当时社会宗教信仰的真实情况。

---

① （清）陈仲远：《水陆大斋伤亡天医全集》，见《藏外道书》第14册，成都：巴蜀书社，1992—1994年，第683页。
② （清）陈仲远：《水陆大斋迎请符简全集》，见《藏外道书》第13册，成都：巴蜀书社，1992—1994年，第155页。

图 3　泰山王殿（清代　纸本设色　李黎鹤藏）

二

　　道教水陆画源出唐宋时期的道释画，自有其传承，与佛教无关。最早系统、全面整理、研究道释画的是北宋晚期的《宣和画谱》，作者将"道释门"列在卷首，《道释叙论》云："画亦艺也，进乎妙，则不知艺之为道，道之为艺。此梓庆之削鐻，轮扁之斫轮，昔人亦有所取焉。于是画道释像与夫儒冠之风仪，使人瞻之仰之，其有造形而悟者，岂曰小补之哉？故道释门因以三教附焉。自晋、宋以来，还迄于本朝，其以道释名家者，得四十九人。晋、宋则顾、陆，梁、隋则张、展辈，盖一时出乎其类，拔乎其萃者矣。至于有唐，则吴道元遂称独步，殆将前无古人。五代如曹仲元，亦骎骎度越前辈。至本朝则绘事之工，凌轹晋宋间人物，如道士李得柔画神仙得之于气骨，设色之妙，一时名重。如孙知微辈皆风斯在下，然其余非不善也，求之谱系，当得其详，姑以著者概见于此。"①

　　道教水陆画以朝拜主尊、罗列诸神为组合模式，多被称为"朝元图""总真图"等。最早出现的这类图像，应是南朝齐梁陶弘景所编《真灵位业图》。《真灵位业图》是道教史上的第一部神谱图。陶弘景将人间帝王朝廷的组织机构，移用于神仙世界，依据天界在上、人间在中、地狱在下的道教宇宙观，将天仙、地仙、鬼仙等，分别按照位序的尊卑加以甄别后，编成道教神谱图。从卷首自序中可知，陶弘景的目的是理顺仙圣品阶，显现神仙的格位。"祈祝跪请，宜委位序之尊卑。对真接异，必究所遇之轻重。是以三君共辞先致，学未体之尤；下班居上，智有不达之蔽。虽同号真人，真品乃有数；俱目仙人，仙亦有等级千亿。若不精委条领、略识宗源者，犹如野夫出朝廷，见朱衣必令史；句骊入中国，呼一切为参军。岂解士庶之贵贱，辩爵号异同乎！"② 这是第一次编排的道教神系，在道教史上具有重要的象征意义，它标志着道教由早期派别林立、各自为政的散杂状况，开始朝诸宗归一、信仰趋同的成熟阶段发展。

---

　　① 俞剑华注译：《宣和画谱》，南京：江苏美术出版社，2007 年，第 23 页。
　　② （南朝梁）陶弘景：《真灵位业图》，见《道藏》第 3 册，北京：文物出版社，上海：上海书店，天津：天津古籍出版社，1988 年，第 272 页。

　　在这部南朝的神谱图中，编者将七百余位神真分为七个神团，由天界、地界、鬼域三大体系组成，包括玉清、上清、太极、太清、九宫、洞天、酆都七大阶层，每阶各有主神，左右仙真，各有仙衔职称，并略述仙圣的生平事迹，分司专职，他们共同治理着整个宇宙。这种构图范式影响深远，后来吴道子的《五圣朝元图》、张商英的《三才定位图》《五岳朝真图》《九皇图》《二十四化真人像》《老君八十一化图》《文昌显圣图》《真武圣迹图》，以及清代的《道正宗师图》《三教总真图》《天地三界总神图》等，都充分借鉴了《真灵位业图》的范式。

　　《道藏》中所收木刻本《三才定位图》，乃北宋张商英所撰，是现存最早的一幅道教神谱图。其中绘有虚皇元尊、虚皇元老、天真九皇、虚皇元帝、虚皇元君、天宝君、灵宝君、神宝君、九天司命保生天尊大帝、昊天玉皇上帝、三十二天帝等，共二百二十一位神真，并一一标明其名讳及所居之天界。

　　张商英（1043—1121），字天觉，号无尽居士，蜀州新津（今属四川成都）人。英宗治平二年（1065）进士，调通川县主簿，知南川县。神宗熙宁时，受王安石推举，入朝做官。大观年间，担任尚书右仆射。不久被贬至边远地区，其间曾到五台山礼拜文殊菩萨像，有所感应，遂塑文殊像供奉于山寺，并撰写发愿文。遇到大旱灾时，张商英入山祈雨，三次都很灵验，因此闻名于朝中。又给僧寺田三百顷，表达崇佛的诚意。徽宗崇宁初年（1102），张商英弹劾蔡京，说他虽贵为辅相，却只知处处迎合君王。大观四年（1110），张商英代理蔡京为相，改革弊端，劝徽宗崇俭，勿大兴土木，令徽宗不悦。宣和四年（1122），张商英逝世，世寿七十九，谥号"文忠"。

　　张商英自幼学习儒学，沾染道风，着道士服。中年开始向佛，禅学修养较高。他主张三教融合，并整理了一些儒、释、道三家的文献，于道教极有根底，曾撰《三才定位图》一卷，《大象星经》一卷，《乾象星经》二卷，《大象列星图》三卷，《无尽居士注素书》一卷，《金箓斋投简仪》一卷，《金箓科仪》三卷。因此，《三才定位图》在继承以往传统的基础上，整合出一种新宇宙论，在三清天之上加上虚皇天，将万物本原归诸虚皇天中的天真九皇之气，并将当时新出现的昊天玉皇上帝作为玉京天主尊。某种程度上可以说，该图是张商英参悟释道数十年、融合三教思想而建构的一套天地神学新秩序。

《三才定位图》中除绘制了虚皇太上、三清上帝、昊天玉皇上帝、三十二天帝、天皇大帝、紫微帝君之外，还绘制了唐将军、葛将军、周将军、天蓬大元帅、天猷大元帅、栩圣保德真君、佑圣真武灵应真君、东方天王、南方天王、西方天王、北方天王及紫微垣星君等，涉及的神灵多达二百二十一位。

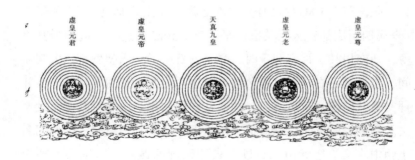

图 4 虚皇五老（采自《三才定位图》）

图 4 描述的是虚皇天虚皇五老。虚皇天是道教预设的最高天境，亦称大罗天。张商英在三清天之上，增加了更高一级的"虚皇十天"，并由五位天神统治。这种神学构建应该是按照道教所描述的，在天地人生成之前，混沌之中所经历的龙汉、延康、赤明、开皇、上皇这"五劫"而设计的，道经曰："祖劫

者，龙汉劫、延康劫、赤明劫、开皇劫、上皇劫也。大罗天者，虚无居之，包含天地，不可穷极。经云：上无复祖，惟道为身，于五劫之间，化生天地。"① "太一者，元一之气，始生于太虚之上。有玉京山，四方各有八天，三十二帝。玉京之上，有玉清、上清、太清。三清之上，有虚皇十天，元老、元君、元尊、天真、九皇居之。天皇真人降天真九气，分六元，而为混沌之象云云。"② 虚皇天统治者是虚皇五老，即天真九皇、虚皇玄老、虚皇玄帝、虚皇玄尊、虚皇玄君。画面中五个童子盘腿坐于象征宇宙的浑圆之中，五个圆形之外是云状图纹，他们都如婴儿般存在。需要说明的是，天真九皇是一位神，不是九位。

张商英曰："夫言玉京山三十二帝者，即佛之所谓须弥山顶忉利天也。虚皇天者，即佛所谓大梵天也。三清天者，即佛所谓空居天也。大梵天为世界主，不知上有光音诸天。而言我能有所生，有所生则气有所降，此天真九皇所以降气而造世界也。气有阴阳，则人有男女。如道家三清，侍以金童玉女。此欲界空居，为三清天也。"③ 可见元始天尊托天上之炁凝结成文，以教化万民，一炁化三清，成为清微玉清天帝天宝君、禹余上清天灵宝君和大赤太清天神宝君。

① （宋）王契真：《上清灵宝大法》卷十，见《道藏》第30册，北京：文物出版社，上海：上海书店，天津：天津古籍出版社，1988年，第732页。
② （宋）张商英：《三才定位图》，见《道藏》第3册，第123页。
③ （宋）张商英：《述息诤论》，见志磐：《佛祖统纪》卷四三，载苏渊雷、高振晨选辑《佛教要籍选刊》第12册，上海：上海古籍出版社，1994年，第269页。

图 5　玉清天诸圣（采自《三才定位图》）

图 5 描述的是清微玉清天中诸圣。玉清天为清微玉清天帝天宝君的居住天。图中天宝君头戴莲花冠，结跏趺坐，坐琉璃宝座，其座五色焕明，弥冠十天。金身背后有头光、背光、焰火。左侧上方题字曰："天尊碧冠，红服青缘，绿帔紫缘，余并间金，取宜装。"《太上一乘海空智藏经》卷十《普记品》曰："尔时，天尊于宝城中显现神力，化作玄台，微妙第一。台中尔时复有七宝，庄饰殊特，悬缯幢盖，周遍台中。尔时，天尊于其台中发大光明，遍照十方无极世界，十方诸国悉皆朗然。当尔之时，诸天大圣、飞天神王、丹灵始老、太上天君、扶桑玉晨上皇帝君、诸天真人、左右二真、真人童子、地仙道士、三界魔王、万海龙王、善男善女，若人非人，俱来座所，闻大天尊演说一乘海空智藏。如我等辈，心大欢喜，各各赍持百和之香，不焚自熏，诸天妓乐，同时俱作，行道赞叹，奉献珍宝，价直无量。"①

天尊宝座左右两侧，分列二元君、二真人、二侍童。众真神灵分八组，分立两旁，皆在团云之上，头有圆形光环，似朝拜天尊状，并在上题有神灵名讳。他们分别是紫道虚皇上君、翼日虚皇太上道君、昌阳始虚高皇元君、七静道生高上虚皇君、太明虚皇洞清君、始玄虚皇大霄君、七观玄生虚皇金灵君、八观高玄虚

---

① 《太上一乘海空智藏经》卷一〇《普记品》，见《道藏》第 1 册，北京：文物出版社，上海：上海书店，天津：天津古籍出版社，1988 年，第 689 页。

皇停景君、紫晖太上玉皇明上大道君、上虚紫映九霄真王、紫虚高上玄皇道君、洞虚三元太明上皇道君、太素高虚上极紫皇道君、虚明紫兰中元高上婷皇道君、东明高上虚皇道君、西华高上虚皇道君、南朱高上虚皇道君、北真高上虚皇道君、中元上合虚皇道君、五灵七明混生高上道君、三元无上真老虚皇元晨君、三元四极真上虚皇元灵君、三元晨中黄景虚皇元台君、三元紫映晖神虚生真元胎君、高上虚皇君、上皇玉虚君、皇上玉帝君、皇清洞真君、高上太素君、紫虚皇上太帝、皇上万始先生、上皇先生紫晨君、紫虚皇老上帝君、青灵阳安元君、真虚太真洞景君、无英中真上老君，共三十六位神灵。各有侍童护卫，共十六位。全图共计五十九位神灵。以其足踏祥云的从神数目来看，天宝君左右两侧各两个大神，十八个从神，合计四位大神、三十六位从神。

图 6　上清天诸圣（采自《三才定位图》）

图 6 描述的是上清天，为禹余上清天灵宝君的居住天境。图中天宝君结跏趺坐，坐琉璃宝座，其座五色焕明，弥冠十天。金身背后有头光、背光、焰火。左侧上方题字曰："天尊碧冠，浅红服绿缘，紫帔青缘，余并间金，取宜装。"天尊宝座之前，一真人即前长跪，稽首作礼，长跪赞言，侧旁题名"中央总灵高皇黄帝"。左右两侧分列二元君、二真人、二侍童。众真神灵分五组，皆在团云之上，头有圆形光环，似朝拜天尊状，分立两

旁，并在其上题有神灵名讳。他们分别是上清宝精三素君、东方上始少阳青帝、九皇上真司命君、南方通阳纳阴赤帝、金阙后圣太平李真天帝上景君、太虚后圣元景彭室真君、太虚上霄飞晨中央黄老道君、太元东霞搏桑丹林大帝上道君、紫清太素高虚洞曜三元道君、太虚上霄飞晨中央黄老道君、紫晨太微天帝道君、紫虚玉皇先生紫晨君、四斗中真七晨散华君、太明灵辉中真无上君、刊峨眉山中洞宫玉户太素君，共十五位。各有侍童护卫，共十六位。全图共计三十九位神灵。

图 7　保生天尊（采自《三才定位图》）

　　图 7 是圣祖上灵高道九天司命保生天尊大帝，在道教谓之九天司命真君，他的排位在玉帝之右侧。图中保生天尊大帝结跏趺坐，坐玉几宝座，背后有头光、背光、焰火。玉几左右两侧有两侍女，左侧左端有两组神灵，他们是西方少阴西金白帝、北方通阴太阳黑帝、紫虚三元紫精君、真寂九元上虚皇君。神灵旁侧有侍童，共四人。据注释，这位大神为"圣祖上灵高道九天司命保生天尊大帝"，在道书中又称"九天司命真君"，其位号仅次于玉皇大帝并居其右侧，被宋室奉为赵氏之始祖大神，即九天司

命保生大帝已经获得了与三清尊神几乎平起平坐的地位。由此可见北宋政权对于造作祥瑞和导演"天书""圣祖"事件的不遗余力，进而在客观上掀起了崇道的高潮。

图8　泰清天诸圣（采自《三才定位图》）

图8为大赤泰清天诸真。"泰清天者，神宝君之所治也。天人身有光明。《大洞经》曰：身生水火，放光万劫，项负圆耀，浮游九晨。"神宝君结跏趺坐，金身背后有头光、背光、焰火。左侧上方题字曰："天尊碧冠，黄服青缘，绿帔黄缘，余并间金，取宜装。"天尊宝座之前，一真人即前长跪，稽首作礼，长跪赞言，侧旁题名"晨中黄景元君"。左右两侧分列二元君、二真人、二侍童。众真神灵分八组，皆在团云之上，头有圆形光环，似朝拜天尊状，分立两旁，并在上题有神灵名讳。他们分别是真阳元老真一道君、太极大道元景君、泰清大道君、皇上四老道中君、皇初紫灵元君、太初九素金华景元君、元虚黄房真晨君、青精上真内景君、天皇上真玉华三元君、真洲二士九真伯上帝司禁君、太极主四真人元君、晨中黄景元君、上清八皇老君、洞清小有玉真万华先生主图玉君、太一上元禁君、太阳九炁玉贤元君、太真都九炁丈人主仙君、太元龟山九灵真仙母青金丹皇君，共十八位神灵。各有侍童护卫，共十六位。

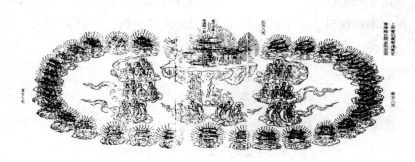

图9 玉皇 三十二天帝（采自《三才定位图》）

图9是昊天玉皇上帝、三十二天帝，描绘以玉帝所居的通明殿为中心，三十二天帝神殿拱卫的神系景象。东方八天、南方八天、西方八天、北方八天等仙宫，呈椭圆形环绕玉京天玉京山，玉京山上有通明殿，为玉皇上帝所居，玉皇拱手端坐殿中，三十二天帝从四方来朝拜玉皇。"玉京，天帝所居之殿。《翊圣传》谓之通明殿，以帝之身光，与殿光相照。"

在这个神系中，昊天玉皇上帝统领"进章童子，东方八天，南方八天，西方八天，北方八天；唐将军、葛将军、周将军，通真使者引进，张真人受章，章子奏书；天蓬大元帅、天猷大元帅、栩圣保德真君、佑圣真武灵应真君；东方天王、南方天王、西方天王、北方天王；紫微垣的天皇大帝、紫微帝君、北斗七星君、太阳帝君、太阴帝君、木德星君、火德星君、金德星君、水德星君、土德星君、罗睺星君、计都星君、紫气星君、月孛星君；东方七宿星君、南方七宿星君、西方七宿星君、北方七宿星君；酆都六宫的纣绝阴天宫、泰煞谅事宗天宫、明晨耐犯武城天宫、恬照罪黑天宫、宗灵七非天宫、敢司连宛屡天宫"①。从其

---

① （宋）张商英：《三才定位图》，见《道藏》第3册，北京：文物出版社，上海：上海书店，天津：天津古籍出版社，1988年，第124页。

从神数量和文武神将的配置上都可以看得出玉皇大帝的重要性。

玉皇上帝端坐通明殿上，上下左右陪侍的是东、南、西、北三十二天天帝，于此可见玉皇上帝已为三十二天之主尊。《翊圣保德真君传》卷中曰："上帝在无上三天，为诸天之尊，万象群仙无不臣者。常升金殿，殿之光明，照于帝身，身之光明，照于金殿，光明通彻，无所不照，故为通明殿。诸天帝君，万灵侍卫，仙众梵佛，悉来朝谒，仰视其殿，惟见大光明中，上帝俨然，仙班既退，光明偏彻诸天焉。"① 经过这些道书的阐扬，玉皇上帝的地位一下提高到四御之首。宁全真重编道教神谱，于"玄穹主宰"中首列元始天尊、灵宝天尊、道德天尊，次列昊天上帝、救苦天尊、北极大帝、天皇大帝四御，并解释说："昊天上帝，诸天之帝，仙真之王，圣尊之主，掌万天升降之权，司群品生成之机，三洞四辅，禁经之标格，大梵至妙无为之神威，乃三界万神三洞仙真之上帝君也。自三气之天胤，三宝之皇胄，高出乾坤之表，生万物而不宰也。三才肇立，气清高澄，积阳成天，万汇之源，岂应无主。故以形象言之，谓之天；以主宰言之，谓之帝。故曰玉真天帝玄穹至圣玉皇大帝。"②

① 见《道藏》第 32 册，北京：文物出版社，上海：上海书店，天津：天津古籍出版社，1988 年，第 653 页。

② （宋）宁全真授：《上清灵宝大法》卷一〇，见《道藏》，第 30 册，北京：文物出版社，上海：上海书店，天津：天津古籍出版社，1988 年，第 693 页。

图 10　道正宗师图（清代　纸本设色　李黎鹤藏）

　　至唐宋时期，又出现了一批朝真朝元图。北宋李昉《太平广记》卷第二一二载：吴道子画玄元庙，五圣千官，宫殿冠冕，势倾云龙，心若造化。以后流传的《朝元仙仗图》《八十七神仙卷》《朝真图》《朝会图》《五岳朝真图》等多系此画的部分粉本，并不同程度地保存了吴道子绘画遗风。

　　同一时期出现的《紫微朝会图》《玉皇朝会图》，也可以看出与道教水陆画相类似的结构，正如宋李廌在《德隅斋画品》中所称："《紫微朝会图》，朱梁时将军张图所作。帝被衮执圭，五星七曜，七元四圣，左右执侍，十二宫神，二十八舍星，各居其次，乘云来下。其容色皆端敬，其服章皆严谨。道家谓玉皇大帝为众仙天子，紫微大天帝为众星天子……图作衣纹，不师吴衣当风，曹衣出水之例，用浓墨粗笔如草书，颤掣飞动，势极豪放，至于作面与手，及诸服饰仪物，则用细笔轻色，详缓端慎，无一欹仄，亦一家之妙用。""《玉皇朝会图》，蜀石恪所作。天仙灵官，金童玉女，三官太乙，七元四圣，经纬星宿，风雨雷电诸神，岳渎君长，地上地下主者，皆集于帝所。玉皇大天帝南面端宸而坐，众真仰首，承望清光。见之者神爽，超然如在乎通明殿中也。"①

这些朝元图不仅是用于鉴赏的艺术品，还是道教观想修真的对象。宁全真《上清灵宝大法》卷五《朝元法》曰："平居无事，当居静室，焚香精思，使神不离身，方可飞步朝元。朝元之法，存上中下三田，各有天尊。却存中下二天尊，乘五色云炁，与黄庭中己神同，自绛楼而升，直至泥丸。存坐三尊，皆在玉局，自己却在玉局前，长跪奏事。毕，却存三境中三尊，乘三色云炁，来泥丸上，与己中三田天尊混合，共成三尊，却存此三尊同成一尊，乘五色云炁，从绛楼下入黄庭住，却行定法。"②

---

① （宋）李廌：《德隅斋画品》，见《文渊阁四库全书》第812册，台湾：商务印书馆，1983年，第941、942页。

② 宁全真：《上清灵宝大法》卷五《朝元法》，见《道藏》第30册，北京：文物出版社，上海：上海书店，天津：天津古籍出版社，1988年，第693页。

图11 天官大帝（清代 纸本设色 李黎鹤藏）

　　四川是水陆画的发源地，有着悠久的历史与有序的传承。据宋人黄休复《益州名画录》记载：长安人赵公祐，唐宝历年间（825—827）寓居蜀城，攻人物画，尤善绘佛像、天王、神鬼，成都大圣慈寺文殊阁下天王三堵，阁里内东方天王一堵，药师院师堂内四天王并十二神，前寺石经院天王部属，并赵公祐所绘。其子赵温奇，于大圣慈寺文殊阁画北方天王及梵王帝释大轮部属，大将堂大将部属并梵王帝释，普贤阁下南方天王，华严阁上画东西二方天王、梵王帝释；中兴寺大殿文殊、普贤及天王部众，并温奇笔。其孙赵德齐，于大圣慈寺延祥院正门西畔画南北二方天王两堵；圣慈寺竹溪院释迦十弟子并十六大罗汉，崇福禅院帝释及罗汉，崇真禅院帝释梵王，及罗汉堂文殊、普贤，皆德齐笔。赵氏三代皆名画家，多有墨迹留于蜀中。①

范琼、陈皓、彭坚，善画人物、佛像、天王、罗汉、鬼神，三人于诸寺图画佛像甚多，于圣寿寺、圣兴寺、净众寺、中兴寺，共绘二百余堵壁画。"天王佛像、高僧经验及诸变相，名目虽同，形状一无同者。"大圣慈寺南廊下药叉大将和修吉龙王、鬼子母、天女五堵，谓之十七护神；北廊下石经院门两金刚、东西二方天王；中寺大悲院门上阿弥陀佛及四菩萨，院门两畔观音像、药师像，石经板上七佛、四仙人、大悲变相；大将堂两畔南北二方天王，文殊阁下北方天王及天王变相；圣寿寺大殿释伽像、行道北方天王像、西方变相，殿上小壁水月观音，浴室院旁西方天王，大悲院八明王、西方变相，并大中年间所画。圣兴寺大殿东北二方天王、药师、十二神、释迦十弟子、弥勒像、大悲变相，并咸通年间（860—874）所画。"其中西方一堵，甚著奇工，精妙之极"②。

---

① （宋）黄休复：《益州名画录》卷上，见《文渊阁四库全书》第812册，台湾：商务印书馆，1983年，第482、483页。

② （宋）黄休复：《益州名画录》卷上，见《文渊阁四库全书》第812册，台湾：商务印书馆，1983年，第482、483页。

图 12　地官大帝（清代　纸本设色　李黎鹤藏）

雍京人常粲，咸通年间（860—874）自京入蜀，善画各种传神佛画，有七贤像，六逸像；女娲、伏羲、神农像，谓之"三皇图"。立释迦像、五天胡僧像、孔子西周问礼像、名医下蛊像、樗蒲图、龙树验丹图，先贤卷轴，为后学师范。"成都玉局化壁画道门尊像甚多，王蜀时修改后颓损已换"，常粲之笔见存。① 张腾偶止蜀川，于诸寺壁图画亦多，圣寿寺大殿画文殊一堵，普贤一堵，弥勒下生一堵，浴室院北壁，有范琼画持弓北方

---

① （宋）黄休复：《益州名画录》卷上，见文渊阁《四库全书》第812册，台湾：商务印书馆，1983年，第487页。

天王一堵，大圣慈寺文殊阁下画报身如来一堵。①

简州道士张素卿，有《老子过流沙图》《五岳朝真图》《九皇图》《五星图》《老人星图》《二十四化真人像》《太无先生像》。王建修青城山丈人观，请素卿于丈人真君殿上画五岳四渎，十二溪女，山林、溪沼、树木，诸神及岳渎曹吏，"诡怪之质，生于笔端，上殿观者，无不恐惧"。又于简州开元观画容成子、董仲君、严君平、李阿、马自然、葛玄、长寿仙、黄初平、葛永璝、窦子明、左慈、苏耽十二仙君像，"各写当初卖卜贾药，书符导引，时真笔踪洒落，彩画因循"。②

图 13　水官大帝（清代　纸本设色　李黎鹤藏）

① （宋）黄休复：《益州名画录》卷上，见《文渊阁四库全书》第 812 册，台湾：商务印书馆，1983 年，第 483 页。

② （宋）黄休复：《益州名画录》卷上，见《文渊阁四库全书》第 812 册，台湾：商务印书馆，1983 年，第 485 页。

蜀人左全，宝历年间（825—826）于大圣慈寺中殿，画维摩变相、师子国王、菩萨变相，于三学院门上绘三乘渐次修行变相、降魔变相，于文殊阁东畔绘水月观音、千手眼大悲变相，于极乐院门绘两金刚，于西廊下绘金刚经验及金光明经变相，于前寺南廊下绘行道二十八祖，于北廊下绘行道罗汉六十余躯。又于多宝塔下，仿长安景公寺吴道玄所绘《地狱变相》。"当时吴生画此地狱相，都人咸观，惧罪修善，两市屠沽，经月不售。"①

张南本，中和年间（881—884）寓止蜀城，攻画佛像人物、龙王神鬼。圣寿寺中门《宾头卢变相》、东廊下《灵山佛会》、大圣慈寺华严阁下东畔《大悲变相》、竹溪院《六祖》、兴善院《大悲菩萨》《八明王》《孔雀王变相》，并南本笔。相传南本于金华寺大殿画明王八躯，才毕，有一老僧入寺，蹶仆于门下，初不知是画，误以为大殿遭火所焚。其时孙位画水，南本画火，代无及者。世之水火，皆无定质，唯此二公之画，冠绝今古。僖宗驾回之后，府主陈太师于宝历寺置水陆院，请南本画天神地祇，"三官五帝，雷公电母，岳渎神仙，自古帝王，蜀中诸庙一百二十余帧，千怪万异，神鬼龙兽，魑魅魍魉，错杂其间，时称大手笔"②。

成都人石恪，志唯好画，学张南本笔法，有《鳌灵开峡图》《夏禹治水图》《仙宗十友图》《严君平拔宅升仙图》《五星图》《南北斗图》《寿星图》《儒佛道三教图》《道门三官五帝图》。城中寺观壁画亦多，圣寿寺经阁院玄女堂所绘六十甲子神，龙兴

---

　　①　（宋）黄休复：《益州名画录》卷上，见《文渊阁四库全书》第812册，台湾：商务印书馆，1983年，第486页。
　　②　（宋）黄休复：《益州名画录》卷上，见《文渊阁四库全书》第812册，台湾：商务印书馆，1983年，第486页。

观仙游阁下所绘龙虎君，并石恪笔。①

眉州彭山人程承辩，当孟氏广政中（938），攻画人物鬼神，兼善雕刻机巧，人物鬼神、怪异禽兽之类，奇绝一时。彭山县洞明观天蓬、黑杀、玄武、火铃一堂，皆其所绘。

汉州人丘文播，攻画山水人物、佛像神仙，新都乾明禅院六祖像、汉州崇教禅院罗汉像、紫极宫二十四化神仙像，皆文播手笔。②

简州许侯、东川雍中本二人，时推妙手，圣兴寺天王院天王及部属、炽盛光佛、九曜二十八宿，天长观、龙兴观、龙虎宫诸神佛像，并雍中本塑；大圣慈寺炽盛光佛、九曜二十八宿、华严阁下西畔所立释迦像，并许侯所塑。以上各塑像"皆元真妆，肉色髭发，衣纹锦绣，及诸禽类，备著奇功，时辈罕及"。③

道士陈若愚师事张素卿，受其笔法。龙兴观精思院北帝殿，殿上壁画有青龙君、白虎君、朱雀君、玄武君四像，并若愚笔。麻居礼者，蜀人也。幼师张南本笔法，亲得其诀。光化、天复年间（898—903），声迹已喧，资、简、邛、蜀诸州，寺观壁画甚多，"今圣寿寺偏门北畔，画八难观音一堵"④。

仅从黄休复《益州名画录》所载，我们就看到西蜀寺庙宫观中的壁画竟多达八百余处。其题材与内容亦相当丰富，包括诸佛、菩萨、天王、观音、文殊、普贤、弥勒、药师、梵王、帝

---

① （宋）黄休复：《益州名画录》卷中，见《文渊阁四库全书》第 812 册，台湾：商务印书馆，1983 年，第 497 页。

② （宋）黄休复：《益州名画录》卷中，见《文渊阁四库全书》第 812 册，台湾：商务印书馆，1983 年，第 499 页。

③ （宋）黄休复：《益州名画录》卷中，见《文渊阁四库全书》第 812 册，台湾：商务印书馆，1983 年，第 499 页。

④ （宋）黄休复：《益州名画录》卷下，见《文渊阁四库全书》第 812 册，台湾：商务印书馆，1983 年，第 501 页。

释、明王、孔雀王、罗汉、仙人、仙君、三官、三皇、五帝、五
星、南北斗、寿星、九曜、二十八宿、天蓬黑杀、玄武火铃、青
龙、白虎、朱雀、六十甲子神、雷公电母、岳渎神仙、自古帝
王、神鬼龙兽、魍魉魑魅，等等。众多的西蜀画家，将四川的寺
院宫观打造为展示水陆画的圣殿，留下了极其丰富的文化艺术遗
产。尽管这些极其珍贵的唐、五代壁画早已荡然无存，但其传统
与遗风却代代相承。

图 14　三官　韦陀（清代　纸本设色　李黎鹤藏）

卷轴式水陆画亦源出巴蜀。黄休复在《益州名画录》中记
载，唐僖宗中和年间，画家张南本在成都宝历寺水陆院绘制了一
百二十幅水陆画。这是文献记载中最早的卷轴式水陆画。北宋苏

东坡在四川为其亡妻王氏启建水陆道场时，亦有水陆画 16 幅。苏轼《水陆法像赞·并序》："盖闻净名之钵属，餍万口宝积之盖，遍覆大千，若知法界，本造于心，则虽凡夫，皆具此理。在昔梁武皇帝始作水陆道场，以一十六名，尽三千界，用狭而施博，事约而理详，后生莫知，随世增广，若使一二而悉数，虽至千万而靡周。唯我蜀人，颇存古法，观其像设，犹有典刑。虔召请于三时，分上下者八位，但能起一念于慈悲之上，自然抚四海于俯仰之间。轼敬发愿心，具严绘事，而大檀越张侯致敬礼乐闻其事，共结胜缘，请法云寺法涌禅师善本、善择其徒，修营此会，永为无碍之施，同守不刊之仪。轼拜手稽首，各为之赞，凡十有六篇。"苏轼所谓"蜀人"，就是前文所言的撰作三卷《水陆仪》的杨锷。既言其有"像设"，则知杨氏所作的水陆法会仪中就已经开始运用图像了。而苏轼在悼念亡妻王氏的水陆法会上，则制作了十六幅画像，分上堂八位和下堂八位，这种图像的排列方法就源自杨锷之法。

苏轼《修水陆葬枯骨疏》中详尽解释了水陆大斋的宗教意义，他说："窃见惠州太守右丞议郎詹君范，与在州官吏，举行朝典，破官钱葬失所暴骨数百躯，既掩覆其形，该复安存其魂识，使归泉壤，别受后身。轼目睹胜缘，辄随喜事，以佛慈悲大愿力，以我广大平等心，遵释迦之遗文，修地藏之本愿，起焦面之教法，设梁武之科仪。伏愿诸佛子等，乘此良因，离诸苦趣，沐浴法水，悟罪垢之本空，鼓舞梵音，知道场之无碍，三归已毕。莫起邪心，一饱之余，永无饥火，以戒定慧灭贪瞋痴，勿眷恋于残骸，共逍遥于净土。伏惟三宝，俯赐证明。"①

---

① （宋）宗晓：《施食通览》卷上，《卍续藏经》第 101 册，台北：新文丰出版社，1983 年，第 438 页。

图 15　马元帅（清代　纸本设色　李黎鹤藏）

　　为什么要在水陆法会中悬挂画像呢？其实这些画像除了用来代表被祈请的主尊外，还有直观的引导作用。这也是中外宗教美术的共同特征。如王逸《楚辞章句》即说："楚有先王之庙及公卿祠堂，图画天地山川神灵，琦玮谲诡，及古贤圣怪物行事。"①唐人李华《衢州龙兴寺故律师体公碑》则云体公曾"建讲堂、门楼、厨库、房库，画诸佛刹，凿放生池，闻者敬，观者信，听者悟"②。在古代社会，由于参加水陆法会的人数众多，其间定有许许多多不能听懂水陆经疏的信众，而水陆画像的运用便能直观地启迪他们，引导他们更好地理解水陆法会的宗教意义。当

---

　　①　（汉）王逸：《楚辞章句》卷三，见《文渊阁四库全书》第1062册，台湾：商务印书馆，1983年，第25页。

　　②　（唐）李华：《衢州龙兴寺故律师体公碑》，载（清）董诰编《全唐文》卷三一九，第4册，北京：中华书局，1983年，第3235页。

然，对于被追荐的亡灵而言，画像中的各种主尊，则成了他们的保护神。

图16　四驿功曹（清代　纸本设色　李黎鹤藏）

水陆画是遗存下来的原始图像和文献资料，能够直观地反映出特定时期、特定区域的宗教文化、民俗信仰、社会习俗，以及美术、服饰等特征，具有极高的文本价值。通过对水陆画的整理与分析，可以从一个独特的视角来探索明清时期巴蜀地区的儒、释、道三教真实的发展状况，以及与民间信仰融合的具体过程，并进而探讨为何水陆画在巴蜀地区会呈现出道教化的趋势，从而深入发掘水陆画中蕴含的宗教、历史、民俗、艺术等文化内涵。

图 17 普化天尊巡游图（清代 纸本彩绘 李黎鹤藏）

从 20 世纪 80 年代开始，笔者即投入对道教的研究。在田野调查中，笔者发现了大量的道教造像、法印、画轴等文物，它们散失在民间，且严重受损。于是笔者发愿，尽可能收集、抢救这批珍贵的历史遗存，至今未忘初心。笔者先后收藏道教法器、造像、水陆画二千余件。据初步统计，经重新装裱修复的千余件水陆画中，所绘制的人物即多达三万余位，其人物形象包括天神地祇、三清四御、诸佛菩萨、十殿冥王、元帅将军、帝王将相、商贾学人、市民农夫、老弱病残及地狱冥神、精灵鬼怪，既有丰富多彩的市井生活，又有阴森可怕的地狱场景，生动形象地展示了清代中国南方地区的社会生活、民俗信仰、宗教状况。

图 18　三奶夫人出巡图（清代　纸本彩绘　李黎鹤藏）

这一千多件水陆画，绝大多数都来自四川、重庆地区。其中，不仅有正一派的水陆画，还有闾山派、梅山教、普庵教、元皇派的水陆画。题材极其丰富，几乎包括了道教神仙谱系中所有重要神灵。计其要者，有王灵官、马元帅、元始天尊、灵宝天尊、道德天尊、天皇大帝、紫微大帝、中岳大帝、南岳大帝、东岳大帝、鬼王施食、十大冥王、三官大帝、城隍、温元帅、法教祖师、三奶夫人、面燃鬼王、张天师、南斗诸真、北斗诸真、太阳诸真、四驿使者、三教总真、张巡将军、关圣帝君、白虎、青龙、马元帅、万法天师、殷郊元帅、斗姆、紫微大帝、川主大帝、地府诸真、天府诸真、火府诸真、水府诸真、辛判官、王灵官、钟馗、魁星、玄天上帝、三官四驿、太阳帝君、普庵祖师、三清玉皇、普化天尊、泰山王、转轮王、都市王、平政王、卞城王、楚江王、伍官王、阎罗王、宋帝王、秦广王、阎罗王、间山祖师、灵山老母、神农、财神、药王、三清、救苦天尊、高元帅、间山法教等。

图 19 阎罗殿（清代 纸本彩绘 李黎鹤藏）

　　这批水陆画中保存着极为珍贵的历史记忆，真实地反映了其时其地的社会生活，以及人们的精神世界，它们犹如一个历史故事的长卷，演绎着一场场的人生喜剧与悲情。当那些奸臣贼子、恶徒凶犯跪地叩首之际，当阎罗十王审判那些大逆不道、杀人放火罪犯时，当那些十恶不赦的恶魔被打入十八层地狱、永世不得出头的时候，不正是人们所期待的公正的终极审判吗？

1871年成都大饥荒的官府赈济初探

江　荞[*]

摘　要： 清同治十年（1871），成都发生了一次严重夏旱，产生了大量饥民。由于当时的成都官府发现及时，决策合理，措施得当，监督到位，把赈济工作做得精准高效，将灾害造成的危害和影响均降到尽可能低的程度。其中，时任成都知府的黄云鹄起到了关键性作用。他主持制定的《平粜章程》十六条赈饥措施，对后世仍有一定借鉴意义。但由于过去历代史志编修中的传统性偏见，使这次旱饥的历史记载基本缺失，相关研究也接近空白。有鉴于此，本文尝试对相关史料略做粗浅分析，进行一些初步探索，以期引起进一步研究。

关键词： 晚清　成都　饥荒　赈济

成都，自古居于"天府之国"的核心区域，沃野千里，物产丰饶。但据历史记载和前辈口述，60年前，由于各种原因，成都仍然同全国一样，遭遇过连续三年大饥荒，当时生活之艰苦，远超我们今天之想象。而近年来发生在成都周边的汶川、芦山两次大地震，则更显示了自然灾害的难以抗拒性和巨大的危害。最近，笔者偶然读到一本晚清关于粥的食谱，里面多次阐述

---

* 作者简介：江荞，出生于1996年，四川成都人，毕业于成都师范学院2015级历史学专业，获历史学学士学位。

了粥与饥荒的关系，并且从中获得一个意外发现，即大约 150 年前的清同治十年（辛未，1871），成都曾发生过一次很大的旱灾，产生了大量的饥民。由于成都官府发现及时，决策合理，措施得当，监督到位，赈济工作做得精准高效，将灾荒带来的危害和影响都降到了尽可能低的程度。

笔者循着这条历史线索，查找相关研究资料，却意外地发现，不知何故，这个与大众民生息息相关的历史事件，不仅在 30 多年前的《清史论文索引》所载录的各种论著中未见提及，此后出版的大量关于成都近代的历史事件、历史人物、历史论著中，也少有提及，相关学术研究几乎处于空白状态。因此，笔者不揣浅陋，寻绎史料，试做初步研究。

一、清同治十年成都的旱饥及赈济

这次大饥荒首见于清人黄云鹄纂辑的《粥谱》，其云："调守成都之次年，旱荒殊甚，祷雨，久之乃应。民饥可怜。蒙大府允，分四十五局平粜。又倡劝城乡各善良捐资粜赈，分设粥厂，予尝单骑轮赴各厂，食粥验粥良否，见饥民酸恻，且食且叹。"①

"调守成都之次年"，具体是哪一年？在此书后的《广粥谱》有准确的记载："此云鹄守成都时所定《平粜章程》也。是岁为同治辛未，成都旱饥，请赈粜于上。"②

《粥谱》《广粥谱》的作者黄云鹄（1819—1898），字祥云，又字翔云、芸谷、翔云、湘芸，湖北蕲州（今蕲春县）人。二十四岁中乡试第八名举人，清咸丰三年（1853）会试中进士。

① 黄云鹄：《粥谱·食粥时五思》，清光绪七年成都刻本，第2~3页。
② 黄云鹄：《粥谱·广粥谱·平粜章程并序》，清光绪七年成都刻本，第13页。

先授刑部主事，后迁兵部郎中。因耿直得罪上司，贬为马馆监督。又因力争车马之事而被外放蜀地，历任四川雅州知府、四川盐茶道、成都知府、四川按察使等职。黄氏勤于民事、关注民生、乐善好施，且执法严正不阿，蜀人称之"黄青天"。后因平反冤狱，得罪了蜀地权贵，于光绪十六年（1890）辞官返乡。次年，受邀前往江宁掌教尊经书院，后回湖北任两湖书院、江汉书院、经心书院山长。光绪二十四年（1898）病逝于故里家中。其一生著述丰富，主要有《学易浅说》《群经引论大旨》《念昔斋噩言图纂》《花潭集咏》《实其文斋文钞》《实其文斋诗钞》《完贞伏虎图集》《兵部公牍》《归田诗钞》《粥谱》等。①

从《粥谱》《广粥谱》可知，同治辛未年，即 1871 年，成都发生了一场久旱不雨的严重旱灾，官民依例采用传统的向天祈祷求雨的办法，却久而无效。旱灾导致粮缺民饥，状况凄惨。当时正值黄云鹄任职成都知府的第二年，作为地方父母官，他最了解灾情，也担负起了救灾的责任。

此次旱灾及赈灾的情况，在相关地方志如同治以后成书的《重修成都县志》《成都通览》《华阳县志》以及时成都府管辖下的双流、温江、金堂等县志中却都没有记载。

同治十二年刻印的《重修成都县志》，距旱饥发生的同治十年虽仅两年，却对此事只字未提。原因何在？原来此书早在同治八年就已订好体例开始编写，虽至同治十二年才完稿刻印，但全书从开编伊始就没有设立与饥荒、赈济相关的门类，故而失载。

《成都通览》是介绍十九、二十世纪之交成都各方面实况，

---

① 湖北省蕲春县地方志编纂委员会：《蕲春县志》，武汉：湖北科学技术出版社，1997 年，第 848 页；吴刚、谭良啸：《楹联上的成都记忆》，成都：时代出版社，2015 年，第 244 页；《晋阳学刊》编辑部：《中国现代社会科学家传略》（第九辑），太原：山西人民出版社，1987 年，第 349 页。

反映当时成都社会民情风俗的百科全书式的书，几乎不记载任何具体事件，因此该书缺载此次旱灾，实属体例所致。

民国时期修编的《华阳县志》中，尽管内容丰富，文字浩繁，但既无关于灾荒饥馑的类目，而且与之相关的类目如"社会""经济""税赋"等，也完全不涉及饥荒。因此，对同治辛未"成都大饥"的专门记载，此书自然缺失。然而，从此书的片言只语中，还能寻到关于这次旱灾的蛛丝马迹。《华阳县志·人物志·林毓麟》曰：

> 林毓麟，字涛如……华阳人……博涉载籍……尤精于诗……所为诗曰《淡秋集》……同治辛未，蜀中岁大饥，曾为诗一篇，累数百言，以哀流民，词旨悲壮。①

循此线索，笔者找到了林毓麟的作品集《淡秋馆遗诗》。书首有赵熙所撰《林隐君传》，云：

> 君讳毓麟，字涛如。其先……康熙朝始迁华阳，五世儒者……所游皆一方闻人……子思进，光绪二十八年四川乡试举人，有文行。君以（光绪）十七年卒，年四十九。诗一卷，以馆名集。②

据上可知，林毓麟"为诗一篇，累数百言，以哀流民"，是在他 29 岁的盛年。但令人遗憾的是，遍翻这本仅有几十页的诗集，这首"词旨悲壮"的长篇诗歌，在作者去世 20 年后印行的诗集里，竟然已经踪迹全无。

那么，是否还另有一本前引民国《华阳县志·人物志》所

---

① 曾鑑、林思进等：《华阳县志·人物志》，据民国二十三年刻本影印，成都：时代出版社，2007 年，第 330 页。

② 林毓麟：《淡秋馆遗诗》，宣统林氏成都家刻本，第 1 页。

说的《淡秋集》呢？

笔者多方查找，林毓麟的集子唯此《淡秋馆遗诗》一种，未见仅以"淡秋集"三字为名者。且书首赵熙所撰《林隐君传》已经说得很明白："诗一卷，以馆名集。""馆"者，林毓麟的斋号也，故知赵熙所言的"以馆名集"，就是这本"辛亥十一月成都印行"（见原书内封）的《淡秋馆遗诗》。民国《华阳县志·人物志》中所记，当系略称，并非原书之确名。

于是，这里便产生了一个问题，到底是《淡秋馆遗诗》的编者将该篇诗作遗漏，还是《华阳县志》中的相关叙述有误？

幸而这本《淡秋馆遗诗》的书首，还另有一篇乔树柟所撰写的《题辞》。在《题辞》中，他不仅关注到了林毓麟的这首长数百言的著名长诗，而且还为该诗未能收入作者唯一的诗集中而感到惋惜，并对个中缘由做出了自己的推断：

> 此吾友林君淡秋剩稿。君性耽禅悦，生平所作文字初不自收拾，故所存仅此。同治辛未，蜀中岁大饥，君曾为诗一篇，累数百言，以哀流民，词旨悲壮……今亦不见稿中。盖……视千载为旦暮，以一切文字为空中华，岂尚有意于身后之名耶？[1]

乔树柟出生于 1850 年，与林毓麟同为"四川华阳（今成都）人"[2]，比 1867 年出生的荣县人赵熙年长 17 岁，较林毓麟晚 8 岁，相较于赵熙，他可能更熟悉和了解林毓麟。

这段文字与前引《华阳县志》关于林毓麟的记述大同小异。此文撰于宣统三年（1911），《华阳县志》成于民国二十三年

---

① 乔树柟：《淡秋馆遗诗题辞》，载《淡秋馆遗诗》卷首，宣统三年林氏成都家刻本，第 1 页。

② 陈玉堂：《中国近现代人物名号大辞典》，杭州：浙江古籍出版社，1996 年，第 165 页。

（1934），或许《华阳县志》里的表述，沿袭的正是 20 年前的乔文。

从乔文可知，诗的作者林毓麟好禅信佛，看空一切，对自己的诗作率性而出，随写随散，不自珍惜保存，以致去世后 20 年所出版的诗集，完全依靠后人捡拾"剩稿"而成，"故所存仅此"。而"累数百言"的这篇既是好诗，又是珍贵史料，也就从此湮没了。我们今天在万般的遗憾中，也只能仅凭"以哀流民，词旨悲壮"的扼要概括，去想见当年大批饥民流离失所，逃荒谋生的悲惨情景。

按此以诗觅史的思路，笔者继续翻检与之相关的史料，终于在双流县的县志中，找到一首黄云鹄直接描写这场旱饥的诗，诗名《簇桥行》：

> 簇桥丝好不救寒，簇桥田好夏苦干。
>
> 簇桥距城二十里，民饥不敢鸣之官。
>
> 义士数人代官赈，谁其首者黄正安。
>
> 尔曹子孙必昌大，我诗留与将来看。①

按黄云鹄从雅州知府任上"调知成都，旋擢建南道"②，一个"旋"字，说明他在成都知府任上的时间颇为短暂。但他赴成都知府任后不久，即遭逢到诗中所述的"夏苦干"，也就是夏旱所致的"中岁大饥"。

全诗虽仅五十六字，但明白晓畅，言简情深。诗中生动具体的记述，使后人得以管窥全豹，推知当年这场成都旱饥初始阶段的场景。

于是，出于职责，也出于对旱灾的感受和对饥民的同情，时

---

① 刘佶修，刘咸荥纂：民国《双流县志》卷四《艺文》，民国二十六年铅印本。

② 缪荃孙：《清碑传合集·碑传集补》，上海：上海书店，1988 年，第 3294 页。

肩成都知府之任的黄云鹄，迅速将自己所了解到的"民饥不敢鸣之官"的灾情，向上司汇报：

> 同治辛未，成都旱饥，请赈粜于上，咸谓"饥不甚，姑迟缓！"予退，则言"是故作仓皇，要民誉耳！"不得已，白制府吴勤惠公，曰："守不职，致民饥如此，愿乞退！"公慰留久，相对泣下。慨发帑金二万两，命办赈粜。[①]

这是一段关于这次成都旱饥赈济的最直接、最具体、最核心，也最重要的记述。从中既可见在晚清官场的陈腐陋习下，要办成一件于民有利的事是何等的艰难，同时也说明，正是由于当年众多地方大员的冷漠麻木、熟视无睹，才造成当时的记载缺失，进而导致今天所见史料稀零的局面。

黄云鹄汇报此事的初心是救民于水火，刻不容缓，却被一众同僚视为小题大做，沽名钓誉。正气不彰的官僚体制中，恪尽职守尚且阻力重重，要想进一步有所作为，更是难上加难了。

遭受嘲讽的黄云鹄并未就此放弃，在"不得已"的情况下，他直接向"制府吴勤惠公"汇报，甚至表示出不惜引咎辞职，义无反顾的决绝态度，以退为进，促请赈灾。

"制府"即"制台"，皆系"明清总督的敬称"[②]。据《清代职官年表》，同治十年辛未的四川总督是吴棠，即黄云鹄"不得已"而"白"的"制府吴勤惠公"，"字仲宣，盱眙人也"，"同治七年补授四川总督，光绪元年乞病归"，"谥号曰'勤

---

① 黄云鹄：《粥谱·广粥谱·平粜章程并序》，清光绪七年成都刻本，第 13 页。
② 商务印书馆编辑部：《辞源》，修订本，北京：商务印书馆，1979 年，第 354 页。

惠'"①。

查《清史稿·吴棠传》中，也有与"蜀中岁大饥"紧密相关的记载："同治……十年，（吴棠）署成都将军，奏拨捐输银二十万两赈饥民。"②

在清代的职官级别中，总督是"最高地方军政长官，正二品"，知府是"地方府级长官，从四品"③。

正二品的总督与从四品的知府，其间隔了5个品级。黄云鹄对吴棠的这次拜见，确属是"不得已"而为之的越级汇报，当中包含了冒犯其他上司、大员们的官场风险。所幸吴棠知人善任，当是受到黄云鹄的执拗精神、刚正行为特别是所述灾情的感染，竟然与黄"相对泣下"，且随即下令拨付二十万两官银，专门用于成都救灾。随着灾情向全川蔓延，吴棠上奏朝廷，惊动皇帝，获准拨调十倍于成都的官银，用于全川赈祟济荒。

从成都到全蜀，从黄云鹄诗中簇桥小镇"黄正安"们的民间自我救助到《清史稿》记载中的奏报朝廷，皇帝御准的各府县官赈，可见曾经"不敢鸣之官"的严重旱饥，终于受到官方的承认和赈济，相对及时地减轻了灾民的损失和痛苦。

二、《平祟章程》十六条

作为成都知府，黄云鹄统筹组织，并指挥实施了成都地区官方赈济的全过程。

他着手的第一步，是首先找出过去历次官赈中出现的问题和

---

① 吴昆田：《四川总督吴公事略》，载缪荃孙《清碑传合集·续碑传集》，上海：上海书店，1988年，第2277页。

② 赵尔巽：《清史稿·吴棠传》，北京：中华书局，1977年，第12224页。

③ 乔晓军：《清代翰林传略》，西安：陕西旅游出版社，2002年，第561~562页。

弊端，以便制定针对性的改进措施：

> 先是，省垣每次办赈，惟设总局，费常逾数十万。
> 人多拥挤，或坐守累日，不得粒米。老弱挤踏毙命者，
> 常数十人。壮者守候久，饥火中烧，愤聚扑打，甚至开
> 局甫一日，即被拆毁，以故官蜀者，多以赈粜为
> 畏途。①

积弊产生的后果，严重到官员们甚至害怕办赈的地步！黄云
鹄由此深知，自己这次奉命办赈，如不先期革除这些弊端，其结
果将仍会像过去一样，以失败告终。因此，他第二步即采取民主
的办法，广开言路，集思广益，尽量把可能产生的失误和漏洞排
除在具体的赈灾行动之前，即：

> 方旱荒时，予博采群言，延见属吏耆老及四路绅
> 约，令各抒所见。献言者如鹜，虽极可哂者，予亦不嗤
> 之，但择其有实际、切时用、可立见施行者，酌之为章
> 程十六条。与同人熟商，皆谓无流弊。②

上列做法，与今天常说的"调查研究""群众路线""广开
言路""集思广益"颇为类似。这种采纳众言的方式，使制定的
措施能有的放矢。

第三步，他制定出实事求是、因地制宜的十六条措施，并亲
赴各赈点检查执行情况，确保这次官赈的顺利施行。

鉴于过去办赈因"惟设总局"而形成饥民过于集中、秩序
混乱的弊端和教训，这次赈粜，除照例设总局外，还特别在成都

① 黄云鹄：《广粥谱·平粜章程并序》，清光绪七年成都刻本，第13页。
② 黄云鹄：《广粥谱·平粜章程并序》，清光绪七年成都刻本，第13~14页。

的东、南、西、北四门增设"四局",并且还"复由四局分为四十五局"①,大大扩展了赈助饥民的场所,既使得各路饥民及时获助,同时也化解了历来因饥民的高度集中而产生的各种乱象和风险。

《平粜章程序》的十六条赈济措施如下:

> 第一条:四局每日粜米,诚恐人众拥挤,以致假冒重买,难于稽查。今拟各保公举殷实公正绅商一二人,协同本保正、乡约、甲长,按册查明所属街内贫民户口若干,每日需米若干。各绅商乡保赴局呈明,领票并米,将票分给各贫户,执票遵照牌定价值赴各保公所买米。并饬各街查户口委员随时稽查监散,既可认识贫民,又可免自赴分局买米耽延。各街每日粜米若干,收钱若干,按日绅员赴分局报名缴钱,分局委员再行稽查以杜弊端,并将贫户口若干,每日需米若干,于各街开列清单悬挂,俾家喻户晓。②

这样层层监督,公开透明,手续直接到户,防止了假冒,确保每一份救济粮都能够达到真正需要救助的饥民手中,不漏一户,不误一人。

> 第二条:各保大小不等,如一保地方较宽至十二三条街者,分三处设立公所;八九条街者,分两处办理;四五条街者,只设一处公所,由各保公举一二人如前式。

这种根据实际情况,不整齐划一设置赈济点的目的,不但方

---

① 黄云鹄:《广粥谱·平粜章程并序》,清光绪七年成都刻本,第13页。
② 黄云鹄:《广粥谱·平粜章程并序》,清光绪七年成都刻本,第14~16页。

便饥民，还方便了具体经办的工作人员。

第三条：升、斗、合概烙印"官斗""官升"。总局与四门分局一律较准，每日委员委绅验明，方准量米，无得参差。

这种每天一验的制度，避免了过去常有的短斤少两、克扣赈粮、中饱私囊的现象，堵塞了漏洞。

第四条：四门分局每日发米票若干张，发米若干石，收钱若干数，定限三日一缴账。至所收钱文不拘多寡，每日定酉时缴送。总局必派委人押运，不致偷漏。

"钱文"就是今天的"现金"，是不法分子作案的首选目标，在饥荒危机的非常时期更是如此，所以必须加倍防范。账本三天一查，要虚报造假，时间上是来不及的。

第五条：四门分局委员、委绅伙食，即由委员、委绅自行酌办，随后报销。至樀米、数钱、管账、书役各项人等，每书办每日每人给工钱一百二十文，差役每人一百文，由各分局支发。

公示赈灾工作人员的报酬，令其安心尽职；同时也是向社会宣示赈济款乃是专款专用，与工作人员的开支不容混淆，防止浑水摸鱼。

第六条：四门分局委员委绅每夜必须一人值宿钱米重地，庶不致有疏虞。

这一条既防外贼，又防内鬼。每斗米每文钱都与饥民的生命息息相关，必须一天 24 小时加强监管。

第七条：四门分局：东门玉皇观，南门川主庙，西门天君庙，北门新开寺。

东、南、西、北四个分局全部设在寺庙。因为寺庙场地宽阔，易放粮米，而且老百姓普遍熟悉，便于前往。

玉皇观，"建于清雍正三年（1725），是在今天的方正东街范围之内"①。如今庙已消失，街道仍在，属锦江区管辖。

川主庙，"在南府街今天成都市职工大学的地址"，原来是"清代重建的川主庙"，"所以南府街过去也被叫做川主庙街"②，现属锦江区管辖。

"天君庙，丰豫仓街"③，"乃清代储粮官仓"，在北较场西侧。④ 现属青羊区管辖。

新开寺，在成都"城区东北部"的新开寺街，"因北端有唐宋时所建'新开寺'庙宇一座，故改名'新开寺街'（寺已消失）"⑤，现属青羊区管辖。

四个分局都设在当时靠近东、南、西、北四个城门的地方，位于交通要道，为市民提供了便利。

第七条之后的第八至十二条共五条，是对赈粜工作的每一个具体环节、操作细节所做的明确规定，以保证赈饥措施的执行不打折扣，不留漏洞。由于多属技术操作类的描写，此处不做一一引述。

第十三条：无论老、少、男、妇，聚众生事或已减之价希图短少估买者，严办！

第十四条：有力之家冒充平民混买者，查出严办！

第十五条：每日每丁口准买米二合半。

---

① 袁庭栋：《成都街巷志》，成都：四川文艺出版社，2017年，第616页。
② 袁庭栋：《成都街巷志》，成都：四川文艺出版社，2017年，第355页。
③ 傅崇矩：《成都通览》，成都：巴蜀书社，1987年，第37页。
④ 吴世先：《成都城区街名通览》，成都：成都出版社，1992年，第23页。
⑤ 吴世先：《成都城区街名通览》，成都：成都出版社，1992年，第64~66页。

第十六条：绅衿富户有能捐米助官济民及于乡场市
镇设法平粜，并煮粥赈饥，捐米至五十石以上者，给予
匾额花红；百石以上者，从优议奖。

最后这几条赏罚分明，奖惩并举，官民同赈，颇似今天的社
会动员。官赈则粜米，民赈则施粥。与此同时，黄云鹄还身体力
行，亲临一线现场检查，"又倡劝城乡各善良捐资粜赈，分设粥
厂。予尝单骑轮赴各厂食粥，验粥良否"①。多方合力办赈，推
动了成都赈灾的整体进程。

三、赈饥的效果及评价

十年之后的光绪七年（1881），黄云鹄已官署四川按察使②，
而总督吴棠已经在安徽老家去世五年。黄云鹄在回忆中，首先提
到了吴棠当年对成都赈饥结果的五字批示"惠溥而费省"③，即
政府只花了小钱，却办了广益饥民的大事、善事。意犹未尽的黄
云鹄，借此对当年自己主持制定的赈灾措施，做了更为具体的自
我评价。其云：

照章举办，民饥遂瘳。自开局至终事，安静如平
常……属吏乡约感激愚诚，同心轸济之功，不可
诬也。④

是役也，上下安全，无一哗言诟语。岁虽饥，
不害。⑤

① 黄云鹄：《粥谱·食粥时五思》，清光绪七年成都刻本，第 2~3 页。
② 缪荃孙：《清碑传合集·碑传集补》，上海：上海书店，1988 年，第 3294 页。
③ 黄云鹄：《广粥谱·平粜章程并序》，清光绪七年成都刻本，第 16 页。
④ 黄云鹄：《广粥谱·平粜章程并序》，清光绪七年成都刻本，第 13 页。
⑤ 黄云鹄：《广粥谱·平粜章程并序》，清光绪七年成都刻本，第 17 页。

事过十年，人是物非，黄云鹄如此高的自我评价，会否有自我吹捧，言过其实之嫌？

由于未能读到来自其他方面的直接评价，兹据前文提及的林毓麟《淡秋馆遗诗》中，或可一探究竟。其《送吴仲宣制府休致还里》诗云："治最吴公天下闻，九重恩重笃耆勋。"① "休致"即"官吏年老去职"②。四川总督吴棠"光绪元年……十二月，复疏请开缺，允之。二年卒，照总督例赐恤"③。也就是说，在发生辛未大饥四年后的光绪元年（1875），四川总督吴棠告老还乡了。当年曾经因感饥荒造成大量饥民流离失所而作诗"累数百言"且"词旨悲壮"的诗人，在当年主政赈灾的四川总督退休之际，为其写了四首送行诗，来表达对他治理四川所建政绩的赞许，尤其感激他在那次成都大饥赈灾中的所为，可谓"九重恩重"。

据前引《淡秋馆遗诗》的《题辞》所述，林毓麟在不足50年的一生，性甘淡泊，不求名利，被赵熙视为"隐君"而作《林隐君传》。他连自己的诗作文稿也是随写随扔，因此他应该不会因个人直接身受"九重恩"而值得感激总督大人之事，所以他在赠别诗中所写的内容，当是想起了以吴棠为首的四川官府对饥民的赈济而吟诗称颂。

其实，林毓麟当年的居所在忠孝巷④，位于"陕西街南侧"，

---

① 林毓麟：《淡秋馆遗诗·送吴仲宣制府休致还里》，清宣统三年林代成都家刻本，第27页。

② 商务印书馆编辑部：《辞源》（修订本），北京：商务印书馆，1979年，第177页。

③ 蔡冠洛：《清代七百名人传·吴棠》，北京：中国书店，1984年，上册，第421页。

④ 乔树柟：《淡秋馆遗诗·题辞》，载林毓麟《淡秋馆遗诗》，清宣统三年林氏成都家刻本，第1页。

且"目前还保留了一部分"①，数百年都在成都主城区的位置，今位于成都市青羊区忠孝巷。因此，林毓麟所抱持的感恩情怀，主要还是来源于他对成都地区实施赈济的切身感受和体会。由此可以推知，林毓麟对当年成都官赈的措施和效果，不仅充分肯定，而且心怀感激。

值得注意的是，黄云鹄的这本《粥谱》及所附《平粜章程》，成书于成都，即他自己所说："光绪七年又七月廿又七日序于蜀中。""光绪七年又七月识于蜀垣之文庙街。"② 光绪七年即 1881 年，此时离同治辛未（1871）成都旱饥已过去十年，但黄云鹄尚在四川省城成都为官，当年参与赈济的同僚属吏和经历此事的成都人大部分尚在，他能在《平粜章程序》对自己当年的赈灾进行总结和自我表扬，又未见史料载录有人提出异议，这从侧面说明这次赈灾措施得力，是经得起历史检验的，否则他的这种自吹自捧，岂不会引来非议，徒留笑柄？因此，黄云鹄的这篇《平粜章程》所载史实是可信的，共赈灾十六条措施也是值得后世借鉴的。

结　论

综上所述，关于 1871 年成都大饥荒及官府的赈济活动，本文得出下列几点看法。

1. 在当时的社会制度下，官员的为官之道、个人操守是决定性因素

此可与以下三种假设中的情况进行对比说明。

---

① 袁庭栋：《成都街巷志》，成都：四川文艺出版社，2017 年，第 904 页。
② 黄云鹄：《广粥谱·平粜章程并序》，清光绪七年成都刻本，第 17 页。

假设情况之一：旱饥发生之初，黄云鹄等人没有亲赴乡村调查，没有耳闻目睹大饥荒，则"民饥不敢鸣之官"的状况也许还会延续，官员中"饥不甚"的自我麻木状态也还会延续，如此拖延贻误的后果，必然是造成民间更大的疾苦和危害。

假设情况之二：在向上司汇报却反而遭到其他官员众口一词的"故作仓皇""要民誉"的嘲讽打击后，如果黄云鹄采取明哲保身的态度，就此罢休，静待上命，那么后来的官赈究竟何时开展、如何开展，很难想象。

假设情况之三：面对黄云鹄的越级汇报，甚至以辞职相迫，如果吴棠视其为对自己堂堂总督的冒犯而加以斥责，那么成都不但不会有二十万两赈银的拨付，而且在没有得到总督的允许下，整个成都的官赈更无从谈起。

从整个事件来看，在晚清官场保守陈腐的习气中，黄云鹄这种不避艰阻、知难而上的行为方式，可谓特立独行。周询在民国时期撰著的《蜀海丛谈》中记叙黄云鹄云：

> 观察字祥人，名云鹄，籍隶湖北某县。道光癸卯举人，咸丰癸丑成进士，授兵部主事，迁郎中。值廷议将改革驿传，本部六堂均画诺，黄独力持以为不可。具疏沥陈弊害，由堂官代转，竟得如黄议。由是直声颇著。……旋改道员入川，补建昌兵备道，署按察使。……清时，州、县所断寻常诉讼，虽时有控诸本管府、道者，均非审察其确有纰误，不肯轻提。盖恐滋拖累，且长缠讼之风也。黄则每控必提，涉讼者络绎于道。①

可见黄云鹄做京官时敢于直言，力排众议；在地方掌管司

---

① 周询：《蜀海丛谈·黄祥人观察》，成都：巴蜀书社，1986年，第198页。

法，又千方百计避免冤狱。他这种亲政爱民、敢于担当的品格，在其仕途的每一步都留下了鲜明的印记。

2. 措施合理，执行到位，监督严密，是执政有为的关键性因素

同治十年的成都旱饥，发生在黄云鹄调任成都知府的第二年。在他之前，也发生过各种灾荒，办理过若干赈济。但由于墨守成规，措施不合理，致使赈济的实际效果与预期相距甚远。例如，"道光己酉，江忠烈公忠源令秀水，维时米价腾贵，饥民抢掠，江甫履任，即有控抢二十余案，弋犯不下百余名。访有某甲者，平日最为地方害，以站笼暴烈日中毙之，余悉置之囹圄不问"[1]。江忠源（1812—1854），湘军名将，道光二十九年（1849）任浙江秀水县知县。他初到任上，接手的是前任救荒无能所留下的"官逼民反"的烂摊子，通过多方筹措，恩威并施，才平息此事，但官、民双方均为此付出了沉重的代价。而黄云鹄也说："先是，省垣每次办赈，惟设总局，费常逾数十万。人多拥挤，或坐守累日，不得粒米。老弱挤踏毙命者，常数十人。壮者守候久，饥火中烧，愤聚扑打，甚至开局甫一日，即被拆毁。"[2] 这段文字概述了蜀中历来救荒不当的积弊和后果。而类似情形在其他省份也常有出现，严重者甚至引起暴乱。

由此可见，黄云鹄主持制定的《平粜章程》十六条，一扫历来的积习流弊，大胆改革，措施接地气，体民情，并且执行得力，监督到位，效果良好，难能可贵。这精心制定的十六条章程，亦被他当年的下属评赞为"一言不可增减。增减者，弊立

---

① 徐珂：《清稗类抄·江忠烈赈饥》，北京：中华书局，1984 年，第 1256～1257 页。
② 黄云鹄：《粥谱·广粥谱·平粜章程并序》，清光绪七年成都刻本，第 13 页。

出。事后乃悉……择言之精，用心之苦也"①。正是经由下属的促请，他才将章程附载于《粥谱》中，无意间为我们今天了解成都当年的那段历史，留下了弥足珍贵的第一手史料。

3. 成都旱饥研究的若干学术空白，尚待继续填补

历来的任何灾荒，受伤害最直接、涉及人员最广的，必然是最底层的平民百姓。而"传统方志的又一个不足之处，是……对下层社会的情况记载甚少，或缺乏了解，或以为不可登大雅之堂，故大都屏而不录"②。这也间接说明为什么出现历史上如此罕遇的大饥荒，相关史志竟然全部失载。即使近几年出版的关于四川、成都的两部最重要通史性专著《四川通史》《成都通史》，相关章节以及书末的"（四川）大事年表""（成都）大事记"，也都对《清史稿》有载的这次辛未大旱饥一字未提。至于其他一些重要的旱灾，也只是笼统地称之"夏旱"，至于具体历时多长，受灾范围多广，饥民人数多少，旱灾造成的危害有哪些等，都有待更具体的学术研究来加以解决。

4. 追寻历史细节，还原历史真相，让每一位对成都有过贡献的历史人物留名，受到社会公众应有的纪念和景仰

同治辛未，从成都的夏旱，到全蜀的"岁大饥"，史料都只有凤毛麟角的记载，且大多都是与时任四川总督吴棠相关的记述。如果没有黄云鹄自己收入《粥谱·平粜章程序》的记载，后世人们就无从得知黄云鹄与这场旱饥和官赈有如此大的关联！这并非总督吴棠本人想要争功夺名，而是因为他的职位彰显，当时四川各方面的成就自然归属其名下，而成都区区一府，当然也不例外。

---

① 黄云鹄：《粥谱·广粥谱·平粜章程并序》，清光绪七年成都刻本，第14页。
② 傅崇矩：《成都通览·出版说明》，成都：巴蜀书社，1987年，第3页。

黄云鹄咸丰三年（1853）中进士后在京做官十多年，入四川后又宦蜀二十余年，以他的为官理念和品性才能，所在必有许多建树。可惜由于官位不太高（正四品道员），清史中无传，其他史料也不见载录，致使被后人忽略。为此，他出生于成都的儿子、国学大师黄侃，也颇为不满，曾替父亲抱不平，认为清史的相关部分应当重修：

> 看《清史》传二百卅八李朝仪等监司传，此皆与先公同时，政绩亦未胜先公。史传采择不周，故当重修，非予以先公无传而为论也。①

黄侃八十多年前在日记中的这种感慨，其实是为史学界提出了一个值得探讨的带有普遍意义的课题。笔者初涉史学研究，才疏学浅，奥题大目不敢窥望，此文若能为四川、成都的本土往史研究奉献一点粗浅的探索和陋见，就备感荣幸了。谨此敬祈前辈大雅批评教正！

---

① 黄侃：《黄侃日记》，北京：中华书局，2007 年，下册，第 1090 页。

尹昌衡的五教会通思想

闫孟祥　王澄艳[*]

摘　要：尹昌衡认为，儒、释、道以及基督教、伊斯兰教五家宗教核心义理相通，因而可以以核心义理为中心，逐渐化解歧义。他以为，五家的核心义理包括两方面，一是指类于传统儒家所说的至善之性以及成己成物、以诚为本、以明为用等道德伦理思想；二是尹昌衡自身通过对儒、释、道等思想的深入研究而提出的本体论，他把这个本体称为"白"。因"白"为本体，所以万法惟"白"。惟"白"之故，人生应该以大公利人为行为方向。他认为只有如此，方能获得快乐；反之，自私狭隘，必生痛苦。除理论阐释外，他还提出了五教会通的具体步骤，因此，尹昌衡的五教会通思想在世界同类思想中具有典型意义。

关键词：五教　人文化成　本体

　　包括宗教在内的文化沟通问题是当今世界面临的重要问题，近代以来不少智者予以关注，如著名的德国神学家孔汉思，就于1990年提出了要共同寻找适应各个宗教的"全球伦理"。尹昌衡早在20世纪前期就已经提出了与孔汉思类似的观点，并重点阐

---

　　* 作者简介：闫孟祥，生于1960年，河北省肃宁人，河北大学宋史研究中心教授，主要研究方向：中国思想文化史；王澄艳，生于1973年，山东烟台人，河北大学外语学院副教授，主要研究方向：语言与文化。

释了五教（儒、释、道、基督教、伊斯兰教）的会通问题，但至今他的思想尚罕为人知。

尹昌衡的五教会通方式，是典型的中国文化思维，在一定程度上代表了中国传统文化在与世界宗教文化进行交会后的观念。因很少有人论及于此，故本文拟对尹昌衡五教会通的基本思想以及五教会通的根据、理论模式予以介绍。尹氏的此类思想相当精深，本文所述，恐难免存在偏误，望能得到方家指正。

一

尹昌衡主要作品中①，大都直接或间接地提到五教会通。直接谈到者，如《易钵》中有"教宗"章；《原性论》有"教源"章；《王道法言》有"同教"章；《通书》有"宗教通"和"孔老佛耶回同说"章；《昭诠》有"统教篇"章；《寓言》中有"五教""问回祖""合教""孔佛通"等章；《生民常识》中有"合教弭乱"章；《惟白论》中有"五教开源""宗教法政""宗教大同"章。间接谈到者更多，如《生民常识》之"说白"篇云："斯白也，五教咸宝（孔子曰仁、老子曰谷神、耶稣曰耶和华、回祖曰天方性、佛曰舍利子），众生同具。"可以说，五教会通是尹昌衡关注的一个重要问题。

在这些言论中，反映了尹昌衡完整的五教会通思想，包括会通的方法、步骤、根据，等等。

首先看他关于五教统一的说法。他在《昭诠·外篇·统教篇》，配专文说明：

---

① 本节所述尹昌衡作品，俱见《尹昌衡集》，北京：社会科学文献出版社，2011年。

统教者，统今之所谓佛孔老耶回而一之也。[1]

在同篇内，还提出五教 "本末多同" 的观点：

孔老佛耶回同矣。同之又同，不惟端同，末亦
多同。[2]

必须说明，这里所说 "不惟端同，末亦多同" 并不是说各
家全部相同，而是 "多同"，多相同、相通之处。

《惟白论》是其最为成熟的作品，其中也谈道：

今以五教大圣，合祀并宗，而立大同之教。[3]

就是说，他以为，既然五教本末多同，就应该合五教于
一体。

然而，五家包括了各自的基本思想，基本修养方式、方法，
以及各自适应的不同人群等方面，各自内部融成体系，所以，统
合五教为一体，并非易事，因而尹氏还提出了会通的方法、步
骤：首先 "观同道通"，然后逐渐深入融合，最后达到完全一
致。其云：

今若以孔老佛耶回之同而求之，则得圣人之真；以
孔老佛耶回之异而求之，则失圣人之正。故观同道通，
则孔谓老为圣，老谓佛为圣，佛谓耶为圣，耶谓回
为圣。[4]

---

① 尹昌衡：《昭诠·外篇·统教篇》，见《尹昌衡集》卷三，北京：社会科学
文献出版社，2011 年，第 1211 页。

② 尹昌衡：《昭诠·外篇·统教篇》，见《尹昌衡集》卷三，北京：社会科学
文献出版社，2011 年，第 1213 页。

③ 尹昌衡：《惟白论·大同性命·宗教大同》，见《尹昌衡集》卷五，北京：
社会科学文献出版社，2011 年，第 1886 页。

④ 尹昌衡：《通书·宗教通》，见《尹昌衡集》卷三，北京：社会科学文献出
版社，2011 年，第 990 页。

所谓"观同道通"，是以道体（尹氏所认为的各家核心思想，即本体）为基点，观各家的共同点。即，五家宗教在根本上是相通的，都以道体为本，只是"教"的方法因产生的文化背景不同而有差异。既然本相同或相通，只是在教上有所差异，那么就找到了各家的共同之点。然后以之为基础，不断扩充彼此相通的范围，乃至全部通同。在尚未统一五教之前，在中国，则先以儒教为基，统一大家的见解。其云：

> 予以为一时平天下，致大同，自五教中择之，宗孔为上。若天下既平，大同既致，仍复宗孔，亦为进步之大碍。惟悬一象曰"道"，以道为教主，释之曰"中和"。天应法道，地应法道，孔老佛耶回莫不应法道，后来大圣亦皆法道，则天也，地也，孔也，老也，佛也，耶也，回也，后来大圣也，皆道之弟子，配享于道庙可也。①

至于具体通同的过程，尹昌衡也提到了：

> 今欲合教，先集聪明仁智博达公平忘我之士，日夕论辩，不相排诋而相和翕，著为文章，布之天下，立一公教之朋，渐扩渐广，日夕劝导。不十年间，合五教为一教，而更其名，集五教之长，去五教之短，厘为同法同文之经，以召天下，天下之所乐也。夫五教自有大小优劣，然方今民各有信，不能不将顺而就之也。及大道既明，人种既一，五教之民既化而无畛域，不惟自知择取，且将并五教之名而忘之，又何辩哉！《书》曰：

---

① 尹昌衡：《通书·宗教通》，见《尹昌衡集》卷三，北京：社会科学文献出版社，2011年，第1009页。

"一德一心，立定厥功，惟克永世。"教既一，则德心
俱一，而永无害矣。①

至于会通五教的原因和根据，主要包括两方面，一是当前的
世界需要，一是各家宗教本身内在根据本同。后者下文将辟专章
阐述，前者是尹氏基于对中国文化乃至世界文化发展趋势进行观
察的结果。

尹昌衡以为，世界文化最终走向统一，是大势所趋。他说：

> 沟浍沼池之水，终必归海。黄白黑棕之人，终必统
> 一。今虽不一，后必一之。此虽不一，彼必一之。明知
> 趋势所归，后日必合，则合之日长，而分之日渐短矣。
> 与其于今日未合之短期中，护一日之私利，而受终古禽
> 兽之诛，何如趁今日未合之短期中，开广大之基，而成
> 终古仁圣之名乎！万国之权府大人，哲士明公，早见及
> 此，庶乎矣矣；不见及此，后必自陷于禽兽之伦。事有
> 必至，理有固然，岂能逃哉？②

他作诗也称："全地必一，事理所趋。不顺事理，自陷凶
愚。"③ 就是说，全球走向统一，是"事理"发展的必然。这
"事理"是一种利害的关联。在阐释这些问题时，他甚至有了当
今"地球村"的观念，其云："同居一地，如同处一村，疆场相

---

① 尹昌衡：《昭诠·统教篇》，见《尹昌衡集》卷三，北京：社会科学文献出
版社，2011 年，第 1213 页。
② 尹昌衡：《昭诠·大同篇》，见《尹昌衡集》卷三，北京：社会科学文献出
版社，2011 年，第 1200 页。
③ 尹昌衡：《昭诠·大同篇》，见《尹昌衡集》卷三，北京：社会科学文献出
版社，2011 年，第 1200 页。

连，如屋舍比栉，此家之室虽美，隔邻之火未灭，其灾也可立而待矣。"① 全球因政治，特别是经济的关系，已经结成一体，牵一发而动全局，因此，已经成为彼此相互关联，难以分开的一个整体。既然人类逐渐形成统一的整体，文化必须先行统一，否则社会就会发生动乱。

> 图太平圣治者，必先统一五教于创始之初，不能立宗教而欲以政术致太平者，如树无根之木也。②

他还说：

> 教不合，乱不弭。……夫教不合，则心不一，心不一，则事不合，欲平治天下，遏抑乱源，而不同教，是犹务湿而居下也。③

世界最主要的五大宗教代表了人类文化的典型规范，但不同的人往往执着于已见互相菲薄，造成了人类的争竞不断。他说：

> 教人争久矣，人之死多矣。中国之士伐异端千秋不改，欧洲之民攻他教百年长战。是圣人之所以救人者转以杀人也，悖已甚。④

> 今不同教，此祸不息，后之争者，其斗愈烈。道可道，非常道。名可名，非常名。不执一道，不拘一名，

---

① 尹昌衡：《昭诠·大同篇》，见《尹昌衡集》卷三，北京：社会科学文献出版社，2011年，第1200页。

② 尹昌衡：《惟白论·宗教大同》，见《尹昌衡集》卷五，北京：社会科学文献出版社，2011年，第1882页。

③ 尹昌衡：《生民常识·合教弭乱》，见《尹昌衡集》卷四，北京：社会科学文献出版社，2011年，第1641页。

④ 尹昌衡：《王道法言·同教》，见《尹昌衡集》卷二，北京：社会科学文献出版社，2011年，第806页。

但知圣人之所以为圣人而同之，不亦休乎！①

因此，从一国或一区域，乃至全球整体来说，必须统一宗教。

二

尹昌衡提倡五教会通，源于对五教的基本认识，他以为，剖开外表的枝叶，五教本质是相通的。

首先，他以为，各家本质都出于"性"：

圣贤之道之学，无不因性而生。佛曰明心见性，孔曰存性存存，老曰复命，孟曰存心养性，庄曰性修反德。②

此所谓"性"，主要指人至善的本来面目，与儒家倡导的性善说中的"性"概念一致。但在他这里，不仅儒家主张性善之说，道家、佛家也同样如此主张。甚至不仅中国传统的儒释道，稍后传入中国的基督教、伊斯兰教也如是。他说：

其言性也，老子不以物凿性，孔子成性存存，佛陀明心见性，耶稣与人同性（见《希伯来书》第二章），其本同也。③

孔曰泛爱，佛曰度尽众生，耶曰视人如己，老曰慈

---

① 尹昌衡：《王道法言·同教》，见《尹昌衡集》卷二，北京：社会科学文献出版社，2011年，第806页。

② 尹昌衡：《原性论·起源》，见《尹昌衡集》卷二，北京：社会科学文献出版社，2011年，第681页。

③ 尹昌衡：《王道法言·同教》，见《尹昌衡集》卷二，北京：社会科学文献出版社，2011年，第807页。

为三实之首，回曰大仁合天，其言虽异，意不异也。①

在同出于至善本性的基础上，他进一步提出了"二纲四目"说：

> （五宗教）何同乎？同以二纲四目也。何谓二纲？
> 曰成己成物；何谓四目？曰成己之觉，成己之形，成物
> 之觉，成物之形。②

"成己成物"出自《中庸》第二十五章，原文云："诚者自成也，而道自道也。诚者，物之终始，不诚无物，是故君子诚之为贵。诚者，非自成己而已也，所以成物也。成己，仁也；成物，知也。性之德也，合外内之道也，故时措之宜也。"③《中庸》此说是"诚"本心说。即，其认为天下事物与"我"本来同体一心，故不以"我"自执着，此即"诚"。自"诚"，则自身与天地万物同，故成己成物。在一定意义上说，成己成物亦即知己身和万物的本体，然后使其各有所归。尹昌衡所说"四目"，是"二纲"的具体化。成己的具体，是成己之觉、成己之形，即自心发出认知不以己为计，而行为与之相顺应；成物之觉、成物之形，则以自己与他人同等对待，包括使人成己之觉、成己之形，与天道相应。这是典型的儒者观念，尹以为五教俱有此种德性。

在"二纲四目"的基础上，他进一步向外拓展，提出五大宗教的十三项相同：以诚为本、以明为用、性命自然以合天成

---

① 尹昌衡：《生民常识·合教弭乱》，见《尹昌衡集》卷四，北京：社会科学文献出版社，2011年，第1641页。

② 尹昌衡：《通书·宗教通》，见《尹昌衡集》卷三，北京：社会科学文献出版社，2011年，第990页。

③ 朱熹：《四书章句集注》，载《新编诸子集成》，北京：中华书局，1983年，第33~34页。

圣、修其身以利人济物、以绝欲为要、以济世为心、以慈仁为本、信因果之说、信人死归天、信静寂为养真之方、以自然无为济物、阔大无畔域之量、湛然无所有之体等。其云:

> 既知观同道通之能求圣人之真矣，则可集孔老佛耶回而立大成之教矣。孔曰"至诚"，老曰"诚全而归"，佛曰"不妄"，耶曰"无虚诞"（见《出埃及记》），回曰"清真"，同一以诚为本也。孔子曰"大智"，老曰"知常曰明"，佛曰"圆觉"，耶曰"求智慧"（《哥林多前书》第一章），回曰"圣人明己"（《天方典礼》识认篇），同一以明为用也。诚、明既立，而道可通矣！孔曰"天命之谓性"，老曰"谁之子，象帝之先"（帝，天也。言人皆得天之性，但失之莫能肖耳），佛曰"一切众生，皆有佛性"，耶曰"耶和华上帝之灵，在人身中为人主宰"，回曰"我命受于天"（见《大赞书》），同言性命自然可以合天成圣也。孔曰"成己仁，成物知"，老曰"知以身为天下，爱以身为天下"，佛曰"成道己而后度人"。耶曰"基督身犹幔，撒之为人辟永生之新路"（见《希伯来书》，言身无物障乃能救世），回曰"得道救人"，同以先修其身而后可以利人济物也。孔曰"窒欲"，老曰"常无欲"，佛曰"绝六欲"，耶曰"不遵上帝，乃纵私欲"（《耶米利书》第十章），回曰"止食色，以谨嗜欲"（见《天方典礼》书），同以绝欲为要也。孔曰"成物"，老曰"常善救人，常善救物"。佛曰"救诸苦恼"。耶曰"拯救世人"（见《希伯来书》），回曰"厚施"（见《聚礼篇》），同以济世为心也。孔曰"好仁"，老曰"吾有三宝，一曰慈"，佛曰"大慈大悲"，耶曰"满仁慈"

（《罗马》第十六章），回曰"大仁天"（见《祝天大赞》），同一以慈仁为本也。孔曰"积善余庆，积恶余殃"，老曰"杀人众多者悲哀泣"，佛曰"因果报应"，耶曰"欲救生命者，丧而反存"（《路加》第十八章），回曰"报应无私天"（见《祝天大赞》），同一信因果之说也。孔曰"魂魄归天"，老曰"王乃天""没身不殆"，佛曰"升兜率天"，耶曰"死见天父"，回曰"我命归于天"（《祝天大赞》），同一信人死归天也。孔曰"定而后能静，静而后能安"，老曰"归根曰静，静曰复命"，佛曰"虚空清静"，耶曰"安息"，回曰"寂哉妙天"，同一信静寂为养真之方也。孔曰"从心所欲不逾矩"，老曰"我无为而物自化，我好静而民自正"，佛曰"大自在""度众生"，耶曰"爱心完全"，回曰"真理流行，命昭元化"，同一以自然无为济物而不用力也。孔曰"天下一家"，老曰"无弃人，无弃物"，佛曰"无一众生不灭度"，耶曰"无远不至，宣荣列邦"（《以赛亚书》第末章），回曰"纲维大世界"，同一阔大无畛域之量也，孔曰"空空如也"，老曰"淡泊寂寞虚无为"，佛曰"四相皆空"，耶曰"离弃一切"（见《马太福音》第二十五章），回曰"无碍无累"（《天方性理》卷首），同一湛然无所有之体也。孔老佛耶回同矣。同之又同，不惟端同，末亦多同。而小儒浅哲，不读他教之书，不明天人之性，一犬吠影，百犬吠声，呶呶焉以争教为事。①

---

① 尹昌衡：《通书·宗教通》，见《尹昌衡集》卷三，北京：社会科学文献出版社，2011年，第991~992页。

尹昌衡文中对五教十三项共同之处，解释得很清晰，不必进一步解说。值得注意的是，他在论述中，把以儒释道等为核心的一些思想统纳在一起，然后作为各家的核心思想。姑且不论尹氏的说法是否与各家相合，但他的这种观察方式、思考方式却值得研究。

总之，尹昌衡以为，五教看似不同，实则其精神完全相同，因此他总结出五大宗教是"同之又同，不惟端同，末亦多同"。

在尹昌衡的认识里，上述诸同仍非最根本处，最根本处在于五教皆以相同的本体论为根本。他通过研究五教，认为五教有相通的本体说，故五教可以会通。这本体亦即一切世间事物万有万化的根本，他给这一本体赋予了一个特殊的名称"白"。其云：

> 佛老孔耶回，五教立巍巍。斯五贤者，自生民以来未有之魁圣也。而皆以惟白为阐教之真源，可以今人而不由乎？万卉虽殊，莫不以根荄为重。万类虽异，莫不以白体为依。①

五家宗教本体上相通，但各教为了教化一方生民，从方法上因时、因事、因地制宜，从而形成不同的"教"。因而，"教"虽不同，但可以会通。其云：

> 古之圣贤，本其移爱之心，设为救世之法，于是有教。教必因时因地，因人因俗，而纳之于天中。如一树然，东倒则扶而西之，人见之谓之西教可也。西倒则扶而东之，人见之谓之东教可也。南倒则扶而北之，人见之谓之北教可也。北倒则扶而南之，人见之谓之南教可

---

① 尹昌衡：《惟白论·五教开源》，见《尹昌衡集》卷五，北京：社会科学文献出版社，2011年，第1682页。

也。此众教之异貌也。或以木扶之，或以石扶之，或以金扶之，或以土扶之，此众教之异术也。①

由上观之，他所谓的宗教，实际是极为明晰的化成人文之"教"。一切道理的根在本体，即"白"。而五家就是依"白"而立的对世间的教化。这一点，是尹昌衡对五大宗教的基本观念，也是五教会通的基本出发点。

三

尹昌衡对五大宗教的认识与五大宗教本身是否相合，需要进一步研究。因他以"白"为宗教根本，"白"的内涵，以及如何从"白"推出至善本性乃至类似于"二纲四目"的诸种性德，并以之教化世间，是我们宏观认识、把握其宗教会通思想的关键。

尹昌衡的作品，大多围绕着本体论展开，分析他对本体论的阐释，其所花篇幅最多的就是透过儒释道的相关思想对本体论的论证。此说"本体"，是本然之体即唯一真实的含义。各家本体论异同，从春秋战国的百家争鸣，经两汉到近现代，已经探讨数千年。尹昌衡本体论的特点是综合各家，突破名相，在会通的基础上提出"白"的概念。在讲到"白"时，他说：

> 白音兹，即古自字，非白色之白，今从。②

"白"含"自"义，见《说文解字》。尹昌衡引用此字，认

---

① 尹昌衡：《原性论·教源》，见《尹昌衡集》卷二，北京：社会科学文献出版社，2011 年，第 705 页。
② 尹昌衡：《惟白论·惟白论》，见《尹昌衡集》卷五，北京：社会科学文献出版社，2011 年，第 1673 页。

为其有"唯一真实""真正自己"的内涵，所以"取之以正性命之本源焉"①。他反复强调，一切万法，都只是一个"白"字，这才是唯一的真实，其他都是假象。其云：

> 宇宙之中惟此理，众生之真惟此白。②

尹昌衡得出以"白"为本体的结论，是经过了长期的思考、体会，甚至经历过数次类似古人的认识跃升而得出的。古人对最高本体素有超越言思之说，"妙高顶上从来不许商量，第二峰头诸祖略容话会"，本体的真实含义难以用语言准确表达。从逻辑思维而言，"白"论是一个思想系统，对其理解和认识需通过三个层次：从对现实世界的阴阳观察到超越阴阳束缚而认识到"白"之为本体，从超越阴阳对立而体会、分析"白"之内涵，以及从"白"本体如何规范出性善等思想。此处从其逻辑思维过程入手分析，其要点在于如何超越阴阳。

他多处谈到现实世界一切都在相对的境界中，因而一切无非阴阳，如他说：

> 天地万物，无非阴阳；四时迭运，无非阴阳；身体发肤，无非阴阳；动静语默，无非阴阳。③

对阴阳相对的观察，儒释道等主要是为了观察、说明变化之道，以及相反相成、阴中有阴阳，阳中有阴阳，以及互相否定等的义理，从而超越阴阳而体会到阴阳的本体。尹氏在阐释阴阳关

---

① 尹昌衡：《惟白论·五教开源》，见《尹昌衡集》卷五，北京：社会科学文献出版社，2011 年，第 1683 页。

② 尹昌衡：《惟白论·述〈頡罗经〉》，见《尹昌衡集》卷五，北京：社会科学文献出版社，2011 年，第 1679 页。

③ 尹昌衡：《易钵·体阴阳》，见《尹昌衡集》卷二，北京：社会科学文献出版社，2011 年，第 661 页。

系时，还使用了阴阳相对是同中之异、异中之同的说法。其云：

> 就耳目之所能见者，同为人则男女相偶，若本异，人与鸟不相为偶矣。同为猿则牝牡相偶，若本异，猿与鱼不相为偶矣。如此同中抽异，每降一层，而增一对待之阴阳焉。同一兽也，蹄为阴，爪为阳，呈异相矣。同一禽也，长尾阴，短尾阳，呈异相矣。同一虫也，无翼阴，有翼阳，呈异相矣。同一鱼也，无鳞阴，有鳞阳，呈异相矣。同一蹄兽又异，而牛阴马阳，且必显正对之性，牛顺风马逆风，而牛马又各分牝牡。同短尾又异，而鸭阴鸡阳，且必显正对之性，鸭沐水鸡沐沙，而鸭鸡又各分雌雄焉。反索其本，且兽又阴而禽则阳也。然则，因物之同为畜，故特分禽兽，以别阴阳也。因同为禽，故特分长尾、短尾，以别阴阳也。因同为短尾，故特分鸡鸭，以别阴阳也。①

尹氏通过强调万物同异之理，从而凸显出万物本来一体，进而由是引入对现实世界本体的认识。其逻辑如下：由异到同是由浅到深、由同到异是由深到浅的层次问题。如畜可分禽、兽，禽、兽各细分为不同的种类，如此相续可以逐一细分，由深到浅乃至于各种差异。由细分之差异回观为一体，如鸡鸭分别，同为禽；禽兽分别，同为动物，由浅到深乃至于一体无别。以此理观察，一切万物都可以回观到一体。故尹氏云：

> 超出一阴阳，必少一对待，而数减一半，升一层，八减为四，四减为二，二减为一，地上之物非无量数，

---

①　尹昌衡：《惟白论·物理》，见《尹昌衡集》卷五，北京：社会科学文献出版社，2011年，第1688~1689页。

又必偶数，屡经折半，必终于惟一。①

在传统文化中，"一"有两种，"气"论的"一"和"本体论"的"一"，两者是完全不同的概念。"气"论的"一"属于有形物的层次，即物象粗细分到极致而为一体。但是，对物象粗细分到极致在中国哲学里是个伪命题，早在战国时期惠施即有"一尺之棰，日取其半，万世不竭"（《庄子·天下》）的说法。大小是相对的，以相对的形象粗细分，只能是更粗或更细，永无止境。"本体论"的"一"包括对立双方，即有形物和感知有形物两方面。据尹昌衡所说"形为阴，觉为阳……形为坤，觉为乾"②，他的"一"是本体论的"一"。由上述尹氏的观察方法可推知其观察的逻辑：一切现象可分为感知和被感知两种，感知的方面，则一切觉知如视觉、知觉等，以及各种动物的各种觉知，统之为阳；被感知方面，则一切物相，如金、木、水、火、土乃至动植物的身体，统之为阴。阴阳再各细分或回归，细分则最终为现实世界的一切，回归则最终到超越的共同本体。那么如何观察阴阳得出超越阴阳的本体结论？

从阴阳的根本来说，一切色与眼相对，声与耳相对……眼耳等识的总和"心"与色、声等总和——有形"气"相对。在相对中，相对的双方彼此以为真实存在，但实质只是相对存在。即在阴阳相对的层面有一种阴阳彼此对对方"实有"的认知，自以为那种"认知"是独立的存在，而被认知的"实有"也是独立的存在。而超越这一层次，那种自以为实有的"认知"和认知对象都不存在。如耳听声，在听觉的层次上，会认为有实质的

---

① 尹昌衡：《惟白论·物理》，见《尹昌衡集》卷五，北京：社会科学文献出版社，2011年，第1691页。

② 尹昌衡：《通书·天道通》，见《尹昌衡集》卷三，北京：社会科学文献出版社，2011年，第1027页。

声和听声的"我"存在。但超越耳听的层次,耳听无非心,在心的层次上,耳听已不存在,耳听的对象各种声音也属虚在。因此,将认识推到更深层次的关键在于超越浅层次的认知。停留在阴阳相对时对对方和自方"真实"的认知中,则不能进入超越的深层。

关于此种超越思想,佛教以"人相""我相"诸概念予以阐释,尹昌衡常引用以说明此理,如他曾说:

宇宙万类,本是一体,自有我相,分崩离析。①

此语"我"显然包括"物""我"两方面。

从浅到深的超越,到最后,则超越一切认知和有形而完全成为一体。此一体既非物象,也非知觉,这才是最终的真实,即所谓本体。

把握本体的内涵,还应进一步分析由本体如何化生万物的道理。对此,大乘佛教用"觉性"予以描述,尹昌衡经过反复体会,认为唯有"觉性"能作为真正的本体。他说:

遍索宇宙诸有,惟知觉性为元。天地万物,苟不依元,立见腐涣,亦如八尸,因名此特元为白。②

见前物理增一分小相,即呈一异形。合二异形,则失其故性。减之又减以消增,合之又合以祛分,必至惟一,乃是净白,则知惟白有觉,惟白有性。③

---

① 尹昌衡:《宇宙真理论》,见《尹昌衡集》卷四,北京:社会科学文献出版社,2011年,第1399页。

② 尹昌衡:《惟白论·白性元》,见《尹昌衡集》卷五,北京:社会科学文献出版社,2011年,第1756页。

③ 尹昌衡:《惟白论·白性智》,见《尹昌衡集》卷五,北京:社会科学文献出版社,2011年,第1750页。

即，他以为各种现实存在，唯有"觉性"生觉知的方式合于逻辑。

"觉性"本能觉知，觉知必生觉知的对象和觉知者。因在"本原"未觉之先，并没有觉知的对象，所以其所觉者只能是自身，即觉知初动，马上被觉知感知，或者说前觉动则后觉立即感知到前觉，犹如前心动，后心立即觉知到的道理一样。那么，前觉动成为对象，后觉即成为觉者，于是进入了相对的阴阳对立世界，此是阴阳初生。初生阴阳后，阴阳之上各再生阴阳，乃至无限，即进入现实世界中。因此，从阴阳初生，到后来阴阳纷繁的世界，都既非觉性，亦未出觉性范围。从本质来说，这些都属于觉性所化。但此化非化而为之，而是幻化。尹昌衡的逻辑正是如此展开的，他在最初认识到这一点时曾说：

> 吾于一年以前，均疑白为阳，而地为白之原矿。及静考《瑜伽》《楞伽》，又征之于万物，乃知不然。白在阴阳之外，而地为白之假器也。①

"白"不在阴阳中，一切阴阳现象都是"白"上所生幻化。对于"白"幻化生万物的道理，尹氏还用"分别"的概念加以阐释：

> 白何以变为物？分别相为祟故也。分别相起，必呈阴阳，必入轮回。分别即异，无分别即同故也。宇宙中物无不同者，而必分别之，是分别心之生，即已同中求异矣。《易》曰："太极生两仪，两仪生四相，四相生八卦。"多一生即增一对，物皆由生来也。故定物理为

---

① 尹昌衡：《理海初集·假阴阳》，见《尹昌衡集》卷四，北京：社会科学文献出版社，2011 年，第 1556 页。

白生分别，为尘室，为有二，为有异，为有对。……一切物皆白所变，分别于心，即着于事；分别于事，即成于形。物有万殊，全由分别。①

"分别"在古人用语中是思量、计度、区分之义。如水流不息，初览形象，分别计度，这一影像便被固着为影像，从而成为有形；又如心有所思，思心本无片刻停息，但睡眠时，前心生时被后心觉知到，分别计度为具形象的梦境。

据上述解释，"白"的本义，以及"白"如何生万事万物的道理便十分清晰明了了。尹氏哲学的特征就是把儒、释、道综合一起，形成一种观察手段，而在最核心的理论上，则取佛家大乘思想。

综合儒释道等各家如何从本体推出人至善的本性乃至类似"二纲四目"之诸德性②，其最简略的道理是，既然"白"才是唯一真实，而人和一切世间现象都只是"白"所生的幻影，所以，世间人生应以"白"为价值取向标准，而非以人的直接感受为标准。在阐释这些道理时，他同样综合了儒、释、道的各家思想，而强调儒学的仁、智、诚、勇、贞正、中和、公而无我、良知（涵括"二纲四目"内容）等世间公认的价值标准皆出自"白"的本性。尤其"趋乐避苦"乃人之本性的说法，是他阐释人生价值标准的典型特征。

关于"趋乐避苦"，其云：

趋乐避苦，即是宇宙真理，即是佛性。众生心即佛

---

① 尹昌衡：《惟白论·物理》，见《尹昌衡集》卷五，北京：社会科学文献出版社，2011年，第1691~1692页。
② 按：其所云五教十三项相同，多属于"二纲四目"的细化，其中如"信人死归天"或许有不同意见，此文属于初探，梳理初步的理论系统，对具体问题暂不探讨。

心也。如水之就下，为趋乐性，水皆同也。……圣贤神佛，如瀑布流于空中，无遮碍，无偏误。有觉之哲人，如驾舟漂于水面，知邪途而自避，所以直入于海也。何谓横流？"首""辵"为"道"，除"首""辵"外，皆是横流。眼耳鼻舌身意皆横流之缺也，性本趋乐，遇缺则流。趋乐善性也，而反以成恶，故不能不制止。……横流则己不立人亦不立，己不达人亦不达，故不仁之至也。不仁无成，固将受刑于真宰也。①

如前所云，凡俗所谓的"心"与"万物"皆"白"性所起分别执着，因此，心感知，实际是"白"生感知，并无凡俗所谓的"心"生感知。感知"乐"或"苦"，并非有凡俗幻识时的"乐"或"苦"，"乐""苦"只是"白"性顺遂抑或出现遮碍、偏误在"白"中的感应。"白"生物出自"白"觉性本然，其幻化为人，人心现为趋乐避苦。唯其如此，顺受自然，不假造作，则与"白"性相合，感受为乐；横生枝节，违逆自然，则与"白"性违背，感受为苦痛。与"白"性相合亦即所谓"道"，"道"是"无遮碍，无偏误"义，亦即公而不私义②。反之，即"横流"，亦即生执着，执着上必然复起执着，生各种欲望。欲望本来是趋乐避苦的，而反堕于苦。故圣哲不以自身为取舍，还道自然，顺生顺灭；而凡俗之人以眼耳鼻舌身意为取舍，故最终痛苦缠身。故尹氏又云：

趋乐避苦，乃真志也。……众生毕同之志，诚无加

---

① 尹昌衡：《宇宙真理论》，《尹昌衡集》卷四，北京：社会科学文献出版社，2011年，第1398~1399页。

② 按：关于"道"，《中庸》称："天命之谓性，率性之谓道。"尹氏直接从本体论阐发《率真本体所赋之性》不假造作，与《中庸》所言相合。

于此矣。然而灵蠢清浊，取舍各异，亦又何哉？乐有大有小，有永有暂，有众有独。而苦受亦然，大永众真乐也，靡有弗从。小暂独伪乐也，靡有弗捐。①

因而，落实在人上，真正的乐是舍小我执着，成大众安乐。能成大众安乐，则己获终极安乐。而终极安乐是由"白"性自然而生，心与"白"合，智慧通达，万善具足。其云：

> 夫乃知苦全在尘，乐尽在白矣。是以观自在②为宇宙之极福，为内外之弘法。高矣，美矣，蔑有加矣！白乐相合，非外是逐。乐白相从，万善之宗。③

同样道理，仁、智、诚、勇、贞正、中和、公而无我、良知等皆与"白"性相合，故成为人生永恒的价值取向。其中"智""仁"是"白"性的两根本之性，尹氏说：

> 白以仁智二性为本，勇且为仁智之附，而况于他乎。④

至于其说明方法，关于"智"，尹氏说：

> 证白性之智者，易如反掌。白为发觉之真体，出理之渊泉，焉得而不智哉。所谓智者，觉性强之谓也。尘物无觉，无有自性，皇天众生，有知觉者皆凭此白。如月无光，镜亦无光，所以有光，皆凭于日。何以知之？

---

① 尹昌衡：《惟白论·惟乐统万》，见《尹昌衡集》卷五，北京：社会科学文献出版社，2011年，第1672页。
② 按："观自在"指佛教的观世音菩萨。观音菩萨是慈悲的化身，以予众生乐，拔众生苦为本。
③ 尹昌衡：《惟白论·白乐合》，见《尹昌衡集》卷五，北京：社会科学文献出版社，2011年，第1677页。
④ 尹昌衡：《惟白论·白性仁》，见《尹昌衡集》卷五，北京：社会科学文献出版社，2011年，第1751页。

见前物理增一分小相，即呈一异形，合二异形，则失其故性。减之又减以消增，合之又合以祛分，必至惟一，乃是净白。则知惟白有觉，惟白有性。白之有觉，如日之有光也。……日发光无蔽，必大明。白发觉无蔽，必大智。更何待证？①

关于"仁"：

白有生识、带相二义，以生识言谓之智，以带相言谓之仁。知以觉体言，仁以生机言也。……决仁之定义，近皇为仁，远皇不仁。……赴皇则乐，违皇则苦，拯苦即乐，大仁之本旨也。白皇相引，以就极乐，故白性为大仁。②

其所谓"皇"，指人达到纯然"白"性时的状态，如其云："白王为皇，皇天佛也。"③据此语，所谓仁，即是与"白"生物本性相合，也就是心的廓然大公状态。心在这样的一种状态下，则唯有乐没有苦。同样的道理，人类诸种德性，如诚、勇、贞正、中和、公而无我、良知等，俱出于"白"，为"白"之性德。依之而行即获得快乐，与其违逆则必陷苦痛。

非仅福乐苦痛，既然"白"为根本，世相为幻，所以一切世间之事，若要真正正确认识，正确对待，都应以知"白"为准。其云：

---

① 尹昌衡：《惟白论·白性智》，见《尹昌衡集》卷五，北京：社会科学文献出版社，2011年，第1750页。

② 尹昌衡：《惟白论·白性仁》，见《尹昌衡集》卷五，北京：社会科学文献出版社，2011年，第1751页。

③ 尹昌衡：《惟白论·内篇·纲言》，见《尹昌衡集》卷五，北京：社会科学文献出版社，2011年，第1668页。

> 吾欲究人事之正，乃先究白性，以知皇天之命。皇天为净白，白之性即皇之性也。其性如何，命必因之。次究白相，以窥性命之真。白相有迁变，白之相，实者之相也。其相如何，命可必矣。［实］者为皇天所造，观其真迹而皇天之机秘毕呈矣。以此康济四海尽渡众生，不已确乎！①

然而，人生于世，妄生执着，见小不见大，引生各种邪见、邪行，乃至争斗，陷于苦中。其云：

> 夫入于尘中，即见尘之高且大而自幺么，以昏昧龌龊于其中，而百恶全矣。出于尘外，则见尘之卑且小而自光大，以阔达超于其上，而万善集矣。真空虽出于尘外，而无辨善恶之才。然则至善非合空之净白而何？沾尘则善减，微尘不沾，善全斯极。如有能善逾净白者，必将有大过于空虚者也。元外无尘，白外无物，安得不为至善哉？所以包二十余福德之全，而莫或与并也。前言净白为至善，是事之上美极功。若言其真，净白无事。今言白性为至善，是物之体量实德，若言其真，净白无物。无事无物，不可名言，至善无言，斯极也矣（见《者皇善恶图》）。谈性善者，终极于言语道断，契于秘也。②

因此，圣人教化世间，使其开智、向仁，不为物欲所拘，不为己见所缚。在尹昌衡的论述中，五家教化即立基于此。

---

① 尹昌衡：《惟白论·究性命》，见《尹昌衡集》卷五，北京：社会科学文献出版社，2011 年，第 1720 页。

② 尹昌衡：《惟白论·白性至善》，见《尹昌衡集》卷五，北京：社会科学文献出版社，2011 年，第 1767 页。

上述对尹昌衡五教会通思想的介绍、研究尚属初探，但仅从上述有限的介绍中也能看出，他的五教会通思想起码在两方面继承了中国传统文化精神：一是在形式上继承并发展了传统三教会通的思想，二是在内涵上强调理性的智慧会通。

从春秋战国开始，中国传统文化一直走着一条融会贯通之路。唐宋以降，以"以佛治心，以道治身，以儒治世"三教会通为特征的观念已成为中国社会最基本的思想观念。延及近代，出现由三教会通扩展到五教会通乃至形成统一世界文化的论述，而尹昌衡的相关思想则是其中的典型代表。

传统文化融会贯通的根本原因，在于围绕本体论的长期探索和体会，以严密的逻辑分析并体会所有事物的共同本体，然后以之作为根据，解释、规范现实世界和人生，具有突出的理性特征。尹昌衡主张五教会通，特别强调以理性为基础，使宗教"明至理以觉人"。而"惟白"是明至理的根本，所谓："理之通达，在于知白。知白为智，智以究理。白净理明，如目朗而见日也。"①

理性、智慧、包容，是人类的共同价值取向。中国传统文化的这种特征，在现代更加体现出强大的生命力。尹昌衡五教会通的统一文化观，从理论到方法，渐次递进而臻于成熟，并形成了一套系统的思想。在当今世界形势面前，虽然他的某些提法尚缺乏可操作性，对各宗教教义的理解与各家之教是否相合也有待进一步研究，但他的这种思想无疑具有重要的参考意义。

---

① 尹昌衡：《惟白论·究事理》，见《尹昌衡集》卷五，北京：社会科学文献出版社，2011年，第1685页。

王珪《华阳集》札记二则

郭　齐*

摘　要：王珪《华阳集》存在严重的误收他人诗文等问题，清代以来已经众多学人陆续指出这些问题，但仍未得到彻底梳理。本文对新发现的一篇误收札子做了考辨。王珪谨小慎微，贪权固位，此种性格在其行文中也有所体现。本文对其所作《洪比部湛传》的不同版本及史料来源做了对比分析，指出其瞻前顾后、患得患失的文风，这对了解其人有所帮助。

关键词：王珪　《华阳集》　宋人别集　文献证误

一

王珪《华阳集》早佚，四库馆臣从《永乐大典》辑为六十卷。但由于辑录者的严重疏漏，其中多误收他人之文。清人劳格最早发现这一问题，他在《读书杂识》中即列出二十九首误收入王氏集中的诗歌。其后今人李言、宋业春、栾贵明、陈伟庆等又陆续考得多篇王氏集中的误收之作，而尤以近年王传龙、王一方《王珪〈华阳集〉的误收辑佚与流传》一文为集大成之作。

* 作者简介：郭齐，生于1952年，四川资中人，四川大学古籍整理研究所研究员。主要研究方向：宋代文化、历史文献学。

但该集的误收等错误显然远不止此，笔者最近就偶然发现了一篇误收之文，即《华阳集》卷八所载嘉祐三年三月所上《辞侍读学士札子》，文云：

> 臣准阁门告报，伏蒙圣恩，授臣兼侍读学士。臣伏见侍读之职，最为清近，自祖宗以来，尤所慎选，居其职者常不过一两人。今经筵之臣一十四人，而侍读十人，可谓多矣。臣愚谬厕翰林，又充史职、太常礼仪、秘阁秘书、尚书礼部、刊修《唐书》。然则在臣不谓无兼职，而经筵又不阙人，忽沐圣慈，特此除授。盖以近年学士相承多兼此职，朝廷以为成例，不惜推恩。比来外人议者，皆云讲筵侍从多无坐处矣。每见有除此职者，则云学士俸薄，朝廷与添请俸。官以人轻，一至于此！欲乞罢臣此命，不使圣朝慎选之清职，遂同例授之冗员。况臣材识浅薄，自少以来，粗习辞草，过蒙进擢，俾尘禁署，中年衰病，常忧废职。至于讲说经义，博闻强记，刿复非所长。今耆旧之臣、经术之士并侍讲读者，足以备顾问，承清光。欲望圣慈矜臣不才，俾免冒荣之诮。所有告敕，不敢祗受。取进止。

按，该文实为欧阳修作，见于《传家集》卷九十一。稍加查考，便知文中所述仕历与王珪不合。尤其是"刊修《唐书》"一句赫然在目，欧阳修编修《新唐书》尽人皆知，而与王珪无涉，足证此文为误收。

该篇作者的判断甚为简单，但奇怪的是近千年来竟无人指其错误。别集误收他人文，《华阳集》算是比较典型的例子。如果将全书逐篇仔细核对，相信还会有更多的发现。

二

北宋真宗朝发生过一件大冤案，即知贡举洪湛被诬告科场受贿，贬死广西，年仅四十一岁。《续资治通鉴长编》详载其事，云：

先是，有河阴民常德方讼临津尉任懿纳贿登第事，下御史台，鞫得懿款云：咸平三年补太学生，寓僧仁雅舍。仁雅问懿就举有知识否，懿曰无。仁雅曰："我院内有长老僧惠秦者，多识朝贵，当为道达。"懿署纸，许银七铤。仁雅、惠秦私隐其二，易为五铤。惠秦素识王钦若，钦若时已在贡院，乃因钦若馆客宁文德、仆夫徐兴纳署纸钦若妻李氏。李氏密召家仆祁睿，书懿名于睿左臂，并口传许赂之数，入省告钦若。及懿过五场，睿复持汤饮至省。钦若遣睿语李氏，令取所许物。懿未即与，而懿预奏名，登科授官。未行，丁内艰还乡里。仁雅为文德、惠秦辈所迫，驰书河阴，形于诅詈。德方者卖卜县市，获仁雅书，以告昌言，且得其事白，请逮钦若属吏。先是，钦若为亳州判官，睿即其厅干。及代归，以睿从行。虽久事钦若，而未除州之役籍。贡举事毕，会州人张续还乡里持服，钦若托为睿解去名籍。至是，钦若自诉云睿休役之后，始佣于家，而惠秦未尝及门。钦若方被宠顾，上谓昌言曰："朕待钦若至厚，钦若欲银，当就朕求之，何苦受举人赂耶？且钦若才登政府，岂可遽令下狱乎？"昌言争不能得，乃诏翰林侍读学士邢昺、内侍副都知阎承翰，并驿召知曹州工部郎中边肃、知许州虞部员外郎母宾古就太常寺别鞫，得懿款云：有妻兄张驾举进士，识湛，懿亦与驾同造湛门，尝以石榴二百枚、木炭百斤馈之。懿之输银也，但凭二僧达一主司，实不知谁何。至是，属等缘懿识湛，以为湛纳其银。湛适使陕西，中途召还。时张驾已死，宁文德、徐兴悉遁去，钦若近参机务，门下仆使多新募置，不识惠秦，故无与为证。又钦若固执知举时未有祁睿，而懿款已具，遂以湛受银为实，议法当死，特贷之。懿杖脊，配隶忠靖军。惠秦坐受简及隐银未入已，以年七十余，当赎铜八斤，特杖一百，黥面，配商州坑冶。仁雅坐诅詈懿，杖脊，配隶郓州牢城。是狱也，仁雅虽坐诅詈懿索银，而不穷用银之端。初，王旦与钦若知举，出为同知枢密院事，以湛代之。湛之入贡院，懿已试第三场毕。及官收湛赃，家实无物。湛素与梁颢善，假颢白金器，乃取颢所假者输官。昌言等皆坐故入，并及于责。注："此段《实录》所书专为王钦若讳，今用司马光《记闻》及钦若新传修入。"

宋太祖、太宗、真宗三朝《实录》为李维、晏殊、宋绶、孙奭、陈尧佐等所修，成于仁宗天圣二年。今其书已佚，但"专为王钦若讳"，于相应的《会要》中尚可见一斑。《宋会要辑稿》职官六四云：

五年四月十四日，比部员外郎直史馆洪湛削籍流儋州，工部尚书兼御史中丞赵昌言、膳部郎中兼侍御史知杂事范正辞并削一任，昌言责安远军节度副使行军司马，正辞滁州团练副使推直官。殿中丞高鼎、主簿王化并削两任，鼎责蕲州别驾，化黄州参军。先是，孟州民常德方讼剑州临津县尉任懿咸平三年应学究举用贿登第，诏御史台鞫之。昌言因逼其友党，令引参知政事王钦若。帝察其不实，令翰林侍读学士邢昺、内侍都知阎承翰、工部郎中知曹州边肃、虞部员外郎知许州毋宾古覆按之。懿具言纳赂于湛得奏名，故审出参，而昌言等以故入钦若罪，并有是言。

而司马光的记载则见于《涑水纪闻》卷七，注明是从苏颂那里得知的。李焘毅然取之，修为信史，使真相大白于天下。其后《宋史》《宋史新编》《续通志》等官私史书皆沿用其说。

现在我们来看看王珪对此事是怎样记载的。王珪作有《洪比部湛传》一文，今见于淳熙《新安志》卷六及《新安文献志》卷九十四，而以后者较详。在《新安志》中，是这样记载的：

……同知贡，又修起居注。坐知贡日受贿，除名流儋州，移惠州，道卒，年四十一。以子幼，给钱一万，官为护丧归，后以为例。注：《仁宗诸臣传》云，任懿以银二百五十两赂王钦若登第，后被告，上方顾钦若厚，懿更云湛。湛使陕西还而狱已具，官收湛赃，家无所有，乃以所假梁颢白金器输官，人多冤之。

《新安文献志》则云：

初，任懿以银二百五十两赂王钦若登第，后被告。上方顾钦若厚，懿更云湛，湛使陕西还而狱已具，坐流儋州。官收湛赃，家无所有。湛素与梁灏善，假灏白金器以输官。六年，会赦移惠州，至化州卒，年四十一。湛时一子偕行，甚幼，州以闻，特召赐钱二万，官为护丧还扬州。因召命官配流岭外而没者，悉给缗钱，听其归葬，如亲属幼稚者，所在遣牙校部送之。

　　对读一下，不难发现，前者直叙知贡举日受贿，等于认同了洪湛该项罪名，只是附加了一个注文，表明还另有一说。后者则进了一步，客观上肯定了王钦若受贿的事实，但又删去了"人多冤之"一句主观评论，显示出捉笔之际的踌躇迟疑。我们知道，王珪是一个谨小慎微、贪权固位的人，任近臣重臣多年，碌碌守成，无所建树，时人戏称为"三旨宰相"。既然专门为洪湛作传，理应对其所被奇冤大书特书，彻底澄清。而在真相已经大白、盖棺论定之时，仍然寥寥数语，一笔带过，瞻前顾后，患得患失，其人性格于此可见一斑。

宋度正生平事迹补考

黄锦君*

摘　要：南宋度正在四川理学的传播和发展上曾有过重要影响，但长期以来，其生平事迹则有诸多不详，本文通过对其著作以及同时代相关史料的钩稽，对其家庭、仕宦、交游等方面的情况进行了一些新的说明补充，以推进其相关研究的深入。

关键词：度正　生平事迹　《性善堂稿》

度正，四川籍朱熹门人，理宗时官至礼部侍郎，著有《性善堂稿》，还有《濂溪先生周元公年表（周子年谱）》。有关度正生平的文献不多，度正没有行状、墓志等，《宋史》卷四百二十二的《度正传》也比较简略。作为理学史上一个有影响的传承者，度正生平事迹的研究一直是研究者关注的重要内容，巴蜀学人对此致力尤多。① 通过对不同史料的发掘和不同角度的切

---

* 作者简介：黄锦君，生于 1960 年，四川崇州人，四川大学古籍整理研究所副研究员。主要研究方向：宋代文献、宋代文化等。

① 近年相关文章如：黄博《宋代蜀中理学家度正生平考述》（《西华师范大学学报》，2009 年第 5 期），何忠盛《南宋学者度正生平著述考辨》（《古籍整理研究学刊》，2013 年第 2 期）、《全宋诗、全宋文度正小传补正》（《中华文化论坛》，2014年第 10 期），粟品孝《宋儒度正编纂周敦颐文集的渊源、过程及其流传考述》（《湖南科技学院学报》，2017 年第 5 期）等。

入，研究者对度正的籍贯、生卒年、历官、著述等方面的状况都进行了深入有效的探讨，度正生平事迹等的情况愈见清晰。

度正《性善堂稿》共十五卷，卷一至卷四为诗，卷五至卷十五依次收录表、笺、状、奏疏、扎子、书、启、序、记、颂、铭、赞、祀文、祭文、碑铭、墓志铭、跋等。现存的《性善堂稿》为文渊阁《四库全书》本，度正原来的《性善堂稿》已失传，今本为四库馆臣从《永乐大典》中辑出并按其旧编规制厘为十五卷。虽然已无从考定《四库全书》本的《性善堂稿》与原本内容是否一致，但毕竟它是现在能看到的度正现存著作的唯一版本，也应该是研究度正生平最有价值的材料。

因着手度正《性善堂稿》的整理工作，笔者对度正生平事迹等又有了一些新的思考和发现。笔者结合与度正同期的一些相关文献，如宋曹彦约《昌谷集》、宋阳枋《字溪集》、宋魏了翁《鹤山集》、宋洪咨夔《平斋集》，以及宋代礼部之《贡举条式》等①，拟对度正父母、婚姻、历官、交游等再做一些发掘与探讨，以推进相关研究。

一

关于度正父母，《性善堂稿》中的诗文提供了不少重要线索。其《奉别唐寺丞丈一首》诗云："正家巴山阳，占田才百亩。春秋自耕稼，亦足糊其口。中年或水旱，采蕨充饭糗。四壁固屡空，满屋贮蝌蚪。"② 度正籍贯为合州巴川（今重庆铜梁），这里的"巴山阳"是一个大的地域概念。家在山区，虽然田有

————————

① 曹彦约《昌谷集》、阳枋《字溪集》、魏了翁《鹤山集》、洪咨夔《平斋集》、礼部之《贡举条式》，皆文渊阁《四库全书》本。

② （宋）度正：《性善堂稿》卷一《奉别唐寺丞丈一首》，文渊阁《四库全书》本。

百亩，似乎仅能勉强维持生计。但度家也算读书人家，父亲也是个读书人，因此，度正从小就受到父亲的启蒙教育，稍大一点还进了学校："少蒙义方训，交口相传授。日记数百言，勇气摩星斗。既长游乡校，稍稍别妍丑。父曰尔勉哉，学问贵悠久。"但不幸父亲中年去世，在三年服丧期满之后，度正参加了考试，并获得功名："憬然铭诸内，庶几造渊薮。奈何天降割，累累若孤狗。三年抱忧患，忍复言进取。洪惟太上皇，下诏罗琼玖。提笔入贡士，肝肺始一呕。时年二十四，一得殆天偶。"

在度正的家乡，研习《周礼》成风，度正在《涪州教授陈罕由墓志铭》中曾云："吾乡之为《周礼》数十人。"① 度正父亲也在研习《周礼》之列，《性善堂稿》卷三《去年微之国史读〈易〉彻章，梦谒晦翁相与从容话言，今年读〈周官〉再用前韵，录以垂教，正谨依韵酬谢》诗之二云："礼经遗子略闻之，大法昭然世莫违。初学卑卑由礼立，终身恳恳欲仁依。芸苗自我持三勿，克己从头绝四非。往教旧盟如可践，警其懈惰久心希。"原"礼经遗子略闻之"句下有小注云："先君命正以《周礼》应举。"又，于《通利州唐寺丞启》云："漫传先子之经，初乏趋时之技。一举于礼部，已愧叨尘；三考于判司，曾微补报。"② 度正之所以专攻《周礼》，并以之作为自己经义一科的应试之经，显然是受父亲的影响，也是继承家学之举。

度正的诗文里多次谈到母亲，母亲对度正的影响也很大，特别是在其遇到坎坷时，母亲总是给予不断的鼓励。度正初入仕途，担任遂宁户掾，可能是不太适应，每次考核都位列末等，弄得颇为失意，一度想放弃仕途，度正于《奉别唐寺丞丈一首》

---

① （宋）度正：《性善堂稿》卷一三《涪州教授陈罕由墓志铭》，文渊阁《四库全书》本。

② （宋）度正：《性善堂稿》卷八《通利州唐寺丞启》，文渊阁《四库全书》本。

写道："得官涪江上，距家才百九。一年一归安，亲族相聚首。留连辄数月，官长怒呵吼。三书下下考，荐者一邱叟。浩然赋归欤，忽复失箕箒。独身当门阑，内外事纷纠。母曰毋自弃，一出庸可咎。"① 在母亲的鼓励下，度正重整旗鼓，通过努力争取，获得了益昌学官一职："乃趋光范门，所志在升斗。是时京宰相，来者无不受。殷勤献三策，风化略开剖。明日益昌学，有旨除度某。于焉具菽水，聊以慰其母。"② 居官益昌之时，度正深得利州守唐寺丞唐德舆的信赖和提携，母亲也谆谆教导其要黾勉从事，不负长官所望，且晓以大义，不要以其未侍左右为念："其言唐益昌，盛德世希有。爱我如骨肉，诲我如师友。要我以名节，期我以不朽。母曰尔得此，敬哉不可苟。努力勤王事，毋为利禄诱。傥有分寸补，何必侍左右。"③

于度正而言，虽然其时父亲已不在人世，但眼前的一切，何尝不是得益于父亲？其母也教导他不要迷失人生的方向，度正《上太守启二首》云："正赋分穷奇，受才谫薄；人虽谓其可学，心独忧夫无成。逮先人之存，仅传章句；赖慈母之教，不失指归。"④

度正母亲高寿，度氏于《步玉局会饮于判院涂文廧舍正得日字》诗云：

> 念我奉慈亲，春秋垂八秩。
> 仰事则欣欣，退处常栗栗。
> 尝闻仁者寿，又闻惠迪吉。
> 版舆来三年，清健如一日。

---

① （宋）度正：《性善堂稿》卷一《奉别唐寺丞丈一首》，文渊阁《四库全书》本。
② （宋）度正：《性善堂稿》卷一《奉别唐寺丞丈一首》，文渊阁《四库全书》本。
③ （宋）度正：《性善堂稿》卷一《奉别唐寺丞丈一首》，文渊阁《四库全书》本。
④ （宋）度正：《性善堂稿》卷九之二《上太守启二首》，文渊阁《四库全书》本。

> 平生读医书，殆未通六七。
>
> 甘草真国老，盐梅乃良弼。
>
> 储蓄以待用，选抡贵纤悉。
>
> 譬如天未雨，先已营居室。①

玉局，即玉局观，为著名道观，在成都。慈亲，指母亲。嘉定十三年（1220），度正赴重庆任重庆知府，并奉亲前往。其于《南峰黄氏第一峰修路记》云："嘉定十三年，正奉亲赴重庆，四月初吉次楼滩，从叔之婿黄膺辰梦得自其家来迓。"② 那时度正已经 54 岁，其母当已逾古稀之年，而曹彦约（1157—1228）在理宗宝庆年间（1225—1227）举荐度正之奏章中说"右臣伏睹朝散郎前知重庆军府事度正以孝事亲，以廉处己，履行端悫，讲学精详"云云③，那时度正之母当还健在，估计年龄已经近八十了。

关于度正的妻子及妻族，《性善堂稿》也有一些记载。

度氏于《奉别唐寺丞丈一首》中云："三书下下考，荐者一邱叟。浩然赋归欤，忽复失箕帚。独身当门阑，内外事纷纠。"④ 遂宁户掾是度正失败的一次为官经历，就在度正颇为失意之时，祸不单行，"忽复失箕帚"，度正又遭遇了丧妻的打击。箕帚，代指妻子，《说文·女部》："妇（婦），从女持帚，洒扫也。"《史记·高祖本纪》："臣有息女，愿为季箕帚妾。"度正在遂宁任末，其妻去世。

---

① （宋）度正：《性善堂稿》卷一《步玉局会饮于判院涂文靡舍正得日字》，文渊阁《四库全书》本。

② （宋）度正：《性善堂稿》卷一一《南峰黄氏第一峰修路记》，文渊阁《四库全书》本。

③ （宋）曹彦约：《昌谷集》卷八《举度正自代状》，文渊阁《四库全书》本。

④ （宋）度正：《性善堂稿》卷一《奉别唐寺丞丈一首》，文渊阁《四库全书》本。

度正有《寿外舅富顺赵使君》诗，外舅指妻之父，即岳丈。《尔雅·释亲》："妻之父为外舅，妻之母为外姑。"本诗是度正为岳丈写的祝寿诗，其诗云：

> 天家积庆如江河，千枝万叶鲁卫毛。
> 声名赫赫照今古，骨相飘飘多俊髦。
> 惟安懿王迈种德，当时庙社遗勋劳。
> 本支百世端未艾，绵绵瓜瓞更崇高。
> 只今中兴得旦奭，夹辅日月参夔皋。
> 自余材德踵相望，磊落抱负皆英豪。
> 或持皮帛登台省，或奉符竹分旌旄。
> 金川丈人最后出，平生力学勤持操。
> 高谈奥论不可到，一洒万字无停毫。
> 聊将圭撮试当世，已被天语加崇褒。
> 从此公道更开泰，未必奔走悬三刀。
> 念昔南宫陪俊翱，偶附骥尾辞蓬蒿。
> 因蒙顾盼被收录，得拜门下恩则叨。
> 自怜薄命薄如叶，十年再尔吟《离骚》。
> 世间情态已百转，每叹慈爱终坚牢。
> 今逢佳节挨初度，欲荐眉寿酬甄陶。
> 丈人丈人听我语，我语憔悴空啾嘈。
> 白圭三复古亦少，缁衣改为今可遭。
> 人言恺悌必富贵，恺悌富贵何由逃。
> 不愿归来一尊酒，但愿努力登三鳌。
> 我欲执鞭追壶中之日月，荐海上之蟠桃。①

---

① （宋）度正：《性善堂稿》卷一，文渊阁《四库全书》本。

度正妻家姓赵，与官家同姓，故诗中称"天家积庆如江河"，且是安懿王一支的血脉，"惟安懿王迈种德"，安懿王，即濮安懿王允让，太宗之孙，商王元份之子，其子曙后来继位仁宗，是为英宗。虽为官家后裔，但岳父大人"平生力学勤持操"，也颇具才华，"高谈奥论不可到，一洒万字无停毫。聊将圭撮试当世，已被天语加崇褒"。自己"偶附骥尾"得以及第之后，就受到岳丈家的青睐并叨承恩光："念昔南宫陪俊翻，偶附骥尾辞蓬蒿。因蒙顾盼被收录，得拜门下恩则叨。"时间流转，十年之后，妻子早已离开自己，但岳丈对自己的慈爱仍然如故："自怜薄命薄如叶，十年再尔吟《离骚》。世间情态已百转，每叹慈爱终坚牢。"在为岳丈祝寿的之时，度正百感交集，虽然不免伤感"我语憔悴空啾嘈"，但还是"我欲执鞭追壶中之日月，荐海上之蟠桃"。其岳丈时知富顺（今属四川自贡），宋属潼川府路。

二

度正《宋史》有传，但其历官，仅有自"为国子监丞"之后的记载，而其时当已在理宗即位之后。度正为绍熙元年（1190）进士，时年二十四岁，在之后的三十多年的时间里，度正有哪些为官经历和事迹，《宋史》本传全部阙如，所幸可据《性善堂稿》得到大致的了解。度正在宁宗庆元间曾为遂宁户掾、益昌教官，又嘉定中曾为成都府学谕、华阳县知县、嘉定府通判、怀安军知军、重庆府知府、夔州提刑等。

但这仍然是一个较为粗疏的线条，有的地方跨度还较大，如庆元三年（1197）担任益昌教官之后，下一个见诸记载的职位是嘉定元年（1208）的成都府学谕，中间有 11 年的间隔。有研究者撰文指出："经考证，度正曾在嘉泰四年（1204）拜见由成都府路转运判官升任四川茶马使的赵善宣……可知度正此时已在成都。"① 表明其间度正已不再在益昌任上。实际上，此时的度正不但人在成都，而且还在成都有任职。宋（撰人不详）《附释文互注礼部韵略·贡举条式》载：

> 准嘉泰四年八月十一日尚书省札子礼部状，准都省批下四川安抚制置司申，据成都府路转运司申，据儒林郎、成都府路提点刑狱司干办公事度正状申，照会昨准本司牒差充避亲举人正试院考试官，后来考到戊□字号诗赋一卷，与考试官同行参校，见得上件程文比他卷颇为优长，遂取中第九人去讫。今来点检得第四韵以字韵内押源委字为韵，切详四纸韵内虽收委字，却是委曲之委，有此差误。乞参详。如实差误，乞将榜内第九人张简驳放……考官度正自劾，乞先驳放行下……

南宋时，川陕等地由于距京城遥远，路途艰险，朝廷为方便举子应举，特许在宣抚使或制置使治所所在地设置考场，举行类省试。为了防止作弊，应试者与考官有亲戚关系或系门客者，则另设考场进行考试，所谓"避亲牒试"。宋李心传《建炎以来朝野杂记》"避亲牒试"载："牒试者，旧制，以守、倅及考试官同异姓有服亲、大功以上婚姻之家与守、倅门客皆引嫌，赴本路转运司别试。若帅臣、部使者亲属、门客则赴邻路。"②

在这则公文里，不但有"儒林郎、成都府路提点刑狱司干

---

① 粟品孝：《宋儒度正编纂周敦颐文集的渊源、过程及其流传考述》，《湖南科技学院学报》2017 年第 5 期。

② （宋）李心传，徐规点校：《建炎以来朝野杂记》甲集卷一三，北京：中华书局，2000 年，第 266 页。

办公事度正"的字样，还有"嘉泰四年八月十一日"的时间记载，是嘉泰四年（1204），考试官度正，时为成都府路提点刑狱司干办公事。这一则记载，恰好弥补了度正任益昌教官与成都府学谕之间的一段历官空白。

理宗嘉定十七年（1224）即位，度正此后始进京任职。《宋史》本传载：

> 历官为国子监丞。时士大夫无贤愚，皆策李全必反而不敢言，正独上疏极言之，且献毙全之策有三，其言鲠亮激切。迁军器少监。轮对，言："陛下推行圣学，当自正家始。"进太常少卿。适太庙灾，为二说以献。①

这一段叙述虽没有明确的时间，但根据所述事实，可对其时间做一个大致的推断。"适太庙灾"，《宋史·礼十》记载，太庙发生火灾在理宗绍定四年（1231），度正为此有言太庙之制疏，据此大致可以推断度正为太常少卿是在理宗绍定四年，而度正官国子监丞言李全必反事，当不晚于绍定三年（1230），因为李全在绍定三年被消灭。

阳枋（1187—1267）与度正为同乡，同为合州人，阳枋1187年生，而度正生年为1166年，两人相差21岁。度正与阳枋父伯震为友，阳枋以度正为师，度正十分赏识阳枋，曾云："吾友伯震可谓有子矣。"② 二人的师生关系，阳枋在《字溪集》卷十二《附录·纪年录》里有较为详细的记载，阳氏从十六岁起就从学于度正，后度正为官成都、重庆，又随后前往两地问学。度正前往京城任职之前，曾推荐阳枋等师从在川地的娄渊

---

① （元）脱脱等：《宋史》卷四二二《度正传》，北京：中华书局，1977年，第12615页。
② （宋）阳枋：《字溪集》卷一二《附录·纪年录》，文渊阁《四库全书》本。

等，但后来阳枋又到京城追随度正。度正去世，阳枋还为度正服丧，"性善公卒，公与弟佺为之含敛，心丧三年"①，等等。

阳枋的《字溪集》还有度正被召时的记载：

> 绍定元年戊子（1228），公（阳枋）年四十二。先是，性善先生于丙戌（宝庆二年，1226）召对，偕季全甫至涪谒其同门友晁公亚夫，且谓门弟子曰："亚父从考亭受业久于我，尽得易学以归，其往师焉。"于是偕季弟全父、族佺存子造晁公于涪之莲荡。②

宝庆为宋理宗第一个年号，根据这则记载，度正在宝庆二年（1226）即赴京，但不知是否赴京见之后即被授予国子监丞一职。

曾为度正《性善堂集》撰写序跋的曹彦约在所撰《举度正自代状》中云：

> 准令，侍从官授讫三日举官一员自代，臣蒙恩授前件职，已于今月十三日望阙谢恩，祇受讫须至奏闻者，右臣伏睹朝散郎前知重庆军府事度正以孝事亲，以廉处己，履行端悫，讲学精详，分教则士得师承，宰邑则民推善政，两为州郡，益见慈祥，已试之效，见于蜀帅所荐，皆有可纪，作为文章，出入经传，见于诸书序引皆

---

① （宋）阳枋：《字溪集》卷一二《附录·纪年录》，文渊阁《四库全书》本。
② （宋）阳枋：《字溪集》卷一二《附录·纪年录》，文渊阁《四库全书》本。

有据依，臣实不如，举以自代，谨录奏闻，伏候敕旨。①

按，嘉定十七年（1224）宁宗崩，理宗即位，此时曹彦约在成都，上命赴行在，曹彦约以其有病及年近七十，辞。曹彦约《再辞免召赴行在状》有云"臣年迫七袠，困于宿病"，"所有召赴行在指挥臣不敢祗受"云云②，但最终曹彦约还是奉命启程。《宋史》本传载，曹彦约擢兵部侍郎兼国史院同修撰，宝庆元年（1225）入对，寻兼侍读，俄迁礼部侍郎等。参考阳枋"性善先生于丙戌召对"的记载，是度正在曹彦约自代状上奏一段时间之后，就得到了朝廷的召命，然后赴京城，并开始在朝中任职。

三

庆元三年（1197），度正获得益昌教官一职，在赴任之前，度正从行在径赴福建建阳谒见朱子，当年八月返回赴益昌任。益昌，古县名，《宋史·地理五》利州路昭化县下注云："后周益昌县，开宝五年改。"是益昌在宋太祖开宝五年更名昭化（今四川广元昭化县）。益昌当时为利州路治所，所云益昌教官，即为利州州学教授。教授为学官名，宋代州学有教授，负责以经术行谊训导、考核学生，执行学规等。

北宋仁宗时期，司马光之父司马池（980 或 989—1041）曾

---

① （宋）曹彦约：《昌谷集》卷八，文渊阁《四库全书》本。曹彦约（1157—1228），宋南康都昌（今属江西）人，字简甫，号昌谷居士，淳熙八年进士。薛叔似宣抚京湖，命主管机宜文字，击退金兵，有守御功。嘉定初为湖南转运判官，又为湖南安抚。为利州路转运判官兼知利州。差知宁国府，又改知隆兴府江西安抚。迁大理少卿，又权户部侍郎，以宝谟阁待制知成都。理宗即位，擢兵部侍郎兼国史院同修撰，寻兼侍读，俄迁礼部侍郎等。著有《舆地纲目》《经幄管见》《昌谷集》等。
② （宋）曹彦约：《昌谷集》卷八，文渊阁《四库全书》本。

担任利州路转运使，司马光曾随侍父亲在利州生活了一段时间。来到元祐重臣司马光曾经生活过的地方，度正自觉十分荣幸，感慨良多，其于《益昌书怀》云："熙宁使者今何在，元祐师臣去不归。独对江山舒望眼，悠然天际见云飞。"① 相对于之前在遂宁做户掾时遭遇"官长怒诃吼""三书下下考"的情况，度正在益昌做州学教授时有了完全不同的心境和抱负。更令度正感到幸运的是，其地方长官利州知州还与他十分投缘，且给予他师长一般的照拂。《奉别唐寺丞丈一首》有云："具言唐益昌，盛德世希有。爱我如骨肉，诲我如师友。要我以名节，期我以不朽。"②

度正《性善堂稿》诗文中，屡屡提到的这位唐姓官员，其相关诗文还有该书卷一之《送唐寺丞丈解郡绂东归一首并序》、卷二之《寿寺丞唐丈》、卷八之《通利州唐寺丞启》、卷九之《赞见利守唐德舆启》等，唐寺丞较度正为长辈，唐寺丞即利州唐寺丞，利州唐寺丞即利守唐德舆。

唐德舆者何人也？从行文来看，"德舆"显非其名，宋周必大有《跋唐子西帖》，唐子西是北宋著名的文学家，宋眉州丹棱（今四川丹棱）人，唐子西名庚，字子西，人称"小东坡"，有《眉山集》。《宋史·文苑五》有传。周必大在《跋唐子西帖》中，附带记载了其子唐文若以及唐文若之子唐辂的情况，《跋唐子西帖》有云："有子曰文若字立夫。"唐庚子文若，能文，且才能突出，高宗绍兴末官至宗正少卿。据《宋史·唐文若传》记载，金人犯边，首建大臣节制江上之议，复除起居郎，迁中书舍人。孝宗嗣位，以疾请外，除敷文阁待制，历知汉州、鼎州、江州等。③

---

① （宋）度正：《性善堂稿》卷四《益昌书怀》，文渊阁《四库全书》本。
② （宋）度正：《性善堂稿》卷一《奉别唐寺丞丈一首》，文渊阁《四库全书》本。
③ （元）脱脱等：《宋史》卷三八八《唐文若传》，中华书局，1985 年，第11912~11913 页。

宋周必大《跋唐子西帖》还有唐庚之孙、唐文若之子的内容：

> （文若）子辂，字德舆，亦能文，进德寿宫古赋，后省第入甲等，乾道中由大理司直出通判汉州，淳熙十三年冬提辖榷货务，高宗上仙，献啧议，谓合称祖，破礼官之说，又及巷市七日事，孝宗下其议。会御史察洪翰林迈首议称祖非是，洪家居待罪，孝宗曰议礼如聚讼，何嫌异同，于是礼官并疏辂失言，给事中亦乞罢。辂复通判隆兴府。予尝与立夫同僚相善，又惟文士子孙能世其家如唐氏者未易多得，故传其事于上舍游君所藏子西帖之后，使修史者有考焉。辂今为利州守。庆元戊午正月乙卯。①

继祖父唐庚、父亲唐文若之后，周必大认为唐辂很不错，文中言"予尝与立夫同僚相善，又惟文士子孙能世其家如唐氏者未易多得，故传其事于上舍游君所藏子西帖之后，使修史者有考焉"，唐辂也是一位能继承家风、有为当世的人物，故而周必大对之又专门着墨介绍。

庆元戊午即庆元四年（1198），而度正任益昌教官起自庆元三年，"今为利州守"的唐辂即度正诗文中的唐德舆。至此，度正诗文里看似难解的唐寺丞、唐守、唐德舆在周必大的《跋唐子西帖》一文中得到了佐证并给出了圆满答案。度正《通利州唐寺丞启》有云："某官德性恢洪，道心精粹。家传至学，非皋夔之事不存于心；身为儒宗，非孔孟之谈不出诸口。洊更华要，益茂风猷。永惟元祐之得人，莫盛眉山之多士。""贤哉三叶，萃于一门。"②度正之言原非泛泛溢美之词，唐氏家族不乏传人，

---

① （宋）周必大：《文忠集》卷四八《跋唐子西帖》，文渊阁《四库全书》本。
② （宋）度正：《性善堂稿》卷八《通利州唐寺丞启》，文渊阁《四库全书》本。

且代有英才。

度正《书东坡与元明帖后》有云："往年后溪谪房陵时，寺丞唐德舆丈为益昌，正为教官。前之攻后溪者为蜀帅，后之攻后溪者未下坡。后溪至益昌，总使、漕使皆不敢出，寺丞独携酒果挈正谒之于所寓馆，从容终日而后归。"① 后溪即刘光祖，宁宗朝名臣，以敢言著称，入庆元党籍，庆元五年（1199）又谪居房州（今湖北房县）。

宋宁宗庆元元年，韩侂胄使谏官奏赵汝愚以宗室居相位，不利于社稷，汝愚去位，朱熹、彭龟年等论韩侂胄事，也加贬逐。刘光祖上书论朱熹之不当去，后又撰《涪州学记》等，以"谤讪"罪一再被贬，庆元五年（1199），谪居房州。在当时政治风波险恶，一般人避之犹不及时，唐辂却带着度正前去谒见刘光祖，"从容终日而后归"②，也略见其政治倾向与行事风格。

唐辂在利州州守之后，于嘉定元年（1208）还曾任崇庆府（治今四川崇州）知府，旋被劾罢。《宋会要辑稿》载"（嘉定元年三月）二十三日，新知崇庆府唐辂……放罢，以言者论辂轻率贪婪、肆为诋诘，比守利州，任吏信子，有弛郡事"云云。③

四库馆臣《性善堂稿》提要云，度正"游于朱子之门，文章质实"④，度正诗文没有绚烂的华彩，但朴实的文字下面反映了更多情感与历史的真实，这成就了《性善堂稿》的史料价值。

---

① （宋）度正：《性善堂稿》卷一五《书东坡与元明帖后》，文渊阁《四库全书》本。

② （宋）度正：《性善堂稿》卷一五《书东坡与元明帖后》，文渊阁《四库全书》本。

③ （清）徐松：《宋会要辑稿》职官七四之一〇，文渊阁《四库全书》本。

④ （清）永瑢等：《四库全书总目》卷一六二《性善堂稿》提要，文渊阁《四库全书》本。

张祥龄著述和刻书考述

宋桂梅[*]

摘　要：张祥龄是尊经书院首批入选的高才生，从张之洞、王闿运治经学，学行优异，名列"尊经五少年"。寓居江南，与耆儒俞樾交往密切，并与词坛大家郑文焯、王鹏运、况周颐等交厚，留下了大量的词作和词论，推动晚清词学变革。治学之余，张祥龄在成都、苏州两地还有校书、刻书之举，在铅印、石印等新技术蓬勃发展之际，依然保持木板雕刻这种传统印刷方式。

关键词：张祥龄　词学　刻书

张祥龄（1853—1903），字子苾、子馥（亦作子绂、子苐），四川汉州（今广汉市）人。父张选青，字馥笙，师从刘沅[①]，咸丰辛亥（1851）举人，任江津教谕、尊经书院监院。母吴氏，江苏嘉定知县吴作霖之妹。妻曾彦，乃曾咏、左锡嘉第五女，才学出众，容貌姝丽。张祥龄年少岐嶷脱拔，顾视逸卓，兼善文辞。光绪元年（1875）以高才入选尊经书院，从张之洞、王闿运等问学；与廖平、宋育仁、杨锐、吴之英等同学，尤与廖平交

　＊　作者简介：宋桂梅，生于1985年，河南固始人，四川大学图书馆馆员。主要研究方向：古籍整理与研究。
　①　双流县社会科学界联合会、双流传统文化研习会：《槐轩概述川西夫子刘沅与槐轩学说》，上海：上海科学技术文献出版社，2015年，第80页。

厚，相互砥砺。以学行优异得张之洞赏识，与廖平同列"尊经五少年"。光绪十一年（1885）拔贡，入四川布政使易佩绅幕中，与易顺鼎、江瀚等人交游，作诗钟之会。同年十二月，易佩绅移任江苏布政使司，邀其赴苏，遂举家迁苏。

寓苏期间，栖迟幕府，救饿补困，仅得温饱。仕途偃蹇，丧妻失子，志怀不展。但南北往返，遨游江南，得以与硕儒俞樾相交，与词学名家郑文焯、王鹏运、况周颐、文廷式、王以敏、陈锐等为友，遂于词学一道技艺精进。张祥龄曾在《台城路》词序中言："祥龄于它学稍知涉猎，惟词以南皮薄之，湘潭小之，遂决意不为。"① 迨其至苏后，与郑文焯为莫逆之交，复又受常派词人的影响，始肆力填词。在吴中，则与郑文焯、易顺鼎、易顺豫、蒋文鸿、张上龢等结词社于壶园；又与郑文焯、缪荃孙、刘炳照、夏孙桐、费屺怀等结鸥隐词社于怡园。至京师，则与况周颐、文廷式、王以敏、成昌等唱和于王鹏运四印斋。这一时期是其词学创作的高峰期和词学理论的成熟期。

光绪二十年（1894），张祥龄进士及第，选翰林院庶吉士。一年后散馆，出任陕西榆林府怀远县县令，又历任长安、褒城、大荔知县。辗转秦中，仕止县令。在任兴利除弊，讲求实务；兴办书院，捐廉置书，崇儒重学，奖掖后进。出仕偏远之地，人情俗务骤减，治学静思时多，慨叹此前"为人误于游侠，误于名士，误于科第，误于仕宦。其为学也误于考据，误于词章，误于释老，误于洋学"②。遂尽发程朱之书读之。又笺释明末瞿式耜《媿林漫录》，并撰《六箴》《黄金篇》训示生童，诫饬世风，提倡宋儒性理之学。同时，仕宦秦中，出门少与言者，尤其是远

---

① 易顺鼎：《慕皋庐杂刻》，光绪十九年刻本，复旦大学图书馆藏，第14页。
② 张祥龄：《黄金篇》，光绪二十七年褒城刻本，陕西图书馆藏，第56~57页。

离了江南和京师词人群体，同道友朋的文酒雅宴无多，不免有孤寂之感；兼之官场黑暗，自己不善仕宦，遂有"酷好填词，可惜花间词侣少；不能饮酒，偏逢世上酒人多"的苦闷和抑郁。光绪二十九年（1903）三月二十二日卒于大荔县署，时年五十二岁。

一、著述简介

张祥龄的著述虽不称富，但亦可观。惜其不自检束，佚失颇多，词作尤甚①。廖平撰《清诰封朝议大夫张君墓志铭》中列其著述有："《经支》九卷、《六箴》一卷、《黄金篇》三卷、《魄林漫录笺》、《玉杯精舍答问》、《受经堂文集诗集词集》六种、公牍、集联。"② 现将张祥龄尚存著述简述如下：

《前后蜀杂事诗》。此诗为张祥龄肄业尊经书院时的季课卷，深得时任四川学政谭宗浚的赏识而刊入《蜀秀集》中。此书尚有光绪年间单刻本行世。民国年间，胡淦又将该诗收入《壁经堂丛书》。

《哀逝诗》。光绪十六年（1890）十月，妻曾彦病逝，张祥龄悲痛异常，遂撰此百篇以言情抒怀。此诗前有曾懿（字伯渊）序文，后有俞樾题跋。此诗未见单行刻本，仅附于光绪十七年（1891）张祥龄受经堂所刻《虔共室遗集》末。

---

① 其婿严伟在《严山自定年谱》中云："外舅与郑叔问（文焯）、况夔生（周颐）、易实甫（顺鼎）、樊云门（增祥）、胡研荪（延）同时为词，遗稿甚富，不自检点，仅存此集（《半箧秋词》）。"又《郑叔问先生年谱》"光绪二十一年"条下戴正诚注云曾见张祥龄与郑文焯书信言："兄和补小山词近二百首，俟春暖再录之。"此处提及之小山词，亦未得见有传。

② 舒大刚、杨世文：《廖平全集》第十一册，上海：上海古籍出版社，2015年，第682页。

《吴波鸥语》。光绪十三年（1887），张祥龄寓苏，与郑文焯、易顺鼎、易顺豫、蒋文鸿诸人结词社于壶园，联句和白石词，即成此卷。此词初未刊刻，1935年，龙榆生据朱祖谋手抄本校定，并刊于次年的《词学季刊》上。

《和珠玉词》。光绪二十年（1894），张祥龄入京参加殿试，得况周颐介绍，拜访王鹏运四印斋。三人词趣相投，遂竟五日之功，联句尽和《珠玉词》。此词当年即付诸枣梨，前有冯煦序、王鹏运序。1923年，况周颐高足赵尊岳又将其收刊《惜阴堂丛书》中，除冯、王二序外，又增况周颐题跋一篇。

《双伽陀词》。光绪二十六年（1900），八国联军入犯京师，两宫銮舆播迁，驻跸西安。张祥龄时任陕西榆林府怀远知县，同年十二月，代任西安府长安知县，度支行在。尊经书院好友胡延时亦仕宦陕西，侍驾西安。二人深忧时局，遂发心声于词，而成此篇。光绪二十九年（1903），胡延于金陵粮储道刻《芯刍馆词集》，列是词为词集第五种。

《半箧秋词》。是词册末题有"癸巳十一月七日钞毕"，并词中内容考知，是张祥龄光绪十二年（1886）至光绪十九年（1893）间寓苏时所作。寓苏期间，仕进艰辛，丧妻失子，故词多哀逝。友朋诗酒流连，姬妾茗琴伴游，亦不乏览胜之作。此一时期，亦是张祥龄词艺臻进，词学理论成熟时期，该词前尚有《叙论》一篇，是为其词学观点的集中表述。该词集未见刻本流传，仅见民国三年（1914）其婿严伟据手稿影印本。前有严伟撰序，末附光绪十九年（1893）十二月同乡李超琼题跋、光绪二十年（1894）仲春尊经书院好友宋育仁题跋。

《子苾词钞》。是词亦名《受经堂词》。张祥龄逝后，尊经书院挚友廖平惜其著述零乱，收其生前散逸之词，汇成是篇。故该词集中既有张祥龄独撰之词，亦有与友人郑文焯、王鹏运、况周颐、文廷式、王以敏、易顺鼎等唱和之篇。该词集于民国六年（1917）由成都存古书局刻印。

《受经堂集》。是集收录张祥龄生前所撰《经支》数篇、友人墓志铭、来往书信、悼亡文等。亦为好友廖平编次，并于民国七年（1918）由成都存古书局刻印。

《媿林漫录笺》。《媿林漫录》是明末瞿式耜辑录前贤的语录，分"学问""居心""在位""规家""酬世""读书""积德""究竟""摄生""依隐"等十个篇章。张祥龄官怀远知县时，对此书进行笺释，阐发自己于修身养正、读书治学的观点。是书未见刻本流传，仅见民国五年（1916）《四川教育杂志》第二期上刊发了其笺释的"学问"篇部分内容。

《六箴》。张祥龄官陕西时，有感于地偏俗陋，欲化风俗，遂撰是篇劝诫。为文力求通俗浅显，易于传诵。是书于光绪二十七年（1901）刻于褒城。

《黄金篇》。张祥龄在地方知县任内崇儒重学，政暇亲临讲舍，有感于怀远地僻学贫，遂为生童开列书目和规划课读日程，列目异常详尽，于地方教育用心良苦。是书于光绪二十七年（1901）刻于褒城。

张祥龄留下的这些著作不仅仅是研究其生平和学术思想的第一手资料，同时也是研究晚清词学的重要史料，尤其是《子苾词钞》中的唱和词作多不见于参与者的个人文集中。这不仅保存了词作文献，而且也提供了词人间交游的确切证据，以及考察联句这种词作形式所体现出的词人团体内部的词学思想和词风的一些特点。

二、刻书考述

张祥龄除却撰述外，还颇事刻书之业，在肄业尊经书院、寓居江南、仕宦陕西时，均有刻书之举。尤其是寓居江南十年间，与缪荃孙往返密切，从幕之余，多替人校书、刻书。其父张选青曾为寓居成都的大关唐氏校刻书籍，如牌记镌有"大关唐氏寿考堂藏版"的《陔余丛考》，题名处镌"馥笙张选青校正、心舫唐友忠参阅"，均经其校阅。又曾刻印过马国翰辑本《七略别录》，版心镌"受经堂丛书"。张氏所刻书籍多镌有"受经堂丛书"或"受经堂丛刻"字样。从所刻书籍内容考察，所刻之书多与张祥龄问学兴趣相关，可视为"家刻"一类，非同商业盈利之坊刻。《四川省志·出版志》"清代四川雕印书坊名录·成都"条下列有"受经堂"名号，开业年代定为"光绪年间"，而"业主姓名"则注不详，"营业情况"仅注"翻刻《五家宫调》"①。今笔者仅据目力所及，将张氏受经堂所刻书列目如下：

（1）清姚际恒撰《古今伪书考》一册。是书牌记题"光绪三年初夏广汉张氏开雕"，版心下镌"受经堂丛书"。国家图书馆著录此书为"广汉张馥笙"刻本。又据长泽规矩的《中国版本目录学书籍解题》著录，此书刻有光绪二年（1876）张选青（字馥笙）跋文、光绪三年（1877）张祥龄跋文。②另浙江省图书馆等亦有藏。

（2）清胡秉虔撰《说文管见》一册。是书版心亦镌"受经

---

① 四川省地方志编纂委员会编纂：《四川省志·出版志》，成都：四川人民出版社，2001年，第445页。

② 长泽规矩编著，梅宪华、郭宝林译：《中国版本目录学书籍解题》，北京：书目文献出版社，1992年，第239页。

堂丛书汉州张氏刊"，光绪年间刻，具体刊刻年代不详，国家图书馆等有藏。

（3）明毛晋辑《五家宫词》二册，广东省立中山图书馆、吉林大学图书馆有藏，著录为"清光绪五年受经堂覆刻汲古阁本"。张祥龄寓居苏州后，曾忆及早年涉词经历："祥龄于它学稍知涉猎，惟词以南皮薄之，湘潭小之，遂决意不为。"宋育仁跋《半箧秋词》"子馥善谈诗，理胜其笔，初未能倚声也"①，亦可证张祥龄早年于词学一道确实未甚着力。观是书之刻在光绪五年（1879），张氏正就读尊经书院，王闿运时任尊经山长，提倡经世之学，重《春秋》、"三礼"之学。是书之刻，或说明张祥龄早年曾注目于词学，但在一定程度上，受尊经学风影响，在词学创作上未能深入。

（4）清牟庭编《周公年表》一册。国家图书馆有藏，著录为清光绪五年（1879）张氏受经堂刻本。

（5）《选学汇函》。是书为张祥龄选目并由受经堂汇刻的清人选学著述。据阳海清《中国丛书广录》著录，是书亦名《受经堂丛书》，子目八种。成都市图书馆所藏是书总目列有汪师韩《文选理学权舆》八卷、孙志祖《文选理学权舆补》一卷、孙志祖《文选考异》四卷、孙志祖《文选李注补正》四卷、余萧客《文选音义》八卷、朱珔《文选集释》二十四卷、薛传均《文选古字通疏证》六卷、张云璈《选学胶言》二十卷等八种。但目前所见各馆藏本，均只有前四种，后四种仅存目。《中国古籍总目》著录此书，未注明种数，只注十七卷，当为前四种。是书版心镌"受经堂丛书汉州张氏刊"，册末镌："汉州张祥龄校刊。"需要特别提出的是，一些馆藏在著录此书刊刻年代时，著

---

① 宋育仁：《半箧秋词·跋》，见《半箧秋词》，影印本，南京图书馆藏。

录为清嘉庆刻本，如国家图书馆将该书版本著录为："清嘉庆间汉州张祥龄刻受经堂丛书本。"根据刻书人张祥龄生活时代可知，该书应是清光绪年间刻本。

（6）《桐凤集》一册。张祥龄妻曾彦所撰，光绪十五年（1889）刻。是书内封镌"光绪十有五年孟春校刊于苏州书局"，版心下镌"受经堂校刊"。

（7）《虔共室遗集》一册。张祥龄妻曾彦所撰，光绪十七年（1891）刻。版心镌有"受经堂丛刻"。

从以上列目可知，"受经堂"应是张选青、张祥龄父子刻书所用堂号，所刻书籍多为己所用或亲友著述。从张祥龄一生行迹和刻书时间来看，张氏"受经堂"至少在成都、苏州两地刻印过书籍。至于书坊是如何运作，有待史料发掘。民国时期，成都为全国四大版刻书业重镇之一①，这种渊源无疑要追溯到清末同治、光绪以来成都及其周边地区雕版印书业的发展和崛起。张氏受经堂刻书坊恰处于这个时间链条中，无疑是一个可作为个案考察的对象。

---

① 刘洪权：《民国雕版刻书研究》，《图书情报知识》2011 年第 4 期。

中日甲午海战
宋育仁《借筹记》故实

钟永新*

摘　要：19世纪中日甲午海战时期，时任英国参赞的宋育仁大胆筹划借袭击日本本土，可惜计划未能实施。宋育仁著有《借筹记》，详述其始末，此文尚未见有整理本刊布，故笔者据旧本加以点校，以推动学界对中国近代维新思想家宋育仁的认识、研究。

关键词：宋育仁　甲午海战　《借筹记》

2014年适逢中日甲午战争爆发120周年。是年4月，我专程赴山东省威海市刘公岛实地考察，参观甲午海战遗迹旧址及中国甲午战争博物馆。行走岛上，海风习习，我不禁想起蜀中先哲宋育仁与甲午之役的一段往事。当年宋公参与谋划奇袭日本，倘非时局变化和信息不畅，则奇袭或能成功。苟能如此，则中日甲午战争之历史，将为改写矣。

该事在宋育仁后来所作的《借筹记》和《挽张之洞》一诗的注文中有专门记载。1894年中日甲午海战，清军屡遭败绩，时任英国参赞的宋育仁大胆提出募兵奇袭日本的构想。他和使馆参议杨宜治、翻译王丰镐秘密制定计划：购买五艘英国兵舰，十

＊ 作者简介：钟永新，生于1974年，四川自贡人，北京"立身国学教育"编辑部主编。主要研究方向：巴蜀文史研究。

艘鱼雷快艇，再招募两千名澳大利亚水兵组成舰队，出发后假称是保护澳大利亚商队的舰只，从菲律宾北上，奇袭日本长崎和东京。

而后宋育仁四处奔走，积极活动。此事涉及众多人物，既有本朝官员，也有外国人士，还涉及一些知名人士，如张之洞、容闳、琅威里等。尽管宋育仁已从将领、兵力、经费、船舰和军事路线做出妥善安排，不料甲午海战清军很快就败下阵来，故该计划一再遭到各种反对势力的阻碍，一误再误，最后被驻英公使龚照瑗以宋"妄生事端"的名义电告清廷，宋育仁被迫回国，计划最终未能实施。

后来每每忆起此事，宋育仁皆感叹不已。庚子年（1898）冬，宋育仁到湖北见到黄仲弢学士，又谈及当年旧事，黄仲弢又将此事转告给张之洞，张之洞遂令宋育仁撰文记下该事，遂有《借筹记》。

笔者所见的《借筹记》乃重庆王端诚先生惠赠。我曾将该文部分翻拍发布于博客"网上自流井"，并受到中国甲午战争博物馆工作人员的关注。该工作人员在留言中称宋育仁策划"奇袭日本"的计划具有特殊意义，并希望我将电子本提供给他参考。我将《借筹记》的电子文本发给这位同志之后，有感于宋育仁的未酬之志，遂将该文点校出来，以表达对先贤的敬意。

《借筹记》

宋育仁（芸子）

光绪二十年三月，从使英、法、意、比。四月，越海至巴黎。五月，移驻伦敦。七月，闻倭军事起，上书常熟、济宁两尚书，略云：

倭，变法从西，励精养锐二十年，不敢争于西，乃逞志于东。境逼强俄，危不自存，则思乘我之虚以肆其锋。我海军不足恃，万不能与争于海上，惟饬南北洋，合台、闽相连为守，重扼旅顺、威海、燕（烟）台、辽东湾以固津沽、卫京师，而从陆路进兵与为持久之计。我军非用不能练，非久练不能精。倭兵少财，乏持久，足以困之计，莫如因此大修武备、重治东三省边防，为目前困倭之谋、异日防俄之计。治军旅宜先办民团，收游勇会匪入团伍，消隐患而化为有用。筹饷非劝捐所能济，宜亟设官银行，行银票以资转饷。既收出入转汇之利，流通不穷，且七成实银，参用三成虚票，即为筹饷之大宗。未省。

七月，北洋电使者，平壤兵到恐迟，牙山军单可虑。既而牙山、平壤败，闻倭军趋渡鸭绿江，军事日棘，书贻张野秋侍讲，谋请召还供职，欲因便得陈机宜，沮不行。

初，倭与英厂买船。使署由洋人克锡引进英厂阿模士庄及智利水师各船。时未颁"局外"之禁，旋奉旨订购阿模士庄一船、智利二船。克锡复固请办智利大轮。北洋电使者，乃令缓议智利二船、却智利大轮，无此余力。使者承意旨，报智利船，无故悔约，勉订阿模士庄一船，迁延不给价。迨倭船开行出口，而英廷"局外"之禁出，我船不得开行。七月二十八，奉严旨，切责余向使者借筹，不省。使者旋赴法，数日而返，语人云，已电覆北洋矣。

十月，北洋电使者，旅顺恐难保。数日，旅顺溃。闻金州、海城、盖平相继陷，全局大震。时《新报》扬言，朝廷召李相入京，将诛之。李相延不入朝，拿问丁汝昌，诸将联名请留，抗不奉诏。既闻威海全军倾覆，各国水师进屯烟台，英国使臣倡议派洋兵入京城保护使署，总署电使者，令沮之于英。外部欲总署如所请。使者如言复电，力白英无他意。余争于使者：恐洋兵入城，京师震惊，激成意外之变；且国都即被兵于别国，使署岂能有犯，彼使何所畏而欲以兵自卫，虑有诡谋发于不测。再请，不省，拂衣而罢。

初，在英识日本首相伊藤资送学生麦格，乃兵衅初起时，犹相见。麦问："大清皇帝偏向满州（洲）人，闻汉官皆屈抑，多离心，有之乎？"答以"宦途，满州（洲）较易。汉官稍贤良者，仍效忠无异；不良者，或借口以营私而不恤公家，诚有之。惟本朝入关，除明之苛政，与民休息，秋毫无扰，故民间感激实深，并无满汉之界也"。及两国开战，遂贻书告以引嫌，不复相见。至是《新报》扬言，中国人崇奉满洲二百余年，无一毫实惠及民，不如及此时各国公议，与立民主。又言李相真中国人，为中国吐气在此时矣。是时朝士方请诛李相，虑朝议果从，激而生变，亟上书翁常熟，请迁都避敌以解劫制之危。于是己决意辞职归国。十一月，具呈使者。

会南洋电，托议借款，暂展行期。因结使署译官王丰镐，介洋行哈德。议款成，既覆南洋。十二月初五，使者出示户部电：赫德来署，云："贵署有人在外省借款，有妨债务，请查禁。"十一日，复出示总署电，如初语。余答云："凡借款为公用，非私用，无论户部、总署、外省，皆须请旨，原可一气转输，何分此疆彼界？户部能应军饷，外省何必另借？且何不照会南洋，正告以款由户部而独禁于外间。"先是，十月，北洋借定一款，交使者画押而悔约，因此进诘云："北洋独非外省乎？何以南洋独殊？"使者语塞，良久曰："吾意亦同。公即以此意覆电矣。"此后南洋遂不报。

余因议款结王译官，遂与密计办船事。得英国水师候补兵官哈格雷甫，始具知其于七月密献策使者：请密购师船一旅，募兵送华，且战且前。华使与怡和洋行立约，怡和洋行与哈格雷甫立约，以避"局外"之禁。谋成，而使者久不报状。因求得使者电报录册读，云：七月，使者曾以此谋达北洋，逾二日不报。使者即再电北洋，云此议废。而哈格雷甫不知，延望至今。旋与哈格雷甫议，怡和洋行不任垫款，事因不就。

王译官旧职比国，王后之弟拔脱里克介识前美国水师副将夹甫士，年五十余，退伍后为商会铁路总办。既相习，察其交广望著，坚卓能任事，与密谋船事。夹介英国人前利国水师兵官、今电线公司总办麦福尔能任招兵将，介银行主康敌克特能任垫款、英国候补议绅庵洁华特能画策。谂知南美洲智利、阿根廷两国互相猜防，有大轮一艘、快船二艘，阿根廷有大快轮二艘，国小且贫，为水师交困。初，使者议购智利二轮，议成而忽悔约，为阿船未售，相约不下。故今说两国并售，我收其益，彼免其患，且俱无约之国，无所顾忌。由麦福尔密达其意，两国均允，别配英法厂鱼雷炮船大小千艘，联为水师一队。澳大利亚为英国属地，西例：商会本有自募水师保护商务之权。中倭战起，澳洲距南洋最近，颇为震动，商会发议举办地水师一旅，以资保护。庵洁华特暗联议院同党，主行其议。而以此谋所购一旅驾名于澳洲商会所为，仍挂英旗出口，则局外无嫌，而踪迹不露。康敌克特复联银行格林密尔，由中国与格林密尔立约借款，俟船到华，始由英公使电照揭明交款，而暗地陆续拨款付康敌克特银行，名为代中国采买机器。谋定议价，共兵船十艘、邮船二艘，英金二百万磅。炮械毕集，募兵照英国水师出兵章程加额倍饷。从十月至十二月，议始就。

初发谋时，向诸洋人托言总署有密函，令谋此策，且许事成与众人重酬，故得其尽力。及议成，而余实无路，时朝命张侍郎求成，乃借此疑之，而急以谋启闻于孙、翁两尚书，张、廖两侍郎，唐春卿阁学、张南皮制府。

二十一年二月，王爵堂司使使俄唁贺，杨虞裳比部为参议官，道过巴黎。余乃作书要杨于路，请联王使举此谋，未报。闻朝命李相使倭求成，为倭人所贼伤，国事不可问。上书驻德使许阁学，举此谋为请。许阁学报书略云："事殊隔手，难助曲逆之策，惟职思之，议仍宜启闻龚使，即其不行，此心尽矣。"

二月向尽，王使还，过伦敦，乃约夹甫士与杨参议会，推求事实，余请即联王使电南洋，杨虑情形隔阂，议自电总署总办陈京堂。杨拟电文就，而苦无电费，乃称贷而发。留之，去。明日，赴巴黎，由马赛买舟回华，且行矣，总署未报；而王使忽以电闻，约密借夹甫士渡英海口，坐火车赴巴黎，乃得总署电复，堂谕：恐难成，不办。南洋无覆。王使与杨参议因事意不相中，遂谢余。及王归，殊悒悒。

间一日，南洋电至，王使乃致言，请扫去小嫌，血诚共事。议与银行立约，银行不肯保战险，且言所立言乃私约，犯"局外"禁，设中国不认，不能执讼，要中国所以为质者。王使乃问统将谁何，麦福尔言与琅威里素交，初议此事，曾诣叩琅，琅大喜，谓此事果谐，深愿自效。王使乃定计，余三人及王译官俱剪发、改洋装入其间，与船存亡，即所以为质也。王使以余有姬偕行，恐以为难，贻书相问，余答书曰："密谋始末，妾皆与知，有赞助之劳。女子改洋装，尤易也，已告之如约矣。"时姬方脤，恐为累，服药，不得不亦置听之，无如何也。夹复求得大律士巴拿客居间为银行立约剂，赞成其议。计定，王使趣以事状电南洋，趣请旨假便宜，潜师袭倭。

三月二十日，南洋电复云："救时要策，欣跃钦佩，已即电奏。惟前数日，总署复电云此事缓办，想为和约将成之故。但无论和战，款所必需，请即代江南借订一百万磅，此款早经奉旨允准，何日交银？"

中日甲午海战宋育仁《借筹记》故实

先是，南洋请旨借一百万磅应军需，复由户部、总署会奏，交南洋代借一百万磅，均交职大洋行承首。先立空约，而职大实无银，久而不就。职大经手人粉气还伦敦，觅诸银行填款。为使署洋员马格里所沮，粉气讼马于南洋，南洋电龚使问状，且请令马避嫌勿预，以免粉气借端悔约。使者覆电，直言粉气所承事交接者，皆非银行，不能办款，马持公论，斥之遭嫉。

时南洋别电美国寄籍华员、前副使容闳来伦敦议借款。事谐而使者扼之，电告南洋，须别请旨，改行名乃可。南洋固不欲改名，持未决。使者举汇丰，南洋却以息扣过重，乃趋议克蕯一款以闻。南洋乃以克蕯奏改行名。内议允克蕯一款，而停止江南前所请二百万磅（镑）。

余从去年为江南议款遭禁，具侦知汇丰与诸人把持债务沮扰状，赫德为谋主，务使中国仰给于汇丰，非其私党莫能预。因持军需操纵，以示和局重轻。南洋电王使代借百万磅（镑），仍以相属，南洋请交职大，款息扣既轻。时战事正糜烂，议订难就。使者及洋员马格里使人登报，言中国有言，代外省借款者皆谎局。仅而得成议，趋画押，电达南洋，未报。而总署电使者云，法使得法外部语，王使在法议借款，所觅皆无体面人，事必无成，徒损声望，令示王使。王使覆电云，春从未在法借款，惟代江南借订一百万磅，在伦敦澳德门银行扣息，较汇丰及龚使款皆贱，望垂察。总署无词。

三月二十五日，南洋电，奉旨：张之洞电奏均悉，惟现和议已定。至于重整海军，必须从长计议。王之春所报各船，并未声明钢甲薄厚、尺寸长短，但凭商人之语，未足以昭凭信。且骤招官兵二千，所费亦必不赀。琅威里前由赫德传谕，词以既受英职，不来，今又赋闲，应仍由总理衙门传知询明。其王之春所订借款，着电令即作罢论。钦此。转达。但和款太离奇，恐有变，更阁下仍无行，致芸子，船事仍勿断，留为续议地步。且求琅威理至华，和议割辽东、台湾，偿款二万万。潜师之谋乃废不用，伤心绝望。

幸南洋续议一语，冀有补救之路。王使再约前往会商，恐事泄，不敢往。使乃偕杨参议密至英杜伏海口，约余往会议。余乃微行至杜伏海口。龚使微闻之，使人侦之于其私寓，姬绣丝绐以他词对，龚不能踪迹也。见王使返，乃定计赴抛次茅胡斯海口会琅威理，报南洋命。王使遂返巴黎，杨参议与王译官先后赴见琅。使者旋赴巴黎，促王使回华。余在伦敦，日望续议音。中间十日无消息。

四月十四，得王使书，录保台前后电文相示，附杨参议书。乃知驻法庆参赞闻法保台谋，以告公使，不省。间为王使言之，王使以闻南洋。会台民不从倭，乱兵乘间仇杀台抚，中军遂从台民变，法端因会法保台之谋，乞法出师。南洋请旨，交王之春赴法外部密商。庆密电龚使，龚使疾赴巴黎，欲阻其事，度不能匿，乃以法与我欲立台澎交涉私约、为保台地电知台抚，出电示，王乃请交会办旨，如所请。龚日与庆密见外部，而沮王不得见，由庆参赞传外部言，两使不便议事。十一日，两使会覆总署，则言值两节不便议事，由庆传外部语，正连合西班牙、和兰兵。闻已换约，一切布置，徒费苦心。惟是否已换约，如已换约，内议尚有办法，再候旨。而王使密以两使不便议事之言达南洋。十三日得旨：龚照瑗着即回英；王之春所商各节，着即赴外部密商，并命庆常帮办。王得旨大喜，谓庆必得转向，事谐矣。

余细按函电，知前后状，急覆书。王、杨献计，须请总署电照外部，中国派前使俄国大臣为使法办事大臣乃济，且请电南洋，如法出师事谐，以所谋一旅会之，固善，尤宜及此电台抚，结林京卿维元，说以公法：新得地之主，有封夺旧地田产之权以赏罚有功。林富田产，皆在台，不能移向他处，必不得保。不如及此竭家财密汇英，即以购所谋潜师一旅，移就台。南洋与王使为之谋主，嫁名于台民聚义所为，而归功于林酬款于国。策未得用，而保台事废，而王使急请回华。

十七日，龚使回英，相见，告以王使谎报，南洋凭空结撰，今外部不认，且大怒中国人谎语。余诡言前日闻议绅某相告，云"法欲与中国立台彭交涉，私为保台地步，有之乎?"使者大惊，曰:"有之，言有几日矣。"俄而曰:"即有之，事归驻使，岂是本国中查办事件? 旨交何人，何人即有权。南洋、王使何知洋务?"余曰:"诚然，二日交某者。行于本国之臣与外人交，则须由总署电照其外部，王使如谙公法，请电照作为办事大臣，则何致不认矣。"龚甚踏跄，曰:"王以二等使俄，俄优以头等礼，今若允办事大臣，则降为四等使，王何堪耶?"余曰:"国辱至此，乃争此仪等，贻误大局，王使其误国罪人耶?"龚语塞，乃出与法外部往来照会相示，谋所以覆总署者。始误法外部怒，不置议，由龚奉旨回英，录旨照会外部。旨云:"王之春所商各节，着赴法外部密商;译文牵合其词，为王之春与法外部所商各节。"总署既无照会，今又传旨外部，以我饬令其遵照，形彼无权。本未接语，但由传语，暗通消息，遽揭明中旨直以为王之春与法外部所商各节，宜其不受，台澎交涉之私约未立，遽然揭晓，显违"局外"之例，倭如责问，法直无词，故法从此谢绝矣。

既廉得其情，因诘以"两国驻使，往来自便，何故照会? 旨言所商与赴商为两段，何故连为一词"，则答语支吾，谓:"法公使问于总署，王使电总署，架言已晤商，故外部怒其谎语，非关照会中'王与法外部所商各节'一言。"诘以"朝意正重台事商与不商，法外部何以但辨王使晤与未晤"，答云:"我欲商而彼不商，久已罢论故也。"诘以"台澎立约，非允商之证乎？会复电正连合二国云云，岂亦谎语，此电在十一而换约在十六，然则因换约废议，诬耶？"龚语塞，直云："彼国公使先有确闻，告知外部耳。"

续得王使录寄电，云三国公议展期七日换约，倭廷已许。十五日倭使趋换约，恫喝合肥电奏，朝议持半日，晡时许之，亥刻电烟台换约，四鼓，倭使以约行。十六侵晨，倭廷允展换约之电至，已无及国事，一误再误，令人愤恨欲死。挥戈填海，古来常有。法意如可挽回，再谋补救。而王使坐谎语，为外部所怒，不接，危不自存，急求归国。

保台议罢，潜师谋废。闻台民拥唐抚为民主，俄发议认为自主之国。余仍欲请行结林维元之策，且上书张制府，请遣贞信之士赴南洋各埠，结华商助饷，与台隐为响应，或能集重赀密汇英伦，所购一旅，固在旦夕可集。参赞既无专达之权，电费重又无所措，抚膺私泣，望洋而叹，无可奈何。贻书王使，说以大义，冀其沥诉上闻。王不敢发，覆书属详启张制府、孙尚书。为台民发愤而已。

惟代江南订款，久置不闻。王濒行，录寄南洋电：澳款，旨不准借，无可如何，可慰谢之。王知慰谢难猝结，遽电南洋，云交宋芸子料理。而贻书属余善说，俟其到南洋商订乃交代。余既如其语述问行主，且急发书，力辞不能代结。及银行见委去，虑兴讼状，而银行亦电王使留行。王使报书曰：究系草约，不必过虑。竟行矣。

银行怒，自请其外部电公使，诘总署以王使代南洋借款，何以久无知会。总署答以未闻此事，且王使无画押权。银行大怒，谓若中国举事如儿戏耶。移文使署，引王使画押时，有驻法参赞庆常作保；议款时有驻英参赞宋翻译王函，证王使有借款权，与总署答词不合。使者檄参赞取覆庆，证未闻。使者逼令王译官禀覆，在巴黎使署画押时，实王使译官某替庆签名，以影证，代南洋借款事不实。而逼令王译官告假，谓其不属使署人员。则全事皆归重余，坐以不应为而为，指函证王使有借款权为妄证。余既甚愤借款弃轻就重，为私家垄断者，置国帑不顾，今反欲诬实为虚，颠倒黑白。与使者廷争是非，语相侵，至声色俱厉。龚使词屈，诸同僚趋缓颇，逾二时始解。龚使语群属曰：宋芸子自以为理直气壮乃尔耶？同僚皆不直之，唯唯而已。备以王使前后录电示使者，使者乃允。电南洋及王使，皆不报。

自来借款，惟此息扣最轻。时正需代款偿倭，南洋先奉旨而后停罢，英外部为银行持已画押，不肯废约。为度支惜费，且固国体，宜其无不可再请者，南洋且不敢请，知任事之难矣。

二十年十一月已请辞职，未行，至是乃以七月初十由英海口起程归国。以资斧不给附商船，较兵船小而载轻。行四十七日。约三十七日遇风，颠荡愈甚，数濒危死，心枯情槁，生气都尽。至上海乃有生还之庆矣。十一月由沪赴京，复遇大风雪，行十一日，始至烟台。崎岖艰难，仅而不死。重入都，历忆此行，恍如隔世。泚笔记之，不敢示人，亦自写伤心怀抱云耳。

——《借筹记》宋育仁撰，清末至民初铅印本

《四川分县详细图说》的
绘制时间及其价值

王小红[*]

摘　要：国家图书馆藏《四川分县详细图说》1 册，仅为川东道地图 41 幅。作者不详。从该地图集关于《绥定府全图》《城口厅地图》等的考证，可知其绘制时间当在清道光二年以后。该地图集包括川东全图 1 幅、府州全图 5 幅、分县图 35 幅等三个层次的地图。各地图对地理方位、山脉、河流、交通道路、府（州）、县（厅）治所以及隶属的场、铺、塘、砦等地理事物有不同程度的标注，反映出这一地区独特的自然条件、社会经济、历史文化等特色，具有地图学、地理学、历史学等多方面的学术价值。

关键词：《四川分县详细图说》　绘制时间　川东道

《四川分县详细图说》，绢底彩色绘本，1 册，图幅 32.0×32.5cm。无图说，作者不详，绘制时间不详。已部分散佚，仅

---

　　* 作者简介：王小红，生于 1973 年，重庆梁平人，四川大学古籍整理研究所研究员。主要研究方向：历史文献学、巴蜀文化。
　　本文系国家社会科学基金项目（17BZS028）、四川省哲学社会科学研究基地项目（SC12E002）、国家社会科学基金重大项目《巴蜀全书》（10@ZH005）、四川省重大文化工程《巴蜀全书》（川宣 2012.11 号）阶段性成果。

存川东道地图凡 41 幅。现藏于国家图书馆。

一、《四川分县详细图说》绘制时间考

《四川分县详细图说》的绘制时间，可根据府（州）、县（州、厅）的建置沿革来推断。该图集有《绥定府全图》和县级行政单位城口厅地图一幅，我们不难判定此图集当绘于城口厅设置之后。据清道光二十四年（1844）《城口厅志》卷二《沿革志》记载："道光二年（1822），改太平厅为城口厅，属绥定府。"可见城口厅始设于道光二年。然《清史稿》卷六九于"绥定府"云："道光九年，移太平同知驻城口，改名城口厅，太平厅还为县，均仍隶府。"其将城口厅始设时间定为道光九年。不过，清光绪年间四川总督丁宝桢于光绪九年（1883）六月二十九日所作《城口厅添设学额片》曰："窃查绥定府属之城口，自道光二年议将太平厅移设城口，改为城口厅，太平仍复为县，太平额定文、武学各五名，城口厅额定文、武学各三名。迄今六十余年，士子亦多向化，人文日盛，应试人数较之太平不甚悬殊。"① 丁宝桢为当时人，其在上奏朝廷的折子中说城口厅始设时间为道光二年，当更为可信。其说与道光二十四年编纂的《城口厅志》中的诸多内容也是可以相互印证的。也正为如此，新中国成立后数次编纂的《城口县志》和历年来的《城口年鉴》都主张"道光二年"说。综上所述，城口厅始设时间确为道光二年无疑，故《四川分县详细图说》的绘制时间不得早于清道

---

① （清）丁宝桢：《城口厅添设学额片》，载《丁文诚公奏稿》卷二二，清光绪二十三年刻本。

光二年。

　　然而，该图集的《川东全图》《夔州府全图》《绥定府全图》《重庆府全图》《忠州全图》《酉阳州全图》和县级"石砫厅"地图却表明，"川东道"由三府（重庆府、绥定府、夔州府）二州（忠州直隶州、酉阳直隶州）组成，与道光年间川东道的实际行政区划设置情况不符合。因为据道光二十二年（1842）修纂的《补辑石砫厅志》卷一《地理志·疆域》记载："厅为川省东南极边，接连楚境。土司时属夔州府，乾隆二十七年（1762）改直隶厅，设同知流官，与重庆、夔州二府，忠、达、酉阳三州，同隶川东道。"可知乾隆二十七年时，川东道由二府（重庆府、夔州府）三州（忠州直隶州、达州直隶州、酉阳直隶州）一厅（石砫直隶厅）组成，石砫厅与夔州府处于同等的行政区划层次，直到《补辑石砫厅志》编纂时的道光二十二年依然如此，我们亦可从《大清一统志》的记载中得到印证。当然，此处所说的"达州直隶州"是沿袭康熙七年之前的旧说，实为"绥定府"，因为康熙七年，达州直隶州已升为绥定府。志书对此都有记载。嘉庆《四川通志》卷四《绥定府沿革说》云："元曰达州……明洪武九年省通川县入州，又降州为达县。正德九年复升为州，仍属夔州府。皇朝雍正六年以州直隶四川省，领县三：东乡、太平、新宁。嘉庆七年升州为府，置达县附郭。析太平县为直隶厅。十九年复以顺庆之渠、大竹二县来属。今领县五：达、东乡、新宁、渠、大竹。"另有记载四川从清末至民初的政治、财经、军事、文化教育、邮驿及名人轶事趣闻之《蜀海丛谈》亦载："绥定府……共辖厅县七处，曰城口厅、达县、东乡县、新宁县、渠县、大竹县、太平县。……绥定为川东北隅重镇，在清代乾隆末，白莲教未起事之前，原为达州直隶州，辖东乡、太平、新宁三县。白莲教平定后，始升改为绥定府，首县曰达县，又拨城口、渠县、大竹三厅县隶之。"可见达州直隶州因平定白莲教而改为绥定府。

实际上，从乾隆二十七年起直到清末，石砫一直是直隶厅，隶川东道。光绪《夔州府志》和清末地图集《四川省各府直隶厅州图》均有记载。光绪《夔州府志》记载"夔州府"属县仅有奉节县、巫山县、云阳县、万县、开县、大宁县而无石砫厅，从侧面表明石砫厅不隶属夔州府。而在清末《四川省各府直隶厅州图》中，《石砫厅直隶厅图》与《夔州府六属图》并列，表明此时石砫厅与夔州府依然处于同样高的行政区划层次。直到民国二年（1913）石砫直隶厅才改为县，仍隶川东道。因此，不知何故，本地图集在处置川东道及石砫厅的行政区划时，仍沿袭乾隆二十七年前的设置。这当是本地图集的最大缺陷，即没有用统一的时间断限去处置地图涉及的地理范围的行政区划，严重影响了它的科学性。

二、《四川分县详细图说》的内容、特色及价值

尽管《四川分县详细图说》的绘制时间模糊，但仅存的这一册地图，具有地图学、地理学以及其他多方面价值，值得研究。

本册地图集包括川东全图1幅，重庆府、绥定府、夔州府、忠州直隶州、酉阳直隶州全图各1幅，分县图35幅，很明显地分为川东全图、府（州）地图、县（州、厅）地图三个层次。这三个层次的地图，都没有比例尺，表达地理要素的内容与方法、关注地理事物的重点，有区别也有共性。现分述如下。

（一）1 幅《川东全图》（如图 1 所示）。描绘了川东道的整体轮廓，方位直接用大黑字标出东、南、西、北，是传统的上北下南、左西右东。仅标注隶属的府（州）及其界限、县（厅），以及该地区的山脉、河流，未标出其他更具体的地理信息。标注的符号：行政区划间的界限，不论是府（州）之间还是府（州）与其相邻的川中地区、外省各地之间，皆以黑色虚线标示，且皆用大黑字"×××界"注明。府、州、县所在地的标注是有区别的：重庆府、绥定府、夔州府三府，连同附郭县标注在一起，用红色长方形框框住黑色文字标注；忠州直隶州、酉阳直隶州二州，则用红色棱形框框住黑色文字标注；三十五个县，则用红色圆形圈住黑色文字标注，这样一来，整个地图将府、州、县三级的层次标注得十分明晰。山脉、河流全用形象画法标示，即山用山的象形标示；河流用双曲线标示，且双曲线间的宽度代表河流相对的河宽，山脉和河流均不标注名称。从图中标注的信息来看，今天的重庆市多数区县已有体现，区位基本准确，只江北厅、江津县的位置有较大出入，因江北厅在嘉陵江、长江之交的江北嘴，而江津县应在綦江河口处。此可与乾隆《四川通省山川形势全图》进行对照，以及与今存地面遗址对照进行辨识。图中对河流的认识还不十分清晰，如将大宁河、梅溪河、渠江的发源地定于所谓的"万顷池"，这当与 19 世纪以前的国外世界或中国地图中普遍存在的"马湖现象"一样，显示出世人对川东地区地理认知的粗浅，也折射出川东地区在传统时代地位的相对低下。

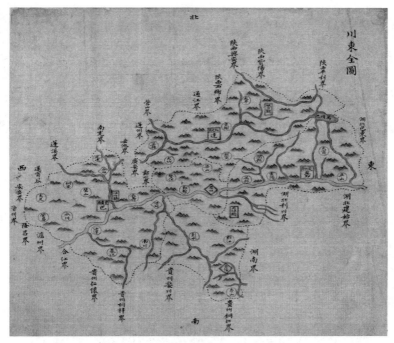

图1 四川分县详细图说·川东全图

　　（二）5 幅府及直隶州全图。每一幅皆用黑色虚线标出府
（州）境域的整体轮廓，依然用大黑字"×××界"标出与其相邻
的地区。境域内的地理要素，标注府（州）治所所在地及距省
会的距离、隶属的县及距府（州）治所的里程数、山脉、河流
等，标注符号与《川东全图》基本一样，但对主要河流名称进
行了标注，据此可以基本判定山川的地理位置。然从标注来看，
有些全图对河流的地理定位不太准确。如在《重庆府全图》（见
图2）中，嘉陵江被描绘成了规整的南北走向，大江（长江）的
流向也过于齐整，这些均导致图中沿江的城镇治所位置的偏差，
影响了全图的准确性。

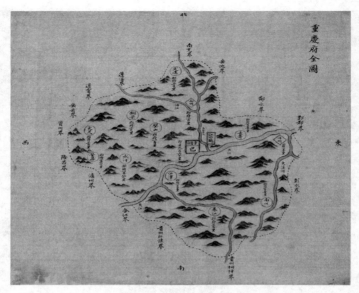

图2 四川分县详细图说·重庆府全图

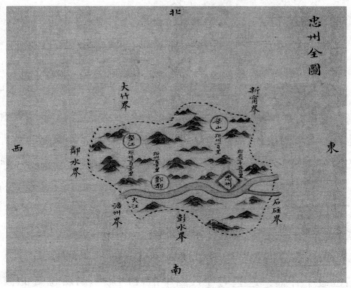

图3 四川分县详细图说·忠州全图

（三）35 幅分县图，分别为绥定府，共七县（厅），全；夔
州府，共七县（厅），全；重庆府，共十三县（州、厅），差江
津一县；忠州直隶州，共四县（州），全；酉阳直隶州，共四县
（州），全。每一幅县（州、厅）地图，皆用黑色虚线标出整体
轮廓，并用大黑字"×××界"标出与其相邻的地区。其方位，直
接用黑字标出，多数为传统的上北下南、左西右东，但南川、涪
州、綦江、秀山四县，却颠倒为上南下北、左东右西；定远、垫
江两县则变为上西下东、左南右北。这种处置方位的方法，暗含
着本地图集确定方位的原则，即多将区域内地势高的一方置于上
方。如《南川县图》，因南川县地处四川盆地东南边缘与云贵高
原的过渡地带，地势由东南向西北倾斜，河流也大多发源于东南
山地，流向西北，故该图将地势高的南方置于地图上方；而
《垫江县图》，因县境西部的山脉多而高，河流大多发源于西部，
由西向东流，故该图将地势高的西方置于地图上方。

县（州、厅）境内部的地理要素，主要绘制有山脉、河流、
道路、治所以及隶属的场、铺、塘、砦（行政区划级别类似今
天的镇，故以下简称"场镇"），这些地理要素的标注也有基本
一致的规则。

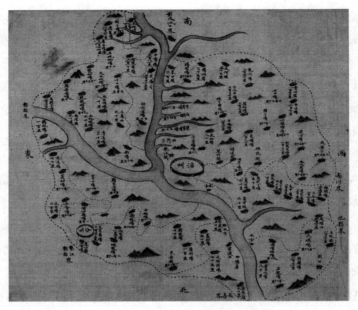

图4 四川分县详细图说·涪州图

（1）县（州、厅）治所，即县城，用城墙圈住黑色文字表示。城墙形状是根据各县城的实际形状缩绘而成，并在城墙上画出城门。至于城墙形状，有梨状的，如黔江县、垫江县、丰都县、万县、合州、忠州等；有蝴蝶状的，如大足县；有方形的，如梁山县；但大多数为椭圆或近似椭圆形。多数县的县城为单城，但开县为子母双城，且外城有一条护城河；而涪州城（如图4所示），除主城外，在西南部另有一"分州"城。该分州城之遗址，今仍存，位于今垫江县鹤游坪镇。这里地势险要，易守难攻，正如清同治《涪州志》所云："我凭之足以弊寇，寇扼之亦足以困我。"可见分州设置主要为军事之用。当然，开县在清乾隆年间形成的子母双城形状，实际上东北、西北处是连在一起的，并没有完全分离，因此本图集中的开县子母双城外观，与实际情况存在误差。

（2）隶属的场镇所在地，用房子图形外带黑色字旁注，有的注明距县城的里程数，有的则未注明；场镇之间以及它们到县城的道路，用红色虚线标出，多形成以县治为中心的放射状道路网。

隶属县之场镇命名，多用场、铺、塘、坝等名。除此之外，还有比较复杂者，如秀山县（如图5所示）。从地图中可见，该县多有以"汛"命名的场镇，如滥桥汛、巴家汛、晏龙汛、中寨汛、峨溶汛、石耶汛、平茶汛、石堤汛等十余个，另有井岗口、两河口等以"口"命名的，还有罗蛮屯、川河盖、滥泥湾、鸳鸯嘴、鱼塘溪、邑梅营等，可谓五花八门。这种命名特点，除了与该县河流多、防汛任务重有关，或许与该县少数民族多，命名遵从少数民族习惯有一定联系。

图5　四川分县详细图说·秀山县图

在不少地图中，场镇地理的定位和描绘不是都很准确，存在一些误差。如据清光绪《璧山县志》记载："善兴坝，在县南九十五里。""大鹏场，在县西南二十里。""中兴场，在县南四十里。""丹凤场，在县南三十五里。"而在本图集之"璧山县"图中，以上场镇均位于县城之西或西北，与县志记载不吻合，有待考证。

（3）山脉、河流，同本图集的两类全图一样，用形象画法标示，且多不标注名称，仅有少量河流支流有文字标注，如《彭水县图》标注黔江支流"郁水"及其支流"中井河"，还有一些未画出的小河亦标有名称，如该县的木棕河、长梁小河等。因山脉和河流缺少标注，故不能判断其地理位置的准确性，进而影响了地图的科学性。

35 幅分县地图，虽然都是同类别同层次的地图，但一些县的地理信息表达的重点和方法，反映出这些县独特的自然条件、社会经济、历史文化。

例如在"酉阳县"图中，中间有两座山，相较于四周的山脉，特别高大醒目，表明该县中间高四周低的地势特点。而《合州图》，所绘县城位于河流交汇处，虽城墙与河流有一定距离，但与清乾隆《四川通省山川形势全图》中《合州图》所绘基本吻合，亦与清乾隆《合州志》的记载一致，即"州城地脉来自龙多，由高望纯阳绵亘而入，豁开平壤，周环六七里，东西迤长如凤伸颈，如鸟舒翼。旧志称其龟龙瑞应拱峙四围，涪、宕、嘉陵交会城下，屹然一名都会"，表明合州城建于涪江、宕渠、嘉陵江三水交汇之地。又如在《永川县图》中，山脉分布较为分散，符合永川县整体为浅丘陵的地貌情况。境域内的水系呈树枝式，且永川古八景之一的"三河会碧"绘制得较为清晰，即永川河（今临江河）、溪河（今跳蹬河）、文曲河（今玉屏河）三条河流汇合形如篆文"永"字，县名即因此而得。《丰都县图》描绘出丰都县山脉众多、水系发达的特点，并且可以清晰地看出，长江横穿县境，北部有一河与之平行，南有一河蜿蜒汇入，较为准确地概括了该县的水系特征。《垫江县图》也呈现了该县水流纵横的特点，众多小溪汇入桂溪，然后流进长江，这与光绪二十六年（1900）重修《垫江县志》中记载的"今之垫江，有容溪合诸小水入桂溪"一致。而在《梁山县图》（如图6所示）中，县境的东、南、西、北四个方位之山间，是由一块块耕地形成的一片区域，而另外34个分县地图，除《黔江县图》在东北方位有一块与之类似的区域外，其他皆无。这种绘制具有一定的科学性，反映了梁山县多坝子的地貌情况。因为梁山位于川东平行岭谷地区，川东平行岭谷地区的地貌是背斜成山、向斜成谷，山谷相间，彼此平行。梁山县位于向斜谷里，这里分布着平原和小丘，成为川东最富饶的地方，故有谚曰"梁山坝子新宁田"，即坝子以梁山（今梁平）为最多（据不完全统计有80多个）。而且在该图中，有两条小河穿县城而过，并注明了河流的发源地，这当是梁山县城相较于其他县城而言，具有的独特自然条件。不过，在《石砫厅图》中，长江位于梁山县城正北，呈东西走向，当有误。因为据清道光《补辑石砫厅新志》卷一《地理志》记载："大江东下厅界，仅有洋渡溪，沿溪西界沱三岸口，余皆邻境。"可见长江应在西北方作为石砫与丰都的边界。《万县图》中所绘的县城与长江间隔有三山，实则是对县城与河流的实际位置关系处理不当，这可从清康熙二十五年（1686）刻本《夔州府志》之《万县图》、乾隆《四川通省山川形势全图》之《万县图》以及今之地面遗存中得到印证，县城实际南面直接濒临长江，而西面濒临长江支流苎溪河。

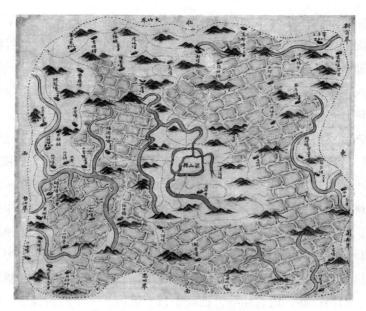

图6　四川分县详细图说·梁山县图

　　在《合州图》中，城墙上所绘城门为十二个，城内道路通过各城门通往周边各场镇，四通八达，道路呈现出明显的放射状分布。同时，县境北部场镇多，道路亦呈网状分布。这些都表明该县人口繁盛、经济发达。在《大宁县图》中，场镇命名显示了大宁县作为盐产地的特色，如东北部的"灶房""盐厂营"皆为与制盐有关的地名；而其东北边境标示的"碉卡""汛官""要隘"等地名或过境检查站等，表明当时大宁县官府非常重视对县境的控扼管理，以防私盐流出。在《铜梁县图》中，该县唯一的水系合州河及其支流绘制精细，河道中还清晰地标注了该河及其支流的通达之地，这是在其他分县地图中所没有的，说明河流在本县社会发展中起着重要作用；而本地图在东、南、西、北四个方向的边界线上，标有"隘口"字样，也是其他分县地图少有的，表明该县官府对县域边境管理比较重视。在《涪州图》的长江沿岸，标注有三处"水卡"，则说明官府对航运管理比较重视。在《荣昌县图》中，东南方向与永川县交界的地方绘制有一块"界碑"，但界碑所处位置并未在县境上，而是位于两条从荣昌县通往永川县的道路交汇处，可见主要是起到为行人指明方向的作用，显示了地图制作也是以人为本的。

又如在《巫山县图》（如图 7 所示）中，大宁河边有一"土城"，这当是并入巫山县的大昌县旧城（今为大昌古镇）。大昌县始置于西晋太康元年（280），初称建昌县，又称泰昌县，属建平郡。后周时改为大昌，置永昌郡。隋属巴东郡。唐属夔州。宋置大宁监，以大昌为属县。元因民少，并入大宁州。清康熙九年（1670）废县，并入巫山县。《酉阳县图》特别展现了基层行政单位"甲"。"甲"是明代"里甲制"中的一个行政单位，据《明史·食货志》记载，明洪武十四年（1381），"诏天下编赋役黄册，以一百十户为一里，推丁粮多者十户为长。余百户为十甲，甲凡十人。岁役里长一人，甲首一人，董一里一甲之事。先后以丁粮多寡为序，凡十年一周，曰排年。"① 由此可以看出，明代洪武时期的基层行政级别大体上是"县—里—甲"的形式。每一百户编成十甲，可见每甲为十户。明代里甲制度沿袭至清代，至清末才改变为乡镇制度。云阳县在明清时期先设二里九甲，后调整为三里六十甲。甲又分为上甲、中甲、下甲，上、中、下划分的原则主要是经济发展水平和人口数量。图中云阳县下辖 59 甲，其分布则长江以北多于长江以南，因为前者主要处于山川相间的地形平缓地区。除《云阳县图》外，本图集的其他县（州、厅）地

---

① （清）张廷玉等：《明史》卷七七《食货志》，北京：中华书局，1974 年，第1878 页。

图，都没有反映里甲的情况，可见此图的价值较大。

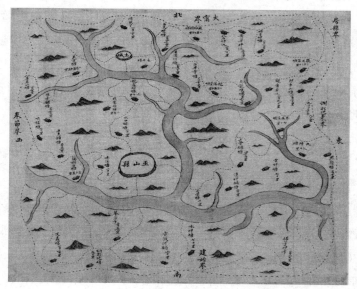

图7　四川分县详细图说·巫山县图

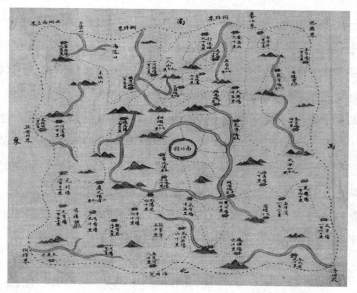

图8　四川分县详细图说·南川县图

在《忠州图》中，场镇以"砦"命名者较多，另有一些以"卡"命名者。砦、卡均为低层级别的军事驻扎区，主要设置在交通要道和关隘要塞处，每十里设置一处，主要用来驻防与巡查，以保证县城安全。可见该图带有浓厚的军事色彩。《开县图》与其他各县图相比，绘有五处"（关）哨楼"，位于西、北、东三个方向与邻近县交界处，这当与清嘉庆、道光年间防御白莲教有一定关系。类似绘有哨楼的还有《南川县图》（如图 8 所示），该县地图中有哨楼两处，一处位于东北向大有场和马嘴场之间，一处位于西南向的观音桥附近。这里素有"渝黔喉襟""巴渝险要""渝湘要冲"之称，是重要的军事防御之地，故多有哨楼。《璧山县图》还描绘了境内东南所存的炮台，这是在其他各县地图中少见的。而《彭水县图》重点标注了彭水县境内的清代绿营兵的驻扎地"塘"，这些"塘"几乎呈一条直线贯穿北部，显示该县具有重要的军事地位。

综上所述，《四川分县详细图说》有优点亦有缺陷，反映出时人及编绘者对川东地区地理的认知，这对研究川东地区的历史地理、经济、军事、文化诸方面尤其是地图学史有较大的价值。另外，通过遍查文献后我们还发现，清代以川东道为主要描绘范围的区域地图并不多见，而本图集从绘制手法和边界划分的准确程度来看，均优于同时期的方志地图，如其对边界的描绘，比清中叶乾隆年间董邦达编绘的《四川通省山川形势全图》（共 130幅，其中川东地区 26 幅）（例图见图 9）更科学。

图 9　四川通省山川形势全图·夔州府附郭奉节县图

巴蜀著名碑刻简述

——汉中段

王万洪*

摘　要：本文简要介绍汉中古褒斜道石门谷口的几通著名碑刻，包括汉代《大开通》《石门颂》《杨淮表记》、北魏《石门铭》等国之瑰宝，它们均为国家重点文物保护单位，是研究书法学、金石学、交通史、地理学、文献学等科目部类的重要实物文献，具有重大的文化价值、书法价值和保护价值。

关键词：巴蜀碑刻　汉中　《大开通》　《石门颂》　《杨淮表记》《石门铭》

引　言

从古至今，巴蜀地区诞生了许多著名的碑刻。本文将笔力集中于今陕西省汉中市境内，简述古褒斜道石门谷口最著名的几通碑刻，包括汉代《大开通》《石门颂》《杨淮表记》，北魏《石

---

　*　作者简介：王万洪，生于 1979 年，四川简阳人，西华大学人文学院副教授。主要研究方向：文论与文化。

　　基金项目：四川大学中央高校基本业务项目《巴蜀书法史》、四川省教育厅 2017 人文社科重点研究项目《四川题刻书法及其文化旅游价值研究》。

门铭》等国之瑰宝，它们均为国家重点文物保护单位，是研究书法学、金石学、交通史、地理学、文献学等科目部类的重要实物文献。

一、汉代摩崖三刻

（一）《大开通》

《大开通》，全称《鄐君开通褒斜道刻石》，俗称《大开通》或《开道碑》，东汉永平九年（66）刻于连接巴蜀与秦川的汉中褒斜栈道之中，共 16 行，每行 5 字至 11 字不等。石原在褒城（今陕西勉县）北石门溪谷道中，今藏汉中博物馆。《大开通》是著名的"石门十三品"之首，在《何君阁道碑》重现天日之前①，被称为东汉第一刻石。铭文共 159 字，今存 150 字②，内容记载永平六年时汉中太守鄐君奉诏征集广汉郡、蜀郡、巴郡刑徒共二千六百九十人开山打通褒斜谷口人工栈道之事。褒斜道是秦汉时期自关中入蜀最为便捷的交通要道，据《史记·河渠书》所载，西汉武帝元狩年间为解决漕运问题，"发数万人作褒斜道五百余里"，重新开通的褒斜道虽比故道捷径平缓，但因水湍石多无法通漕。其后史载阙文，而据东汉桓帝建和二年《石门颂》

---

① 按：《何君阁道碑》，全称《蜀郡太守何君阁道碑》，也称《何君尊楗阁刻石》，简称《阁道碑》，刻于东汉光武帝中元二年（57）。这是在各类史书上有明确记载而湮没在历史风雨中近两千年未见实物的国宝。据杨慎《全蜀艺文志》等文献记录，《何君阁道碑》是东汉所有石刻中最早的作品。2004 年 3 月 14 日，《何君阁道碑》在雅安市荥经县民建乡丝绸古道边的石崖上，被民建乡小学教师刘大锦、牟建游泳时发现，得以重见天日。
② 按：《大开通》石刻有文无题，历代金石家各以文义名之。据南宋晏袤题记所云，录文凡 159 字，如不计阙文，实录为 150 字。

所言，永平年间曾下诏扩建褒斜道，并凿通石门。然此事不见于传世文献记载，唯《大开通》略详其事。

《大开通》与《何君阁道碑》一样，因地理位置偏僻，长期封存在历史风烟之中，北宋金石学著作《集古录》《金石录》《隶释》《隶续》中均未提及，至南宋娄机《汉隶字源》始见著录。《大开通》的发现颇具神秘色彩：南宋光宗绍熙五年（1194），南郑令临淄晏袤首先发现此摩崖，随即在旁边做出释文。但令人遗憾的是，茂密的芥藓再度将其掩盖，使这方名刻再次沉寂，此后六百多年，著录少见，世人鲜知。直到清代碑学兴起，金石考证研究之风盛行，此石才再次被时任巡抚的金石学家毕沅发现，从此名扬天下。

《大开通》书法别具特色，结字方古舒阔，因自然石势作字，字之大小及笔画的长短、粗细皆参差不整，没有波磔，天真朴拙而很有气势，保留了早期隶书的许多特点。该碑整体气魄宏大，布局饱满，笔道圆细而遒劲有力，不现单薄之象。同时又融斯篆意趣，高古伟岸，加上天然石纹背景，别增一种奇趣。

必须要提及的是，《何君阁道碑》和《大开通》是迄今发现的最早和次早的东汉摩崖石刻，二者书法风格极为近似，生动地体现了巴蜀书法奇思纵逸、质朴而富有野趣的特点。相较而言，《大开通》笔画更加放纵恣肆，方整雄强，结构开张大气，章法疏密有致，以篆书之法直笔写隶书，是汉代书法由篆及隶的早期典型代表。

图1 《何君阁道碑》拓片

图2 《大开通》精拓本

《大开通》晏袤释文如下：

　　永平六年，汉中郡以诏书受广汉、蜀郡、巴郡徒二千六百九十人，□通褒余□。太守钜鹿鄗君，部掾治级、王宏，史苟茂、张宇、韩岑弟典功作，太守丞□□杨显将陨用，始作桥格六百二十三间，大桥五，为道二百五十八里。邮、亭、驿、置、徒司空、褒中县官寺并六十四所。凡用功七十六万六千八百余人，瓦三十六万九千八百四器，用钱百四十九万九千四百余斛粟。九年四月成就。益州东至京师，去就安稳。①

　　清乾隆朝王昶仕官陕西时，亦曾寻访此碑，并使工人拓之，用汉代隶书录之，以《开通褒斜道石刻》为名载于《金石萃编》，全文如下：

　　永平六年，汉中郡以诏书受广汉、蜀郡、巴郡徒二千六百九十人，开通褒余道。大守钜鹿鄗君，部掾治级、王（庙讳），史苟茂、张宇、韩岑等兴功作，大守丞广汉杨显将相用，始作桥格六百卅三□，大桥五，为道二百五十八里。邮、亭、驿、置、徒司空、褒中县官寺并六十四所□。凡用功七十六万六千八百余人，瓦卅六万八千九百。②

　　据王昶所说，"摩崖后有宋晏袤释文并题记，晏所释全文可读，知今本后尚有三十余字，为工人遗拓"③。以王昶释文与晏袤释文比较，王昶多释出五个字，即"开通褒余道"一句中的"开"与"道"，以及"太守丞广汉杨显"一句中的"广汉"；但"始作桥格六百二十三间"的"间"字未释，而以"□"代

　　①　郭荣章：《石门石刻大全》，西安：三秦出版社，2001年，第81页。
　　②　（清）王昶：《金石萃编》卷五，清嘉庆十年刻，同治钱宝传等补修本。
　　③　（清）王昶：《金石萃编》卷五，清嘉庆十年刻，同治钱宝传等补修本。

之。至于何以把晏文的"瓦三十六万九千八百四"的"九千八百四"，释为"卅六万八千九百"，我们不得而知，但从原刻近拓残留的刻字"瓦卅六□九千八百四"来看，晏袤的释文应当是正确的。

另外，清道光《褒城县志》还以《汉鄐君开通碑》为题录有石刻铭文：

> 永平六年，汉中郡以诏书受广汉、蜀郡、巴郡徒二千六百九十人，开通褒斜道。太守钜鹿鄐君□、部掾治级、王宏、史荀茂、张宇、韩岑等典作□，太守丞广汉杨显将□用，□始作桥格六百二十三间□，大桥五，为道二百五十八里，邮、亭、驿、置、徒司空、褒中县官寺并六十四所。凡用功七十六万六千八百余人，瓦三十六万九千八百四□□器，用钱百四十九万九千四百余斛粟□□□。九年四月成就。益州□□东至京师，去□□就安稳。①

需要指出的是：《褒城县志》依据的拓片底本我们还不清楚，但它比晏袤的释文多出十一字的阙文，对我们更好地解释石刻原意是有帮助的。

(二)《石门颂》

《石门颂》全称《汉司隶校尉楗为杨君颂》，又称《杨孟文颂》《杨孟文颂碑》《杨厥碑》，东汉建和二年（148）十一月刻，20 行，凡 655 字，汉中太守王升撰文并书丹，记述东汉顺帝时杨孟文上疏请求开通褒斜道中石门隧道的经过。杨孟文与王

---

① （清）光朝魁：《（道光）褒城县志》卷八《文物志》，清道光十一年钞本。

升均为犍为郡武阳县人，这是王升为乡贤司隶校尉杨孟文所写的一篇颂词。《石门颂》是"石门十三品"中书法水平最高的摩崖刻石，被书法界公认为是古隶中最早、占据首位的刻石，成为巴蜀书法史上最杰出的石刻书法作品。

汉中褒谷口是褒斜道最险要的隘口，绝壁陡峻，山崖边水流湍急，很难架设栈道。东汉永平年间，汉明帝下诏在最险之处开凿穿山隧道，历时六年而成，古称"石门"。东壁长16.5米，西壁长15米，南口高3.45米、宽4.4米，北口高3.75米、宽4.1米，隧道与栈道在同一条水平线上。褒斜石门是世界上较早的人工交通隧道之一，《石门颂》即记述此事。《石门颂》原刻于陕西省襄城县（今汉中市汉台区褒河镇）古褒斜道的南端，东北褒斜谷之石门隧道的西壁上。古褒斜道横穿秦岭，是连接八百里秦川和汉中盆地的交通要道，形势险峻，开凿困难，历代文人歌咏、题刻者甚多。1967年，因《石门颂》所在地修建大型水库，乃将其从崖壁上凿出，迁至汉中博物馆。

《石门颂》是"石门十三品"第五品，素有"隶中草书"之称，被称为草隶鼻祖和楷模，艺术成就很高。首先，其章法舒朗野逸、自然空灵。全文采用竖有行、横无列的布局方式，形成一种错落有致的格局，给人以形宽气紧、舒展奔放的自然美。正文二十二行，每行三十、三十一字不等，形成了错落有致的格局，既沿袭了之前规矩、整齐的小篆布局风格，又给人以纵横开阖、洒脱自如、意趣横生的自然美感。其次，其用笔圆劲流畅、奔放灵动。《石门颂》继承了简牍帛书的率意性与篆书的简洁性用笔，多用圆笔，并把方笔与圆笔巧妙地融合，笔画圆劲流畅、古拙含蓄而富有韧性，毫无矜持做作之感且富于变化。起笔逆锋，含蓄蕴藉；中间运笔遒缓，肃穆敦厚；收笔回锋，少有雁尾而具掠雁之势，自然天成，不做多的修饰，故笔画古厚含蓄而富有律动感。再次是结体，字随石势，参差错落。其结字大小不一，极为放纵舒展，体势瘦劲开张，意态飘逸自然。许多字的结体与后来出现的竹木简牍的小字很相近，由于点画的错落，不但使许多字的结体出现新的体势，而且加强了字里行间的特别趣味。有的字如出现新的体势，而且加强了字里行间的特别趣味。有的字如"命""升""诵"等的竖笔特别长，这在汉隶石刻中是少见的。

《石门颂》成为巴蜀地域文化影响下具有独特风格的代表之作，其影响之巨，受评价之高，堪称石刻艺术史中的不朽之作！① 北宋欧阳修《集古录》对《石门颂》就有著录与评价。杨守敬在《平碑记》中说："其行笔真如野鹤闲鸥，飘飘欲仙，六朝疏秀一派，皆从此出。"② 康有为《广艺舟双楫·本汉第七》以"高浑"目之，称其为"汉分中妙品也"，誉为"隶中之草"。其云：

> 《杨孟文碑》劲挺有姿，与《开通褒斜道》疏密不齐，皆具深趣。碑中"年"字、"升"字、"诵"字，垂笔甚长，与《李孟初碑》"年"字同法。余谓隶中有篆、楷、行三体，如《褒斜》《裴岑》《郙阁》，隶中之篆也；《杨震》《孔彪》《张迁》，隶中之楷也；《冯

---

① 按：《石门颂》与略阳《郙阁颂》、甘肃成县《西狭颂》并称为"汉三颂"，是东汉隶书的极品，又是摩崖石刻的代表作。它对后来的书法艺术发展产生了巨大的影响。仅就笔者所见，《石门颂》运用就十分广泛：中华人民共和国成立前商务印书馆出版的《辞海》封面"辞海"二字，就取自于《石门颂》；今湖南长沙岳麓书院朱张会讲大殿正门一副对联十八字，是集《石门颂》字而成；今成都武侯祠"广益堂"横匾是意临《石门颂》字而成；今四川省书协主席何应辉先生书法主要取法《石门颂》而成，宏达俊雅，在海内外产生了重大艺术影响，有大批追随者和学生弟子传承下去。

② 《历代碑帖法书选》编纂组编：《汉石门颂》，北京：文物出版社，1984年，第1页。

府君》《沈府君》《杨孟文》《李孟初》，隶中之草也。①

因为《石门颂》整体字画瘦硬，结构疏朗，飘逸有致，隶中带篆、带草、带行，被人们称之为国之瑰宝，因此，历史上敢学《石门颂》者不多，以此名家者更少。清代张祖翼评说："三百年来习汉碑者不知凡几，竟无人学《石门颂》者，盖其雄厚奔放之气，胆怯者不敢学也，力弱者不能学也。"②

《石门颂》精拓本

释文如下：

题名：故司隶校尉楗为杨君颂（大字隶书）

正文：惟坤灵定位，川泽股躬。泽有所注，川有所通。斜谷之川，其泽南隆。八方所达，益域为充。高祖受命，兴于汉中。道由子午，出散入秦。建定帝位，以

① 康有为辑，崔尔平注：《广艺舟双楫注》，上海：上海书画出版社，1981年，第115页。

② 《历代碑帖法书选》编纂组编：《汉石门颂》，北京：文物出版社，1984年，第3页。

汉（诋）〔氏〕焉。后以子午，途路涩难。更随围谷，复通堂光。凡此四道。（垓）〔阂〕隔尤艰。至于永平，其有四年，诏书开斜，凿通石门、中遭元二，西虐残，桥梁断绝，子午复循。上则悬峻，屈曲流颠；下则入冥，倾泻输渊。平阿淖泥，常阴鲜晏。木石相距，利磨确磬，临危枪砀，履尾心寒。空舆轻骑，滞碍弗前。恶虫弊狩，蛇蛭蛮蟁。未秋截霜。稼苗禾残。终年不登，匮馁之患。卑者楚恶，尊者弗安。愁苦之难，焉可具言？于是明知故司隶校尉犍为武阳杨君厥字孟文，深执忠伉，数上奏请。有司议驳，君遂执争，百僚咸从，帝用是听。废子由斯，得其度经。功饬尔要，敞而晏平。清凉调和，烝烝艾宁。至建和二年，仲冬上旬，汉中太守犍为武阳王升字稚纪，涉历山道，推序本原。嘉君明知，美其仁贤。勒石颂德，以明厥勋。其辞曰：

　　君德明明，炳焕弥光。刺过拾遗，厉清八荒。奉魁承杓，绥亿彊。春宣圣恩，秋贬若霜。无偏荡荡，贞雅以方。宁静丞庶，政与乾通。辅主匡君。循礼有常。咸晓地理，知世纪纲。言必忠义，匪石厥章。厥弘大节，谠而益明。揆往卓今，谋合朝情。醳艰即安，有勋有荣。禹凿龙门，君其继踪。上顺斗极，下答坤皇。自南自北，四海攸通。君子安乐，庶士悦雍。商人咸憘，农夫永同。春秋纪异，今而纪功。垂流亿载，世世叹诵。

　　序曰：明哉仁知，豫识难易。原度天道，安危所归。勤勤竭诚，荣名休丽。

　　五官掾南郑赵邵字季南，属褒中鼌汉彊字产伯，书佐西城王戒字文宝主。王府君闵和谷道危难，分置六部道桥。特遣行丞事西成韩朖字显公、都督掾南郑魏整字伯玉，后遣赵诵字公梁，案察中曹卓行，造作石积，万世之基。或解高格，下就平易。行者欣然焉！伯玉即日徒署行丞事，守安阳长。①

（三）《杨淮表记》

《杨淮表记》，摩崖隶书，全称《司隶校尉杨淮从事下邳杨弼表记》，另有《杨淮表纪》《杨淮杨弼表纪》《杨淮碑》或《卞玉过石门颂表纪》等不同称谓。② 原镌刻在陕西褒城石门西壁，后迁入汉中市博物馆，为"石门十三品"之一。碑文刻于东汉熹平二年（173），7 行，共计 173 字。该碑书法奇逸古雅，《金石萃编》称赞其"隶法圆劲遒逸"，与《石门颂》书法风格相近，而影响稍次。笔者曾多次前往汉中博物馆观摩《石门颂》与《杨淮表记》，后者气象上不如前者，格局稍显促狭，但书法仍呈雄古遒劲，笔势开张之势，用笔沉着扎实，结字参差古拙，其章法因石势布局，纵能成列，横不成行，字态因字立形，疏宕多姿。如第六行"也"字，为此行末字，故形体较大，第七行"过、此、追、述"四字，波笔舒展，极尽开张之势，与《石门颂》之"命、诵"二字有异曲同工之效。石壁上部宽而五、六、七行行距远，下部窄而行距密，浑然天成。康有为《广艺舟双楫·本汉第七》赞曰："《杨淮表记》润泽如玉，出于《石门颂》，而又与《石经论语》近，但疏荡过之。或出中郎之笔，真书之《爨龙颜》《灵庙碑阴》《晖福寺》所师祖也。"③ 指出其本

---

① 郭荣章：《石门石刻大全》，西安：三秦出版社，2001 年，第 54 页。

② 按：清王昶《金石萃编》载，时有黄门卞玉，谒归过石门，见《石门颂》石刻，念及家乡犍为武阳杨孟文其人世代三辈之逸事，乃为文记述杨孟文孙辈杨淮、杨弼生前之宦迹和建树，故称。

③ 康有为辑，崔尔平注：《广艺舟双楫注》，上海：上海书画出版社，1981 年，第 114 页。

源和历史上楷书形成过程中所起的巨大作用，不过并非"中郎之笔"，因为这与蔡邕根本就没有任何关系。

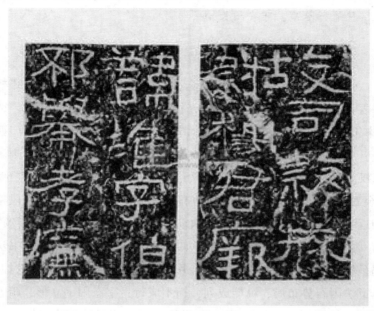

《杨淮表记》书影

释文如下：

> 故司隶校尉杨君，厥讳淮，字伯邳。举孝廉、尚书侍郎，上蔡、雒阳令，将军长史、任城、金城、河东、山阳太守。御史中丞，三为尚书，尚书令。司隶校尉，将作大匠，河南尹。伯邳从弟讳弼，字颖伯，举孝廉，西鄂长。伯母忧，去官。复举孝廉，尚书侍郎，迁左丞，冀州刺史，大医令，下邳相。兄弟功德牟盛，当究三事，不幸早陨。国丧名臣，州里失覆。二君清□，约身自守，俱大司隶孟文之元孙也。黄门同郡下玉，字子

珪，以熹平二年二月廿二日谒归过此，追述勒铭，故财表纪。①

从上述几处摩崖刻石的名称上看，古为"摩崖"者，也时常以"碑"称之，这和专指树立之碑不同。

《大开通》《石门颂》《杨淮表纪》等摩崖碑刻深藏于青山绝壁，减少了风霜剥泐，躲过了历代浩劫，未经人为破坏，所以至今保存完好，是当之无愧的国宝。它们鲜明地具有放纵恣肆、野逸疏荡、奇趣横生的典型共性，与汉代河南、山东等地严谨规范、典雅端正的《史晨碑》《乙瑛碑》《礼器碑》等庙堂碑刻相较，可以看出风格迥异之地域差异。

汉《乙瑛碑》书影　　　汉《史晨碑》书影　　　汉《礼器碑》书影

二、北魏仙品《石门铭》

《石门铭》，北魏宣武帝永平二年（509）正月刻，太原典签王远书丹、武阿仁凿刻于褒斜谷石门崖壁，全称《泰山羊祉开

---

① 高文：《汉碑集释》（修订本），开封：河南大学出版社，1997年，第387页。

复石门铭》，是北魏著名摩崖石刻书法作品，正书，凡 28 行，满行 22 字，后段题记为 7 行，每行 9－10 字，今藏汉中博物馆。汉中褒斜谷口是褒斜道最险要的隘口，绝壁陡峻，山崖边水流湍急，很难架设栈道。东汉永平年间，汉明帝下诏在最险之处开凿穿山隧道，历时六年而成，古称"石门"。后石门道破废，北魏梁、秦二州刺史羊祉重修褒斜道。《石门铭》即为纪念此事而作的，铭文记述了北魏时期重修褒斜栈道的原因、经过与结果，传颂梁、秦二州刺史羊祉再通石门隧道的盛举。《石门铭》是北魏摩崖石刻的代表，也是中国书法艺术发展史上的一座里程碑，其书飘逸多姿，是北魏体书格的典型，清康有为将此碑用笔归属圆笔一路，历来追求北派书风的书法家笔调多从此出。它吸取了处于同一地汉隶名品《石门颂》苍劲凝练的篆隶笔法，笔势与体势则吸取了汉隶跌宕开张、奇崛大气的特点，书风超逸疏宕、舒展自然。在广阔的崖面上，摆脱纸张限制，大书深刻，笔阵森严，气势雄峻，故能自然开张、气势雄伟、意趣天成，表现出大朴不雕的阳刚之美，堪称鸿篇巨制。康有为称魏碑之妙曰："太和之后，诸家角出，奇逸则有若《石门铭》。"① 遂将其列为"神品"中仅有的三刻之一②，目为"飞逸浑穆之宗"③，称其"若瑶岛散仙，骖鸾跨鹤"④，其在《广艺舟双楫·论书绝句第二十七》中评价道：

---

① 康有为辑，崔尔平注：《广艺舟双楫注》，上海：上海书画出版社，1981年，第 135 页。

② 康有为辑，崔尔平注：《广艺舟双楫注》，上海：上海书画出版社，1981年，第 176 页。

③ 康有为辑，崔尔平注：《广艺舟双楫注》，上海：上海书画出版社，1981年，第 173 页。

④ 康有为辑，崔尔平注：《广艺舟双楫注》，上海：上海书画出版社，1981年，第 181 页。

餐霞神采绝人烟，古今谁可称书仙？石门崖下摩遗碣，跨鹤骖鸾欲上天。

解说曰：《石门铭》体态飞逸，不食人间烟火，书中之仙品也。①

又说：

《石门铭》飞逸奇浑，分行疏宕，翩翩欲仙，源出《石门颂》《孔宙》等碑，皆夏、殷旧国，亦与中郎分疆者，非元常所能牢笼也。《六十人造像》《郑道昭》《瘗鹤铭》乃其法乳，后世寡能传之。盖仙人长生，不顾世间烟火，可无传嗣。必不得已，求之宋之山谷，或尝得大丹学飞升者，但力薄，终未能凌霄汉耳。偶见《端州石室》，有宋人刘起题记，点画奇逸，真《石门》裔孙也，不图于宋人见之。②

康有为称《石门铭》为"精丽之碑"，与《爨龙颜》《灵庙碑阴》《晖福寺》《郑文公》《张猛龙》等碑一道，"以其为隶楷之极则也"③。书者王远，正史没有记载，但康有为推之为南北朝碑十大书家，称王远《石门铭》"用圆笔"，为"正书之各成一体者"之典型代表（《十家第十五》）。《石门铭》是魏碑中可以临摹、借鉴的上佳范本之一，历史上的许多著名书法家都曾得此石之沾溉，晚清康有为是学《石门铭》而成就最高的一家。

---

① 康有为辑，崔尔平注：《广艺舟双楫注》，上海：上海书画出版社，1981年，第252页。

② 康有为辑，崔尔平注：《广艺舟双楫注》，上海：上海书画出版社，1981年，第158页。

③ 康有为辑，崔尔平注：《广艺舟双楫注》，上海：上海书画出版社，1981年，第139页。

《石门铭》精拓本

《石门铭》释文如下：

此门盖汉永平中所穿，将五百载。世代绵迴，戎夷递作，乍开乍闭，通塞不恒。自晋氏南迁，斯路废矣！其崖岸崩沦，硐阁堙褫，门南北各数里，车马不通者久之。攀萝扪葛，然后可至。皇魏正始元年，汉中献地，褒斜始开。至于门北一里西上凿山为道，峭岨盘迂，九折无以加，经途巨碍，行者苦之。梁秦初附，实仗才贤，朝难其人，褒简良牧。三年，诏假节龙骧将军督梁秦诸军事梁秦二州刺史泰山羊祉，建旗幡漾，抚境绥边，盖有叔子之风焉。以天险难升，转输难阻，表求自回车已南开创旧路，释负担之劳，就方轨之逸。诏遣左校令贾三德，领徒一万人、石师百人，共成其事。三德巧思机发，精解冥会，虽元凯之梁河、德衡之损蹑，未足偶其奇。起四年十月十日，讫永平二年正月毕功。阁广四丈，路广六丈，皆填蹊栈壑，砰险梁危，自回车至谷口二百余里，连辀骈辔而进，往哲所不工，前贤所辍思，莫不夷通焉。王升履之，可无临深之叹；葛氏若存，幸息木牛之劳。于是畜产盐铁之利，纨绵罽毲之饶，充牣川内，四民富实，百姓息肩，壮矣！自非思垿班尔，筹等张蔡，忠公忘私，何能成其事哉？乃作铭曰：

龙门斯凿，大禹所彰。兹岩乃穴，肇自汉皇。导此中国，以宣四方。其功伊何，既逸且康。去深去阻，匪阁匪梁。西带汧陇，东控樊襄。河山虽险，凭德是强。昔惟畿甸，今则关疆。永怀古烈，迹在人亡。不逢殊绩，何用再光。水眺悠晶，林望幽长。夕凝晓露，昼含曙霜。秋风夏起，寒鸟春伤。穹隆高阁，有车辚辚。威夷石道，驷牧其驹。千载绝轨，百辆更新。敢刊岩曲，以纪鸿尘。

魏永平二年太岁己丑正月己卯朔卅日戊申梁秦典签太原郡王远书，石师河南郡洛阳县武阿仁凿字。①

结　语

汉中石门栈道是古代巴蜀与北方秦川连接的咽喉，为打通、维护、保护石门栈道，古人进行了艰苦卓绝地创造性建设，附带产生了上述著名的国宝级石刻书法作品，它们是研究书法学、金石学、交通史、地理学、文献学等科目部类的重要实物文献，具有重大的文化价值、艺术价值和学术价值。仅从书法角度而言，

---

① 郭荣章：《石门石刻大全》，西安：三秦出版社，2001年，第30~31页。

两汉之交，是汉字体裁和书法体裁发生大变革的时期，石门石刻在其中扮演了重要的角色，《广艺舟双楫》在多篇文章中从不同角度指出：《尊楗阁记》《建平郫县石刻》《开通褒斜道石刻》《石门残刻》《杨淮表纪》等名作，"皆以篆笔作隶者"①，在篆隶之间，"转变之渐至可见也"②，是从篆书向隶书转变的重要代表作品，这是历史的公论。北魏《石门铭》记载重新开通石门隧道的重大事件，继承了《石门颂》开张大气、野逸纵横的特点，成为魏碑书法中绝无仅有的少用方笔、主要使用篆书圆笔的书中仙品，在书法史上产生了重大的影响。

---

① 康有为辑，崔尔平注：《广艺舟双楫注》，上海：上海书画出版社，1981年，第76页。

② 康有为辑，崔尔平注：《广艺舟双楫注》，上海：上海书画出版社，1981年，第82页。

巴蜀文献珍本善本
提要（之一）

李冬梅　邹艳*

摘　要：本文以入选《巴蜀全书》项目之"巴蜀文献珍本善本"系列的 15 种巴蜀文献为对象，撰写提要，述其撰著缘起、篇章结构、内容简介、学术价值、版本源流等，作为叙录，以期为研究者提供比较全面的文献信息。

关键词：巴蜀文献　善本　提要

笔者因负责《巴蜀全书》项目之"巴蜀文献珍本善本"系列，遂在整理、再造的过程中，对入选的每种巴蜀文献皆撰写提要，述其撰著缘起、篇章结构、内容简介、学术价值、版本源流等，作为叙录，以期为研究者提供比较全面的文献信息。兹选取数种予以刊发，供学界批评指正。

---

　* 作者简介：李冬梅，生于 1977 年，辽宁葫芦岛人，四川大学古籍整理研究所副研究员，主要研究方向：儒学文献、巴蜀文献；邹艳，生于 1984 年，四川成都人，四川大学图书馆文献服务中心馆员，主要研究方向：文学文献学、历史文献学。

《诗集传》十九卷，（宋）苏辙撰，宋淳熙七年苏诩筠州公使库刻本

苏辙（1039—1112），字子由，眉州眉山（今四川眉山）人，晚年自号颍滨遗老，谥文定。苏轼之弟，人称"小苏"。熙宁二年（1057）进士，转历地方，仕至黄门侍郎。苏辙是散文家，为文以策论见长，自成一家。他在散文上的成就，如苏轼所说，"汪洋澹泊，有一唱三叹之声，而其秀杰之气，终不可没"①。著有《春秋集解》《诗集传》《老子解》《古史》《龙川略志》《龙川别志》及《栾城集》（四种）。与其父苏洵、兄苏轼合称"三苏"，名列"唐宋八大家"之林。《宋史》卷三三九有传。

关于《诗集传》的撰著时间，其孙苏籀《栾城先生遗言》称，苏辙"年二十，作《诗传》"②，时当宋仁宗嘉祐三年（1058）。孙汝听《苏颍滨年表》又言："及归颍昌，时方诏天下焚灭元祐学术，辙敕诸子录所为《诗》《春秋》传、《古史》，子瞻《易》《书》传、《论语说》，以待后之君子。"③ 苏辙还归颍昌是在宋徽宗崇宁三年（1104）。据上述记载推算，苏辙自撰写伊始，至完稿杀青，前后用了将近五十年时间。

《诗集传》的体例，是每篇先录《诗序》首句，然后下列诗文，再加以简注。此书最突出的特点是怀疑《诗序》，仅采其首句，废《序》言《诗》。苏辙不相信子夏作《序》之说，他说：

---

① （宋）苏轼：《答张文潜县丞书》，《苏轼文集》卷四九，孔凡礼点校，北京：中华书局，1986年，第1427页。

② （宋）苏籀：《栾城先生遗言》，见《双溪集》附，《粤雅堂丛书》第8集，台北：台湾华联出版社，1965年，第3594页。

③ （宋）孙汝听：《苏颍滨年表》，见清缪荃孙编《耦香零拾》，北京：中华书局，1999年，第487页。

"今《毛诗》之叙何其详之甚也！世传以为出于子夏，予窃疑之。子夏尝言《诗》于仲尼，仲尼称之，故后世之为《诗》者附之。"① 由此，苏辙认为《诗序》乃毛公之学，卫宏之所集录。又因《诗序》用语时有反复繁重，类非一人之词，故唯存其首一言，以下余文，悉从删汰。这一辨析《诗序》内涵及废去余文之举，可谓《诗经》学史上一次革命性的做法。自苏辙以后，从者继踵，郑樵力斥《诗序》之非，朱熹、王质尽废《诗序》以言《诗》，这就逐渐形成了宋代《诗经》学反传统的发展脉络，将《诗经》研究推向了一个新的发展阶段。而苏辙《诗集传》的开创、启导之功，不可磨灭。

此书经文说解多采自《毛传》《郑笺》。毛、郑有未安处，乃以己意说之。朱熹曾赞扬"子由《诗解》好处多"②。《四库全书总目》亦评之曰："辙于毛氏之学，亦不激不随，务持其平者。"③ 然周中孚却认为："其所为集解，亦不过融洽旧说，以就简约，未见有出人意表者。"④ 各家出发点不尽相同，故褒贬亦稍有差异也。

苏辙《诗集传》在宋代目录书中被称为《诗解》，北宋时即有刻本传世，《郡斋读书志》卷二已有著录，称"《苏氏诗解》二十卷"。《直斋书录解题》卷二则署作"《诗解集传》二十卷"。其后诸目录书或称"传"，或称"集传"不一。历代刊本卷帙亦有差异。宋刊本原为二十卷。至明代中叶，编为十九卷。后之刊本大多即以十九卷为定数。明万历二十五年（1597）毕

---

① （宋）苏辙：《诗集传》卷一，宋淳熙七年苏诩筠州公使库刻本。

② （宋）黎靖德编，王星贤点校：《朱子语类》卷八〇，北京：中华书局，1986 年，第 2090 页。

③ （清）永瑢等：《四库全书总目》卷一五《诗集传》提要，北京：中华书局，1965 年，第 121 页。

④ （清）周中孚：《郑堂读书记》卷八，北京：中华书局，1993 年，第 35 页。

氏刊《两苏经解》，后又于万历三十九年（1611）重刻，所收《颍滨先生诗集传》均为十九卷。清乾隆间编《四库全书》所收亦十九卷（《四库全书总目》卷一五署作"二十卷"，与本书实际卷帙不符）。

《诗集传》现存版本主要有宋淳熙七年（1180）苏诩筠州公使库刻本、《两苏经解》本、《四库全书》本、明刻本等。2002年，北京语文出版社出版的《三苏全书》整理本，以《两苏经解》本为底本，以淳熙本、万历重刻本、《四库全书》本参校。今据宋淳熙七年苏诩筠州公使库刻本影印整理。

《春秋名号归一图》二卷，（后蜀）冯继先撰，宋刻本

冯继先，五代后蜀人，生卒行实不详。

陈振孙《直斋书录解题》："《春秋名号归一图》二卷，案原本不著卷，与《宋史·艺文志》同，今据《文献通考》补书，伪蜀冯继先撰。凡《左传》所载君臣名氏字谥，互见错出，故为此图以一之。周一，鲁二，齐三，晋四，楚五，郑六，卫七，秦八，宋九，陈十，蔡十一，曹十二，吴十三，邾十四，杞十五，莒十六，滕十七，薛十八，许十九，杂小国二十。"据此可知该书之概貌。

全书分上下两卷，上载周、鲁、齐、晋，下载楚至杂小国。上下卷后依次又有《春秋二十国年表》及《春秋图说》。《春秋图说》有杜预《春秋序》，以及《春秋诸国地理图》《春秋一百二十四国爵姓》《诸侯兴废》《春秋总例》《春秋始终》等。

是书今存宋刻本，据书叶所钤"杨维祯印""铁崖""东维图书"等印，知该本曾为杨维祯（按，杨维祯，字廉夫，元代文学家、书法家。其父曾筑楼铁崖山，聚书数万卷，因而自号铁

崖，又号东维子）所藏。另据《善本书室藏书志》《铁琴铜剑楼藏书目录》及《四库全书总目》，知冯继先原本错讹较多，宋岳珂曾合京、杭、建、蜀本参校，并重加刊定。然其有削有改，已"非复李焘以前之旧本"①。据马端临《文献通考》引李焘尝云："昔丘明传《春秋》，于列国君臣之名字，不一其称，多者或至四五。始学者盖病其纷错难记，继先集其同者为一百六十篇。"②是李焘所见继先旧本本为旁行斜上，如表谱之体，故以图为名，而分至一百六十篇，今本则因岳珂有所刊定移易，故有变也。兹据宋刻本影印整理。

《輶轩使者绝代语释别国方言》十三卷，（汉）扬雄撰，（晋）郭璞解，宋庆元六年寻阳郡斋刻本

扬雄（前53—公元18），字子云，西汉蜀郡成都人。少时师事严遵，得其《易》学之传。后入京师，由杨庄推荐给成帝，任黄门郎，待诏承明之庭。王莽时，官大夫，校书天禄阁，因事牵连，投阁几死，后以病免，又召为大夫。年七十一卒。《汉书》卷八七有传。

是书旧本题为《輶轩使者绝代语释别国方言》，为简便计，诸家援引及史志著录乃省文谓之《方言》。此书之作，据应劭《〈风俗通义〉序》云："周秦常以岁八月遣輶轩之使，求异代方言，还奏籍之，藏于秘室。及嬴氏之亡，遗脱漏弃，无见之者。蜀人严君平有千余言，林闾翁孺才有梗概之法。扬雄好之，天下孝廉卫卒交会，阙下质问，以次注续，二十七年尔乃治正，凡九

---

① （清）永瑢等：《四库全书总目》卷二六《春秋名号归一图》提要，北京：中华书局，1965年，第214页。
② （元）马端临：《文献通考》卷一八二《经籍考九》，北京：中华书局，1986年，第1569页。

千字。其所发明，犹未若《尔雅》之闳丽也。张竦以为悬诸日月不刊之书。"① 是扬雄以二十七年之功，集古籍所载与当时调查所获，仿照《尔雅》体例，乃撰成《方言》一书，故有学者推之为"悬诸日月不刊之书"。然应劭《序》称《方言》九千字，而今本实有一万一千九百余字，恐其后在流传过程中，后儒或有所附益。

作为我国最早的一部方言著作，《方言》在语言学史上具有里程碑式的意义。其体例仿《尔雅》，所收词汇虽不标门类，但基本上是按内容分类编排的。释词一般是先列举一些不同方言的同义词，然后用一个广泛通行的词来加以解释，其下大都还要说明某词属于某地方言。有时先提出一个通名，然后说明在不同方言中的不同名称。所记方言地域广阔，东起齐东海岱，西至秦陇凉州，北起燕赵，南至沅湘九嶷，另外还涉及朝鲜半岛北部的一些方言。书中收集并保存了相当多的汉代口语词汇，为我们了解汉代"普通话"的词汇提供了重要依据，也为我们研究古今语音语义的变化规律提供了很好的数据。

本书注者郭璞（276—324），字景纯，东晋河东闻喜（今属山西）人。好经术，博学有高才，辞赋为中兴之冠。好古文奇字，妙于阴阳算历。《晋书》卷七二有传。他是历史上第一个为扬雄《方言》作注且影响深远的人。其在《方言序》中，肯定了扬雄"类离词之指韵，明乖途而同致，辨章风谣而区分，曲通万殊而不杂"的方法，并阐述了自己"少玩雅训，旁味《方言》，复为之解。触事广之，演其未及，摘其谬漏"的注解方法，广泛引用晋代各地方言，并注明其通行地区。从扬雄《方

---

① （汉）应劭：《〈风俗通义〉序》，见《风俗通义》卷首，宋庆元六年寻阳郡斋刻本。

言》原文及郭璞注解中，可以看出汉晋方言的演变轨迹，了解晋代方言的大致面貌。另一方面，郭璞注解注重词语规范和探本溯源，释语言简意赅，重视理据探析。因此，郭璞注解既具有重要的历史语言学价值，又具有重要的辞典编纂学价值。

是本乃宋庆元六年（1200）寻阳郡斋所刻，是现存《方言》最早的刻本，每半叶八行，行十七字，注文小字双行，白口，四周双栏。书前有郭璞序，后依次为庆元庚申李孟传序和朱质序。李孟传（1136—1219），字文授，浙江上虞人，《宋史》卷四〇一有传。李孟传序称，"今《方言》自闽本外不多见，每惜其未广。予来官寻阳，有以大字本见示者，因刊置郡斋而附以所闻一二，盖惜前辈之言久或不传也"，可知此本为李孟传官寻阳时，据当时罕见的"大字本"校刻。南宋时期，蜀刻以"眉山大字本"知名天下，此其遗范乎？

是书钤有"华亭朱氏""横经阁收藏图籍印""顾仁效收藏图书""顾元庆鉴赏印""季振宜藏书""宗室文悫公家世藏""谭锡庆学看宋版书籍印""藏园""双鉴楼""晓峰珍阅""增湘"等印，由明以来，经沈氏野竹斋、顾仁效、顾元庆、朱大韶、钱曾、季振宜、秦维岳、盛昱、赵聘卿、谭锡庆等递藏，民国元年（1912）被傅增湘以二百金购入燕超室。又有钱谦益、缪荃孙、沈增植（按，题为姚埭老人）、邓邦述、袁克文、章珏、王闿运、杨守敬、内藤虎等人题跋。扉叶有题款："宋椠方言十三卷/丙辰秋八月燕超室重装于海王村/洹上寒云题"，并有"克文延年"方印。寒云，即袁克文（1889—1931），字豹岑，号寒云，袁世凯之子，民国四公子之一。精诗书、绘画、古玩，逝后方地山撰碑文称："才华横溢君薄命，一世英明是鬼雄。"书后有其兄袁克定（1878—1955）跋："郁华阁藏宋椠之精整完好者，惟黄唐本《礼记正义》与此书为巨擘，自壬子散出，多入景贤手，此则为燕超主人所获，否则亦承《礼记》诸书入我箧中矣!"郁华阁，即盛昱藏书楼。此本世所罕见，傅增湘曾采纳缪荃孙建议，以珂罗版影印行世，编入《蜀贤丛书》。1949年后，傅增湘将此书捐与国家，入藏北京图书馆（今中国国家图书馆），今据此版影印整理。

《唐鉴》十二卷，（宋）范祖禹撰，宋刻本

范祖禹（1041—1098），字淳甫，又字梦得，成都华阳（今属双流）人。年二十中进士甲科。协助司马光修《资治通鉴》，爬梳唐五代三百余年史籍，纂成长编，为《资治通鉴》中资料最为丰富者。神宗元丰七年（1084）书成，司马光举荐范祖禹为秘书省正字。后历官右正言、著作佐郎、右谏议大夫、翰林学士等。元符元年（1098）病卒，年五十八岁。范祖禹博学多才，著述宏富，除协修《通鉴》外，还著有《神宗实录》《唐鉴》《帝学》《仁皇政典》《史院问目》《古文尚书说》《论语说》《孟子节解》《诗解》《中庸篇》《古文孝经说》《范太史集》等。其中《唐鉴》修成后，名重一时。《宋史》卷三三七有传。

是书之作，与宋人重视唐史研究有关。北宋中期，社会出现一系列问题，有志儒者怀着强烈的忧患意识，力求政治革新，在历史中寻找经验教训。唐代距宋尤近，殷鉴不远，其治乱兴衰之迹、成败得失之处最显，一时间"以唐为鉴""以唐为镜"呼声最盛。范祖禹之撰《唐鉴》，盖亦出此。他在《〈唐鉴〉序》中云："夫唐事如彼，祖宗之成效如此，然则今当何鉴，不在唐乎？今当何法，不在祖宗乎？夫唯取鉴于唐，取法于祖宗，则永世保民之道也。"范祖禹协修《资治通鉴》主要负责唐史及五代史丛目的长编工作，对唐代历史至为熟悉，这为他全面评价唐代政治得失提供了良好条件。当然，或许是因为《资治通鉴》的体例所限，或是自己与司马光在对唐代具体的历史事件和人物的评价上还存在某种差异，故在《资治通鉴》完成之后，范祖禹又另撰《唐鉴》，通过总结唐朝兴衰的经验教训，来阐发自己的史学思想和政治抱负。

是书成于元祐元年（1086），合编年与史论为一体，先述一史事，再以"臣祖禹曰"的方式评论，阐述自己的见解。内容涉及唐代十四世二十位君主的全过程，而以太宗、玄宗、德宗三朝为重。其史料虽与《资治通鉴》同源，但多经节录或改写，而以借史明义为务："谨采唐得失之迹，善恶之效……唐之事虽不能遍举，而大略可睹矣。"① 当时书成，即为人所重，孙觌《读〈唐鉴〉》云："日诵数百言，无婴鳞犯雷霆之怒，而有陈善闭邪之实矣。"② 程颐对《唐鉴》也是爱不释手，"几案间无他书，惟印行《唐鉴》一部"，称赞："近方见此书，自三代以后，无此议论。"③ 南宋高宗对侍讲曰："读《资治通鉴》，知司马光有宰相度量；读《唐鉴》，知范祖禹有台谏手段。"④ 元修《宋史·范祖禹传》云："《唐鉴》深明唐三百年治乱，学者尊之，目为'唐鉴公'云。"⑤ 是书对后世影响亦颇深远，清李慈铭《越缦堂读书记》记清仁宗语："范祖禹所著《唐鉴》一书，胪叙一代事迹，考镜得失，其立论颇有裨于治道。"⑥ 并令馆臣仿其体例，辑成《明鉴》。但因元祐党禁，《唐鉴》曾在宋徽宗

---

① （宋）范祖禹：《〈唐鉴〉序》，见《唐鉴》卷首，宋刻本。

② （宋）孙觌：《鸿庆居士集》卷三三《读〈唐鉴〉》，文渊阁《四库全书》本。

③ （宋）晁说之：《晁氏客语》，文渊阁《四库全书》本。

④ （宋）张端义：《贵耳集》卷上，文渊阁《四库全书》本。

⑤ （元）脱脱等：《宋史》卷三三七《范镇传》附，北京：中华书局，1977年，第10800页。

⑥ （清）李慈铭：《越缦堂读书记》三，北京：商务印书馆，1959年，第387页。

初年被列为禁书。南宋高宗时才又重新得到朝廷认可。后吕祖谦将《唐鉴》加以音注，为二十四卷，对原书中的字词音义、典章制度、史实典故等多有所发明。

吕注《唐鉴》二十四卷本流传甚广，然其初刻十二卷本，却世所罕见。兹本仍保留《唐鉴》初刻面貌，据书中避讳至"慎"字，可推知刻于南宋孝宗时期。全书十二卷，每半叶十二行，行二十三字，白口，四周双栏，欧体刻印，版心下方有刻工姓名。末两叶及卷一第四叶为宋纸据明本抄补。书叶钤有"牧民""谦牧堂藏书记""谦牧堂书画记"印，曾为纳兰揆叙收藏。揆叙，字恺功，满洲正黄旗人，康熙时官左都御史，卒谥文端，为清词名家纳兰容若胞弟。纳兰家失势，其藏书悉归内府，《天禄琳琅书目》著录有"谦牧堂藏书记"六字印章者，皆其旧藏。而宋刻《唐鉴》却下落不明。《四库全书》也只收有副都御史黄登贤家藏本吕祖谦音注《唐鉴》二十四卷，可见当时网罗天下书籍，却仍未见到此书之宋刻本。直至 1958 年上海古籍书店重新发现该书，三百年来天壤孤本终得复见。末有杨寿祺 1956 年跋语。杨寿祺（1894—1971），来青阁书庄主人，精于版本之学，与缪荃孙、杨守敬、郑振铎等均有交游往来。其跋于此书版本之源流始末，叙述甚详。今据此本整理影印，以广其传。

《南岳总胜集》三卷，（宋）陈田夫撰，宋刻本

陈田夫，字耕叟，号苍野子，四川阆中人，道士。

南岳历代不乏古志，《太平御览》所引南朝刘宋时徐灵期的《南岳记》（又名《衡山记》），为记述南岳山川的最早专志；《宋史·艺文志》著录有卢鸿《衡山记》、钱景衎《南岳胜概》，诸书皆佚而不传，惟唐道士李仲昭撰《南岳小录》一卷，收入《四库全书》。陈田夫有感于前书"皆近代好事者编集，疏略何

多"，故而"删其重复，补其阙略"，撰成《南岳总胜集》。他曾
"居南岳衡山紫盖峰下，往来七十二峰之间三十余年，心有所
慕，不倦求访前古异人高僧巢居穴处、灵踪秘迹，考其事而纪
之。所历滋多，所获亦广，遂积而成编，名曰《南岳总胜集》。
凡岳山之邃隐，与夫观寺之始末，古今之题咏，有关于胜趣者，
靡不毕录"①。真可谓一方形胜正典！惜此书撰成后，流传甚少。
《宋史·艺文志》不见著录，《郡斋读书志》虽记"《南岳总胜
集》三卷"，但不著撰人姓名。明天启年间成书的《道藏目录详
注》卷二"洞玄部"记"《南岳总胜集》一卷"，《国史经籍志》
从之。晚清丁氏兄弟《八千卷楼书目》卷八史部载"《南岳总胜
集》三卷，宋陈田夫撰，刊本"。清乾隆时《四库全书》未曾收
入，至嘉庆时阮元撰《四库未收书目提要》，载《南岳总胜集》
三卷，为"明人影宋本依样过录"②。同时孙星衍《孙氏祠堂书
目》亦载有影宋写本三卷。

　　《南岳总胜集》今存有宋刻本，全书分上中下三卷，上卷叙
七十二峰灵迹、洞天福地、历代帝王；中卷叙寺观、岳产珍木杂
药山果、奇花异草、灵禽异兽；下卷叙唐宋异人高僧并隐逸之
士，计四十余类、五万余言，详略取舍有致。书中所记山水灵
胜、佛道沿革，颇为详备。尤其所载道教方面的资料，勾勒出了
汉晋时期道教开山南岳、隋唐渐微、宋时复兴的发展脉络，特别
是南宋时期，北地沦失，五岳独存南岳，故而南岳道教盛极一
时，呈现出"千杉翠拥、万瓦烟生"之盛景。除了大量的道教
资料外，作者还认为此前南岳各书"僧作寻胜，则道家之事削
而不言；道作证胜，则僧舍之境阙而不书"，遂于集中"不问观

---

　　① （宋）陈田夫：《〈南岳总胜集〉序》，见《南岳总胜集》卷首，宋刻本。
　　② （清）阮元：《四库未收书目提要》卷二《南岳总胜集》提要，扫叶山房石
印本。

寺，皆考废兴"。① 因此该书虽侧重记录南岳仙道之事，但于佛寺僧舍、高僧儒士等均有记载，虽简要，但作者能不囿于道士身份而兼收并蓄，亦属难能可贵。也正是因此，阮元在《四库未收书目提要》中评价该书"征引博而叙述简，深有体要"②，堪称山水志的上乘之作。今据宋刻本影印整理。

《蜀汉本末》三卷，（元）赵居信撰，元至正十一年建宁路建安书院刻本

赵居信，生卒年不详，字季明，号东溪，许州（今河南许昌）人。颖敏过人，日记万言。尝官集贤侍讲，后辞归。元至治中，仕至翰林学士承旨，追封梁国公，谥文简。所著有《经说史评》《蜀汉本末》《理学正宗》《礼经葬制》等。《河南通志》卷六五有传。

是书撰著经过及大旨，赵居信自跋曰："至元戊子（二十五年，1288）之秋，亡友嵩东何从政彦达始示以子朱子《通鉴纲目》，且谓大义数十，炳如日星"，"居信从而读之，不胜叹服，遂述《蜀汉本末》论，以见钦赞之意。岁辛卯（二十八年，1291），集诸儒精义于柏林书院，欲缀鄙论于纸尾，竟以元稿不存而止。延祐甲寅（元年，1314），乡丈人竹轩先生曹彦谦子和之子琛，出是篇于厥家，乃其父手书者"，"今再序编摩之，始复得合而成之"。可知赵氏编纂此书，始于至元二十五年（1288），成书于延祐元年（1314），前后长达二十六年。

此书宗《资治通鉴纲目》之说，以蜀为正统，首列汉帝世

---

① （宋）陈田夫：《〈南岳总胜集〉序》，见《南岳总胜集》卷首，宋刻本。
② （清）阮元：《四库未收书目提要》卷二《南岳总胜集》提要，扫叶山房石印本。

次，次《汉帝世系之图》，后为正文，末有总论一篇。所论起自桓帝延熹四年（161）昭烈之生，终至晋泰始七年（271）后主之亡。明儒方孝孺《逊志斋集》卷一二《蜀汉本末序》论之甚详，云："及子朱子出而笔削《纲目》之书，然后有以合乎天道而当乎人心，正统尊而僭乱诎，有功于人极甚大。近世信都赵氏复因之，而取自昭烈之生，至于帝禅之亡，若千年之事，广其未备之文，参其至当之论，别为一书，曰《蜀汉本末》。贤君良辅之谋谟，忠臣孝子之气节，断断乎其可征，而朱子《纲目》之旨，至是愈白于后世。"清儒朱彝尊《曝书亭集》卷四五《书元赵居信〈蜀汉本末〉后》亦论云："明乎陈寿不忘蜀汉之本心，而后可更作蜀汉之史。若信都赵氏《蜀汉本末》一书，其持论谓寿进曹魏于正统，抑昭烈为僭国，视之与孙权同科，是于《三国志》未尝絜其长短，测其用意之深，徒因《纲目》书法而作者也。试取寿之书法，一一表出之，则不予魏以正统，昭烈非僭国，蜀与孙权殊科，灼然见矣。"清四库馆臣则认为"是书所取议论，不出胡寅、尹起莘诸人之内，所取事迹则载于《三国志》者尚十不及五，特于《资治通鉴纲目》中断取数卷，略为点窜字句耳，不足当著书之目也"①，故将其著录于存目。

此书之刊刻，建宁路建安书院山长黄君复至正辛卯（十一年，1351）所作之跋述之甚详。其文称："汉始于高帝，中兴于光武"，"东溪赵先生《蜀汉本末》之编，而公论愈明，是则《本末》当与《纲目》并行于世。岁己丑（九年，1349），先生之嗣子总管赵公来守建郡，出是书以示学者，可谓善继志矣。君复伏读敬叹，因请寿诸梓，以广其传，使后之览者知正统之有

---

① （清）永瑢等：《四库全书总目》卷五〇《蜀汉本末》提要，北京：中华书局，1965年，第454页。

在，其于世道岂小补哉"。卷末末行且镌有"建安詹璟刊"字样。是此书为元至正十一年（1351）刻于建宁路建安书院。

此本今传，每半叶十行，行十九字，黑口，左右双边，并钤有"汪士钟读书""三十五峰园主人""艺芸书舍""平阳汪氏""开卷一乐""恬裕斋镜之氏珍藏""铁琴铜剑楼""良士眼福""瞿秉沂印""虞山瞿绍基藏书之印"等印，颇为珍贵，故《铁琴铜剑楼藏书目录》谓为"元刻致佳本也"。今即据此本影印整理。

《扬子法言》，（汉）扬雄撰，宋淳熙八年唐仲友台州公使库刻本

扬雄生平事迹，见前《輏轩使者绝代语释别国方言》条。

《法言》是扬雄继《太玄》之后的又一部传世名作，为语录体散文著作，仿《论语》而撰成。自汉武帝罢黜百家、表彰六经以来，儒家学说成为主导思想。自昭帝始元六年（前81）盐铁会议和宣帝甘露三年（前51）的石渠阁会议后，读经俨然成为士人获取官禄的重要途径。至汉元帝、成帝时期，今文经学及阴阳谶纬之学盛行，"古者之学耕且养，三年通一经。今之学也，非独为之华藻也，又从而绣其鞶帨"（《法言·寡见》）。"其文是也，其质非也""羊质而虎皮"（《法言·吾子》）的伪圣假儒比比皆是。对此种现象，扬雄深恶痛绝，认为现行传记对儒家经典的阐述严重失实，而借巫祝法术的方式来宣扬儒家思想，尤为荒谬。面对儒学的名存实亡，扬雄"窃自比于孟子"（《法言·吾子》），要廓清儒学传播、发展道路中的障碍，从而复见儒家经典的真正内涵，阐明孔学圣道的基本精神。

《法言》的最早著录当见于《汉书·艺文志》"诸子略"儒家类："扬雄所序三十八篇。《太玄》十九，《法言》十三，《乐》四，

《箴》二。"《隋书·经籍志》以下，历代书目皆有著录。据张兵《扬雄〈法言〉的版本与流传》①，历史上《法言》的版本主要有两个系统：其一，十卷本，始于北宋宋咸，合《吾子》《修身》为一卷，合《问明》《寡见》为一卷，合《五百》《先知》为一卷，共十卷，将每篇小序置于卷首。其二，十三卷本，以李轨注《扬子法言》为代表，以一篇为一卷，共十三卷。此系统特点有二：一是十三小序在书后，二是序后附《法言音义》一卷。

兹本宋淳熙八年（1181）唐仲友刻于台州公使库，题名《扬子法言》，十三卷，附《法言音义》一卷，为晋李轨，唐柳宗元，宋宋咸、宋吴秘、司马光五臣注本。唐仲友，字与政，金华人。绍兴年间进士，复中宏词科，累官判建康府，后转知台州。著有《六经解》《诸史经义》《群书新录》三百余卷，文集四十卷。自汉至北宋，为《法言》作注的有汉侯芭、吴宋衷、晋李轨、隋辛德源、唐柳宗元、宋宋咸、吴秘等。这些注本大多亡佚，至司马光时，仅存李轨、柳宗元、宋咸、吴秘四家。司马光将其衰合而成"五臣集注"本，此本即其最早刻本。是本每半叶八行，行十六字，小字双行，行二十四字，白口，左右双栏。版心下方有刻工姓名。卷前有景祐四年（1037）宋咸《进书表》及序、司马光序、唐仲友后序。据书中避讳、刻工姓名及唐仲友后序，可推定其为南宋孝宗时期刊刻，地点则在浙江台州。是书钤有"五福五代堂古稀天子宝""八征耄念之宝""太上皇帝之宝""乾隆御鉴之宝""天禄琳琅""天禄继鉴""事亲之暇""诗礼传家"诸印，可知其原为清宫旧藏，在《天禄琳琅书目后编》里有著录，但被鉴定为大字麻沙本，误。是书为海

---

① 张兵：《扬雄〈法言〉的版本与流传》，《古籍整理研究学刊》2004 年第 4 期。

内孤本，今藏于辽宁省图书馆，1988 年巴蜀书社曾影印出版，2009 年入选第二批《国家珍贵古籍保护名录》。

据李致忠《辽宁省图书馆发现宋台州公使库刻本〈扬子法言〉》① 考证，北宋皇祐二年（1050），国子监接受司马光建议将《荀子》《扬子》《文中子》校正后下杭州镂版，并于熙宁元年（1068）刻成，即北宋国子监刻本。靖康之变后，北宋官藏图籍及板片等为金所掠。南宋时搜求北宋旧刻传北者借以重刊。在此背景下，孝宗淳熙八年（1181）唐仲友在浙江台州重刻《荀子》《扬子》《文中子》，以熙宁本为祖本，在版式规制等方面仍袭其故，故而此"台州本三子"历来为藏书家和版本家珍重。属于"十三卷"系统版本的《法言》，著名的版本还有北宋治平二年国子监刻李轨注《扬子法言》本、清嘉庆二十四年秦氏石研斋影宋刻本。后世影印刊刻多以秦氏石研斋本为底本，而淳熙八年唐仲友台州公使库原刻本反而流传不广，兹据整理，以广其传。

《诸葛孔明心书》一卷，（蜀汉）诸葛亮撰，明正德十二年韩袭芳铜活字本

诸葛亮（181—234），字孔明，琅邪阳都（今山东沂南）人，三国时期蜀汉丞相，辅佐刘备、刘禅两代君主。建兴十二年（234）八月，病逝于五丈原，卒年五十四，追谥为忠武侯，后世尊为武侯或诸葛武侯。陈寿《三国志·蜀志》有传。

该书题名不一，在各种不同的公私目录中，除题作《心书》外，又作《将苑》或《新书》。如《子略》《遂初堂书目》《玉

---

① 李致忠：《辽宁省图书馆发现宋台州公使库刻本〈扬子法言〉》，《收藏家》2012 年第 5 期。

海》《宋史》等题作《将苑》，而《说郛》作《新书》，《千顷堂书目》卷一五又作《诸葛孔明心书》。除题名不同外，该书真伪亦为历代学者所争议。明王士骐和清张澍认为该书系孔明所作，因而将其作为兵法编入《诸葛亮集》。但也有相反的看法，清初姚际恒《古今伪书考》明确指出"称诸葛亮撰，伪也"。《四库全书总目》亦断其为伪，认为"此书诸家不著录，至尤袤《遂初堂书目》乃载其名，亦称亮撰，盖伪书之晚出者"，并指出"宋以来兵家之书多托于亮，明以来术数之书多托于刘基，委巷之谈，均无足与深辨耳"，其内容"大都窃取孙子书，而附以迂陋之言，至不足道，盖妄人所伪作"。①

《心书》虽疑为伪书，但它并非"迂陋之言，至不足道"，若细考究，《心书》仍不失为一部侧重于心战、专论为将之道的精彩兵书，故自宋以来行世既久，流传亦广。明高儒《百川书志》卷一二"卧龙文集"条谓《将苑》"行世久矣"，李梦阳《空同集》卷五〇《诸葛孔明文集序》亦言"将权之《北狄》五十篇，世布之矣，称《将苑》，一曰《心书》"，可见一斑。全书分"兵机""逐恶""知人性""将才""将器"等，共五十篇，五千余言，一篇一题，言简意赅。相比于《孙子兵法》，《诸葛孔明心书》虽为兵书，但更多地体现出儒家思想。如在《将才》篇中，作者把将领划分为仁、义、礼、智、信五种，将儒家"五常"观念融入兵书之中，有别于《孙子》中的智、信、仁、勇、严。此外，在有的地方，《心书》较《孙子》论述更详，如《孙子兵法·行军》论水战，仅言"客绝水而来，勿迎之于水内，令半渡而击之"，非常简单。而《心书·战道》论水

---

① （清）永瑢等：《四库全书总目》卷一〇〇《心书》提要，北京：中华书局，1965年，第841页。

战，则曰"水战之道，利在舟楫。练习士卒以乘之，多张旗帜以惑之，严弓弩以中之，持短兵以棹之，设坚棚以卫之，顺其流而击之"，具体指出了水战之法，具有更强的指导性。《心书》在内容上，还有一点需特别指出，即该书"东夷""南蛮""西戎""北狄"诸篇，尤以"北狄"为详，不仅简述了北狄之性情，且以汉代为鉴，指出汉代面临北狄侵扰，不得已守边的三大原因。而对于守边之道，作者则言："拣良将而任之，训锐士以御之，广营田而实之，设烽堠而待之，候其虚而乘之，因其衰而取之，则所谓资不费而寇其除矣，人不疲而虏自宽矣。"明时北部鞑靼不断南侵，边患严峻，结合这一历史，就不难理解为何此书在明代会呈现出"行世久矣""世布之矣"备受欢迎的情况了。

　　是书今存有明正德十二年韩袭芳铜活字本，卷首有正德十二年丁丑夏四月韩袭芳《题武侯心书前》（按，韩袭芳为浙江庆元县教谕）。据韩序，其"任江右宁都，寇变不测，得此书助其筹划，收效良多"，故而用活套书板翻印。韩序后有成化癸卯（1483）鲁敏序（按，据韩序，鲁敏为尚膳太监）。书末有成化乙巳正月商良臣后序（按，商良臣，浙江淳安人，状元商辂之子，《明史》载其为成化初进士，官翰林侍讲）。书中多有批校。卷端有"言言斋善本图书"印，并书中多处钤有"吴兴周越然藏书之印""周越然"印，知其曾为周越然所藏。周越然（1885—1946），浙江吴兴人，字之彦，南社社员，其藏书楼名"言言斋"。著有《言言斋西书丛谈》《言言斋古籍丛谈》等。今据此本影印整理。

《长短经》九卷，（唐）赵蕤撰，南宋初年杭州净戒院刻本

赵蕤，字太宾，梓州盐亭（今属四川）人，相传为西汉《易》学家赵宾后裔。史载赵蕤"好学不仕，著书属文，隐于梓州长平山"①。"博学韬钤，长于经世，夫妇俱有隐操。"② 蕤习术数之学、纵横之论，李白尝就学焉，盐亭县有濯笔溪，相传即李白从蕤习书处。开元中，益州长史（一作广汉太守）苏颋将赵蕤、李白一起向朝廷推荐，有"赵蕤术数，李白文章"之称。玄宗征召之，蕤屡辞不赴。著有《长短经》九卷、《关子明易传》一卷，俱存。

《长短经》又名《长短要术》《长短文经》，主述王霸之道，"大旨在乎宁固根蒂，革易时弊，兴亡治乱"③。刘向《战国策序》称《战国策》"或题曰《长短经》"，纵横家又称"长短术"。赵氏此书辨析事势，其渊源出于纵横家，故以《长短经》命名。书成于唐开元四年（716）。在自序中，作者表明了自己的著述宗旨："故古之理者其政有三：王者之政化之，霸者之政威之，强国之政胁之。各有所施，不可易也。"他认为治道有三种，一是"王道"，即实行儒家的仁义之政教化天下，即孔子所谓"导之以德，齐之以礼"；二是"霸道"，即齐桓晋文以法令为导向、以强权为手段治国，亦即孔子所谓"导之以政，齐之以刑"；三是"强国"，即苏秦、张仪"合纵连横"和秦始皇"挥师扫六合"，以武力解决问题。他认为治世应当审时度势，慎用经权，否则就将"王霸皆误"。他深恐"儒者溺于所闻，不

① （明）曹学佺：《蜀中广记》卷四四《人物记》第四，文渊阁《四库全书》本。
② （明）曹学佺：《蜀中广记》卷九四《著作记》第四，文渊阁《四库全书》本。
③ （唐）赵蕤：《长短经》卷首《〈长短经〉序》，南宋初年杭州净戒院刻本。

知王霸殊略，故叙以长短术，以经论通变者，创立题目……名曰《长短经》……为沿袭之远图，作经济之至道"①。也就是说，在治国方略上，他主张因时制宜，不拘一格，但最终目的是革除时弊，实现天下大治。

作者自序其书"总六十有三篇，合为十卷，名曰《长短经》"，但衢州本《郡斋读书志》即记载"第十卷载阴谋家，本缺，今存者六十四篇"。《新唐书·艺文志》与晁公武《郡斋读书志》著录卷数相同。后佚一卷，但反多一篇为六十四篇，四库馆臣解释说："所存实为篇六十有四，疑蕤序或传写之讹也。"②《文献通考》《蜀中广记》等虽著录为十卷，但仍将《郡斋读书志》所言第十卷缺作为注语。《崇文总目辑释》言"蕤有《长短经》十卷，今存九卷"。《八千卷楼书目》则直接著录为九卷。全书今存九卷，按"文""霸纪""权议""杂说""兵权"分为五类，凡六十四篇，"论王霸机权，正变长短之术"。从篇章结构看，"文"讲文治为"王道"，"霸纪"讲武力为霸道，"权议""杂说"讲权谋类于纵横术，"兵权"是军事谋略。思想内容上提倡"道、德、仁、义、礼"核心价值，以为"欲宣其志则立其称，故称之曰道、德、仁、义、礼、智、信"③，"道、德、仁、义定而天下正"④，糅合儒、道、兵、法、纵横诸家思想于一炉，涉及知人、论士、政体、君德、臣行、图霸、兵谋等，集王霸谋略于一体，成一部文韬武略的谋略全书。读之可以古为镜，鉴往知来，被尊为"小《资治通鉴》"。其纵论古今

---

① （唐）赵蕤：《长短经》卷四《〈长短经〉序》，南宋初年杭州净戒院刻本。
② （清）永瑢等：《四库全书总目》卷一一七《长短经》提要，北京：中华书局，1965年，第1011页。
③ （唐）赵蕤：《长短经》卷八《定名》，南宋初年杭州净戒院刻本。
④ （唐）赵蕤：《长短经》卷一《量才》，南宋初年杭州净戒院刻本。

成败得失、人物贤愚忠奸，主因时制变，量材受职，其间虽"不免为事功之学"，然大旨主于实用，非"策士诡谲之谋"；且依据"六经"，折中孔、孟，"其言固不悖于儒者"。其尤特出者，乃基于万物相反相成之哲学，善从相反角度考察历史，看到历代统治者依据兴衰成败的史实而总结制定的治国安邦法规，不管起初用意多好，制度多密，在实施过程中总难免产生负面作用。该书视角独特，利用反向思维总结历史规律，提起警示，故亦被称为"反经"。篇中注文颇详，广集诸子百家之说，叙历代更迭史实，其整体框架以谋略为经，史事为纬，交错纵横，蔚然成章。由于所引资料遍及经、史、子、集，明抄暗引先秦至唐朝书百余种，故成为《艺文类聚》《通典》《初学记》等书外又一古代文献辑佚之渊薮。

今所存南宋初年杭州净戒院刻本《长短经》，每半叶十一行，行十八至二十一字不等，小字双行二十七至三十三字不等，白口，左右双边。书衣有乾隆十八年（1753）翰林院编修励守谦献家藏《长短经》一部八册之戳印，而《四库全书总目》记有"《长短经》九卷，编修励守谦家藏本"，知此本即《四库》之底本。《四库全书总目》载此书久无刊本，"王士正《居易录》记徐乾学尝得宋椠于荏平，此本前有'传是楼'一印，又有'健庵收藏图书'一印，后有'乾学'名印，每卷之末皆题'杭州净戒院新印'七字，犹南宋旧刻本，盖即士正所言之本"。是书卷前有乾隆甲午（三十九年，1774）春御题七言四首并"乾隆御览之宝"印，书叶中钤有"传是楼""健庵收藏图书""徐乾学印""黄金满籯不如一经"诸印，乃徐乾学旧藏，一如馆臣提要所言。然末有洪武丁巳（十年，1377）沈新民识语，《四库全书总目》斥"此跋全剿用晁公武之言，疑书贾伪托"。沈跋后为光绪二十四年（1898）费念慈记自己与汪鸣銮共观书之题记。

此书后为常熟翁氏五世收藏，常熟翁氏是清代著名的藏书世家，其藏书始于清道光、同治时期的翁心存。至翁氏六世翁兴庆（翁万戈）时，家藏古籍善本曾于1949年由上海运往美国纽约。1949年，《长短经》《丁卯集》《施顾注苏东坡诗》等最珍贵的八种宋本编入《常熟翁氏世藏古籍善本丛书》，由文物出版社影印出版。今即据原翁氏所藏南宋初杭州净戒院刻本影印整理。

《唐求诗集》一卷，（唐）唐求撰，宋刻本

唐求，生卒年不详，一作唐球或唐俅，蜀州（今四川崇州）人。唐僖宗乾符中，任蜀州青城县（今都江堰市西南）县令。五代后梁开平元年（907），前蜀主王建遣刺史李行简延请求为参谋，辞不就，至此隐居青城县味江山，自称"味江山人"，人称"唐山人"或"唐隐居"。《唐才子传》卷八、《四川通志》卷三八、《茅亭客话》卷三有传。

唐求勤敏好学，能诗善赋，每有所得，即将稿捻为丸，置于大瓢，或成联、词组，不拘长短，数日后足成之。晚年病重，投瓢于味江，曰："斯文苟不沉没，得之者方知吾苦心尔。"瓢漂至新渠镇味江阙山口，有识者曰："此唐山人诗瓢也。"遂乘小舟捞起。唐求诗稿被水渍损，完好者仅十之二三，后被竞相传诵。《直斋书录解题》《文献通考·经籍考》《蜀中广记》载有《唐求集》一卷。今《全唐诗》录存其诗三十五首、一句，编为一卷。

唐求一生苦吟，刻意求工，其诗善于写景，"气韵清新，每动奇趣，工而不僻，皆达者之词"①，但题材却较为狭窄，多写伤时感事、隐居闲情及羁旅之思。不过从其时世情来看，唐求诗

---

① （元）辛文房：《唐才子传》卷八《隐逸》，文渊阁《四库全书》本。

中所蕴含的对尘世生活的厌倦与批判，则远远超越了一般山水诗的审美价值，具有隐士诗的独特魅力。明人吕潜就非常赞赏唐求其人其诗，所著《唐山人诗序》云："盖山人生唐末，不屈志权帅，亮节高风，可干霄汉，故其寄之于诗，精灵炳朗，不受销沉，有如斯也。今读其诗，仅三十余首，苍劲闲逸，犹可想见其人。"①

是集今传版本有宋刻本。此本每半叶十行，行十八字，白口，左右双边，前有黄丕烈跋，并钤有"季振宜藏书""季振宜字诜兮号沧苇""士礼居""尧夫""广圻审定""汪士钟印""阆源真赏""杨以增藏""至堂""四经四史之斋""宋存书室""杨绍和鉴定""彦合读书""杨承训印""聊城杨承训鉴藏书画印""周暹"等印，足见递藏之经过。今即据此本影印整理。

《嘉祐集》十五卷，（宋）苏洵撰，宋刻本

苏洵（1009—1066），字明允，号老泉，眉州眉山（今四川眉山）人。与子轼、辙合称"三苏"，亦为"唐宋八大家"之一。嘉祐元年（1056）偕二子轼、辙赴京，谒翰林学士欧阳修，修见其文，目为荀子再世，谓"后来文章当属此人"，并上书朝廷甄用。二年，轼、辙同中进士，"一日父子隐然名动京师，而苏氏文章遂擅天下"。"一时后生学者皆尊其贤，学其文，以为师法。"五年，应宰相韩琦举荐，任试秘书省校书郎。次年，迁霸州文安县（今属安徽）主簿，与陈州项城县（今属河南）县令姚辟同修《太常因革礼》，书成未几，病卒，年五十八岁。著有《太常因革礼》一百卷（与姚辟合编）、《谥法》三卷、《易

---

① （清）黄廷桂等修，张晋生等纂：《四川通志》卷四七，文渊阁《四库全书》本。

传》十卷（未完稿）、《皇祐谥录》二十卷、文集二十卷。《宋史》卷四四三有传。

苏洵工古文，少作诗，据欧阳修《故霸州文安县主簿苏君墓志铭》、曾巩《苏明允哀词》、张方平《文安先生墓表》及元修《宋史》本传所云，苏洵有文集二十卷行世。不过其集最初并未有专有题名，至晁公武《郡斋读书志》始称"苏明允《嘉祐集》十五卷"后，苏洵集才冠此名。之后，因其声名极高，文集屡经付梓，题名、卷数遂各有不同，著录亦因而互异。

今所传《嘉祐集》有二十卷、十五卷、十六卷、十四卷、十三卷等不同版本，收诗四十余首、文近百篇。其文"杂出于荀卿、孟轲及《战国策》诸家"①，凌厉奇峻，纵横捭阖，"以雄迈之气，坚老之笔，而发为汪洋恣肆之文。上之究极天人，次之修明经术，而其于国家盛衰之故，尤往往淋漓感慨于翰墨间"②。故欧阳修论其文"博辩宏伟"，"纵横上下，出入驰骤，必造于深微而后止"。③ 曾巩亦评其文："少或百字，多或千言，其指事析理，引物托喻，侈能尽之约，远能见之近，大能使之微，小能使之著，烦能不乱，肆能不流。其雄壮俊伟，若决江河而下也。其辉光明白，若引星辰而上也。"④ 可见苏洵乃吸众家之长，养自家之体，从而"能驰骋于孟刘贾董之间而自成一家者也"⑤。其诗，多五七言古诗及四言诗，近体亦佳，以古朴见长，正如叶梦得《避暑录话》称："明允诗不多见，然精深有

① （明）茅坤：《唐宋八大家文钞·老泉文钞引》，文渊阁《四库全书》本。
② （清）邵仁泓：《〈嘉祐集〉序》，见《嘉祐集》卷首，文渊阁《四库全书》本。
③ （宋）欧阳修：《老苏先生墓志铭》，见《嘉祐集》附录卷上，文渊阁《四库全书》本。
④ （宋）曾巩：《老苏先生哀词》，见《嘉祐集》附录卷上，文渊阁《四库全书》本。
⑤ （清）邵仁泓：《〈嘉祐集〉序》，见《嘉祐集》卷首，文渊阁《四库全书》本。

味，语不徒发，正类其文。"

今存宋蜀刻小字本十五卷《嘉祐集》，每半叶十四行，行二十五字，白口，单黑鱼尾，左右双栏，有朱笔批读痕迹，为海内孤本。版心有工信、纯夫等刻工姓名，书叶钤有"汉卿珍藏""徐健庵""乾学""怀璞""臣瑾""杨武""金弘烈印""丕烈""莬夫""汪士钟印""阆源真赏""松年""崔侨读过""尺月楼""昌遂"诸印，可见其曾为清徐乾学、黄丕烈、汪士钟、于昌遂等著名藏书家所递藏。今存本目录第三叶前缺，卷一五第六叶以下缺，甚为可惜。目录后有"同治十一年二月乙卯朔苏观后"识语。卷末有黄丕烈跋二篇，称该书"刻本之精，印本之爽，在宋本中可为稀有"。

20世纪80年代，中华书局与国家图书馆和全国各大图书馆善本部合作，以宋元旧刻珍本及海外孤本古籍为搜寻重点，辑为《古逸丛书三编》，宋蜀刻本《嘉祐集》十五卷即被收入其中。后四川大学古籍整理研究所编纂《宋集珍本丛刊》时，亦选择此本《嘉祐集》十五卷，并撰有提要，认为"尽管该本非出北宋，然与晁、陈二录所载卷帙相合，当为南宋早期刻本，实海内孤绝，弥足珍贵"。今据此本整理重印。

《唐先生文集》二十卷，（宋）唐庚撰，宋刻本

唐庚（1071—1121），字子西，人称鲁国先生，眉州丹棱（今四川丹棱）人。哲宗绍圣元年（1094）举进士，调利州治狱掾，除知阆中县，徽宗时迁宗子博士。以张商英荐，授提举京畿常平。商英罢相，坐贬惠州。后遇赦北还，复官承议郎，提举上清太平宫。归蜀，病卒于道，年五十一岁。著有《三国杂事》《斗茶记》《唐子西文录》《唐子西集》等。《宋史》卷四四三有传。

唐庚通世务，工诗文，是北宋末年蜀籍文人中诗文成就最高者，时有"小东坡"之称。其自言为文当学司马迁，为诗当学杜甫。今观其所作，虽不逮所言，然其文长于议论而庄重缜密，其诗刻意锻炼而不失气格。其弟唐庾《唐眉山文集序》赞曰："予兄子西自龆龀学为文，出言已惊人，如赋《明妃曲》《题醉仙崖》什、《上任德翁序》之类，时年方十四五，老师匠手见之，无不褫魄落胆。及入官以来，所著愈多；至被谪南迁，其文益工。"郑总《唐眉山先生文集序》亦评价曰："其文实与道俱，观其文，则其为人不论可知。属意遣词，必存药石之道，或以箴世，或以自明，体高而妙，词严以精。"故《四库全书总目》总结说："刘夷叔称其工于属对，缘此遂无古意。胡仔《苕溪渔隐丛话》则称其佳句不可胜举。黄彻《䂬溪诗话》则称其巧于用事。三家之评，各明一义，而均得其实。"①

唐庚所作诗文"随作随散，不复留稿"，故生前未自编其集，传世之集乃后人所编。庚集宋时刊有多本，据宣和四年（1122）五月郑总《唐眉山先生文集序》曰："太学之士得其文，甲乙相传，爱而录之。爱之多而不胜录也，鬻书之家遂丐其本而刻焉。"是为京师开封书坊刊本。此本只收作者晚年诗文，不收少作，文凡四十五篇，诗赋一百八十五首，前附郑总序，未记卷数。郑总作序之次月，唐庚对京师书坊刊本补阙纠谬，另刊其本，序曰："比见京师刊行者，止载岭外所述，多舛谬，失真害理，恐误学者观省，而不能以传诸永久。因并取其少年时所为文，随卷附之，庶以广其传云。"是为唐庚刊本。又此本既称"随卷附之"，似当以京师书坊刊本为基础，不另增卷数。至绍

---

① （清）永瑢等：《四库全书总目》卷一五五《唐子西集》提要，北京：中华书局，1965年，第1342页。

兴二十一年（1151），权发遣惠州军州事郑康佐再刊此集，跋曰："康佐承乏惠阳，暇日阅寓公集，盖东坡先生与唐公谪居时著述也，唐公之文凡十有二首，诗赋一百十有一首，与先君所传颇有重复。既而进士葛彭年以所藏闽本相示，文凡五十六首，诗赋二百八十七首，较之所见稍加多矣，而篇秩殽乱，句读舛谬不可辨。未几又得蜀本于归善令张匦躬之家，文凡一百四十二首，诗赋三百有十首，较之闽本益加多矣，而增损甚少，可以取正。康佐以郡事倥偬，遂属教授王维则雠校，旁援博取，凡所辨正，悉有据依，而唐公之文遂为全篇。因其名类，勒为三十卷，命刻板摹之。"是为郑康佐惠州刊本。此本取校诸本，收录大备，又附郑康佐跋，似最为完善。

由于宋时唐庚文集刊本颇多，故宋人著录亦不统一，或为五卷，或为十卷，或为十五卷，或为二十卷，或为二十二卷，卷次多寡不一，颇为纷繁复杂。而今传世之本，又有二十卷、三十卷、二十四卷、七卷之别。其中二十卷与三十卷本，卷数虽相差甚多，但编次略同，所收诗文无异，盖二者相互有所因承。七卷本则仅载诗赋而无杂文，当非全帙。而二十四卷本，为诗十卷、文十四卷，乃由二十卷和三十卷本派生而来。

今所存宋刻二十卷本《唐先生文集》，每半叶十一行，行二十字，无鱼尾，白口，左右双栏。书前有宣和四年五月友人郑总序、宣和四年六月其弟唐庚序、宣和四年八月吕荣义序。有目录，版心下方有刻工姓名。内有十六叶半缺损抄配。卷一四《宿审田铺附三陈书岩》有目无文。书中文字避徽宗、高宗名讳，故推测其当为南宋初年刻本。书叶钤有"季振宜藏书""扬州季氏""沧苇""谦牧堂藏书记""潘祖荫藏书记""祁阳陈恺中藏书记"等印。季振宜，字诜兮，号沧苇，明末清初著名藏书家、版本学家。纳兰揆叙，字凯功，满洲正黄旗人，明珠之子，纳兰容若胞弟，"谦牧"为其堂号。潘祖荫，字在钟，小字凤笙，号伯寅，咸丰二年（1852）探花，光绪时官至工部尚书，辑有《滂喜斋丛书》。据钤印可大致勾勒出此书自清以来的递藏情况。

目前影印出版的《唐先生文集》主要有四种版本：一是《四库全书》本，以清王亮采南陵草堂雍正三年活字本《唐眉山诗集》十卷《文集》十四卷为底本。二是《四部丛刊三编》所收《眉山唐先生文集》三十卷，底本为龚氏大通楼藏旧抄本，这也是流传较广的版本，此本在一定程度上保留了宋本原貌，但抄写间有脱讹之处，亦多俗字、异体字。卷末有张元济《校勘记》。与宋刻原本相比，许多作者自注文字都没能反映出来。三是《国立北平图书馆甲库善本丛书》所收《唐先生文集》二十卷，为清抄本。四是《北京图书馆藏古籍珍本丛刊》和《中华再造善本》所收今国家图书馆藏宋刻本《唐先生文集》二十卷，最大限度地保留了宋本的原貌。今即据宋刻本整理重印。

《道园遗稿》六卷，（元）虞集撰，元至正十四年金伯祥刻本

虞集（1272—1348），字伯生，号道园，世称邵庵先生，宋丞相虞允文五世孙。据赵汸《邵庵先生虞公行状》和欧阳玄《虞雍公神道碑》记载，虞家先祖最早可追溯至唐初虞世南，虞世南逝后陪葬昭陵，子孙遂为雍人。至唐僖宗中和年间，虞殷官蜀地，又迁为蜀人。父汲，曾为黄冈尉，宋亡后携家迁居临川崇仁（今属江西）。元大德初年，虞集始至京师，以大臣荐授大都路儒学教授，历官国子助教、太常博士、集贤修撰、翰林待制兼国史院编修、翰林直学士兼国子祭酒。奉旨采辑典故，仿唐宋《会要》，与修《经世大典》，卒谥文靖。有《道园学古录》、

《道园类稿》、《道园遗稿》、《伯生诗续篇》（又名《伯生诗后》）、《翰林珠玉》等集存世。《元史》卷一八一有传。

在学问上，虞集与揭傒斯、柳贯、黄溍并称"儒林四杰"，在文学上又与揭傒斯、杨载、范梈并称"元诗四大家"。然而虞集虽"以道学自重，而今所传者，文耳"①。元欧阳玄《雍虞公文序》云："公之临文，承事酬酢，造次天成。……自其外观之，如深山穷林，葱蒨蓊郁，莫测根柢，巨野大泽，汪洋澹泊，不为波涛。试刺其中，则日月之精，凝结岁久，皆成金珠；龙虎之气，变化时至，即为风云。孰能穷其妙也哉！"明瞿佑《归田诗话》载王叔载语："元朝诸人诗，虽以'范杨虞揭'并称，然光芒变化，诸体咸备，当推道园，如宋朝之有坡公也！"清翁方纲《石洲诗话》亦赞曰："入元之代，虽硕儒辈出，而菁华酝酿，合美为难。雍虞靖公，承故相之世家，本草庐之理学，习朝廷之故事，择文章之雅言。盖自北宋欧苏以后，老于文章者，定推此一人，不特与一时文士争长也。"可见，元至清代，虞集的诗文都受到了相当的推崇。

虞集原有《道园学古录》《翰林珠玉》二集行世。其从孙虞堪读先叔祖遗著时，"每虑有所遗落"，于是在南北士夫间广为搜猎，求之累年，得诗七百余首，类聚成编，俱为《学古》《珠玉》二集所无者。又附以《鹤鸣余音》乐府一卷，乃全真冯尊师与虞集所共作《苏武慢》《无俗念》词。冯尊师，本燕赵书生，名号里居未详，其所赋歌曲，高洁雄畅，以《苏武慢》二十篇最著②。虞堪友人吴江金伯祥父子为之刊刻，遂成书。

考历来各书著录《道园遗稿》，大多著录为六卷，如《千顷

---

① （明）杨士奇：《东里续集》卷一八《录虞学士文》，文渊阁《四库全书》本。
② （元）虞集：《道园遗稿》卷六《鸣鹤余音序》，元至正十四年金伯祥刻本。

堂书目》《善本书室藏书志》《八千卷楼书目》《铁琴铜剑楼藏书目录》《皕宋楼藏书志》等。但也有著录为其他卷数的，如《百川书志》言五卷，《续通志》《续文献通考》《补辽金元艺文志》言十六卷。然杨椿序言记虞堪所辑遗稿，"分类编次为六卷，附以乐府，题曰《道园遗稿》"。虞堪，字克用，一字胜伯，号青城山樵。明洪武中曾任云南府学教授，著有《鼓枻稿》一卷、《希澹园诗》三卷。杨椿，字子寿，四川眉山人，后徙居吴中，教授自给。后卒于元末张士诚之乱。杨椿所见六卷本，当为初本。未知五卷本及十六卷本是否为裁剪、合并所得，《拜经楼藏书题跋记》卷五也提出了质疑："十六卷者或并二集数之欤？"

今所存元至正十四年金伯祥刻本，每半叶十一行，行二十字，黑口，左右双栏。书前有元至正二十年金华黄溍序、至正十九年眉山杨椿序，序后为《道园遗稿纲目》，言每卷之内容，类似目录，卷一为古诗四言、古诗五言，卷二为古诗七言、律诗五言，卷三为律诗七言，卷四为绝句五言，卷五为绝句七言，卷六为乐府附《鸣鹤余音》。其中卷五后有元至正十四年虞堪识语。此本《道园遗稿》成书后不久，原版就在短短几年间大量亡缺。至正二十三年（1363），翰林院侍讲刘玄《补刊道园续稿序后》云，金伯祥刊本"岁久版多亡缺，存者仅三之一，模糊间出"。金伯祥初刻本有至正二十年黄溍序，因此初刻本的刊刻时间当在至正二十年至二十三年之间。但是何原因造成了存版的大量亡缺，至今仍未有定论。陆守道早年曾从虞堪游，以其师之故，"方图补刊而易其模糊者"。守道殁，二子继而续成之。陆守道补刊本编次一切悉依原刊，只是各卷书题和黄、杨二序中凡称"遗稿"者，俱改为《续稿》。惜补刊本《道园续稿》未见著录，唯有以补刊本为底本的影元抄本存于世。

元金伯祥刻本之书叶钤有"王闻远印""木犀轩藏书""李盛铎印""声弘""莲泾""金星轺藏书记""文瑞楼""结社溪山""太原叔子藏书记"等印。卷端有傅增湘题记，载民国二年（1913）自己在李盛铎处见到此本，并请借校，其文物文献价值可见一斑。今据此本整理，重印行世。

《花间集》十卷，（五代后蜀）赵崇祚辑，宋绍兴十八年建康郡斋刻本

赵崇祚，生卒年不详，字弘基，一作宏基，里贯不详。事后蜀孟昶，为卫尉少卿，编选有《花间集》十卷。

蜀中之地，古来素称富饶，秦汉倚之以得天下。及文翁化蜀，"蜀学之盛比于齐鲁"，成都渐为人文荟萃之所。东汉以后，天下三分，蜀虽疲惫而犹得其一。降及隋唐，巴蜀与江南同富庶，中央财政依仰之若天府陆海。唐末中原离乱，战火纷飞，藩镇割据，王建镇蜀，颇称安辑。后梁代唐，王建亦称帝于成都，建立蜀国，史称"前蜀"。中因继嗣之君王衍怠于政事，为后唐所灭。后唐西川节度使孟知祥据有三川之地，再次建立蜀国，史称"后蜀"。自公元 907 年至 965 年的近六十年间，中原经历了梁、唐、晋、汉、周五朝更迭，国无宁日，生民涂炭；而蜀中却相对稳定，呈现出社会安宁、文化发达之势。加之唐末大乱之际，世家、宦族投奔蜀土，蜀主多加录用，有的甚至被任为宰相；而文人雅士、歌儿舞女，也怀才抱艺，荟萃于兹。于是声歌曼妙，管弦丝竹，锦江画舫，武担游春，一派升平气象。世事飘缈，以乐以舞；激情洋溢，为诗为词，好事者遂搜集访求，编而成集，《花间集》于是成焉。

《花间集》是我国第一部词录总集，它汇录了中唐以来产生的这种新型文学形式的经典作品。涵盖晚唐五代的温庭筠、皇甫

松、和凝、孙光宪、韦庄、牛峤、毛文锡、牛希济、尹鹗、魏承班、李珣、顾敻、鹿虔扆、阎选、毛熙震、欧阳炯、薛昭蕴、张泌等十八家词人。凡此诸家所作之 "诗客曲子词五百首"，皆予精选录入，"分为十卷"。①

是集前有欧阳炯序，署大蜀广政三年（940）夏四月，是《花间集》为此年编成。此集所收作品，率皆歌舞之场的感性之作，创作形式多以温庭筠之作为范式，内容大都写上层享乐生活、女性体态和闺情离思，词风以浓艳香软为多，间有效法韦庄清俊流利者。宋人晁谦之评之曰："《花间集》十卷，皆唐末才士长短句，情真而调逸，思深而言婉。"② 其为宋词 "婉约体"之鼻祖，不可忽也。

花间词辞藻华丽，音律婉媚，情景交融，优美动人，为我国最早的一部文人词总集。它不仅保存了唐五代珍贵的词学文献，而且在词的体制、风格上亦为后代婉约词派提供了样板，故被词家奉为正宗，在词的发展史上，具有一定的枢纽地位。欧阳炯《花间集序》赞扬赵氏收集编纂之功曰："拾翠洲边，自得羽毛之异；织绡泉底，独殊机杼之功。"《四库全书总目》亦评论曰："诗余体变自唐，而盛行于五代。自宋以后，体制益繁，选录益众。而溯源星宿，当以此集为最古。唐末名家词曲，俱赖以仅存。"③

《花间集》所选十八家词中，除温庭筠、和凝二家外，其余十六家或出仕于蜀，或即为蜀中人士，皆与巴蜀有关。可以说，

---

① （后蜀）欧阳炯：《花间集序》，见《花间集》卷首，宋绍兴十八年建康郡斋刻本。

② （宋）晁谦之：《花间集跋》，见《花间集》卷末，宋绍兴十八年建康郡斋刻本。

③ （清）永瑢等：《四库全书总目》卷一九九《花间集》提要，北京：中华书局，1965年，第1823页。

以成都为中心的蜀地，是"花间词派"的大本营，作为唐五代巴蜀词总汇之《花间集》产生于成都，由此也可见巴蜀文学的高度发展。著名词学大家唐圭璋评论唐宋两代蜀词曾说："宋人黄叔旸选《唐宋诸贤绝妙词选》，以李白为百代词曲之祖。可知词之最初伟大创作家，即为蜀人。而《花间集》共选十八人，五百首词；编者为蜀人，作者亦多为蜀人，更可知唐、五代时西蜀词风之盛。论词以宋为极盛，然蜀人实导其先路。且宋代蜀人之为词者亦众。风流相扇，由来已久。"①在词学这个新兴的文学创作领域，由蜀人管领风骚，似乎是不争的事实。

关于《花间集》的刊刻，据诸家书目著录及现存资料看，最早的刻本是所谓的"建康旧有本"，然此本并未流传下来，现今流传下来的最早宋本是晁谦之用"建康旧有本"为底本校刻的宋绍兴十八年（1148）建康郡斋刻本。此外，南宋还有两个刊本，一是淳熙间用鄂州公文纸背印刷的淳熙鄂州本（此本今存），一是陆游两跋本（此本已佚）。这三个宋本构成了《花间集》的三个版刻系统，后世《花间集》版本几乎都是由此演化而来。其中值得一提的是，明万历八年（1580）茅一禎刻本和万历三十年（1602）玄贤斋刻本。前者后附有《花间集补》，补选了李白等十四人的七十一首词；后者将十卷割裂为十二卷，又将欧阳炯序中"分为十卷"改为"分为十二卷"，并附《补遗》二卷。

此次整理即依据宋绍兴十八年建康郡斋刻本。此本每半叶八行，行十七字，白口，左右双边，前有晁谦之跋。宋刻宋印，书品完好，可谓难得的珍本。

---

① 唐圭璋：《唐宋两代蜀词》，《词学研究论文集》，上海：上海古籍出版社，1988年，第253页。

《才调集》十卷，（五代后蜀）韦縠辑，宋临安府陈宅书籍铺刻本

韦縠，其生卒年、字号、里贯皆未详。少有文藻，相传其于梦中得软罗缬巾，由是才思益进。曾在后蜀任监察御史，迁尚书。尝辑唐人诗为《才调集》，盛行于当世。《十国春秋》卷五六有传。

是集又名《唐名贤才调诗集》《名贤才调集》，系韦縠所辑唐人诗之选集。每卷录诗一百首，凡十卷，共一千首，作者一百八十人，包括自初唐沈佺期至唐末五代的罗隐等人，广涉僧人、妇女及无名氏。然全书编撰体例不严，选录诗人作品不按年代先后编排，随手成编，没有伦次。卷首有韦縠《叙》，述其编纂旨趣及体例曰：“暇日因阅李杜集、元白诗，其间天海混茫，风流挺特，遂采撮奥妙，并诸贤达章句，不可备录，各有编次，或闲窗展卷，或月榭行吟，韵高而桂魄争光，词丽而春色斗美，但贵自乐所好，岂敢垂诸后昆。今纂诸家歌诗总一千首，每一百首成卷，分之为十，目曰《才调集》。”

《才调集》选诗崇尚晚唐温庭筠、李商隐一派，题材偏重别情闺怨。所选各时期诗作，以晚唐为主，中唐次之，盛唐较少，初唐寥寥。所选诗人，盛唐突出李白，中唐推崇白居易、元稹，晚唐尤以温庭筠、韦庄、杜牧、李商隐四家诗最多，可见编者旨趣之所在。然所取作品虽以秾丽蕴藉的闺情诗为多，但题材亦广，尚有宦游、边塞、咏史、怀古、砭时及忧民之作。故明胡震亨评曰：“其所宗者，虽李青莲及元白，而晚唐人诗十居其七八。”①《四库全书总目》亦评之曰：“縠生于五代文敝之际，故

_____

① （明）胡震亨：《唐音癸签》卷三一《集录二》，文渊阁《四库全书》本。

所选取法晚唐，以秾丽宏敞为宗，救粗疏浅弱之习，未为无见。"① 不过其中颇有舛误，然于诸家遗篇，如白居易《江南赠萧十九》、韦庄《岁晏同左生作》等诗二十七首，元稹诗五十七首等，此书则独存其旧，亦足资考证也。

是集今传最早刻本为宋临安府陈宅书籍铺刻本。此本每半叶十行，行十八字，白口，单鱼尾，左右双边，其中卷一，卷二第一、七、十四至十七、十九至二十、二十四后半叶，卷四第十一至十九叶，卷六至卷十配清抄本。钤有"季振宜藏书""汪文琛印""三十五峯园主人""汪士钟印""朱学勤印""修伯秘藏""仁龢朱澄""徐乃昌读"等印，可见其先后递藏之情况。季氏《延令宋版书目》著录此书"宋版抄补，四本"。《百宋一廛赋》"使君之《才调》"黄丕烈注云："每半叶十行，每行十八字。卷二至卷五为宋椠，余抄补。第一卷有'季振宜藏书'一印，合诸《延令书目》，知其即此。"所言即为此本，今据此影印整理。

---

① （清）永瑢等：《四库全书总目》卷一八六《才调集》提要，北京：中华书局，1965 年，第 1691 页。

宋代蜀人《春秋》学
著作叙录（二）

张尚英*

摘 要：此篇为《宋代蜀人〈春秋〉学著作叙录（一）》（已发表在《巴蜀文献》第4辑）的续篇，以题解的形式介绍了赵鹏飞《春秋经筌》、程公说《春秋分记》、魏了翁《春秋左传要义》、李明复《春秋集义》、家铉翁《春秋集传详说》等现存巴蜀《春秋》学著作的作者、内容、得失与版本流传等，以期从文献的角度展现这一时期巴蜀《春秋》学的成就。

关键词：宋代　巴蜀　《春秋》学　专著　题解

《春秋经筌》十六卷，（宋）赵鹏飞撰

赵鹏飞，字企渑，号木讷子，绵州（今四川绵阳）人。宣和六年（1124）进士。著有《诗故》及《春秋经筌》，《诗故》湮没不传。

《春秋经筌》是典型的"舍传求经"之作。赵氏认为自古说

　　* 作者简介：张尚英，生于1976年，四川荣县人，四川大学古籍整理研究所副研究员。主要研究方向：宋代文献、儒学文献及巴蜀文献的整理与研究。

　　此文系国家社会科学基金项目（13CZX039）、四川省哲学社会科学重点研究基地儒学研究中心重点项目（RX14Z03）、国家社会科学基金重大项目《巴蜀全书》（10@ZH005）、四川省重大文化工程《巴蜀全书》（川宣〔2012〕110号）阶段性成果。

解《春秋》者多拘泥于《左传》《公羊》《穀梁》，各护师说，多失圣人本旨，故力主据经解经。他在自序中说："圣人作经之初，岂意后世有三家者为之传邪？若'三传'不作，则经遂不可明邪？圣人寓王道以示万世，岂故为是不可晓之义以罔后世哉？顾学者不沉潜其意而务于速得、得其一家之学已为有余，而经之明不明不问也。愚尝谓学者当以无传明《春秋》，不可以有传求《春秋》。"很显然，赵鹏飞这种思想是对乡人崔子方思想的继承。崔、赵二人几乎完全抛弃三传，将啖、赵、陆及孙复、刘敞以来的"舍传求经"思想发展到了极端，有疑传过勇之嫌，太过主观，违背了治《春秋》的应有之法。因为"三传"距离孔子作《春秋》的时代较近，所传当更为接近孔子的本意，治《春秋》离开"三传"是不可能的。正如《四库全书总目》卷二七提要所言："夫'三传'去古未远，学有所受，其间经师衍说，渐失本意者固亦有之，然必一举而刊除，则《春秋》所书之人无以核其事，所书之事无以核其人。"实际上，崔、赵二人也没有摆脱对三传的依赖。如崔子方在其《春秋经解》中解闵公元年"冬，齐仲孙来"云："传谓公子庆父者是也。"这里的"传"是指《公羊》，因为《公羊》对此条经文的解释是："齐仲孙者何？公子庆父也。"对"郑伯克段于鄢"的解释，赵氏有"郑伯不友，段不弟"之语，显然是从《左传》记事而来，否则仅凭经文，他"殚毕生之力"也无法做出这样的判断。是书虽疑传过勇，但与孙复的过于苛刻、深求相比，较为平允，故也为学者所重。

是书在宋代有鹏飞同乡青阳梦炎之家塾刻本，其序作于咸淳壬申（八年，1272），说明此本当在其时刻成。以后多有刊刻传抄，如明代孙能传等《内阁藏书目录》卷二著录"十册全"，现还有三个明抄残本传世，一是上海图书馆所藏，存卷一至卷九；

二是辽宁图书馆藏卷七至卷九，三是国家图书馆藏卷一至卷二及卷七至卷一六。入清则有《通志堂经解》本、《四库全书》本、《摛藻堂四库全书荟要》本等。

《春秋分记》九十卷，（宋）程公说撰

程公说（1171—1207），字伯刚，号克斋，眉州丹棱（今四川眉山）人，居于叙之宣化（今四川宜宾）。宇文绍节门人，张栻再传弟子。年二十五进士及第，官邛州教授。时四川宣抚使吴曦以蜀叛，程氏乃弃官逃归，专心著述。著《春秋分纪》九十卷、《左氏终始》三十六卷、《左氏通例》二十卷、《左氏比事》十卷，又辑诸儒说为《春秋精义》，未成而卒。

《春秋分记》又名《春秋分纪》，采用纪传体对《左传》重新进行编排。其第一部分为"年表"九卷，包括"周天王内鲁外诸侯""王后""内夫人""内妾母""王姬""内女""鲁卿""晋卿""宋卿""郑卿"十种年表。第二部分为"世谱"七卷，包括王子王族诸氏，内鲁公子公族诸氏，晋、齐、宋、卫、蔡、陈、郑、秦、楚等外诸侯公子公族诸氏，世谱叙篇考异。第三部分为"名谱"二卷，包括列国君臣、外夫人妾、古人物三类。第四部分为"书"二十六卷，有历书、天文、五行、疆理、礼乐、征伐、职官七门。第五部分相当于《史记》之"纪"，分周天王、内鲁二类，共八卷。第六部分为"世本"，相当于《史记》之"世家"，分大国、次国、小国，而以"四夷"作为附录，共三十八卷。

该书条理分明，叙述典赡，不仅利于初学者检索，而且对于研究者探讨《春秋》提供了不少方便。程氏既重《左传》之史实，亦兼采《公羊》《穀梁》，旁及诸子。全书大旨，仍以胡安国之说为宗，以体例彰显《春秋》尊周天子、内鲁外诸侯、内中国外四夷的大义，不主虚义口辨，尤为务实。《四库全书总目》卷二七提要便称此书"所采诸儒之说与公说所附序论，亦皆醇正，诚读《春秋》者之总汇……公说独能考核旧文，使本末源流犁然具见，以杜虚辨之口舌，于《春秋》可谓有功矣"。全祖望《鲒埼亭集》卷三一《程氏春秋分记序》称："克斋《春秋》之学最醇。"

是书最早由程公说之弟程公许于淳祐三年（1243）刊于宜春。至明，孙能传等《内阁藏书目录》卷二著录有两个版本，一为二十五册，一为二十册，具体是何刊本不知。全祖望《鲒埼亭集》卷三一《程氏春秋分记序》言从仁和赵谷林（赵昱）处得一本，"盖故明文渊阁藏本，其后入于兰溪赵少师书库者也"。全氏所见当为孙氏著录之一种。清代修《四库全书》所据底本为马曰璐家藏清影宋抄本，此底本现藏于上海图书馆。此书现存版本主要有《四库全书》本、《四库全书珍本初集》本、清影宋抄本等。

《春秋左传要义》三十一卷首一卷（缺卷一八至二一），（宋）魏了翁撰

魏了翁（1178—1237），字华父，号鹤山，邛州蒲江（今四川蒲江）人。登庆元五年（1199）进士第，累官吏部尚书、端明殿学士、同签书枢密院事，卒赠太师，谥文靖，累赠秦国公。了翁穷经博古，学术自成一家。著述甚丰，今存者有《周易要义》《尚书要义》《毛诗要义》《古今考》《经外杂抄》《鹤山先生大全文集》等。《宋史》卷四三七有传。

《春秋左传要义》又名《春秋要义》（简称《要义》），节录《左传正义》中杜预注与孔颖达疏文而成，每条之前各为标题，按先后次序排列。是书对注疏的摘录有非常明显的特点。其

一，紧扣内容，拟定标题。是书不是简单摘录《左传正义》（简称《正义》）中注疏之文，而是给摘录的每段文字拟了一个标题，从标题便可看出所摘文字的主要内容。这些标题，反映了摘录者对《左传》及其注疏中一些问题的看法，也方便读者理解把握所摘录的内容。《要义》的内容，除这些标题外，几乎全由抄录《正义》而来，因此这些标题是《要义》的主要价值所在。其二，力求简明。《左传正义》中孔疏广征博引，保留了众多汉魏诸儒之说，但有繁冗之嫌，《要义》裁汰冗余，留其精要，正如《四库全书总目》卷二七提要所言：“凡疏中日月名字之曲说烦重琐屑者，多刊除不录，而名物度数之间，则削繁举要，本末灿然。”其三，摘录时有很强的问题意识，其对不同观点的关注就是一个明显表现，观点不同的地方，往往是有疑问的，需要进一步去探究，如“渝平传谓更成服氏谓更为约束结平”。其四，重考据。《要义》中有很多涉及音韵、训诂内容的摘录，说明魏了翁对考据的重视，故言魏氏治学既重义理，亦不废考据，当不是妄言。

总之，《左传要义》可称得上是《左传正义》的精编本。阅读《左传要义》，有利于对《左传正义》内容的了解，颇便于学者。同时，《左传要义》还保留了《左传正义》摘录的前人观点及可供学术探讨的部分，对学者治学极有裨益。再者，宋代《春秋》学的主流是“舍传求经”“直探圣人本意”，以至于有的学者主张尽废“三传”，在这样的背景下重视《左传》注疏，并对之进行抄录的行为本身就是对当时学风的一种纠正。

是书为魏氏《九经要义》之一。《九经要义》完成于宝庆、绍定间魏氏谪居靖州时，淳祐年间（1241—1252），魏克愚刊刻。其中，《周易》《毛诗》《仪礼》《礼记》几种《要义》流传至今。《左传要义》今传世者则只有《四库全书》本三十一卷、首一卷，据《宋史·艺文志》，是书为六十卷，故佚二十九卷，且三十一卷中缺卷一八至二一，实存二十七卷，内容仅至"襄公四年"。

《春秋集义》五十卷、《纲领》三卷，（宋）李明复撰

李明复，一名俞，字伯勇，合阳（今重庆合川）人。宋宁宗嘉定间（1208—1224）太学生。宋吴泳《鹤林集》卷二有《送李伯勇分教阆州》诗，说明李氏曾教授阆州。关于李明复的籍贯，另有两种说法。黄开国《经学辞典》与许嘉璐《传统语言学辞典》都以为李氏为今陕西合阳人，高凌飞发表在《山西日报》（2008 年 4 月 8 日）上的文章《南宋安泽一鸿儒》主张其为山西安泽人。这两种说法都是误解了与合阳对应的今地名，关于这一点，聂树平、赵心宪《〈春秋集义〉作者李明复籍贯略考》① 有详细考证，可资参考。

《春秋集义》为集解性著作。李氏认为知孔子者唯孟子，知孟子者唯周敦颐，而周敦颐的《春秋》学，二程得其真传。张载的《春秋》学乃是通过与二程"讲明而得之"，刘绚、谢湜是"见而发明之"，范祖禹等人是"见而知之"，至于胡安国则是"闻而发明之"，李侗等人则是"闻而知之"。虽然这些人各有异说，但基本原则是一样的，在尊王抑霸、攘夷、"即事明纲常以著人君之用"的大节上，更是完全相同。在此前提下，该书辑录了周敦颐、二程、范祖禹、谢良佐、杨时、侯仲良、尹焞、刘绚、谢湜、胡安国、吕祖谦、胡宏、李侗、朱熹、张栻等十六家

---

① 聂树平、赵心宪：《〈春秋集义〉作者李明复籍贯略考》，《四川师范大学学报》2010 年第 1 期。

《春秋》学说①。其所收范围非常广泛，除专门的《春秋》学著作外，上述诸人"或讲他经而及《春秋》，或其说之有合于《春秋》，皆广搜博访"②。其尤重乡邦文献，于谢湜之说辑录为多。谢氏《春秋义》久佚，仰是书得存大概。是书卷首有《纲领》三卷，是辑录各家关于《春秋》宗旨的总论。

　　总的来说，是书专辑北宋以来理学诸儒的《春秋》学说，辑录比《吕氏春秋集解》还要繁富③，排斥他说、尊崇理学的意蕴尤为浓烈，故成为保存及传播理学家《春秋》学的重要著作。另外，谢湜、胡宏诸说，《程氏杂说》，也赖是书得存大概。

　　据《春秋集义》卷首嘉定十三年冬十一月度正序，知是书至迟在此时已成书，但其最早刊刻的具体时间，现已无从考证。朱彝尊在《经义考》中言曾见宋季刻本，由王梦应刊刻，之后《四库全书》据无锡邹仪蕉绿草堂藏本刊刻，四库馆臣核其题名，认为与朱彝尊所见本相合，可见《四库全书》《四库全书珍本初集》底本当与朱氏所见本为同一系统。关于《纲领》，《宋史·艺文志》、焦竑《国史经籍志》、朱睦㮮《授经图义例》等皆著录为二卷，但书中卷一"春王正月条"下自注"余见《纲领》上中二卷"，则《纲领》当有上中下三卷，故四库馆臣据此从《永乐大典》中辑出《纲领》部分，厘为三卷。清丁丙《善本书室藏书志》所载抄本《春秋集义》五十卷《纲领》三卷，即为《四库全书》底本之传抄本。另外，《宋史·艺文志》《国史经籍志》《授

---

① 按：李明复在《进春秋集义表》中言为十七家，但观书前《诸家姓氏事略》实际只有十六家。

② 李明复：《春秋集义》卷首《进春秋集义表》，文渊阁《四库全书》本。

③ 关于吕氏《春秋集解》的作者，宋以来便有吕本中、吕祖谦两种记载，据李解民《〈春秋集解〉为吕祖谦撰考——〈四库全书总目〉辨正札记》（载《中国典籍与文化论丛》第八辑，北京：北京大学出版社，2005 年）考证，其当为吕祖谦的著作。其言之有据，本文采用之。

经图义例》等皆另著录王梦应《春秋集义》五十卷，据朱彝尊考证，是误将刊刻者当成了作者，非王梦应著有同名之书。

《春秋集传详说》三十卷，（宋）家铉翁撰

家铉翁（1213—?），号则堂，眉山（今四川眉山）人。以荫补官，赐进士出身，官至端明殿学士、签书枢密院事。元兵至临安近郊，丞相吴坚、贾余庆檄告天下守令以城降，铉翁独不署名。奉使入北，羁留不返，义不出仕，以教书为业。元成宗即位，放还，赐号处士，又数年卒。家铉翁学问赅博，尤邃于《春秋》，著有《春秋集传详说》《说易》《孝经解义》《则堂集》等。

《春秋集传详说》一书，乃家氏集一生研究心得，于"北迁时居河间所作，因答问以述己意"① 者。卷首为《纲领》六条十篇，一原《春秋》所以托始，二明夫子行夏时之意，三辨五始，四评三传，五明霸，六以经正例。是书贯彻了家氏关于《春秋》非史，乃一王法，故主于垂法，而不主于记事的主张，参稽众说以革除"以史传纪载而求《春秋》"② 的说经弊端。

该书具有宋代《春秋》学之典型特点。其一，宋人治《春秋》主直探圣人本意，以经为本，会通"三传"，发挥己意，家铉翁评价"三传"，讨论《春秋》经起止、义例，阐发"尊王攘夷"大义，皆兼采"三传"与众儒之说，并参以己意。其二，宋人治学重经世致用，家铉翁亦然。经历了宋亡之痛的家铉翁特别重视《春秋》攘夷大义的发挥，强调"有国有家者以攘夷为

---

① （清）黄虞稷：《千顷堂书目》卷二，文渊阁《四库全书》本。
② （宋）家铉翁：《则堂集》卷三《心斋说》，文渊阁《四库全书》本。

重事"①，且其阐发与时局密切相关。如对胡安国坚决反对的夷
狄居天地之中，华夷杂处，家氏不再反对，而是说："春秋之
世，所谓夷狄戎者多错居九服之内，又自以为先代之后，明德之
裔，戎有姜戎，狄有姬狄。"② 这是因为其在蒙元生活数年，最
终宋亡于元，华夏杂处已成定局，所以他承认了夷狄错居九服的
现实。同时，家铉翁身处宋末，其《春秋》学亦有一些自身的
特点。首先，得览宋代诸儒之说，故能对宋代《春秋》学一些
偏颇之处有所纠正，如其言"彼谓束'三传'于高阁者，用其
学而废其言者也"③，批驳尽废"三传"学风不当之处就是一个
例证。其次，对一些众说纷纭的地方有调和之意。他关于《左
传》作者问题的看法就说明了这一点，《纲领·评三传下》曰：
"左氏者，愚意其世为史官，与圣人同时者丘明也，其后为《春
秋》作传者丘明之子孙或其门弟子，生后洙泗，而其渊源所渐，
有自来矣。"这是对宋以来认为《左传》晚出战国和秦汉，否认
左丘明与孔子同时的各种说法的调和。最后，家铉翁生活的时
代，理学已非常盛行，作为理学北传的重要人物，他的《春秋》
学深受理学影响，如他关于《春秋》性质的看法、"尊王"说都
打上了深深的理学烙印。

　　据卷末龚璛跋与家氏文集中《志堂说》一文所言，是书为
家氏在至元丙子（十三年，1276）宋亡以后归置瀛州时始作，
用了近十年的时间完成。成书以后，寄与宣城好友潘从大藏之，
泰定乙丑（二年，1325）"取诸潘氏锓梓于学"。入明，祁承𤊻

---

　　① （宋）家铉翁：《春秋集传详说》卷六庄公十八年"夏，公追戎于济西"
条，文渊阁《四库全书》本。
　　② （宋）家铉翁：《春秋集传详说》卷二一襄公十八年"春，白狄来"条，文
渊阁《四库全书》本。
　　③ （宋）家铉翁：《春秋集传详说》卷五庄公四年"冬，公及齐人狩于禚"
条，文渊阁《四库全书》本。

《澹生堂藏书目》著录该书"三十卷，十五册"，清毛扆《汲古阁珍藏秘本书目》亦著录"十五本，绵纸旧抄"。现存主要版本有《通志堂经解》本、《四库全书》本、《摘藻堂四库全书荟要》本、明抄本（存卷一三至卷一八，卷二三至卷三〇）等。

《张澜文集》补遗

贾德灿* 编

摘　要：张澜是民盟最重要的领导人之一。2014 年 10 月群言出版社出版《张澜文集》后，本人从民盟中央档案室等地方发现了一些未被收录的张澜著述，包括文章、谈话、函电、公文等，有的曾经公开发表过，有的则从未发表。这些史料，对于深入研究张澜的生平和思想具有重要价值，但却未收入文集，很是遗憾。今将其整理刊发，以期为进一步丰富该文集尽微薄之力，为张澜研究及盟史研究提供参考。

关键词：张澜　《张澜文集》　佚文辑补

编辑说明

一、2014 年 10 月群言出版社出版谢增寿、何尊沛、张广华三位先生主编的《张澜文集》后，本人从民盟中央档案室等地方发现了一些未被收录的张澜先生的著述，包括文章、谈话、函电、公文等，有的曾经公开发表过，有的则从未发表。今整理出来，增补其中，以期为进一步丰富该文集尽微薄之力。

---

* 作者简介：贾德灿，生于 1966 年，南充市嘉陵区人，中国民主同盟南充市委员会研究室主任，民盟中央参政党理论研究中心特邀研究员，群言出版社"民盟历史文献数据库"特聘专家。主要研究方向：民盟历史人物传记。

二、本集仍按照原文集以时间为序的体例编排。无法考证确切日期的，则编排在当年、当月末尾处。

三、本集编纂方法与体例仍从旧制。

四、本集按照原书页码标注接续编排，如收录再版，则须重新编码。

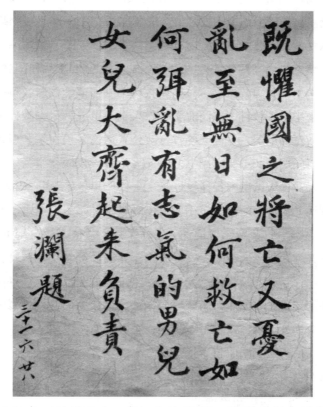

1942 年（民国三十一年）6 月 28 日，张澜为好友鲜英（特生）之女鲜继桢题词。

——由鲜英曾外孙隆准捐赠。原件在重庆中国民主党派历史陈列馆

接原书 15 页后

四川嘉陵道道尹饬第二十七号令①

为饬遵事：

案奉四川省长公署饬开：案据上海商务印书馆经理高凤池禀称，暑假已满，恳请通饬采用教科书。窃维教书，以适于现在国情为主。伏读六月七日大总统明令，即以巩固共和宣示天下。敝馆溯自民国成立，编有初、高两等小学凡春季始业、秋季始业共和国教科书；教授中学用共和国教科书、民国新教科书、师范学校新教科书、女子师范中小学校教科书、商业学校教科书、单级教科书教授书，均经禀奉教育部审定，并迭蒙各省行政公署通饬采用在案。现在各学校暑假将届期满，正择定用书之时，无论各该校以秋季为始业，以春季为始业，敝馆出版各种教科书教授书，均亟为完备，可供采择，而于国情尤为适合。至于实用教科书教授书，系最近编定、奉部核准通行之本。曾禀奉钧署通饬，一体采用。兹值暑假，用书方始。为此，开列清折，禀请俯赐核准通饬，并将各折发交各道县，转知各学校一律采用。实为公便。等情。据此。除批示外，合行通饬，为此饬抑该道尹，即便转饬所属各学校，一体遵照此饬。等因。奉此，除分饬外，合亟饬知。为此饬，仰该县即便遵照，转饬县属各学校，一体查照采购应用。此饬。

计转发书目折一扣（略）

右，饬南部县知事准此。

张　澜

中华民国五年九月九号

---

① 摘自南充地区新华书店编：《南充地区图书发行志》，重庆：重庆出版社，1993 年，第 343 页。

接原书 89 页后

四川大学校歌

《四川大学校歌》是张澜担任校长期间的校歌，由张澜等作词、佚名作曲。校歌歌词如下：

> 岷山峨峨开天府，江水泱泱流今古。
> 聚精会神生大禹，近揆文教远奋武。
> 桓桓熊罴起西土，锵锵鸣凤叶东鲁。
> 和神人，歌且舞，领袖群英吾与汝。

1926 年，张澜担任作为四川大学前身之一的国立成都大学校长一职。在掌校期间，张澜亲自对原《四川省城高等学堂校歌》歌词做了部分修改，形成了学校校歌。张澜修订形成的这首校歌歌词简短凝练、内涵丰富，立足岷峨天府历史，深及华夏文脉，具有强烈的文化传承、创新勃发意识。其旋律简洁优美、琅琅上口，不仅气势恢宏，而且境界非凡。其中的"江水泱泱""锵锵鸣凤"等意象切中四川大学海纳百川、锐意创新的并校改革实践，而"文教奋武""领袖群英"等抒怀则体现了四川大学人才培养的目标。因此，时值今日，该校歌依然被确定为四川大学的校歌。

接原书 327 页后

致张君劢①

（1947 年 4 月 18 日）

君劢先生：

今日阅《文汇报》，载有先生向报界谈话，称"民盟现为政府管辖区唯一之反对党，业已表示愿意参加国内第一次普选。民盟如能接受宪法，则当能享受行动之完全自由"，云云。不知报载有无出入，如竟确实，则民盟同人当郑重声明，从未有此项表示。且同人认为接受宪法是一事，保障人权又是一事，二者决不应当发生因果关系。先生硕学，应亦未能认为此言为合理也。敬盼明示。

并颂台绥！

张澜谨启

四月十八日

附：

张君劢复函

表方先生道鉴：

奉十八日手示敬悉，日前向报界谈话，涉及民盟参加选举云云，系友人办理此事之所面告，即令有此事，仍不害民盟之为在

---

① 据中国民主社会党主办机关刊物《再生》周刊第 162 期（1947 年 5 月）辑录。

野党，良以选举为国民之公权，原不因其在野在朝，而有所歧视也。至于民盟盟员人身自由应予保障如杜炳丞问题，弟已函当局注意，予以释放。专此。

复颂道安！

弟张君劢　敬启

四月二十日

接原书 424 页后

我们站在革命的一边①

(1949 年 1 月 27 日)

从前国共两党之争，我们是第三者。现在局势已经完全改变，现在是革命与反革命之争，而我们站在革命的一边，所以不能参加调人。至少，也得先与我们已在解放区及在香港的代表洽商后，方可发表意见。

---

① 据民盟中央档案辑录。自南京发动和平攻势，李宗仁纷派"大员"向上海民主人士要求斡旋"和谈"后，留沪之民盟领袖张澜、黄炎培、罗隆基三氏即成为各方瞩目之新闻人物。张治中、邵力子、甘介侯三人来沪，除访问孙夫人外，即以"争取"张、黄、罗三氏参加斡旋调解为主要目标。但与三氏会谈后，即遭严正之拒绝。张、黄、罗三氏事先已有协商，故对张、邵二人之表示，步调完全一致，因之张、邵上海之行完全未能达到目的，外电所传民盟领袖和谈乐观云云，全系捏造。

与黄炎培、罗隆基联名
致张东荪、郭春涛、费孝通①
（1949 年 2 月 5 日）

东荪、春涛、孝通三兄赐鉴：

朋友转来电报敬悉。弟等在此对时局之看法与做法大体与公等及此方诸盟友所见相同。此间一切应付随时与在沪民盟负责人商讨并极端审慎，希诸公放心。今后交通恢复，希望南北随时设法交换意见，俾盟内言行一致。至于各地报纸登载之各种消息，我辈无法控制，希勿轻易置信。此次介侯兄北来，带来南方时局消息亦多，兄等听后当亦可供考虑问题之参考也。

谨复。敬候

春安

弟：任之、表方、努生敬上

（1949 年）2 月 5 日

接原书 509 页后

与沈钧儒致金日成贺电②
（1950 年 8 月 15 日）

金日成主席：

今天是贵国解放五周年纪念日期，我们谨向你及贵国人民诚

---

① 此据民盟中央档案辑录。此函待考。
② 据民盟中央档案辑录。原载《光明日报》1950 年 8 月 15 日。

致热烈的贺忱！由于你领导的朝鲜人民的艰苦奋斗，使贵国从日本帝国主义的铁蹄之下，得到了解放！如今美帝又继日帝的后尘，妄图阻挠贵国的独立统一与自由，贵国人民正在从事伟大的、正义的抗美战争，并已获得辉煌的战绩。我们坚决相信在你领导之下的英勇的人民军，必能驱逐美帝出境，完成贵国的统一独立的大业，加强世界和平民主正义的力量。

敬祝胜利！

中国民主同盟主席张澜

副主席沈钧儒

1950 年 8 月 15 日

附：

金日成回电①

中国民主同盟主席张澜、副主席沈钧儒阁下：

兹当我朝鲜人民依英勇的苏联军队武力从日本帝国主义羁绊下解放出来的"八一五"解放五周年纪念日，对于阁下友谊的祝贺，向阁下和同盟全体盟员谨致深深的谢意。

朝鲜民主主义人民共和国

内阁首相　金日成

1950 年 8 月 27 日

平壤市

---

① 据民盟中央档案辑录。1950 年 9 月 4 日中央人民政府外交部办公厅致函中国民主同盟总部称：顷自朝鲜驻华大使馆转来金日成将军致贵盟主席张澜先生、副主席沈钧儒先生谢电乙纸，兹随函送上，即请查收。

接原书 508 页后

致千家驹①

千家驹同志：

前民盟总部会议捐献飞机一架，我认捐人民币贰仟万元，已经于七月缴陆佰万元，八月又缴叁佰万元，九月初又缴贰佰万元，兹复缴来玖佰万元，已足贰仟万元之数。请查收。

敬礼

张澜

九月二十日

接原书 533 页后

为民盟南京市支部编印
《纪念本盟先烈专刊》题词
（1951 年 7 月 15 日）

死者不死，生者不虚生。

---

① 据民盟中央档案辑录。千家驹（1909—2002），经济学家，浙江武义人，笔名钱磊。1932 年毕业于北京大学经济系。曾任北京大学讲师，广西大学教授，《中国农村》《经济通讯》主编，香港达德学院教授，北京交通大学教授。1945 年加入中国民主同盟，任民盟南方总支部秘书长。1949 年出席中国人民政治协商会议第一届全体会议。新中国成立后，历任中国人民银行总行顾问，政务院财经委员会委员，中央工商行政管理局副局长，中央社会主义学院副院长，中国社会科学院顾问，全国工商联、中国财政学会、中国金融学会顾问，中国钱币学会副理事长兼《中国钱币》主编，民盟第一至三届中央委员、第四届中央常委和第五、六届中央副主席，中国科学院哲学社会科学部委员。先后任第二至五届全国政协委员，第六届全国政协常委，第七届全国政协常委、经济委员会副主任。

接原书 546 页后

致刘文辉①

（1951 年 12 月 22 日）

自乾同志：

二月三日来信收到，并悉你为"民盟号飞机"认捐壹亿元，至引愉快！在此次抗美援朝爱国武器捐献运动中，我盟广泛地进行，结果已经获得相当成绩，现正办理统计工作，你的捐献数字已交捐献委员会登记。特复，并致

敬礼！

张澜

十二月廿二日

接原书 515 页后

学习苏联为巩固和发展人民的胜利而奋斗

——在中苏友协总会庆祝十月革命三十三周年纪念会上讲话②

各位先生、各位同志：

今天热烈庆祝伟大的苏联"十月社会主义革命"三十三周年的纪念节日，我们首先要向中国的国际友人苏联人民致敬！向伟大的世界革命导师斯大林大元帅致敬！同时，也要为中国人民取得今天这样辉煌的胜利欢呼！

十月革命的重大历史意义，是为中国人民所深刻理解的，中

---

① 据民盟中央档案辑录。
② 据民盟中央档案辑录。

国人民所以能够取得今天这样辉煌的胜利，是和"十月革命"分不开的，是和列宁、斯大林分不开的，是和苏联的援助分不开的。三十年来，中国人民为解放事业进行百折不挠的艰苦斗争，是继续和发扬"十月革命"的伟大精神。

这一年来，苏联人民，曾以无限的热爱来表示对新中国的友好和合作，由于《中苏友好同盟互助条约》以及一连串平等互助的协定之签订，中苏两国关系更进入了一个新的阶段，中苏两国人民不朽的友谊，更是一天比一天的亲密和巩固起来。这种友谊，就是全世界和平的坚强堡垒，就是中国人民从新民主主义的建设，迅速走向社会主义的有力保证。

目前，美帝国主义者不顾一切，扩大侵朝战争，并对越南、菲律宾等地加强侵略，战争火焰已经燃烧到我国的鸭绿江和图们江边。同时，以武力干涉我国解放台湾，又不断地侵入我国东北的领空，并在公海之内炮击我国的商船。这些事实，证明了美帝国主义者发动侵朝战争的目的，是要侵略我国、侵略亚洲、侵略全世界。新中国的安全已经受到严重威胁，我们再不能置之不理了。

我谨站在中国民主同盟的立场，号召盟内全体同志，号召一切爱国民主人士，在毛主席的领导下，学习苏联人民在卫国战争中表现出那种爱国主义的忘我精神，学习苏联人民在援助被压迫民族的解放战争中表现出那种国际主义的大公无私精神，要积极展开抗美援朝保家卫国的运动，为巩固和发展新中国人民的胜利而奋斗。更要加强中苏友谊，把全世界一切爱好和平的人民团结起来，为巩固和发展全世界人民的胜利而奋斗。

接原书 513 页后

与沈钧儒致斯大林贺电①
（1950 年 11 月 6 日）

斯大林元帅：

欣悉伟大的"十月社会主义革命"三十三周年，我们谨向您及全苏联人民致诚挚热烈的祝贺。三十三年来苏联社会主义建设的惊人成就、反法西斯战争的伟大胜利，以及外交政策的坚持和平和反对侵略，使世界和平民主事业获得了空前伟大的发展，我们中国人民的解放战争，因为有了"十月革命"的感召与鼓励，如今亦已取得了辉煌的胜利。我们正努力学习苏联先进的建国经验，在和平中来建设自己的国家，可是以美帝为首的帝国主义集团，正在疯狂地将侵朝战火延烧到我国边境，严重威胁了中国的国防。我们誓当学习苏联人民在"十月革命"后反抗侵略保卫国家战争中英勇壮烈的精神，为抗美援朝保家卫国而奋斗。并愿与我们的友邦苏联共同努力，为争取世界持久和平而奋斗！

世界和平民主阵营的堡垒苏联万岁！

中苏两大民族友好团结万岁！

中国民主同盟主席张澜

副主席沈钧儒

1950 年 11 月 6 日

---

① 据民盟中央档案辑录。原载《光明日报》1950 年 11 月 7 日。

接原书 526 页后

庆祝《中苏友好同盟互助条约》签订一周年[①]
（1951 年 2 月 14 日）

今天中国人民，应以万分兴奋和感谢的心情，来庆祝《中苏友好同盟互助条约》签订一周年的纪念日。

一年以来，中国人民一方面能够放手地和较快地进行国内建设，从而巩固并发展了人民革命已经取得的辉煌胜利；另一方面能够与全世界人民共同争取和平，共同展开反侵略的斗争，都是因为有了这个伟大的《中苏友好同盟条约》。这个具有历史意义的伟大盟约，不止使中苏两国人民、使世界上七万万人民有了永久亲密的团结，以增进中苏两大国的繁荣，同时也给亚洲各国人民及全世界人民争取和平和民主带来了极大的信心和保证。这是全世界人民和平阵营的伟大胜利！

目前以美帝国主义者为首的侵略集团，不甘心于他们在侵朝战争中遭受到可耻的惨败，他们正在进行单独对日媾和阴谋。他们妄图重新武装日本，把日本变成他的进攻新中国和苏联的军事基地。《中苏盟约》第一条就说得清楚明白，中苏两国"保证共同采取一切必要的措施，以期制止日本或其他直接间接在侵略行为上与日本相勾结的任何国家之重新侵略与破坏和平"。同时盟约上并规定中苏两国"尽可能的短期内共同取得对日和约的缔结"。今天，我们中苏两国的人民正应为盟约上光明伟大的目标而奋斗！

在庆祝《中苏友好同盟互助条约》签订一周年的今天，让

---

① 据民盟中央档案辑录。原载《光明日报》1951 年 2 月 14 日。

我们在已经取得胜利的基础上，把中苏两国人民的友好合作更加强起来，让我们把当前的抗美援朝保家卫国神圣运动与反对美帝单独对日媾和、重新武装日本运动更密切地结合起来，更广大地扩展起来。我们必须发扬高度的爱国主义和国际主义精神，以执行并完成这个伟大而庄严的条约所规定给我们的任务，以彻底粉碎美帝侵略阴谋，以争取全世界持久和平与全世界人民民主的胜利！

接原书 532 页后

与沈钧儒就开展抗美援朝捐献向各地
总支部支部分部同志们发出的通告①
（1951 年 6 月 11 日）

各地总支部支部分部同志们：

为了更进一步地实践各民主党派联合宣言，凡我盟同志都应当响应六月一日中国人民抗美援朝总会发出的《关于推行爱国公约，捐献飞机大炮和优待烈属军属的号召》。

我们中国人民的抗美援朝运动，七个月来已获得了伟大的胜利，但为了早日取得战争的最后胜利，将美国侵略强盗驱逐出朝鲜，保卫祖国和世界的和平，我们必须在全国更普遍地发展与深入抗美援朝运动。抗美援朝总会的这一号召，也就是发展深入抗美援朝运动的有效办法，所以我盟同志不只要响应它，且要负起责任来推动进行。

为此，总部要求各总支、支、分部立即进行以下的工作：

---

① 据民盟中央档案辑录。

1. 领导本盟盟员及所有联系的群众，展开：（1）订立具体的爱国公约，或增订过去不够具体的爱国公约，以及实现爱国公约的竞赛运动；（2）捐献飞机大炮等武器的运动；（3）做好优抚工作。

2. 领导本盟盟员及所联系群众，展开上述运动时，应从唤起政治觉悟，使盟员及群众自觉自动地参加为目的，决不可强迫命令。因此，应当结合赴朝慰问团的向全国传达报告工作，普遍召开传达报告及学习会议，更深一步地宣传中朝人民并肩英勇斗争的英雄事迹，并研究讨论今后应当如何更大力地抗美援朝，而归结于响应抗美援朝总会的号召。

3. 领导本盟盟员及所联系群众，展开捐献飞机大炮等武器运动时，应着重开展爱国的增加生产、增加收入的运动，因为这样才能真正增加了整个的抗美援朝力量。

4. 领导本盟盟员及所联系群众，展开上述三项运动时应当是先有计划后有检查，并认清这应该是深入的、经常的工作。这些运动应一直开展下去，以争取抗美援朝的最后胜利。

为了胜利完成本盟应肩负的抗美援朝任务，总部要求各总支部、支、分部自本月起，逐月报告他们进行上述工作的情况，并依据具体情况，在适当的时期（最久不得超过半年）作出总结，报告总部。

中国民主同盟主席张澜

副主席沈钧儒

1951 年 6 月 11 日

接原书 580 页后

我们要取得进一步的发展①
(1952 年 10 月 5 日)

中华人民共和国成立三周年以来，中国民主同盟在巩固和发展人民民主专政和人民民主统一战线方面，发挥了应有的作用。民盟组织本身和全体盟员都有了显著的进步，这是应该肯定的。

我们的进步，主要表现在我们对统一战线政策有了更加正确的认识。我们参加了中国人民政治协商会议，参加了《共同纲领》的制定和通过，参加了中央以至地方的各级政权工作。从三年来的实践中，我们深深地体会到人民民主统一战线为什么一定要由工人阶级来领导的道理，体会到我们在人民民主统一战线中所负责任的重大，这样就使我们能够全心全意地为人民服务。

我们的进步，主要表现在积极参加各种政治运动和社会改革运动上。我们在抗美援朝运动、土地改革运动和镇压反革命运动中，在"忠诚老实"运动和"三反""五反"运动中，在和平运动和其他爱国运动中，都起了推动作用。通过各种运动的考验，我们的组织更健全了，我们和群众的关系加强了，民盟的政治影响扩大了。

我们的进步，主要表现在我们全体盟员的政治觉悟和思想水平都大大地提高了一步。我们盟员中，以知识分子特别是文教工作者居多数。大家在各种运动中受到了锻炼和教育。在学校和其他文教机关团体工作的盟员同志，在思想改造学习中做了比较深刻地、联系实际的检讨，基本上肃清了封建的、买办的、法西斯

① 据民盟中央档案辑录。原载《中央盟讯》1952 年 10 月 5 日第二版。

的反动思想，严格地批判了资产阶级和小资产阶级的错误思想，划清了资产阶级和工人阶级的思想界限，从而初步树立了马克思列宁主义和毛泽东思想的观点、立场和方法。我们并且初步学会了运用批评与自我批评的武器。这个思想战线上的胜利，是值得大书特书的一件事情。

我们的进步是肯定的，但是显然还跟不上形势的发展。我们的国家在各方面都突飞猛进，一日千里。随着国家财政经济情况的根本好转，大规模的经济建设和文化建设即将开始，抗美援朝的正义斗争仍在继续进行。亚洲和平以至世界和平正受到严重的威胁，而有待于全国人民奋起拯救。为了国内建设和国际和平，需进一步巩固人民民主专政，进一步团结国际友人。因此，作为人民民主统一战线构成部分之一的中国民主同盟，就比过去担负着更为重大的责任，要在国家的政治生活中发挥更积极的作用。形势要求我们全体盟员同志，在毛主席和中国共产党的领导下，不断从工作和学习中提高自己，为取得进一步的发展而努力！

接原书 596 页后

拥护周总理、金日成首相、
莫洛托夫外长声明的谈话[①]

（1953 年 4 月 3 日）

为解决朝鲜战争双方在战俘问题上的分歧而消除达成朝鲜停战的唯一障碍，周总理在关于朝鲜停战谈判问题的声明中所提出来的新方案是最公平合理的。周总理这个声明，朝鲜首相金日成

---

① 据民盟中央档案辑录。原载《光明日报》1953 年 4 月 3 日。

已在其声明中表示完全同意，苏联外长莫洛托夫也在其声明中表示完全同情，全世界一切爱好和平的人民都表示拥护和支持。这说明周总理的声明完全符合朝鲜战争双方人民的切身利益，完全符合全世界爱好和平人民的和平愿望。这是中朝两国政府和人民对于促成朝鲜停战与争取远东及世界和平又一次的重大努力。我代表中国民主同盟全体盟员热烈地拥护和支持这个声明。联合国军方面如果有谋求和平解决朝鲜问题的诚意，当然应该接受中朝两国政府这个公平合理的建议，立即恢复朝鲜停战谈判，以结束朝鲜战争。

接原书 614 页后

为拥护政府发行一九五四年
国家经济建设公债发表的谈话①
（1953 年 12 月）

我对于政府将发行的一九五四年国家经济建设公债表示热烈拥护。从中国人民政协全国委员会在本年的国庆节口号中提出我们国家的过渡时期总路线总任务后，全国人民欢欣鼓舞，愿为加速国家的社会主义经济建设而努力。毛主席教导我们："没有工业，便没有牢固的国防，便没有人民的福利，便没有国家的富强。"根据苏联的先进经验，社会主义的工业化主要依靠发挥人民群众的高度爱国精神，实行增产节约来积累资金。苏联在大规模建设时期，国家工业投资绝大部分依靠国营企业利润和税收，但发行公债也是筹集社会主义工业化资金的主要而经常的方法之

---

① 据民盟中央档案辑录。原载《中央盟讯》1953 年 12 月。

一。是以在学习总路线的过程中，工商界已提出请政府发行建设公债的建议。国际地位的日益增加，同时人民的物质和文化生活水平也逐步上涨，从而领会了个人的眼前的利益是与国家的长远的利益相结合的，努力于伟大祖国的工业化也就是为了提高全国人民的福利。现在政府准备发行一九五四年国家经济建设公债，这不仅在经济上可以加速工业化的进行，而且在政治上也可以表现全国人民的高度的爱国主义精神。我们深信，它一定会得到全国人民一致的热烈拥护。

再从人民生活的实际情况来看，近四年来不论在都市或农村，各阶级的人民生活有了普遍的改善，在这种情况下拿出一部分收入和积余为购买公债是完全可能的。这次发行的国家经济建设公债的数目及认购的办法，充分估计到人民的购买力量，数额分配也很合理。可以断言，这次公债的发行，不但可以胜利完成，而且可能超额完成。

关于《中朝经济及文化合作协定》、一九五四年国家经济建设公债及粮食的计划收购和计划供应的宣传工作的指示[①]

（1953 年 12 月）

中央人民政府委员会最近批准了《中华人民共和国朝鲜民主主义人民共和国经济及文化合作协定》，并批准了发行一九五四年国家经济建设公债。全国正在实行粮食的计划收购和计划供应，本盟各级组织应针对盟员及联系的群众的思想情况进行宣传

---

① 据民盟中央档案辑录。原载《中央盟讯》1953 年 12 月。

教育工作，兹特发有关以上三项宣传工作的指示如下：

1. 必须认识：我国人民的抗美援朝就是保家卫国。朝鲜人民为了反对侵略，保卫和平，做了最大的贡献，遭受了最大的牺牲。现在朝鲜人民正以极大勇气和信心医治战争创伤，恢复国民经济。中朝两国休戚相关，对朝鲜的恢复发展，我们自应大力援助，援助朝鲜也就是防止侵略者再度发动战争，保证我国的和平建设。美国侵略者现在仍在千方百计破坏朝鲜停战协定，不愿通过协商，以和平解决朝鲜问题。这次中朝两国的谈判及其结果，充分证明了中朝两国人民的彻底实现《朝鲜停战协定》并争取和平解决朝鲜问题的决心，这对于保障中朝两国安全、缓和国际紧张局势、保卫远东与世界和平，具有重大意义。

2. 必须认识：我们发行一九五四年国家经济建设公债是除国营企业收入和各项税收外，筹集国家社会主义工业化所需要资金的重要和经常的方法之一。这和资本主义国家利用公债来弥补预算赤字，是截然不同的。几年来，人民生活逐渐改善，政治觉悟大为提高，以人民手中的积余和可能节约的资金，集腋成裘，变为国家建设有用的资金，这样使每个人民对于国家经济建设可以贡献自己的一份力量，既发扬人民爱国主义精神，又可以鼓励储蓄，这是发行国家经济建设公债的主要意义。

3. 必须认识：实行粮食的计划收购和计划供应是用合理的价格向全国有余粮的农民收购粮食，来保证全国工、矿、城镇居民、解放军和志愿军、农村缺粮户和灾民的粮食供应，保证国家必要的粮食储蓄，稳定物价，消减投机，限制农村中的资本主义自发倾向，从而进一步巩固工农联盟，加速社会主义工业化的建设事业。这是贯彻国家过渡时期总路线的一项极重要的措施，这不只是重大的经济工作，而且也是重大的政治工作。

接原书 615 页后

关于日内瓦会议的谈话①
（1954 年 5 月 8 日）

周恩来外交部长率领我国代表团出席日内瓦会议，两周来对于和平解决亚洲问题、缓和国际紧张局势、巩固世界和平作了极大的努力。周外长在日内瓦的义正词严的发言，我们中国民主同盟完全拥护。

周外长在日内瓦会议中以响亮、有力的声音告诉了全世界人民，中国人民已作了国家的主人，中国人民的胜利已根本改变了亚洲的形势，鼓舞了亚洲人民为自由与独立的斗争，帝国主义的殖民政策在亚洲已经完全破产了。

同时周外长也向全世界宣布了我们中华人民共和国的和平外交政策，认为在不同的社会制度下的世界各国可以和平共处。只要以美国为首的侵略集团不再妄想在亚洲继续殖民统治和准备新的世界战争，尊重我国的国际地位和权利，经过和平协商解决国际争端是完全可能的。

我们完全拥护周外长代表我们国家所宣布的这种和平外交政策，完全拥护周外长支持南日外务相所提的关于恢复朝鲜统一和举行全朝鲜的自由选举的三项建议，完全拥护周外长对美帝国主义和李承晚匪帮强迫扣留朝中战俘问题所作的三项建议，同时完全支持周外长对于在印度支那建立符合于人民自由和民族独立原

---

① 据民盟中央档案辑录。

则的和平的一切努力。周外长在日内瓦会议上所提出的主张，是符合全中国人民的要求的，也是符合全世界人民的利益的。

美帝国主义则仍在继续其破坏日内瓦会议的阴谋活动，仍继续对中华人民共和国的敌视和挑拨政策，完全拒绝朝鲜民主主义人民共和国代表的建议，拒绝从南朝鲜撤出它的军队，并仍妄想拼凑所谓西太平洋和东南亚的防务集团，企图对印度支那战争进行进一步的干涉，在亚洲建立新的殖民统治并准备新的世界战争。美帝国主义的这些侵略阴谋，在全世界人民的反对下，是注定了会失败的，但我们决不能丝毫放松警惕，我们在中国共产党、毛主席的领导下，继续加强国内人民的团结和以苏联为首的和平民主社会主义阵营以及世界上一切爱好和平的人民的团结，更进一步地为和平解决亚洲问题，缓和国际紧张局势，巩固世界和平而奋斗！

接原书 616 页后

为制定我国第一个人民宪法而努力①

《中华人民共和国宪法草案》的公布，是我国人民政治生活中最值得纪念和祝贺的一件大事。我国人民经过了一百多年的英勇奋斗，终于在中国共产党领导下取得了人民革命的伟大胜利，建立了人民民主专政的中华人民共和国。今后，中国人民将积极在中国共产党的领导下，为过渡到社会主义社会而奋斗。因此，这个宪法草案一方面是记录我国人民革命事业的胜利成果的丰

---

① 据民盟中央档案辑录。原载《中央盟讯》。

碑，另一方面又是在我国建造繁荣幸福的新社会的蓝图。

立宪、行宪，本是我国人民多年以来的要求和愿望。过去的反动统治阶级，从满清皇朝到蒋介石政权，都曾演过"制宪"的丑剧。这些伪宪法，无非是少数人"钦定"的，用以奴役和压迫我国人民，巩固帝国主义、封建主义和官僚主义的反动统治，只是为了维护少数资产阶级的利益，而与广大的劳动人民无关。资产阶级的宪法中虽然写上了所谓公民的"民主权利"之类来粉饰门面，但在资本家垄断社会财富和国家权利而大多数人被剥削被奴役的情况下，所谓"民主权利"也就完全成了空头支票。

我国人民一向反对反动统治阶级"钦定"的伪宪法，同时也不需要资产阶级的虚伪的旧民主宪法。我国人民所要求的是新型的、真正民主的宪法。现在我国人民在中国共产党领导下经过长期奋斗获得革命胜利以后，才达到这个愿望了。

新型的、真正民主的宪法，是在苏联和各人民民主国家行之有效的社会主义类型的宪法。现在我国的宪法草案，本质上是属于社会主义类型的。因为它规定了我国是工人阶级领导的、以工农联盟为基础的人民民主国家，因为它规定了以人民代表大会为国家唯一权力机关的政治制度，因为它保证我国能够通过和平的道路消灭剥削和贫困，建成繁荣幸福的社会主义社会的光明前途。这也就说明了它是新型的、真正民主的宪法，所有反动的旧宪法是根本不能和它相比的。

这个《宪法草案》同时又是符合于我国的实际情况和国家在过渡时期的根本要求的。它以人民政协《共同纲领》为基础，又是《共同纲领》的发展。它肯定了以中国共产党为领导的各民主阶级、各民主党派、各人民团体的广泛的人民民主统一战线，今后在完成国家过渡时期总任务和反对内外敌人的斗争中，仍将继续发挥作用。它保证了国内各民族在友爱互助的基础上，继续加强团结成为一个自由平等的民族大家庭。它使我国和伟大的苏联以及各人民民主国家牢不可破的友谊继续发展和巩固，并继续为世界和平人类进步的崇高目的而努力。由此可见，这个《宪法草案》是马克思列宁主义和我国革命的具体实践相结合的产物，又是符合毛主席实事求是的精神的。所以这个宪法颁布以后，逐字逐条都是切实可行的。

就这个宪法的起草的过程来说，也是采取了充分的民主方式的。宪法初稿经过各方面的反复讨论，逐条修改，才制成了《草案》，现在又公布出来让全国人民广泛讨论，使其成为真正的人民宪法。这是我国历史上空前的盛举。我希望全国人民普遍学习、宣传并讨论这个《宪法草案》，务使宪法的内容尽善尽美。我还希望全国人民全面地、深入地领会《宪法草案》的精神实质，在宪法正式颁布后，以实际行动来严格遵守和贯彻。现在我以欢欣鼓舞的心情，号召全国人民为完成中华人民共和国第一个宪法的制定的光荣任务而共同努力。

接原书 632 页后

任何威胁不能丝毫动摇
中国人民解放台湾的决心①
（1955 年 1 月 31 日）

自我军胜利解放一江山岛以后，一贯敌视我国人民的美国统

---

① 据民盟中央档案辑录。原载《光明日报》1955 年 1 月 31 日。

治集团就一面加紧军事行动，进行战争挑衅，一面策动进行所谓"停火"的诡计，企图通过联合国干涉我国内政，割裂我国领土，使其霸占台湾并用作军事基地的侵略行为合法化。一月二十四日美国总统艾森豪威尔更向美国国会提出了一个关于台湾问题的"特别咨文"，要求授以广泛权力武装阻挠中国人民解放台湾，妄想用战争恫吓，达到其狂妄的企图，否则就要把战争强加在中国人民头上。这是美国帝国主义者对中国人民更公开更蛮横的战争挑衅，也是它更露骨更无耻的干涉中国内政，这是中国人民所绝对不能容忍的。

美帝国主义这种战争恫吓，绝对吓不倒已经站了起来的中国人民。任何"停火""两个中国"的阴谋诡计，中国六亿人民都坚决反对。我全国各民主党派各人民团体在去年八月二十二日发表的联合宣言，曾向全世界严正宣告："台湾是中国的领土，中国人民一定要解放台湾。"解放台湾是我国的主权和内政，决不容许任何人干涉。

最荒谬的是美国政府策动由联合国出面进行所谓"停火"，竟借口说我国解放沿海岛屿和台湾、澎湖的行动引起了远东局势的紧张；艾森豪威尔在"特别咨文"中居然称美国侵占台湾的"理由"，是台湾落入中国人民手中就会对美国的"安全"造成"最严重的威胁"。这真是颠倒是非、淆乱黑白的胡说。中国人民从一九四七年起就进行解放中国的斗争，当时我们的口号便是解放全中国，包括台湾在内。我们解放了中国大陆和许多沿海岛屿，国际局势从未因此变得紧张。假如美国政府不在一九五〇年六月宣布用第七舰队侵占台湾，中国人民早就像解放海南岛和舟山群岛一样地解放了台湾和澎湖列岛，哪里会有远东紧张局势！周恩来总理说得对："很显然，这种紧张局势是来自美国，并非来自中国。只要美国干涉中国内政的行为停止，只要美国的一切武装力量从台湾和台湾海峡撤走，这种紧张局势就自然消除了。"台湾距离美国西海岸一万公里之遥，把美国的国防线划在中国的领土上，并要把中国领土作为扩大侵略战争的基地，还说是为了美国的"安全"，这说明美国的所谓"安全"，就是要让美国任意侵占别国的领土，要全世界各国人民都容忍美国的任意宰割。

美帝国主义的阴谋诡计是欺骗不了任何人的。全世界的公正舆论和爱好和平的人民都站在我们方面，因为正义是属于我们的。尽管世界上有些美国的仆从国家和一些不问是非只想委曲求全的人口头上高唱着"和平"，实际上却妄想用牺牲中国领土主权的办法满足美国的侵略欲望。这等于是"慕尼黑"的历史重演，结果必然是和平得不到保证，反而遭到破坏。我们中国人民在伟大的中国共产党和毛泽东主席的领导下，具有丰富的反抗侵略的经验，经历过长期的锻炼，对国际事务一贯坚持和平政策，但绝对不能容忍侵略，也决不害怕抵抗。我们绝对有力量、有信心、有把握来粉碎美国的战争挑衅政策，在解放台湾的神圣斗争中克服任何障碍，取得最后胜利。

以下几函系原编者谢增寿所遗底稿，未考时间。

致张先璞同志

先璞同志:

顷接你校学生家长陈延龄来函,言及其女陈德厚已被你校淘汰。对于青年学生的教育,所谓循循善诱,不特低劣的成绩能够提高,即神经错乱亦可能恢复正常,故希予陈德厚继续学习机会。至其健康,尤值得同情和照顾。

此致

敬礼

张澜

七月六日

答梁漱溟先生

漱溟先生:

来件奉悉,我们勇于检讨自己的错误,是绝对应该而必要的,问题在于怎样结合思想实际,进行深入的分析、批判,从而加强学习,改造思想,以补救错误,博取祖国人民的原宥,并答共产党、毛主席治病救人的厚爱。兹将原件奉还,请检收。

此致

敬礼

张澜

十月十六日

致沈子修①

（1952 年 12 月 27 日）

子修，我兄同志：

　　安徽建立省支部，经各方协商后，已于本日提中常会讨论通过。中常会所作决定及省支筹委名单另由总部函达。谅蒙鉴及。我兄对皖北盟务负责多年，煞费苦心。此次建立省支，原拟请我兄独力担当，因闻我兄自安徽建省后，以全力参加政府工作，不胜劳瘁，如对盟务负责过重，恐有困难，故总部决定请许杰同志任主委，与我兄共同领导省支，为我兄分劳。想荷赞同。中央人

---

　　① 沈子修（1880—1955），原名全懋，安徽霍山县凡冲乡人。早年毕业于清两江师范学堂。光绪三十三年（1907），参加同盟会，开始革命活动。宣统三年（1911），在南京积极响应辛亥革命。民国元年至民国七年在安徽公学、安徽法政学校工作期间，积极参加反军阀、反列强斗争。民国五年夏，与朱蕴山、刘希平等策划安庆讨袁起义，事败，被通缉。民国八年至民国十二年在安徽六安省立第三甲种农业学校任校长，参与并领导教育界声援五四运动，抵制日货，支援安庆反倪嗣冲、反三届省议会贿选、驱逐省长李兆珍等斗争。民国十五年，受广州国民党中央指派，与朱蕴山等回皖组建国民党安徽省临时党部，任执行委员兼组织部部长。为响应北伐，参与策划皖西起义，事败，赴武昌，任国民党安徽省党务干校校长，延请李立三、李达、恽代英、邓演达等人来校讲授工、农、青年运动及三民主义。抗战期间，参与组建安徽省民众总动员委员会，支持抗日救亡运动。民国三十六年任安徽省教育会会长，省政府顾问。次年因不满蒋介石独裁统治，参加中国民主同盟，任安庆市分部主任委员，积极参加爱国民主运动。

　　沈子修毕生从事教育工作，有丰富的教学和治校经验。在安徽教育界有较高的声望。主张学生关心国家大事，摒除封建教育的陈规陋习，反对尊孔读经，奉行陶行知教、学、做合一的思想。在安徽六安省立第三甲种农业学校任校长时，拓地70余亩为农、林场。极力推行民主治校，成立学生会组织。沈子修生活十分俭朴，但对教师或学生困难则慷慨相助，并将自己的财物典当、变卖，捐献给学校。

　　新中国成立后，历任华东军政委员会文教委员会委员、中国民主同盟中央委员、皖北支部主任委员、皖北区各界人民代表会议协商委员会副主席、皖北人民行政公署副主任、皖北行署土地改革委员会委员等职。1952 年，当选为安徽省人民政府副主席、省政协副主席、民盟安徽省副主任委员。1955 年 12 月病逝于任内。

民政府已决定自明年起，大规模进行经济文教建设，今后地方工作必日益繁重，所望我兄与许杰同志及其他当地负责同志在中共领导之下发挥盟的组织力量，以推进地方建设事业，为人民忠诚服务，不胜祷祝。顺祝

新年进步。

许杰同志及诸同志均此不一。

张澜

十二月二十七日

致马叙伦

马部长：

兹有成都四川大学农学院教授任乃强（以前专门研究康藏地理）去年来京，在京郊义和农场学习。月前给我一函，中有"关于川大"数纸，所言宗派的纠正、教师的培养、院系的调整均有切合事实之处。特送陈察（查）阅，如能派员详加考查，予以改进，实为西南高等教育之至幸。

此致

敬礼

张澜

（日期未具）

百年来武则天研究简述

陈 洪[*]

摘 要： 中国封建历史上唯一的女皇帝武则天，在世界政治史上也具有巨大影响。自唐代至今，无论学界还是民间，对于武则天的研究和评价从未停止过，历朝历代对于她的评价也是褒贬不一。近年来，武则天越来越受到人们的重视和关注，关于武则天的研究论著和通俗普及读物也越来越多，武则天研究跨入了一个崭新的阶段。本文旨在通过对百年来国内外的武则天研究进行系统梳理，希望能促进今后的武则天研究。

关键词： 武则天 女皇帝

由于《则天实录》《中宗实录》《睿宗实录》等正面积极评价武则天的唐代史书大多早已失传，自宋代司马光主编《资治通鉴》开始，特别是南宋程朱理学开始占据中国思想的主导地位后，后世学人对武则天的评价几乎呈现"一面倒"的批判趋势，没有客观公正地去评价这位女皇帝，导致武则天研究呈现出不客观、不系统、不深入等问题。20 世纪以来，国内外学者开始重新审视这位中国封建历史上唯一的女皇帝，产生了许多优秀

---

* 作者简介：陈洪，生于 1985 年，四川广元人，现任职于广元市社会科学界联合会，吟诵非遗传人，四川省中国哲学史研究会国学委员会主任。主要研究方向：吟诵及中国传统私塾教育研究、蜀道文献研究。

的研究论文、专著和译著，但综述性研究文章较少，目前可见的，主要有以下几种：《武则天在历史上究竟起了什么作用》一文①，是 20 世纪以来第一篇总结武则天研究的文章，该文介绍了 1954—1961 年国内学术界对武则天的评价情况。1961 年 9 月，《文汇报》发表了《关于武则天评价的若干问题——作者来稿综述》②，总结分析了 12 篇关于武则天研究的文章，并简要描述了每位作者的观点。1985 年，李荷先撰写了《武则天研究的历史回顾与探索》一文③，简要回顾了 1935 年至 1980 年国内武则天研究，分析了武则天研究中的几个主要问题的分歧。这三篇文章只是对学术界研究武则天的情况做了简单的概括总结，并未展开分析探讨。中国唐史学会武则天研究分会自 1985 年成立后，国内外关于武则天研究的论文、专著日益增多。1990 年，胡戟撰《浅谈武则天研究》④，概括总结了 20 世纪 90 年代以前的武则天研究成果，提出了一些有待讨论的具体问题。1997 年，王双怀发表《本世纪以来的武则天研究》一文⑤，全面回顾了 20 世纪国际国内史学界关于武则天研究的各方面成就，并阐述了各个阶段研究的重点、特征。赵文润于 2006 年撰写《武则天研究二十年述评》⑥，对 1985 年至 2005 年的武则天研究成果进行了

---

① 中华书局通讯组：《武则天在历史上究竟起了什么作用》，《人民日报》1961 年 3 月 9 日第 2 版。
② 《关于武则天评价的若干问题——作者来稿综述》，《文汇报》1961 年 9 月 10 日第 3 版。
③ 李荷先：《武则天研究的历史回顾与探索》，《华中师范大学学报》（哲社版）1985 年第 5 期。
④ 胡戟：《浅谈武则天研究》，《中国唐史学会论文集》，西安：三秦出版社，1991 年，第 66~72 页。
⑤ 王双怀：《本世纪以来的武则天研究》，《史学月刊》1997 年第 3 期。
⑥ 赵文润：《武则天研究二十年述评》，《乾陵文化研究》第二辑，西安：三秦出版社，2006 年，第 5~18 页。

分析评论，综述性较强。这些武则天研究的学术史研究成果，是作者从所处的不同时代、不同角度对武则天研究做出的回顾性总结。此外，《乾陵文化研究》又先后发表了于冬华、张晶的《武则天研究论著索引》和王双怀的《海内外武则天著作索引》，对20世纪国内外武则天研究著述做了较为详细的梳理和著录。进入21世纪以来，海内外关于武则天的研究又有了许多新的内容，出现了一些新的特色。有鉴于此，本文旨在通过对1919年以来的国内外武则天研究进行系统梳理，并简要分析百年来的武则天研究情况和特色，为今后的进一步研究提供借鉴与参考。

一、1919—1949 年关于武则天的研究

1919年五四运动爆发以后，国内学人开始对武则天进行研究和评价，不过由于这一时期战事频繁，学界关于武则天的研究此时才刚刚起步，尚未产生很多学术成果。

史学界在这一时期对武则天的研究主要集中在武则天在历史中的作用如何：一种意见是对武则天持基本肯定的态度，武则天被认为是一位杰出的女政治家；第二种意见则是全面否定武则天，认为武则天毫无政绩可言。鲁迅、振之、陈寅恪、邵冲霄等人从倡导女权主义的角度对武则天进行了积极的评价和定位，他们先后发表了《论武则天》《我国的女权运动者——武曌》《武曌与佛教》《伟大的革命政治家——武则天》等文[1]，鲁迅更是

---

[1] 鲁迅：《论武则天》，见《华盖集》，北京：北新书局，1926年，第132页；振之：《我国的女权运动者——武曌》，《妇女杂志》1929年12月15卷第12期；陈寅恪：《武曌与佛教》，《国立中央研究院历史语言研究所集刊》，1935年；邵冲霄：《伟大的革命政治家——武则天》，《妇女月刊》1945年4月第4卷第3期。

直接写出了"武则天做皇帝，谁敢说男尊女卑"的语句①；同一时期，王桐龄、章嵚、金兆丰等人则先后撰写《女宠之乱政》《武后之代唐》《武韦之祸》等文②，全盘否定武则天的一生，包括其取得的政绩。另外，邓之诚、俞大刚、姚唐翁、蓝文征、向全、张士杰、范文澜、王哲之、汪箓、吕振羽、何正璜等学人也参与到武则天研究中来，撰写了相应的论文或著作，如姚唐翁撰写《武曌之身世与政术》③，张士杰撰写《武则天新论》④。

除了学术界，文艺界也出现了部分关于武则天的作品。如剧作家宋之的于 1935 年撰写了多幕剧《武则天》⑤，该剧描写了在男权统治社会中一个女性的反抗与挣扎，1937 年，该剧公演成功，得到了较好的反响。1939 年，由剧作家柯灵担任编剧，方沛霖执导的黑白电影《武则天》上映⑥，当时的评论认为：《武则天》一片，"不仅是新华影业公司的成功，同时使中国电影事业的发展得到了一个确切的保证。这一个历史故事，提供了一般悲壮可贵的史料，而在所下的资本上、艺术的收获上，都开了中国电影制片事业一个空前的记录"⑦。剧作家田汉 20 世纪 40 年代撰写完成的京剧《武则天》⑧，与宋之的剧本一样，都对武则天持肯定态度，也产生了较大的社会影响。戏剧评论家张真认

---

① 鲁迅：《论武则天》，见《华盖集》，北京：北新书局，1926 年，第 132 页。

② 王桐龄：《女宠之乱政》，见《中国史》第二编第六章，北京：文化学社，1926 年，第 525~546 页；章嵚：《武后之代唐》，见《中华通史》第三册，上海：商务印书馆，1934 年，第 819~829 页；金兆丰：《武韦之祸》，见《中国通史》，北京：中华书局，1937 年，第 77 页。

③ 姚唐翁：《武曌之身世与政术》，《文化先锋》1946 年 10 月第 6 卷第 6 期。

④ 张士杰：《武则天新论》，《妇女月刊》1947 年 11 月第 6 卷第 5 期。

⑤ 宋之的：《武则天》，上海：生活书店，1937 年。

⑥ 方沛霖：《武则天》，上海：上海新华影业公司，1939 年。

⑦ 《上海电影志》编纂委员会：《上海电影志》，上海：上海社会科学院出版社，1999 年，第 240 页。

⑧ 田汉：《武则天》，《大公报》1947 年 1—3 月连载。

为，田汉的剧本"没有矫情的歌颂，没有过甚的贬词，没有为她的功绩而体谅她的残酷，也没有为她的凶狠而泯没她的雄才大略。……他是真正尊重历史、尊重生活本身的逻辑性而写出来的现实主义的剧本"①。总的来看，文艺界对武则天的评价是肯定的、正面的。

二、20 世纪 50 年代的武则天研究

1949 年新中国成立后，武则天研究进入了一个新的阶段，史学界开始深入探讨武则天的历史功过。20 世纪 50 年代的武则天研究仍然集中探讨武则天在历史中的地位和作用，对武则天持肯定评价的学者有陈寅恪、范文澜、罗元贞、杨志玖、吴枫、张家驹等人。1950 年 10 月，张雁南率先在《东北日报》发表了《谈〈武则天〉》②，并引起学术界的重视。1951 年 9 月，《光明日报》登载了历史学家罗元贞的《武则天问题批判》一文③，他一反历代学者对武则天的谩骂和否定，从历史唯物主义观点出发，公正而全面地评价武则天的历史功绩。此后，许多学者都发表或出版了武则天的研究文章和专著。1954 年，陈寅恪先生发表了《论唐代李武韦杨婚姻集团》，论述了关陇集团等政治集团对唐王朝的影响，从婚姻门族观念的角度阐述了李、武、韦、杨的政治婚姻，他认为武则天的掌权，虽有不少过失，但"在历史上实有进步之意义"④。1955 年，胡如雷在《历史研究》上发

---

① 张真：《田汉同志京剧〈武则天〉上集读后》，《剧本》1984 年第 2 期。
② 张雁南：《谈〈武则天〉》，《东北日报》1950 年 10 月 12 日。
③ 罗元贞：《武则天问题批判》，《光明日报》1951 年 9 月 22 日。
④ 陈寅恪：《论唐代李武韦杨婚姻集团》，《历史研究》1954 年第 1 期。

表了《论武周的社会基础》① 一文，他认为武周的社会基础是新兴地主阶级，武则天打击官僚贵族、限制土地兼并等措施直接推动了武周时期社会和经济的发展。同年，杨志玖在他的《隋唐五代史纲要》中专文论述了武则天的历史功绩，他认为武则天的主要贡献是"打破了关陇集团对政治的垄断，促进了中央集权政治的发展"②。王家祐在考察了四川广元皇泽寺这一纪念武则天的重要古迹后，写下了《广元皇泽寺及其石刻》一文③，详细介绍了皇泽寺的石窟佛像。

到了 20 世纪 50 年代后期，学术界对武则天已成基本肯定之势。当时最具影响力的学术成果，当属上海《文汇报》于 1959 年 10 月发表的由翦伯赞、吴晗、吕振羽、尚钺、田汉等人合著的《武则天应是正面人物》一文④。此文发表于上海越剧团在上海、北京等地演出《则天皇帝》一剧之后，他们对《则天皇帝》的上演高度赞扬，并对武则天进行肯定评价，武则天研究达到新中国成立以来的第一次高潮。12 月 6 日，《文汇报》发表了吴泽的《关于武则天在历史中的作用问题》⑤，12 月 13 日，张家驹的《也谈武则天》一文登载于《文汇报》⑥，这些文章持续以肯定的态度评价武则天。吴泽认为武则天稳固和发展了"贞观之治"，把历史推进了一大步，对唐代社会经济的发展起了非常积极的作用。张家驹在他的文章中评价"武则天之为人，受唐太宗的影响颇深，有许多方面效法而继承了太宗的事业，并且替历

---

① 胡如雷：《论武周的社会基础》，《历史研究》1955 年第 1 期。
② 杨志玖：《武曌的代唐及其行政》，见《隋唐五代史纲要》，上海：新知识出版社，1955 年，第 38 页。
③ 王家祐：《广元皇泽寺及其石刻》，《文物》1956 年第 5 期。
④ 翦伯赞等：《武则天应是正面人物》，《文汇报》1959 年 10 月 31 日。
⑤ 吴泽：《关于武则天在历史中的作用问题》，《文汇报》1959 年 12 月 6 日。
⑥ 张家驹：《也谈武则天》，《文汇报》1959 年 12 月 13 日。

史上所谓'开元之治'打下基础。武则天说得上是我国封建时代一个伟大的政治家"。

此时期最先对武则天持全盘否定态度的学者是岑仲勉,他在其所著的《隋唐史》中认为武则天"即使撇去私德不论,总观其在位廿一年实无丝毫政绩可纪"①,武则天就是"暴君",而且"荒淫、好杀"。1959年,吕思勉在他所著的《隋唐五代史》中,持与岑仲勉相同的态度,全盘否定武则天,认为武则天不仅滥刑杀人,奢侈腐化,而且用人失察,"所用皆昧死要利,知进而不知退之徒"②。不过,这类观点在学术界仍属少数。

20世纪50年代,海外也有不少关于武则天研究的成果。1953年,新加坡华人作家芝青所著历史传记《武则天传》③,由新加坡南洋商报社出版。1955年,英国的查尔斯·帕特里克·菲茨杰拉德撰写了《女皇武则天》一书。不过这两本书都属于大众普及读物,它们的学术价值并不是很大。这一时期研究隋唐史的海外学者主要集中在日本。日本史学家谷川道雄、横田滋是隋唐史研究专家,他们于1956年在《东洋史研究》上发表了《关于武后朝末期至唐玄宗初期的政治纷争——唐代贵族制研究的一个视角》④《武周政权成立的前提》⑤ 等。两篇文章均认为,武则天之所以能够最终称帝,主要原因在于贵族集团的内部矛盾激化,而武则天背后的新兴地主集团在政治斗争中最终取得了胜

---

① 岑仲勉:《武则天之为人》,见《隋唐史》,北京:中华书局,1982年,第160页。
② 吕思勉:《武韦之乱》,见《隋唐五代史》,上海:中华书局上海编辑所,1982年,第126页。
③ 芝青:《武则天传》,新加坡:南洋商报社,1953年。
④ 谷川道雄:《关于武后朝末期至唐玄宗初期的政治纷争——唐代贵族制研究的一个视角》,《东洋史研究》1956年第14期。
⑤ 横田滋:《武周政权成立的前提》,《东洋史研究》1956年第14期。

利。林语堂曾于 1944 年游览四川广元，离开后即开始撰写武则天的人物传记。1957 年，林语堂的《则天武后》（又名《武则天正传》）在英国伦敦出版。旋即，日本人小沼丹将其翻译为日文出版，进一步掀起了日本学术界研究武则天的高潮。

这一时期也出现了一些关于武则天的文艺作品。1954 年，香港著名武侠小说家梁羽生撰写了《从秦始皇到武则天》，并予以出版。① 1959 年，吴琛等人创作编排的越剧《则天皇帝》②，先后在上海、北京等地公演，引起了文史界的高度关注，在演出后的一次座谈会上，吴晗、翦伯赞、吕振羽等史学家应邀参加，他们一致肯定武则天在历史中的地位与影响。

总的来看，20 世纪 50 年代的武则天研究呈现出几个特点：一是国内学术界开始理性讨论、分析武则天，尽管学者们对评价武则天的分歧较大，但大多数学者仍在总体上肯定武则天的历史贡献，只有极少数学者完全否定武则天。二是武则天研究开始从国内逐步扩展到海外，研究逐渐走向高潮。

三、20 世纪 60 年代关于武则天的研究

20 世纪 60 年代，国内武则天研究进入具体问题的研究阶段。1960 年 5 月，《人民文学》发表了郭沫若创作的四幕历史话剧《武则天》③，在此之前，《上海戏剧》已经全文登载了吴琛等人创作的越剧剧本《则天皇帝》④。这两个剧本均对武则天的形象做了十分正面的描述。越剧《则天皇帝》在 1959 年上演时

---

① 梁羽生：《从秦始皇到武则天》，香港：自学出版社，1954 年。
② 吴琛等：《则天皇帝》，《上海戏剧》1960 年第 5 期。
③ 郭沫若：《武则天》，《人民文学》1960 年第 5 期。
④ 吴琛等：《则天皇帝》，《上海戏剧》1960 年第 5 期。

已经引起了社会关注，郭沫若的《武则天》历史剧本一经发表，更是在学术界掀起了武则天研究的热潮。仅 1960 年至 1962 年，公开出版发行的武则天研究专著就有 4 部，期刊论文一共有 10 篇，报纸文章有 27 篇。这一时期的研究主要集中在两个方面：一是论述武则天在唐王朝发展中的积极作用；二是讨论武则天的一些具体问题，其中关于武则天生年生地的讨论最为激烈。

关于武则天在唐王朝发展中的积极作用，学者们也讨论得很热烈。由于郭沫若、翦伯赞等人 1959 年在《光明日报》先后发表文章，提出为曹操"翻案"的问题，引发了学术界的"翻案"风潮，因此，60 年代的绝大多数学者均论述武则天在历史发展中的积极作用，很少有学者对武则天持反面评价。郭沫若、吴晗、范文澜、韩国磐等人先后发表了大量论文，从不同角度高度肯定了武则天。郭沫若高度赞扬武则天"政启开元治宏贞观，芳流剑阁光被利州"①，吴晗评价武则天是中国历史上伟大的政治家，封建统治者中的杰出领袖②，范文澜着重论述武则天的善于用人，韩国磐高度称赞武则天称帝之举和执政政策。这一时期还有董家遵的《略论武则天政权在历史上的作用问题》③、王达津的《两唐书为什么诋贬武则天》④ 等许多学人的文章，他们对武则天的看法大多是持肯定的态度。

四川大学的缪钺先生是这一时期少见的论述武则天缺点和执政失误的学者，他在《关于武则天评价的问题》一文中提到，"武则天是中国古代史中杰出的女政治家……但武则天也有缺

① 郭沫若：《咏武则天》，题于广元皇泽寺。
② 吴晗：《关于历史人物评价问题》，《新建设》1961 年第 1 期。
③ 董家遵：《略论武则天政权在历史上的作用问题》，《学术研究》1962 年第 5 期。
④ 王达津：《两唐书为什么诋贬武则天》，《光明日报》1961 年 4 月 1 日。

点，而某些个别缺点甚至于相当严重"①。《四川日报》《光明日报》先后登载了缪钺的文章，缪钺认为武则天虽有功绩，但御边无方、崇尚佛教、支持兼并等行为于人民有害。很快，《光明日报》又登载了笔名为若思的人所写的《关于评价武则天的几个问题》②。若思认为武则天的统治并没有缓和贵族阶级和人民群众之间的矛盾，用人和施政也存在许多弊端，这些问题直接导致武则天晚年众叛亲离。因此，赵吕甫于1961年8月在《四川日报》发表了《对〈关于武则天评价的问题〉一文的两点意见》③，在肯定武周政权进步性的前提下，逐一反驳了缪钺的观点，将武则天执政时期若干问题的责任归咎到前朝、战争等方面，认为武则天代表着新兴庶族，并美化武则天，认为其所有作为都有着深刻的历史进步意义。由此可见，在全国上下为曹操、武则天等历史人物"翻案"的背景下，缪钺等人公然批评武则天的缺点，必然招致他人的非议。不过，在众口赞扬武则天的大环境下，缪钺与若思的意见更显得难能可贵。

武则天的生年生地问题在这一时期引起了学界的热烈讨论和争辩。张明善、黄展岳等人于1960年发表了《四川广元县皇泽寺调查记》④，用大量图片和文字详细介绍了广元皇泽寺，认为皇泽寺及其寺内文物，足以论证武则天生于广元。吴晗一度主张武则天生于江苏扬州，他的主要依据为《册府元龟》的相关记载，吴晗认为"武则天生于武德七年（624），《册府元龟》中有两条材料，说明武德末年武则天的父亲在扬州，任扬州都督长

---

① 缪钺：《关于武则天的评价问题》，《四川日报》1961年5月8日。

② 若思：《关于评价武则天的几个问题》，《光明日报》1961年6月21日。

③ 赵吕甫：《对〈关于武则天评价的问题〉一文的两点意见》，《四川日报》1961年8月12日。

④ 张明善、黄展岳：《四川广元县皇泽寺调查记》，《考古》1960年第7期。

史。以此看来，武则天生在四川的说法是不大可能的"①。陈振于 1961 年在《光明日报》上发表了《也谈武则天的出生地和出身》一文，认为"武则天出生的那一年——武德七年，她的父亲武士彟应在任工部尚书判六尚书事，也就是说这时是在京城长安，因此，武则天的出生地点，是大可能应是在当时的国都长安，而不大可能在四川广元或其他什么地方"②。郭沫若在《光明日报》发表了《武则天生在广元的根据》③，根据李商隐诗作、广政碑碑文记载及广元民间传说，推断武则天生于四川广元。吴晗则认为郭沫若仅仅提出了猜想，却没有找到充分的文献证据和考古证据，因此郭沫若的猜想无法作为学术观点存在。不过吴晗同时也放弃了自己的扬州说，转而支持陈振的"武则天生于西安"的观点。随后，敬堂在《天津日报》上发表了《武则天不生于广元的根据》④，又在《光明日报》上发表了《有关武则天的二件资料——"攀龙台碑"与"大周无上孝名高皇后碑铭（并序）"》⑤，胡守为在《中山大学学报》（社科版）上发表了《关于武则天生年的几段史料札记》⑥，这几篇文章都试图论证武则天不生于广元。董家遵在《羊城晚报》上发表了《武则天父亲两任利州都督的证据》⑦，试图印证郭沫若的观点。不过这些文章由于都缺乏最牢固的证据链，谁也不能说服谁，武则天生年生地至今仍存在较大争议。

① 吴晗：《关于历史人物评价问题》，《新建设》1961 年第 1 期。
② 陈振：《也谈武则天的出生地和出身》，《光明日报》1961 年 5 月 24 日。
③ 郭沫若：《武则天生在广元的根据》，《光明日报》1961 年 5 月 28 日。
④ 敬堂：《武则天不生于广元的根据》，《天津日报》1961 年 9 月 6 日。
⑤ 敬堂：《有关武则天的二件资料——"攀龙台碑"与"大周无上孝名高皇后碑铭（并序）"》，《光明日报》1962 年 7 月 18 日。
⑥ 胡守为：《关于武则天生年的几段史料札记》，《中山大学学报》（社科版）1962 年第 3 期。
⑦ 董家遵：《武则天父亲两任利州都督的证据》，《羊城晚报》1962 年 8 月 9 日。

1960—1963 年国内武则天生年生地研究著述一览表

文章名称	作者	发表期刊/报纸	发表年份
《武则天》	郭沫若	《人民文学》	1960 年
《四川广元县皇泽寺调查记》	张明善、黄展岳	《考古》	1960 年
《关于历史人物评价问题》	吴晗	《新建设》	1961 年
《也谈武则天的出生地和出身》	陈振	《光明日报》	1961 年
《武则天生在广元的根据》	郭沫若	《光明日报》	1961 年
《皇泽寺与武则天》	钟荣华	《光明日报》	1961 年
《武则天不生于广元的根据》	敬堂	《天津日报》	1961 年
《在武则天的故乡》	杨山知人	《四川日报》	1961 年
《有关武则天的二件资料——"攀龙台碑"与"大周无上孝名高皇后碑铭（并序）"》	敬堂	《光明日报》	1962 年
《吴晗谈对武则天的评价》	吴晗	《北京日报》	1962 年
《武则天父亲两任利州都督的证据》	董家遵	《羊城晚报》	1962 年
《武则天二三事》	敬堂	《光明日报》	1962 年
《关于武则天的两个问题》	郭沫若	《光明日报》	1962 年
《关于武则天生年的几段史料札记》	胡守为	《中山大学学报》（社科版）	1962 年
《广元的皇泽寺和武则天》	向灵	《成都晚报》	1963 年

日本在这一时期也出现了许多关于武则天研究的论文和论著。日本的松井秀一于 1966 年在《北大史学》发表了《有关则天武后的拥立》（《则天武后の拥立をめぐって》）①，他认为武

———————

① 松井秀一：《有关则天武后的拥立》，《北大史学》1966 年 9 月第 11 期。

则天之所以能够逐渐走上帝位，很大程度上是因为新兴地主官僚阶级与原先的王朝贵族势力产生了对立和斗争，而新兴地主官僚阶级占了多数。日野开三郎发表了《武韦两后时代为避免税役盛行伪度与玄宗的肃清》（《武韦两后时代税役避免伪度の盛行と玄宗の肃清》）①，外山军治出版了专著《则天武后》（《则天武后：女性と权力》）②。1967 年，松岛才次郎发表了《则天武后的称制与篡夺》（《则天武后の称制と篡夺》）③，筑山治三郎出版了专著《唐代政治制度的研究》（《唐代政治制度の研究》）④。

"文化大革命"开始后，国内关于武则天的研究被迫中断，"文化大革命"期间关于武则天的文章大体都是一个模式，毫无学术价值可言。这一时期的论文大多深受"文化大革命"的影响，许多文章打着研究武则天的幌子，实际在为江青歌功颂德。"四人帮"垮台后，学术界又出现了许多批判"四人帮"并全盘否定武则天的文章。因此"文化大革命"十年间国内关于武则天的研究大多呈现"要么过左、要么过右"的状态，没有理性、客观地去研究和探讨问题。

四、1978—1985 年的武则天研究

"文化大革命"结束后，国内学术界开始重新评价、研究武

---

① 日野开三郎：《武韦两后时代为避免税役盛行伪度与玄宗的肃清》，《佐贺龙谷学会纪要》1966 年 12 月第 13 期。

② 外山军治：《则天武后》，东京：中央公论社，1966 年。

③ 松岛才次郎：《则天武后的称制与篡夺》，《信州大学教育学部研究论集》1967 年 3 月第 19 号。

④ 筑山治三郎：《唐代政治制度的研究》，东京：创元社，1967 年。

则天。1978 年到 1979 年，熊德基先后发表了《武则天的真面目》①和《武则天评价问题答客难》②，对武则天研究起到了拨乱反正的作用，不过由于处在"文化大革命"刚刚结束的时候，他的文章仍然未能做到公正客观地评价武则天。

80 年代初期，学界开始对过去的武则天研究进行反思。1980 年，罗继祖在《社会科学战线》上发表了《也谈武则天》③；同年，黄永年在《陕西师范大学学报》上发表了《评郭沫若同志的武则天研究》④；1981 年，曾立平又发表了《评历史剧创作中的反历史主义倾向》⑤。这三篇文章都对郭沫若的武则天研究提出异议，罗继祖反对郭沫若在剧本中对裴炎的处理，黄永年运用大量史实对郭沫若提出的武则天的统治"得到人民拥护"这一论点进行批驳，曾立平更评价郭沫若"为了翻案，把武则天抬高到一个吓人的高度"。这一时期的许多文章都是针对郭沫若的剧本提出"商榷"甚至反对意见的，学者们这种理性讨论的态度，很大程度上是受到了当时"解放思想、实事求是"的思想路线的影响。

1982 年，李必忠、陈贤华发表了《有关武则天评价的几个问题》⑥，对武则天做出了肯定的评价，文章提出武则天用人心理的指导思想是"为我所用的实用主义"，这个观点被后来的学者普遍接受。

自 80 年代初开始，国内学界，尤其是陕西学界发表了大量

---

① 熊德基：《武则天的真面目》，《社会科学战线》1978 年创刊号。
② 熊德基：《武则天评价问题答客难》，《历史教学》1979 年第 1 期。
③ 罗继祖：《也谈武则天》，《社会科学战线》1980 年第 1 期。
④ 黄永年：《评郭沫若同志的武则天研究》，《陕西师范大学学报》1980 年第 3 期。
⑤ 曾立平：《评历史剧创作中的反历史主义倾向》，《戏剧艺术》1981 年第 1 期。
⑥ 李必忠、陈贤华：《有关武则天评价的几个问题》，《四川大学学报》（哲社版）1982 年第 2 期。

关于武则天的研究论文，涉及武则天的为人、执政、诗词、书法等各个方面。1982 年至 1983 年，金中笑连续在《西安晚报》上发表关于乾陵的研究文章。

这一时期，海外也有许多关于武则天研究的论文和专著。1977 年，日本的西村元佑发表了论文《则天武后政治的基本态势与科举出身宰相的活跃》（《则天武后におはる政治の基本姿势と科举出身宰相の活跃》）①。1978 年，格伊瑟出版了历史传记《武则天》。1979 年，美国的崔瑞德、费正清等人编撰的《剑桥中国史》则拿出专门篇章来研究武则天②。1982 年，安田治树发表了《论唐代则天期的涅槃变相》（《唐代则天期の涅槃变相について》）③，谷川道雄发表了《则天武后的明堂》（《则天武后の明堂》）④，原百代出版了他的传记文学专著《武则天》（《武则天》）⑤。在这些论著中，传播最广的则是原百代的《武则天》，原百代在这本书中，高度肯定了武则天在唐王朝发展中承前启后的作用，赞扬武则天是伟大的政治家。

五、1985 年至今的武则天研究

为了更深入系统地研究武则天，中国唐史学会于 1985 年专门成立了二级学会武则天研究会，组织并主办了多次全国性的武

---

① 西村元佑：《则天武后政治的基本态势与科举出身宰相的活跃》，《竜谷史坛》1977 年 3 月第 72 号。

② 崔瑞德、费正清编：《武后》，《剑桥中国史》第三卷《隋唐史》，杨品泉等译，北京：中国社会科学出版社，2007 年。

③ 安田治树：《论唐代则天期的涅槃变相》，日本成城大学大学院文学研究科《美学美术史论集》第三辑，1982 年。

④ 谷川道雄：《则天武后的明堂》，日本成城大学大学院文学研究科《美学美术史论集》第三辑，1982 年。

⑤ 原百代：《武则天》，东京：每日新闻社，1982 年。

则天研讨学术论坛，极大地推动了武则天的研究工作。这一年成为武则天研究的一个重要分水岭。

1985年10月，首届全国武则天学术讨论会在陕西咸阳召开，共收到论文28篇。此次会议着重讨论了武则天执政时期的政治、经济、军事、文化等问题，也涉及武则天生平的研究、讨论，会后由张玉良、胡戟任主编，将其中的《武则天的生平事业》等13篇论文选编为《武则天与乾陵》一书，并于1986年由三秦出版社出版。这是国内第一本公开出版发行的武则天研究论文集。①

自1985年至2016年，由中国唐史学会武则天研究会牵头，先后在咸阳、广元、洛阳、太原、乾陵、偃师、登封等地召开了十二次学术研讨会，编纂出版了《武则天与洛阳》《武则天与文水》《武则天与乾陵文化》《武则天与偃师》《武则天研究论文集》等十余部论文集②，硕果累累，成绩卓著，不仅有力推动了武则天研究的深入开展，而且大大丰富了唐史研究的内容。

三十余年来，不少关于武则天的研究专著也纷纷面世。1986年，胡戟的研究专著《武则天本传》由三秦出版社出版，同年，吴枫和常万生的《女皇武则天》由辽宁人民出版社出版。1993年，赵文润、王双怀的《武则天评传》和杨剑虹的《武则天新传》相继出版，这两部著作引起了一定的反响。2001年，雷家骥的《武则天传》由人民出版社出版，该书以严谨的态度，细

---

① 武则天研究会、乾陵博物馆编：《武则天与乾陵》，西安：三秦出版社，1987年。
② 武则天研究会、洛阳市文物园林局编：《武则天与洛阳》，西安：三秦出版社，1989年；武则天研究会、文水武则天纪念馆编：《武则天与文水》，太原：山西人民出版社，1989年；武则天研究会、乾陵博物馆编：《武则天与乾陵文化》，未正式出版，1995年；赵文润、刘志清主编：《武则天与偃师》，天津：历史教学社，1997年；赵文润、李玉明主编：《武则天研究论文集》，太原：山西古籍出版社，1998年。

致的考辨，描述武则天充满传奇色彩的人生历程，对武则天的一生做了全面总结。

纵观这十余届武则天学术研讨会，共收到论文 500 余篇，论文的主题内容，从武则天的祖籍、出生地，到武则天的为政、用人，乃至武则天的诗文，可谓全方位涉及。总的来说，武则天研究正从零散研究走向系统研究，并逐渐演变为世界性的学术课题，研究领域也在不断地拓宽。同时，西安、洛阳、文水、广元等地充分利用这些研究成果，助力地方城市建设和文化发展，促进当地旅游开发。

据粗略统计，国内外近百年关于武则天的研究论文已有近千种，关于武则天的研究专著和普及读物也有上百部。总的来看，武则天研究已经取得了若干可喜的成果，不少论文和专著都具有极高的学术水平。当然，武则天研究也还存在选题面窄、选题雷同、研究重复等不少问题。如何深入系统地研究武则天，是我们文史研究者必须思考的问题。

吴之英研究述评

吴洪泽*

摘　要：吴之英是四川近代著名的经学家、教育家、书法家，以精研"三礼"为世人所重，著有《寿栎庐丛书》。今人整理有《吴之英诗文集》《吴之英儒学论集》等。本文从时人评价、文献整理、生平事迹、学术交游以及经学、文学、教育、书法艺术等多个方面，对相关研究做一回顾与展望。

关键词：吴之英　蜀学　尊经书院

吴之英（1857—1918）是雅安名山的闻人，也是四川近代知名的经学家、教育家、书法家。他是尊经书院的高才生，通诸经，精"三礼"，以《仪礼奭固》等著作，成一代经学名家；其凭借家学渊源，以深厚的功底，书写"辛亥秋保路死事纪念碑""四川尊经书院举贡题名碑"等，成为名扬四海的书法家；他任锦江书院襄校、四川国学院院正、名山教育会会长，主教简阳、都江堰等地，在家乡创办学校，并担任小学堂堂长多年，教书育人，造福一方；他在中医及诗文创作方面均有所建树，造诣不凡。吴氏身故后，其著述虽经其子编刊为《寿栎庐丛书》，但散

---

　*　作者简介：吴洪泽，生于 1963 年，四川名山人，四川大学古籍整理研究所副研究员。主要研究方向：古典文学、历史文献学。

佚尤多。更遗憾的是，"君子疾没世而名不称"，先生贡献卓著，而今人却对先生知之甚少，这正是我辈愧对先生的地方。所幸的是，先生后裔吴洪武能世其家，而近年相关研究者也日渐增多，地方政府对先贤遗迹保护有加，响应中央号召，弘扬地方传统文化的希望，就在今日。在此，笔者谨将百年来有关吴之英的研究情况略加梳理，希望能对促进吴之英的研究与地方文化建设工作，略尽绵力。

一、吴之英著述及时人评价

吴之英于 1918 年夏天病逝后，其次子吴铣鬻产集资拟刻遗集，并于 1920 年冬刻成《寿栎庐丛书》10 种，由先生受业弟子颜楷题写书名。《寿栎庐丛书》所选约 200 万言，分 73 卷，包括《仪礼奭固》《仪礼器图》《仪礼事图》各 17 卷，《周政三图》3 卷，《汉师传经表》1 卷，《天文图考》4 卷，《经脉分图》4 卷，《文集》《诗集》各 1 卷，《厄言和天》8 卷。此外尚有《诸子通倅》15 册，《中国通史》20 册，《公羊释例》7 册，《小学》4 册，《以意录》4 册，《蒙山诗钞》1 册，《北征记概》1 册，《诗以意录》《尚书信取录》《周易寡过录》4 册等，未及刊刻，陆续散佚。

《寿栎庐丛书》载有"尊经四杰"之一宋育仁和雅州上南道道尹黄崇麟二篇序文，以及吴之英弟子傅守中所述《寿栎庐先生故事》，此三文是现存较早述评吴氏的文章。

宋序回顾二人数十年的金石之交，并在变法、修礼、讲学、办报等方面，引吴氏为同志。至于学术层面，他推重吴氏在文学方面的成就："君诗开径独行，比于近代文家有如胡稚威、王仲瞿，不践公干、陈思堂室。其为文，坚栗而光晔；以经术深湛之思，泽以楚艳韩笔，故肃穆而闳肆，视吾乡先达熊南沙骖靳殆驾之，可谓雄于文矣。"① 认为其文植根经术，闳深雄健，得先秦诸子及韩愈笔法；其诗自成一格，略过魏晋而追步《诗》《骚》。这与廖平称其文"实出淮南""纡徐漫衍"，吴虞称"蒙山为文出于周秦诸子"，黄崇麟序称"其为文章，渊懿醇茂，以周秦为则；诗歌隐约深秀，自谓音节符于古乐府，隋唐以后蔑如也"②，如出一辙。而对吴之英的《礼》学成就，宋序称："《礼奭》《礼事》，节疏指画，位为向面，步有践履，三代之典如堂陈，朴学而有实用，精卓可传。"黄序谓其"确守汉师家法，而尤邃于《礼》，所著《仪礼奭固》《礼事图》《礼器图》《周政三图》，研精覃思三十年乃成。其创通大义，发疑正读，与二戴、高密未知孰为后先，贾公彦以下弗及也。"二人对吴之英释例正疑、图解实用的做法，不仅认同，而且评价极高。对吴之英的求学历程，黄序也有总结，称其与廖平、杨锐、宋育仁等师从张之洞、王闿运，为尊经书院之"通材高第"，共同振起蜀学，"号称极盛"。又以"经术湛深，文章尔雅，蔚为儒宗"，推尊其为名山有史以来最杰出的人才。对其淡泊名利，"独抱遗经""讲学乡里"的品节赞赏不已。傅守中所撰《寿栎庐先生故事》③，即吴之英传，述其生平事迹，重在叙述其学习交游的历程以及变法图强的政治思想，而尤详于著述源流，提纲挈领，可资参考。

以上三篇文章，代表了同时人对吴之英学术思想的认知，虽不乏推许的成分，但总体比较客观，反映了吴氏的主要贡献，为

---

① 宋育仁：《寿栎庐丛书叙》，见《吴之英诗文集》，成都：四川大学出版社，2008 年，第 564~565 页。

② 黄崇麟：《寿栎庐丛书序》，见《吴之英诗文集》，成都：四川大学出版社，2008 年，第 566 页。

③ 傅守中：《寿栎庐先生故事》，见《吴之英诗文集》，成都：四川大学出版社，2008 年，第 567 页。

研究吴之英生平交游、思想著述等提供了第一手资料，价值不言而喻。

二、吴之英研究的沉寂期

20 世纪 20 年代至 40 年代，新纂修的资中、简阳、灌县、名山等县志，均收录吴之英传记。而 1944 年《新中华》杂志复刊第一期所载杨世骥《文苑谈往·吴之英》，堪称第一篇研究吴之英文学成就的论文，该文从分析《论文篇》入手，认为吴之英"是阆运文学方面唯一的传人"。针对当时"徒知标榜，空疏肤浅的诸种文派"，吴之英"在文学上主张极端复古"，推崇五经、诸子，而贬斥唐宋以来文章。他以"纵横漫衍，多所旁涉"评价吴之英的文章，指出其"刻意学古，习用奇字涩句"的弊病。其诗"以古乐府、鲍照、吴均、薛道衡、卢思道、李白、杜甫、元稹、白居易为宗，尤擅七古"，列示吴氏代表作近二十篇，而推《关山月》为"上驷"之作，"脱体'横吹曲辞'，铺陈秾至，音节排奡，和他所持的论调完全吻合，足以代表他一般的作风"①。此文对吴氏创作的评介较为中肯，因此每为后代研究者引用。

20 世纪 50 年代至 80 年代初，是吴之英研究的沉寂期，世人对吴之英极少关注，同时他的遗著一部接一部地散失，墨宝一纸接一纸地流落，造成覆水难收的局面。所幸其曾孙吴洪武先生能传承家学，抢救遗献，并在 80 年代中后期陆续有成果见诸报刊。1985 年，名山县政协文史资料征集委员会编纂《名山县文

---

① 杨世骥：《文苑谈往·吴之英》，见《吴之英诗文集》，成都：四川大学出版社，2008 年，第 604~607 页。

史资料》第一辑，即《吴之英专辑》，对吴之英的生平事迹、文献资料等进行了初步的搜集和整理，意义重大。1986 年《青衣江》秋刊，登载吴洪武《吴之英诗文谈》一文，对吴之英不同文体的文章做了简略介绍，并对其诗歌创作风格、内容及代表作品等有较详细的分析。1989 年由四川人民出版社出版、四川省文史馆编的《四川近现代文化人物》一书，对吴之英有较为全面的评介。当今网络上有关吴之英的内容，大多源自此书，影响较大。

自 20 世纪 90 年代以来，有关吴之英的评述之作逐渐增多。1994 年由四川大学出版社出版的贾大泉、陈世松主编的《四川通史》，有"吴之英及其《寿栎庐丛书》"一节，从历史角度对吴之英学术历程、政治思想及著作等进行梳理，堪称吴之英评传。而《四川历史辞典》《成都大词典》《四川省人物志》《四川省志》《新闻传播百科全书》等辞书均有"吴之英"词条，述其生平事迹。

这一时期的时间跨度达八十余年，主要成果体现为传述资料的归结，并以词条形式展现于方志、辞书及其他史书中，而单篇研究论文则相对稀少。

三、文献整理与研究期

20 世纪 90 年代，吴洪武先生开始搜集整理其曾祖遗著，联系出版社准备出版，结识了时任四川大学出版社副总编的彭静中先生，开始了两人长达十余年的合作：一方面是对吴之英诗文进行标点、注释；一方面则有计划地撰写研究论文。1993 年，《巴蜀史志》第 6 期刊载了彭静中《弘扬蜀学的吴之英》一文，充分肯定了吴之英对弘扬蜀学的贡献，对其著述及诗文做了题解性

的梳理，且对世人对吴之英的冷遇大鸣不平，是第一篇比较全面
研究吴之英的论文。随后，彭先生又撰写了《吴伯朅与王闿运》
《吴伯朅与张之洞》《吴伯朅与吴虞》《吴伯朅与刘申叔》《吴伯
朅与廖平》《名山吴氏学术管窥》等论文，对吴之英的从学经
历、师友交游、学术贡献等加以考释、总结，有不少原创与开拓
性的成果。但其在褒扬吴氏之余却对廖平等人大加挞伐，难免有
过激之嫌。吴洪武先生撰有《吴之英与谢无量》、《吴之英挽杨
锐联》、《吴之英长乡校逾十年》、《吴之英书写"保路碑"文》、
《倡扬蜀学反帝爱国的吴之英》（与张栩为合作）、《吴之英变法
维新思想及活动》（与李本权合作）、《蜀学大师吴之英　牵动海
峡两岸情》（与蒋昭义合作）、《质朴不可裁　变化挟鬼神》（与
吴劲松合作）、《吴之英〈哭杨锐〉诗稿的史学价值和审美价值》
（与春江合作）等，从政治思想、学术交游、作品赏析、书法艺
术等多个角度展开研究，筚路蓝缕，摇旗呐喊，对扩大吴之英的
影响和促进研究工作的开展，功不可没。上述论文及词条等，均
收入后来出版的《吴之英诗文集》。自此以后，研究者逐渐增
多，并在以下几个方面，初见成效。

一是文献整理工作。2002 年，上海古籍出版社出版《续修
四库全书》，将吴之英《仪礼奭固》《仪礼奭固礼器图》《仪礼
奭固礼事图》三书影印出版，为学者的研究工作提供了极大的
方便。

2008 年 4 月，四川大学出版社出版《吴之英诗文集》，该书
是吴洪武、彭静中先生十多年心血的结晶，从文献抄录到诗文校
勘、注释，用力甚巨。后来又力邀吴洪泽参与编辑、校注工作，
又得四川大学古籍所舒大刚、尹波等先生鼎力相助，以及名山县
委宣传部资助，得以顺利出版。全书 50 余万字，收录了除《仪
礼奭固》《仪礼奭固礼器图》《仪礼奭固礼事图》《周政三图》

《天文图考》几种专著以外的诗文及杂著，按文体编次，分为 18 卷，予以标点、校勘和简单注释。前有舒大刚所撰《〈蜀学丛刊〉序》，岑刚《读吴之英诗文集感赋》，徐孟加《〈吴之英诗文集〉序》，李毅《吴之英诗文集序》，杜义《为人范为经师的吴之英》，曹纪组、罗光泽《文化名人吴之英》，罗光德《创千古事业 作不朽文章——记晚清蜀学大师吴之英》几篇文章，后附：吴洪武、吴洪泽撰《吴之英先生年谱》；评传资料、轶事；论文；吴之英书法研究；吴之英碑林。该书是校点、整理吴之英著述的开山之作，附录资料丰富，极大地方便了研究者，也获得了四川省社会科学优秀成果奖。但该书尚有漏收诗文及偶尔注解失误的情况，有待再版时修正。

2010 年 5 月，四川大学出版社出版潘斌选编《吴之英儒学论集》。全书 67 万字，前有编者序，肯定"《礼》学是吴之英经学研究的核心"，并从注释精简、自成一家之言、图解直观三个方面论其《礼》学成就。该书收录《仪礼奭固》《仪礼奭固礼事图》《汉师传经表》等著述数种，并钩辑吴氏谈论儒学的文章 23 篇，汇聚一编，十分便利学者研究。

二是有关吴之英生平事迹的研究，成果颇丰。除前述方志、辞书之外，还有一些专著、论文。

王涛撰《吴之英墓志》，摭其生平著述大节，酌采时贤评论，以"精行俭德，淡泊宁静，志气高远，弘扬蜀学"归结[1]，大抵近实。该文附入《吴之英诗文集》及《吴之英评传》。

吴洪武、吴洪泽撰《吴之英年谱》，附录在《吴之英诗文集》《吴之英儒学论集》《吴之英评传》后，对吴之英生平事迹、

---

[1] 王涛：《吴之英墓志》，见《吴之英诗文集》，成都：四川大学出版社，2008 年，第 551 页。

著述、交游及时事背景等，有比较简略的考述，可资借鉴。

杨国先主编《吴之英评传》，该书为庆祝辛亥革命一百周年而作，约 30 万字，由四川人民出版社于 2011 年出版。全书分八章四十节，由从学经历到教书育人，总括吴之英一生，强调其在变法图强过程中的政治、经济思想，并从政治、教育、学术、名蒙赤子等方面评述其贡献。编者又收集有关评论资料，附录其后。该书由吴洪武、吴洪泽、蒋昭义、欧阳崇正等多人编撰，兼顾学术价值与通俗性，对扩大吴之英的影响具有重要意义。由于时间仓促及成于众手，该书也存在内容重复及体例不纯等问题，有待进一步修正。

陈鹤《四川近代人物生平事迹考辨二则》，考证吴之英参加朝考的时间在光绪九年（1883），纠正了《四川近现代人物传》（第一辑）、《倡扬蜀学反帝爱国的吴之英》、《吴之英年谱》的错误①。

三是对吴之英学术交游的研究，如与张之洞、王闿运等师长以及与廖平、宋育仁、杨锐、谢无量等学友关系的考查，并形成了一系列成果。彭静中《吴伯朅与张之洞》考述张在蜀中设立尊经书院，撰述《輶轩语》以教诫学子，而吴则是张氏教育思想的践行者，能绍述尊经之风，彭文认为"尊经书院所培养诸生中，称得上尊经而又卓然冠冕蜀中者，唯有伯朅先生一人而已"②。

彭静中《吴伯朅与王闿运》一文，认为"之英通《公羊》，

---

① 陈鹤：《四川近代人物生平事迹考辨二则》，《文史杂志》2014 年第 6 期。
② 彭静中：《吴伯朅与张之洞》，见《吴之英诗文集》，成都：四川大学出版社，2008 年，第 637 页。

精'三礼'",得到了王氏对"尊经弟子的唯一称赞"①,而吴则尊师重道,对王颇为推崇,并在《仪礼》研究上超越其师。吴洪泽《试论王闿运对吴之英的影响》从家学渊源入手,考察王氏入主尊经书院及与吴之关系,着重考察王闿运在治学方法以及经学、史学、文学等方面对吴之英的影响,认为吴虽对王推崇有加,秉承师说而力求创新,故而独具特色。②

彭静中《吴伯朅与吴虞》考察吴虞从学吴之英的经历及其对师尊的终生敬仰。

彭静中《吴伯朅与刘申叔》论述刘师培与吴氏的书信往来,以及刘氏对吴氏诗文与"三礼"研究的推崇。黄锦君在《刘师培入川形迹交游略考之一》中,论述吴、刘二人在四川国学院任职期间的情谊及书信往来,以及刘对吴氏《礼》学的推崇,并尊其人品、学问"当于周秦间人求之"。文中对吴之英因病归养的时间加以考定,认为是在1912年。③

王晓渝、康建国《志趣相投 珠联璧合——〈哭杨锐〉及其题跋》,考论杨、吴二人为志同道合的学友。④ 吴洪武《吴之英与谢无量》一文,考述谢、吴二人在存古书堂、四川国学院的互相礼聘,以及吴对谢的赏识。此外,《吴之英评传》中,对吴之英与廖平、吴虞、刘光第、宋育仁、刘师培、赵正和等人的交往情形,均设专节论述,可资参考。

---

① 彭静中:《吴伯朅与王闿运》,见《吴之英诗文集》,成都:四川大学出版社,2008年,第626页。

② 吴洪泽:《试论王闿运对吴之英的影响》,《儒藏论坛》第7辑,成都:四川大学出版社,2013年。

③ 黄锦君:《刘师培入川形迹交游略考之一》,徐希平主编:《长江流域区域文化的交融与发展——第二届巴蜀·湖湘文化论坛论文集》,成都:四川大学出版社,2014年,第55页。

④ 王晓渝、康建国:《志趣相投 珠联璧合——〈哭杨锐〉及其题跋》,《四川戏剧》2002年第4期。

四是对吴之英《礼》学及蜀学成就的研究，近年以来，渐成热点。彭静中、吴洪武共撰《〈仪礼奭固〉三书：空前启后的杰作——吴伯朅先生〈仪礼奭固〉三书管窥》一文，从回顾《仪礼》研究史入手，认为吴之英"《仪礼》三书是在前人基础上之创新杰作，集《仪礼》研究之大成和开来之作"。该文虽大量罗列时人评述之说与吴氏三书基本内容，但对吴氏解《礼》特点及贡献实例剖析不足，难免遗憾。程克雅《晚清四川经学家的三礼学研究——以宋育仁、吴之英、张慎仪为中心》一文，认为晚清四川学者从人情理义的角度诠解"三礼"，这种学术路径值得进一步研究。① 潘斌《吴之英〈仪礼〉学刍议》认为吴氏《礼》学重视阐发礼义，诠释精练，继承了郑玄注《礼》精简的特点，且不株守旧说，可补郑注之阙漏。吴之英所绘制之《仪礼奭固礼事图》《仪礼奭固礼器图》，使复杂的名物礼制变得形象而直观。② 孙致文《试论晚清四川学者吴之英〈仪礼奭固〉的解经趋向与价值》一文，认为《仪礼奭固》一书着重于归结《礼》例及阐释微言大义的解经趋向，与《公羊》注疏传统相近，颇有特点，但过于简要，以致沉晦多时。③ 吴洪泽《吴之英对礼仪教化的贡献》一文，认为吴之英受王闿运影响而重视《仪礼》研究及其教化作用，所著《仪礼奭固》以通经致用为主旨，因而具有篇幅简短而意义明晰的特点，既拣选郑玄注而又有所订正，自成一家。《仪礼奭固礼器图》《仪礼奭固礼事图》图形较前人完整详细，实用性强。所撰三书，《仪礼奭固礼器图》

---

① 程克雅：《晚清四川经学家的三礼学研究——以宋育仁、吴之英、张慎仪为中心》，《儒藏论坛》第 2 辑，成都：四川大学出版社，2007 年。
② 潘斌：《吴之英〈仪礼〉学刍议》，《西华大学学报》2013 年第 5 期。
③ 孙致文：《试论晚清四川学者吴之英〈仪礼奭固〉的解经趋向与价值》，《儒藏论坛》第 7 辑，成都：四川大学出版社，2013 年。

以辅《仪礼奭固》之说,《仪礼奭固礼事图》以明《仪礼奭固礼器图》之用,三位一体,独树一帜。①

对吴之英与蜀学关系的研究,彭静中、吴洪武共撰《吴伯朅先生与古典蜀学终结》一文,从学术历程、古典蜀学概观、时人的蜀学观三方面考察吴之英对蜀学的贡献,对其所撰《桂湖》一诗尤多推崇,"视为有关古典蜀学的诗化提纲,是古典蜀学史诗,是一首论人论学的卓绝史诗。以先生的诗义而言,先生是继杨慎而上及先秦以来古典学术的传人"②。李镜《蜀学大儒维新前驱——记晚清国学硕儒吴之英》一文,认为吴之英"既是中国蜀学的集大成者,又是近代蜀学强劲的开拓者"③。范佳《吴之英与晚清蜀学》一文,认为蜀学在晚清得到了长足发展,主要表现在其学衍进步和学人繁荣这两个方面。吴之英作为"尊经四杰"之一,在文学创作、政治经济思想、经学著述等方面均有成就,主张"通经致用,以文载道",并培育了大量的蜀学人才,对晚清蜀学内容的拓展和弘扬蜀学精神,影响深远。④

五是对吴之英在文学、教育学方面的成就也不乏专文研究。除前述杨世骥《文苑谈往·吴之英》、吴洪武《吴之英诗文谈》外,曹纪组、罗光泽在《文化名人吴之英》一文中认为:"吴之英先生是位诗人。他的诗词歌赋尚存二百余首,以《楚辞》《汉郊祀歌》、鲍照、吴均、薛道衡、卢思道、李白、杜甫为宗,演

① 吴洪泽:《吴之英对礼仪教化的贡献》,四川大学古籍整理研究所编《四川大学古籍整理研究所建所三十年纪念文集》,成都:四川大学出版社,2014年。

② 彭静中、吴洪武:《吴伯朅先生与古典蜀学终结》,《儒藏论坛》第2辑,成都:四川大学出版社,2007年,第291页。

③ 李镜:《蜀学大儒维新前驱——记晚清国学硕儒吴之英》,《蜀学》第10辑,成都:四川人民出版社,2015年。

④ 范佳:《吴之英与晚清蜀学》,《蜀学》第10辑,成都:四川人民出版社,2015年。

化成自己的诗格。""其诗歌具有进步的思想性""善骈文，所著的《萤火赋》《尺赋》等艺术性极高。"① 程文《吴之英诗词赏析》一文，分析了《天目山》《新筑西崖草舍》《浪淘沙》（半卷绿衣残）三首诗词的艺术特色。《吴之英评传》第五章第四节以"爱国诗文，胎息秦汉"为题，从"文以载道，复古为尚""文追周秦，渊奥古雅""诗宗汉唐，隐约深秀"几方面，论吴之英诗文继承王闿运衣钵而卓然成家。范佳在《吴之英与晚清蜀学》中，对吴之英的创作成就也有探讨。

关于吴氏在教育学方面的成就，大凡论及吴氏生平事迹之文，几乎都有涉及，不再缕述。曾兆姜《吴之英先生与简阳学风的转变》一文，考述吴之英出任简阳通材书院山长，购置图书，编印《通材学约》，指示治学门径，倡导《公羊》学、《仪礼》学，引导学风由科举转向通经致用，培育了曾可传等优秀人才。② 吴洪武《吴之英长乡校逾十年》一文，考述吴之英执掌乡校，推行"中学为体，西学为用"的教育思想，创办新式学堂47所，为名山人才培养做出了贡献。③

六是吴之英的书法艺术研究。吴氏因书写"辛亥秋保路死事纪念碑"而名扬四海，后人收藏、研究他的书法作品者大有人在。《中国书法鉴赏大辞典》有吴氏之传及作品评述，《吴之英诗文集》附录《吴之英书法研究》一集，收录张翊《〈吴之英书法选集〉序》，何崝、张进、王宝明、张社《吴之英书法赏析》，吴洪武、吴劲松《质朴不可裁　变化挟鬼神——吴之英书

---

① 曹纪组、罗光泽：《文化名人吴之英》，见《吴之英诗文集》，成都：四川大学出版社，2008 年，第 17~18 页。
② 曾兆姜：《吴之英先生与简阳学风的转变》，见《吴之英诗文集》，成都：四川大学出版社，2008 年，第 662~663 页。
③ 吴洪武：《吴之英长乡校逾十年》，见《吴之英诗文集》，成都：四川大学出版社，2008 年，第 664~665 页。

法艺术研究》，吴洪武《吴之英书写"保路碑"文》，吴洪武、春江《吴之英〈哭杨锐〉诗稿的史学价值和审美价值》，袁承伟《超迈高远，遒劲朴茂——吴之英行书联赏析》等 6 篇文章。《吴之英诗文集》所录《吴之英碑林》一集，收录今人凭吊前贤、赏析吴之英书法艺术的诗文 90 多篇。

七是以吴之英为文化主题的活动。在地方政府的主持下，此类活动已举行过多次，扩大了吴之英在四川、全国乃至全球的影响。原名山县政府斥巨资维修吴之英故居，打造纪念馆，塑立碑林①，召开编纂出版《吴之英诗文集》《吴之英评传》新闻发布会。又接待海峡两岸学者访问吴之英故居②，现在又与四川大学古籍所联合举办"吴之英与蜀学"研讨会，邀请了来自美国、日本、拉脱维亚等国，中国台湾地区以及内地知名学者，济济一堂，畅谈吴之英的贡献及对雅安文化建设的意义。通过多次活动，充分展现了地方政府对弘扬优秀传统文化工作的重视与积极的努力。

总之，吴之英为我们留下了珍贵的文化瑰宝，政府与学者联手，为抢救这份珍贵遗产做出了巨大努力。目前，文献整理与相关研究工作已步入正轨，取得了一些成果。但对吴之英学术贡献与社会教育作用的发掘，仍处于起步阶段，后续要做的工作和需要订正的问题依然存在，尚有待海内外有识之士共同努力。

---

① 李国斌、陈显波：《他为"保路英雄"书写纪念碑》，《雅安日报》2016 年 12 月 3 日。

② 吴洪武、蒋昭义：《蜀学大师吴之英牵动海峡两岸情——接待"台湾晚清经学遗迹考察团"简记》，见《吴之英诗文集》，成都：四川大学出版社，第 665 页~668 页。

从词学到国学研究

——谢桃坊先生访谈录

受访人：谢桃坊　采访人：邵莘越[*]

问：谢老师您好！很高兴您能接受晚学的采访。在之前的准备过程中，学生发现您的阅读范围贯越中西，可以谈谈对您影响比较大的一些著作吗？您又是如何对这些著作进行选择的？

答：我读小学的时候，成绩不好，平均分数大概在 70 多分，当时属于乙等，小学是浑浑噩噩地过的。1947 年底小学毕业，我去考成都县立中学，考不上。父亲让我去卖了一阵子香烟，后来送我到牛市口场外刘杲新先生那里去读私塾。刘先生是接受过

　　* 受访人简介：谢桃坊，生于 1935 年，成都人。1960 年毕业于西南师范学院中国语文系，1980 年参加中国社会科学院考试，以助理研究员被录取，1981 年调入四川省社会科学院从事中国古代文学研究工作。著有《柳永》《苏轼诗研究》《宋词概论》《中国词学史》《宋词辨》《词学辨》《宋词论集》《唐宋词谱校正》《中国市民文学史》《敦煌文化寻绎》《诗词格律教程》《成都东山的客家人》《成都沙河客家的变迁》《四川国学小史》《国学论集》《国学史研究》等，发表论文两百余篇。谢桃坊先生是久负盛名的杰出词学家和古典文学研究专家，澳门大学施议对教授在《百年词学通论》中，将其列为百年词学研究第五代的代表人物。退休后，谢桃坊将研究方向转向了国学研究，担任学术集刊《蜀学》的副主编。他于 2009 年出版的《四川国学小史》一书，试图通过对近代国学研究重镇——四川的国学运动的描述，来梳理国学家们对国学认识的发展过程，重现当年的学术辉煌。
　　采访人简介：邵莘越，生于 1991 年，黑龙江省齐齐哈尔市人，四川大学古籍整理研究所 2017 级历史文献学专业硕士研究生。

维新思想的，曾经担任过四川军阀刘存厚的幕僚。他晚年隐居农村，教几个学生。因为我已经是小学毕业了，他就不把我当成一般的学童对待，不叫我背书。我读《四书章句集注》，刘先生让我看朱熹的注释，另外时不时地讲一两段。然后就是作作文、作对联、写字。不久之后我把"四书"读完了，自己又买了很多书：《周易》《庄子》《战国策》《左传》《孙子兵法》，等等。刘先生说："人一生读懂一本书就够了。"但是我有点好奇，总想读很多书。另外他的书架上只有两部书，我得空了就会去读。一部是《香艳丛书》，是专门记载中国妇女的故事、诗文的，是消遣的书。还有一部是《古今说部丛书》，是笔记杂书。我在刘先生那里学习了一年半左右，一下子就产生了渴求知识的愿望。所以后来我说，学生求学必须要有一种对学术的求知欲，驱使他，对学术有兴趣了，学习的关键就在这里。

我老家在八里庄附近，有几亩田，1950 年秋我就回家务农了。当时我 15 岁了，回老家之后，被认为是文化程度比较高的青年，参加减租退押、清匪反霸等工作，很快担任村上的文教委员、卫生委员。1952 年，我 17 岁，被调去参加成都市扫盲师资训练班，就是学习注音符号，配合开展扫盲运动，让农民、工人能够学习识字。那一年的秋天，我到当时的郊区——龙潭区，成为专任的工农业余学校的教师。我开始接触新文化，读鲁迅的著作、《人民文学》等，还有其他很多新文学著作。1954 年，我到成都郊区第三小学去担任语文和历史教师。这时我不仅读马列主义经典，也很爱好文艺创作。当时对我影响比较大的是范文澜的《中国历史简编》。我从这部书中受益很大，另外还读了他的《中国近代史》，遂对历史学产生了兴趣。此后我学习了苏联斯特罗果维奇的《逻辑》，这也对我帮助很大。因为我没读过中学，缺乏科学知识的训练，通过逻辑学来弥补我这方面的缺憾。

我也读了梁启超的《清代学术概论》，1944年版的，现在还保存着。在哲学方面，我读了一位苏联学者写的《欧洲哲学史简编》，这本书对我影响也很大，使我比较系统地了解了整个西方的思想发展情况。前面说过，我缺乏科学知识，为了能够弥补这方面的缺憾，我还读了何兆清的《科学思想概论》。这部书是用文言写的，是清华大学民国时期的大学教材，通过这本书我知道了科学思想发展的概况。总体而言，我在小学工作的时候，这几本书对我是非常有用的。我知道了科学发展的情况，知道了欧洲哲学思想发展的状况，知道了中国历史，再加上逻辑学，这使我思想清晰，富有理性判断。这些知识现在对我都很有用，可以说这些是一种基本的修养。

然后到了1956年。那一年很特殊，当时是叶圣陶当教育部部长，他在国内实行教育改革。从1956年起，高中文理科就分开了，汉语和文学也分开了，教材是相当好的。那一年的高考也改革了，考文科的不考数理化。那一年也恰恰可以自由报考。如果你是为国家工作的干部、教师，你是不能随便参加高考的，一定要有领导推荐和允许才能去高考。但是有些推荐去的考不起，考得起的不一定能去。小学教师也如此，没有推荐你就没有考试的资格。所以，1956年是很好的一年，可以说是新中国成立以来最好的一个年头，那一年的自由报考我去参加了。当时考的是政治、语文、历史、地理，干部可以免试外语，所以我可以不考外语。从我得到允许到考试只有40天，时间很紧，但我考得还是很好。当时想考什么呢？想考哲学系，想读北京大学的哲学系。后来我才了解到，考哲学系需要加试高等数学，我根本不懂。而且当时规定小学教师参加高考，只能考本大区的师范学院，那么我就只能考西南区的师范学院。我报考的西南师范学院，就是现在的西南大学。考完了我就把行李背回家，我想我应该能考上，后来果然考上了。

当时我们的确是感觉到新中国成立以后，党和国家有意识地在培养一些年轻人，像我就是这样走出来的。我爱好文艺，也自学了马列主义理论。我有一个观念：我要搞文艺批评，要捍卫马克思主义的文艺路线，我们文学界需要这种人，所以我特别羡慕俄罗斯批评家。应该说我这个愿望是很好的，所以进了西南师范学院以后，自己有一个庞大的计划：要把文艺批评这个工作做好，就必须懂得西方哲学以及西方的文论，甚至包括中国历史，要建立一个扎实的理论基础。西方哲学我曾读过一些，所以进学校后，就开始读侯外庐的《中国思想通史》，还有吕振羽的《中国政治思想史》。这两部书涉及的中国的经典，从《周易》《老子》一直到《宋元学案》，王夫之、廖平（的书），我全都通读了。我还把《四部备要》《四库全书总目提要》和《中国丛书综录》抄了很多，足足有一本。我读的还有线装书，因为我跟图书管理员关系比较好，能将线装书都借出来，这些对我太有用了。

一年级结束的时候，也就是 1957 年，我成了右派。这个就不详细说了，我发过一篇文章，叫《我在西南师范学院的非正常大学生活》，里面详细地讲了我是怎么成为右派的。实际上我的家庭出身等方面都比较好，又是新中国培养出来的大学生，比较单纯，是一个真正的马克思主义信仰者。但是我不懂政治，很幼稚，所以我觉得那一次伤害了许多真正信仰马克思主义的人。当时我被认为情节比较轻，态度比较好，受到了最轻的处理：留校学习，群众监督。于是我在同学中就被孤立了，同学一般不跟我谈话，我的一举一动都受到了监视，叫我做什么就得做什么。如果他们参加政治学习，就会把这些右派的同学组织起来参加劳动，所以劳动时间多。我们经常在一起劳动，跟其他同学无关。

那个时候的教学是时断时续，在这期间，我也跟着班上的同学学习，但我就不可能去联系老师了，因为老师也怕跟这些右派的同学联系，所以我基本上是自学。但是这时又有了一个问题，就是把我们算作是人民的敌人，是社会主义的敌人，你再去谈捍卫马克思主义的文艺路线，简直就是荒唐，是嘲讽。所以有一段时间我非常地苦闷，我就转向四川文史研究，但是我并不感兴趣。我又读梁启超的《清代学术概论》，他最后自我总结，说自己的爱好太广泛了，有朋友劝他，说如果专就某一学科进行研究，他可能成就更高。他很后悔，而且谈到政治也影响到他，所以在晚年他就从事纯学术的研究。我一下子悟到我应该从事纯学术的研究，跟政治无关。那么研究什么呢？恰恰这个时候，我认识的一位老师，赵幼文先生，是研究《三国志》的专家，他在北京给我写了一封信来，鼓励我研究宋词。这一下就提醒我了，我马上转向宋词研究。

我把当时能看到的所有关于宋词的著作都找来读了。我把毛晋编的《宋六十名家词》读完了，在现在看来这是不可思议的。还有万树的《词律》，那是极其枯燥的东西，我也读完了。张相的《诗词曲语辞汇释》，我也把它读完了。就这样我收集了大量的资料，现在我还保留了一本《词学资料汇编》，很大一本，里面的内容分门别类。我把这些东西全都抄下来，大概用了两年的时间，到要毕业那一年，基本上就结束了。我写成了一部《宋词发展史略》，8 万多字，现在草稿还留着。我觉得研究宋词有一个好处，它是纯学术；另外，我从文学史或者文艺学的角度去研究，能够满足我理性的追求；再有，我觉得宋词很亲切，宋词主要表达的是个人的情感，能够在情感上给我一些安慰。理性和感性上能够结合，这是我选择宋词作为研究对象的原因。而且当时我有一个想法，就是终生从事宋词研究。这个想法很简单，若能在《光明日报》上发几篇文章，出一部宋词研究著作，我就满足了。

宋词学习告一段落过后，我觉得知识还有缺陷，于是就泛读了社会科学各个领域的基本著作，比如经济学、社会学、心理学、中西交通史，还有敦煌学、南海史地研究等。我觉得比较奇怪的是我还读过达尔文的《人类与动物的感情表达》，这本书相当好。我还读过达尔文的日记。比较好笑的是，我去读牛顿的《自然哲学中的数学原理》，这本书是用高等代数讲的，我根本看不懂。我还读了董同龢先生1946年的时候考察方言写的一本《华阳凉水井客家方言记音》，这是方言学的经典著作。所以后来我也涉及了客家学的研究，因为我是客家人。还有就是敦煌学，当时能找到的敦煌学的著作我都读了。读了这些书后有什么用呢？这使我建立起一个比较广的知识结构，对我后来的研究影响很大。所以客家学我出了两本书，也去考察过，于是就有人认为我是客家学家。敦煌学我也出过一本书，于是有人认为我是敦煌学家。我觉得知识结构和一个学者的后续发展关系太大了。我现在可以从事蜀学研究，甚至扩展到国学，这是因为我原来的文献学功底很好，我有兴趣。我总结了一条经验：青年时代，你的阅读范围尽量广一点，要建立一个广博的知识结构，这对你有好处。

我自己是学无师承的，我没法跟老师接触，也没有老师指点我。我读一些学者的书，看他们是怎样研究问题的，看他们采用了什么样的方法，便能有所收获，好的书籍就是我的老师。我还觉得，学问主要是靠自学，老师的讲授还是次要的。你可以看到，我没有读过中学，没有师承，没有学过科学知识。中国有一个文化现象很奇特，比如西方的《几何原本》，中国人把它学得好得很，像康熙皇帝就学得很好。另外还有一个奇特的现象，好多没有学过外语的学者，他们通过读翻译作品接受了西方思想，并且他们接受的西方思想比翻译家接受的更好。我没学过科学知识，但是有些人认为我的研究方法是比较科学的。我最近还写了篇《国学研究与科学方法》，被认为谈得很有道理。我不懂科学，但我在研究中可以运用比较好的科学方法。我年轻时狼吞虎咽地读的那么多书，对我一生实在是太有帮助了！

本科毕业之后，我到广汉去劳动了两年多。从 1963 年起，我又在农村劳动了 15 年。直到 1977 年 12 月 28 号，我们大队的书记才通知我，说我的问题解决了，以后跟社员同等待遇。我那15 年劳动全做苦活、脏活、累活，报酬比他们低，还要被人家监督。更多的时间是去拉粪车，因为别人不愿意去。我从八里庄出发，早上五点钟起来，到市区挨个去把马桶倾倒物收齐，然后拉回去。上午拉一两趟，下午再拉一两趟。在农村我结婚了，养育了四个子女。当时生活极艰苦，必须努力，拼命地挣工分，才能使一家人生存下去。生活是相当苦的，苦得没法想象，你们现在不一定能够理解。

1978 年的夏天，我给金牛区的教育局局长写了一封信，没有得到回信。但没过多久生产队队长就拿了一个纸条给我，让我写一篇文章，第二天交到公社去。我一看，是写"党的政策暖人心"。晚上我把家务事做完，你们师母带着小孩睡了，大概 11点钟，我就点起煤油灯，一口气写了 3000 多字，写了一首朗诵长诗《向科学进军》。几天后公社通知我去圣灯中学代课。1978年的 12 月，恰好是成都大学招聘教师，我去报名应试，很成功。当时就决定要到成都大学去上课，但是教育局不放人，没有去成，后来我觉得我不去成都大学也好。1980 年，《人民日报》和《光明日报》都发出中国社科院招聘研究人员的通知，我参加了这个考试，报考的是唐宋文学专业，结果以助理研究员被录取。

　　这里我悟到两个道理：一是只要我们这个国家社会生活正常，每个青年合理的愿望都会实现；一是人一生的机遇不多，可能出现一次，可能出现两次，一定要抓住。我平生只有两次机遇，第一次机遇是1956年参加高考。那个时候郊区千名教师去考，考上了八个，人家都不相信我考上了。有些学问比我好的，读过高中的，都没有考上。当时他们叫我谢小娃，还有一个郊区的叫曾小娃，偏偏这两个娃娃考起了，这就很奇怪。就像中国古代考进士，偏偏是20多岁的年轻小伙子考起了，有些学问很好的考不起。可能是因为年轻人更敏感。当时家里是不支持我考大学的，1956年我的工资一下从30元增加到36元，我觉得自己特别富裕，钱用不完了。家里面也很满意，就说你还去读什么大学呢？但是我想去，考不上大学就一辈子呆在小学了。第二次机遇就是1980年参加中国社会科学院的考试。社科院的招聘只有那一年，一网打尽，没有第二次招聘了。

　　当年社科院的考试还是很艰难的，考得很深。我想如果我考试不成功，我就还是在中学那个圈圈里转。我教中学是不行的，我不是好老师，我没有很细的功夫。比如教语文，我从来不布置作业。作文本四五十本，我一节课就看完了，我懒得看那么多，给一个分数就行了。讲课我认为能引起学生对文学的兴趣就够了。现在这些中学生聚会邀请我去，他们觉得我是最好的老师，最喜欢我。我说我是不称职的教师。因为在我们现在的应试教育中，如果我是老师，一定是最不好的老师。我认为我当老师，引起了他们对文学的兴趣，那就够了。现在的应试教育，偏偏是把那些最优美的文学作品肢解成一块一块的，主题思想、段落大意、词、字、句，这样一来学生就感觉不到文学的优美，败坏了他们的兴趣，所以这种教学方式是有问题的。

　　我跟你们的生活道路、求学道路都有所不同。我们这批考进来的研究人员，后来都成为我们社科院的骨干研究人员。这些人有些是没读过大学的，有些是工人。我知道很多学术界的朋友就是工人出身的，所以做学问是很奇特的。现在你们是从大学、研究生、博士生一条线下来，而且是要全面发展，英语要好，其他也要好。一个青年学者跟我说，现在的学生们就像工厂里的产品一样，是很规范的。一方面，我觉得这个也对你们的知识结构有好处，你们的知识结构很全面。另一方面，我觉得这样国家遗失了很多人才，真正的人才很多是偏科的。

问：我们都知道您是研究词学的专家，出版过《中国词学史》《宋词概论》等宏观性的著作。请问您是如何对词学进行宏观的研究和把握的？切入点主要在哪几个方面？

答：我到了社科院之后，开始以宋词研究为方向。我对中外历史知识比较熟悉，哲学知识也有一些，所以我研究宋词就跟好多学者不同，我的知识面比较广。我研究宋词也说不上是宏观研究，但词学界认为我的研究是比较有系统的，而且在理论上是比较稳重的，这是三十多年来学术界对我的论断。所以你说宏观研究，就我而言，我是没有特意去注意宏观研究的。学界真正搞宏观研究是从 90 年代后期开始，提出这个观点的是陈伯海先生，他是上海社科院文学研究所的所长，跟我同年。他做宏观研究还送了我本书，《中国文学史之宏观》。我个人是没刻意做宏观研究的，我对宋词进行的是全面的研究，只要涉及了的，都去做研究。所以谈到理论的问题，有学生说，谢老师你有没有理论，我说我没有理论，我是学者，我面对的是一个一个的学术问题。在研究学术问题的时候，我没有固定的理论框架，没有固定的观念。我虽然读过西方的各种哲学思想流派的作品，但是我不接受他们的体系，我只接受他们个别的观点，接受我认为合理的观点。我接受他们合理的东西，包括马克思主义在内的很多东西我都接受，我把它做为一种一般的、可取的学理，而且这种观点不能偏激。像西方的结构主义、艺术美学、现代流派，都是比较偏颇的。并且，如果你持某一种观念来进行研究，就容易出现错误，所以我不带某种观念，不强调某种理论框架。

我的研究实际上是受了德国现代经济史家维尔纳·桑巴特的影响，他写了一本《现代资本主义》。我在西南师范学院的时候读过这本书。他提到一种方法：理论的历史的研究。所谓历史的，就是实证性质的；所谓理论的，就是逻辑性的。他就把这两者统一起来了。我接受了他的方法，所以我的研究是先以实证的方法收集材料，抄卡片，清楚事实过后，再从事实研究上升到理论概括。这个理论概括是从事实和实验中抽象出来的。

我的治学方法还是很陈旧的，我现在依旧在读书，抄卡片。比如《清代学术概论》，我有这本书，但是我还在抄卡片。用手抄了卡片后就用手抄草稿，我的手稿有几十本，不管是专著还是论文，各种手稿都在。抄了之后，我再把它改正，寄出去。所以现在我草稿全部保留着。前两年我发表论著都还是手稿寄出去，但是好像给编辑带来了一些麻烦，所以后来就抄好了之后请打字员打字后再发出去。另外我是不用电脑的，我有一个手机，也很少用，只能接和发，重复键我都按不来，我也不想学。我一直用旧办法写作，前段时间我还跟你们古籍所的老师谈了八种电脑写作的毛病。他说老谢，你说的问题我都不存在。我说，假如你写一篇一万字的文章，资料齐备了，提纲拟出来了，你要写多久？他说我总要写上三天。我说你也快不到哪里去，三天我也写出来了。我自己一直认为用电脑写作有问题，也有很多学生给我反映说，谢老师，我在文章中想表达的意思，打出来总觉得没有表达充分。所以说用电脑写文章的问题就在这里。这就不说了，让我们回到宏观研究。你说的宏观研究，其实我一开始是没怎么考虑的，因为宋词本身就不是一个很宏观的东西。但是如果你把宋词看作一个整体的文学作品，把它涉及的学术问题、理论问题，一个一个地解决了，宋词理论的一些形态也就出来了。

问：您出版过《苏轼诗研究》一书，请问您是如何从词学领域转入对诗的研究的呢？

答：我治学几十年，以宋词研究为主。但其中产生了几支插曲。苏轼研究是第一支插曲。那个时候，孔凡礼先生整理的《苏轼诗集》刚刚出来，我路过重庆，马上就把它买到了。苏轼研究是一个例子，体现出了一种学术判断，因为对苏轼的评价是学术拨乱反正之后的一个突破点。所以当时的苏轼研究成了一个热潮，这个热潮当中，东坡词的研究和政治评价研究是比较多的，但是研究苏轼诗歌的很少，没有专门研究苏轼诗的专著。我准备花一年的时间，写一部关于苏轼诗研究的专著，要争取早点把这本书写出来。我在省图书馆把《苏诗总案》借出来了，借的是线装书。我们院图书馆也刚好有一部纪晓岚评点的《苏文忠公诗集》。苏轼的诗共有2700多首，要把它作一个整体研究是相当难的。我研究宋词习惯了，词的赏析写了几十上百篇，写起来很随意，很顺畅，但研究诗就不行了。我认为认识苏轼诗的艺术特点很难，于是我就把纪晓岚评点的苏轼诗反复地读，突然有一个瞬间我就领悟了。然后我收集苏轼研究的资料，花了几个月的时间写了很多卡片。我悟出了一个道理：我们研究学问不是现实来适应你，而是你要去适应学术发展的趋势。因为当时苏轼研究是大家关注的热点，我恰好看到没有相关专著，必须很快写出来。要把握住时机，做事要快一点，而且要认真。

指导我研究的文艺思想是苏联季莫菲耶夫的《文学原理》。

在现存的所有文学原理著作里面，我认为他这一本最深刻。关于什么是风格、怎样认识情节、文学的发展过程是怎样的、要怎样分析，都讲得很好，我基本是按照他的理论来做研究的。我曾经跟暨南大学的饶芃子谈过，我们都认为季莫菲耶夫的那本著作是很实用很深刻的。

问：您对客家颇有研究，写过《成都东山的客家人》《成都沙河客家的变迁》等著作。请问您是如何注意到客家这一领域的？可以谈谈您对客家进行研究采用的具体方法吗？

答：客家是一种语言学上的分类。客家也是汉民族，是汉族的一支，所以中国八大方言之一就是客家话。客家话就是客家人使用的语言。这个方言跟其他方言比较起来有点特殊，比如吴语流行于江浙，湘语流行于湖湘，粤语流行于广东，闽语流行于福建，而客家方言则在东南亚及我国台湾、广东、香港等地流行，只要有客家人，就说客家话，四川也有。所以客家话的特殊在于它分布于各地，而且自成系统。这种方言的性质，据我看来是南宋时期中原的语言。因为元代以后语音的平分阴阳、入派三声，跟原来中古的语音发生了很大的变化。所以客家人保留的是中古时期中原的古老语言。

客家人的形成不是特别地早，有些研究客家学的学者认为客家人是在五胡乱华、衣冠南渡的时候形成的，又有学者说是在唐朝末年黄巢起义、中原士族南迁的时候形成的，我认为这些都不可靠。我认为客家人主要来自文天祥的那支军队，那支军队有几万人，是客家人，主要讲客家话。这支军队被蒙古军打败，就散了，他们在粤东北的山区里生存下来，不跟外部接触。粤东北的山区是一个很奇特的区域，从江西进不去，从广州也进不去，只有一个通道，就是从江西绕道福建，然后途经龙岩进入那个穷山恶水之地。南宋时期，一些官员也被贬谪到那里，贾似道就是被贬循州，但他还没有到循州就被人杀了，所以那里也是贬谪官员的地区。因为他们不跟外人接触，过了几十年上百年，他们的语言就保存下来了，而外面的语言已经发生变化了。到了清代，他们开始逐渐向外发展，所以就出现了土客争斗，当地的土族和客家人为了争夺资源而发生打斗。于是从康熙年间开始，客家人就大量地迁徙各地。华侨90%以上都是客家人，台湾也有300万客家人，四川约有100万客家人。

那么客家人又是谁发现的呢？是传教士发现的。传教士在广东传教的时候就发现，除了当地的语言之外，还有一种他们听不懂的方言，跟粤语不同，那就是客家话。容闳的《西学东渐记》中提到，在1860年的时候，太平天国占领南京，他到南京去，就见到了客家人。他说太平军大多数是客家人，容闳是首先正式使用客家这个词语的人。客家人有一个特点，就是艰苦奋斗，勤俭持家，创业精神很强。客家人入蜀之时，好地方被湖南、湖北人占完了，剩下的就是一些荒山丘陵，他们不得已就在那里生存，客家人也慢慢习惯了在丘陵地区耕种。

我为什么研究客家人呢？我之前讲过，我在读大学的时候读过董同龢的《华阳凉水井客家方言记音》，你们师母就是凉水井的人。当时我读这本书，在其他同学看来就好像是在读天书，因为是用国际音标标注的。九十年代，我们这里成立了客家研究中心，因为我是客家人，便受邀加入，在研究中心搞了两三年的研究。他们搞的客家理论研究我不太感兴趣；要跟政府打交道的工作我也不感兴趣；搞客家文化开发，我同样不感兴趣。相比之下，我更喜欢田野调查，所以当时我们就去考察，考察范围——东山——是我确定的，我画出了考查地图，考察了东山25个乡场，然后我写了一本《成都东山的客家人》。这本书是小小的一本，我也不讲究理论，里面全是实地考察的成果。现在凡是研究客家学的，都要读我那本书。后来在 2004 年，客家研究又有了一个新课题，让我去考察沙河的客家。沙河周边原来的客家人基本上都消失了，我花了一两个月的时间去寻找客家人，寻找客家文明，后来写出了一本《成都沙河客家的变迁》。我去东山考察的时候，很多村落的古建筑，特别是祠堂，已逐渐消失了。很多原本属于客家的地方都被占据，客家文化濒临消失，作为方言的一种，客家话正在被国家抢救，所以应该让更多人关注到客家方言。

我喜欢做客家研究，东山和沙河的客家考察都是我独立完成的，当时我都七十好几了。我问自己，我还能不能做社会调查，我决定自我挑战一下。现在我不再研究客家，这是一个插曲了。说起来，如果我没有读董同龢的那本书，我就不会研究客家。

问：您写过《四川国学小史》一书，您认为国学是什么？国学有哪些特点？

答：我研究国学是从 2006 年开始的。当时词学方面的研究基本上告一段落，而国学的热潮正在兴起，于是我开始转向国学研究。我基本上还是从历史的、理论的角度来研究国学。我首先考察的是国学运动的历史，从这一点切入我的研究。在开始走向国学研究的时候，我就在想，它的研究对象是什么？我最初认为它应该是对中国传统学术的研究，但是当我把整个国学运动的历史摸索了一遍之后，发现并不是这样。中国的国学运动是由国粹派引领的，国粹派主要以章太炎为代表，此外还有胡适、顾颉刚、傅斯年、郭沫若、刘咸炘等。我把这些人的文章和相关刊物都了解了后，认为国学运动是一场学术思潮的运动。这个思潮有起始，有发展。20 世纪 20 年代，成仿吾就谈到过国学运动。40

年代，中央大学的顾实在重庆写了一本书——《国学运动大纲》，但这本书我没有找到。所以国学运动这个词不是我们现在的人创造的，而是以前就有的。

国学运动是一个很普遍的思潮，基本上有两大流派。其中一派就是国粹派，这一派以章太炎为首，有一大批比较守旧的学者。他们研究国学有一个特点，便是抵制西学东渐和新兴学科。当然，最近也有学者谈到，国粹学派是学习过西方科学知识的，但是他们对待西方知识的基本立场是：西方的任何发明、思潮，在中国早就有了，中国的比西方的正确，中国的比西方的先进。那么什么是国粹呢？他们认为儒家的伦理道德就是国粹，所以章太炎主张国学以研究儒术为主。他们的研究的目的不是纯学术的，他们想挽救世道民心，改变社会风气，提倡旧的传统道德，抵制新的风潮。在那个西学东渐提倡新文化的时代，他们提出保存中国的传统文化，是有意义的。1903 年，邓实在上海成立国学保存会——我这里还有一本当时的国学保存会印的书，是珂罗版印刷的。中国近代写比较正式的学术论文也是从国粹学派开始的，他们创办了较早的国学杂志——《国粹学报》，这是他们对中国文化的贡献。总的来说，他们是属于文化保守主义者，而且他们研究的目的不是真正的学术，而是想通过保存国粹、弘扬国学来改变世道民心，来担负重大的社会使命。这个愿望是宏伟的，但是不符合现代历史的发展。

在 1919 年的时候，胡适发表了《新思潮的意义》，提出以科学的方法整理国故。同年，毛子水也发表文章。1923 年，北京大学创办《国学季刊》，胡适发表《发刊宣言》，标志着国学运动中新倾向这一派的兴起。这一派是以新文化的态度来对待中国传统学问。后来顾颉刚又发表了《北京大学〈国学门周刊〉始刊词》，也提倡用科学的方法整理国故，并且谈到了研究的目的是求真求知，是纯粹的学术研究，而不是跟社会的伦理道德相联系。1928年傅斯年创办《中央研究院历史语言研究所集刊》，他更提倡用科学的方法来研究中国的学术。

胡适的研究是独立的，他的主要成就是小学考证，他的《红楼梦考证》至今仍然是经典，开辟了新红学研究的方向。当时《红楼梦》流行了一两百年，作者是谁弄不清楚，版本情况很复杂，曹雪芹其人是怎样的不清楚，曹家和清王朝的关系是怎样的也不清楚。这里面有大量的疑问。胡适花了好几年的时间，收集了大量资料，他的考证成了经典。研究《红楼梦》，如果这些基本的问题没有解决，那就没办法进入研究。接下来他还写了一系列的小说考证，《水浒传》《儒林外史》《西游记》《镜花缘》，等等。

顾颉刚主编的《古史辨》，从1926年起，到40年代，一共出了七册。他们很了不起，专门辨论古史说三皇。我要强调一点，古史辨派是疑古的，在我看来，任何学问就是从怀疑开始的，怀疑过后才能够进入真正的科学求知环节。

傅斯年创办的《中央研究院历史语言研究所集刊》，到新中国成立时为止，一共出了20本。古史辨派是研究先秦到汉代这一段，主要是进行辨伪工作。史语所的研究范围更广，他们是对从中国古代一直到明清所有文史上的小问题进行考证。学术界一般是把古史辨派和史语所算作是新史学。但我认为不是这样的。从胡适的小说考证到古史辨派的文章，再到史语所的文章，我都看过。这些都是考证的文章，而且这些考证文章很难被归入一个具体的学科。比如说《红楼梦》的研究是属于文学领域的，但是研究文学的学者又有谁会去专门研究曹氏家族，去研究康熙南巡的时候到了几次曹家呢？又比如说老子，老子究竟是谁？司马迁说得很含糊，说老子是活了100岁或者150岁，一会儿说是老聃，一会儿又说是太史儋。那么，老子究竟是谁？《老子》这本书到底是在《论语》之前出现的，还是在它之后出现的？老子研究应该属于哲学思想的研究领域，但偏偏那些研究哲学、思想的学者是不管这些研究，因为这种研究是很麻烦的事情。还有，三皇五帝究竟存不存在，都是一件很麻烦的事情。范文澜的《中国通史简编》，尚钺的《中国历史纲要》，包括翦伯赞的书，一律不谈三皇五帝。但是司马迁的《史记》里面有一篇《五帝本纪》，他就认为中国的历史是从这起源的。我们现在依旧说，中华文明 5000 年，那么三皇五帝，究竟存不存在？这是不是该由史学家研究？古史辨派用大量的证据推翻了三皇五帝的存在。又比如，《尚书》里面的《尧典》是不是真的？这就涉及大量的古籍辨伪。又比如，黄帝这个名称是什么时候出现的？尧是什么时候出现的？大禹又是什么时候出现的？记载这些的文献可不可靠？哪些是真的哪些是假的？都是很难判断的。再比如，余嘉锡曾经写过一篇《寒食散考》，那么寒食散是什么呢？魏晋南北朝的士人流行服药，服了药就浑身发热，必死无疑，这就是寒食散。按理说，这应该由研究医学的人来考证，但研究医学的人是不会做的，因为这个问题很麻烦。再说《黄帝内经》，它真的是黄帝写的？这本书究竟是什么时候出现的？作者到底是谁？这些问题也不是医学能够解决的。总之，中国的传统学问里面有若干很小的问题。傅斯年说过，我们史语所就是研究小问题的，不研究大问题，我们不讲究疏通，只想着把事实说清楚。所以说，胡适、顾颉刚、傅斯年等一大批学者都是专门做考证的。

　　川大历史系有一位学者叫蒙思明，他写了一本《元代社会阶级制度》。他曾经就读于华西大学，还留过美，是一位洋学者。40 年代他讲学的时候就谈到了考据学在历史学中的地位。他说，在整理国故的金字招牌之下，大家都兴考据之风。评文章的，以考据文章为优；讲学的，也爱好讲考据。他认为这种风气很不好。这也说明了一个问题，在整个 20 世纪三四十年代，中国的考据学占据了学术界的主要地位。你不搞考据，别人就瞧不起你，觉得你没有学问。所以郭沫若 40 年代在重庆写了一部《青铜时代》，也全部是考据。郭若沫自己也说过，说我们是不是也可以写一点著作，等到百年之后，让那些考据学家去考据。他这个话就是在讽刺国学家，那个时候基本上就是把国学家等同于考据学家。而且，胡适、傅斯年、顾颉刚他们都认为自己继承了清代的考据学。我现在正在写一篇《清代考据学的理论与方法检讨》。清代的考据学可以追溯到北宋，我曾发表过一篇《北宋的疑古思潮与考据学的兴起》。你们学历史的应该读一读司马光的《资治通鉴考异》，也是一部考据的书。这部书就把《资治通鉴》里的年代、人物、史实通通做了考据，共有 20 卷，是非常了不起的。所以有国学家等同于考据学家这个说法。胡适这一派是以新文化的思想来研究国学的，是接受了西方实证主义的研究方法来探讨国学的，他们研究的是传统文献与历史上的若干狭小问题。我把他们发表的主要论文、著作都看了一遍之后，我认为顾颉刚和傅斯年的学术不是新史学，而是国学新倾向派。他们是国学运动中的两大流派：古史辨派和史语所派。他们接受了传统的考据学方法，同时也接受了西方的实证主义方法。

实证主义有若干流派，胡适接受的是杜威的实用主义。傅斯年这一派接受的是德国兰克学派，也叫历史考证学派。兰克这一派的学者的厉害之处就在于他们认为历史就是要把事实弄清楚，而要弄清楚事实，就要有文献依据。寻找文献依据首先要做的就是辨析文献的真伪，要知道哪些文献可靠，哪些文献不可靠。日记不一定可靠，官方的记载也不一定可靠。这一派不做理论研究，只把事实考证清楚。在我看来，真相就是真理，把历史的真相弄清楚了，你就找到了历史的真理。但是一般来说，历史的真相被揭露出来是很可怕的，是让人吃惊的。历代统治阶级都是要掩盖历史的真相，所以，事实通常也是很难辨清楚的。

考证，说是小问题，其实是个大问题。考证书的真伪，比如说《春秋》到底是不是孔子写的，如果考证结果证明不是孔子写的，那就把文化传统推翻了；如果考证结果证明三皇五帝不存在，那就把传说的中华始祖推翻了；如果考证结果证明孔子和六经无关，说孔子没有删定过《诗》，没有写过《周易》的《易传》，那就把我们信奉的传统颠覆了。所以说考据这门学问是很了不起的，它可以把一个学科的基础理论给推翻。顾颉刚说这是我们国家的学术命脉，是最基本的东西，是只有我们中国学者才能解决的问题。外国人来解决这些问题会受到文化的隔阂，中国的古籍他们研究不透。遇到版本考证、注疏、文言词语的解释，他们往往就会弄错。

我给国学下了一个定义——"国学"是研究中国古代的文献和历史上存在的各种狭小问题的学科。大问题就涉及理论了，就涉及其他学科了。国学家在狭小的范围内做出他们的研究成果，可以说对现实没多大作用。至于社会上其他学科要不要用到这些成果，那是另外一回事了。我们只是做研究，我们只是求真。国粹派的目的就不是求真，它涉及政治和社会领域的问题。虽然说1911年《国粹学报》停办了，但国粹势力在我们国家可以说是根深蒂固，直到现在，还有一大批国粹派。我这个看法比较狭隘，一般人不容易接受，我也不要求别人赞同我，我只是提出我的观点。我们办的《国学》集刊，就是继承了国学运动新倾向的传统。现在这个刊物已经出到第五集了。我们主要刊载考证的文章，纯学术的。

问：您对于国学、儒学、蜀学的关系和它们各自的特点是怎样看待的？

答：这三个是不同的学术领域，不同的范围，有联系，但是不要勉强说它们的关系。蜀学也好，儒学也好，只要是考证文章，我们《国学》集刊就刊发，就跟国学联系上了。包括国学跟其他学科也是，文学领域，涉及考证的，也属于国学范畴；历史领域的，涉及考证的，也属于国学。比如南开大学的杨志玖，研究元史，出版过《元史三论》，他最重要的一部著作就是关于马可波罗在华的资料。西方认为，马可波罗这个人是不存在的，《马可波罗游记》是乱写的，他根本没有到过中国。中国怎么回答？中国的历史文献那么丰富，还说他在扬州当过几年总督，中国怎么没有记载？杨志玖的本领就在这里，他找到了间接的资料，证实了马可波罗确实到过中国，什么时候来的，什么时候走的，清楚得很。这是他的成名之作，40年代在顾颉刚的《文史杂志》上发表的。

蜀学是属于地方文化研究范围。80年代以来，我们中国的地方文化研究兴起了，各个地方都在开展地方文化研究。研究地方文化，要把它放在整个国家文化系统里来看，它是我们整个中华文化的一部分，而且我们研究中华文化，要把中华文化放在世界文化的系统里看，这样才可能避免以管窥天、夜郎自大这些毛病。巴蜀文化是中华文化的一个分支，但是在这个特殊的地区，形成了地域特色。巴蜀文化值得研究，但是研究什么？研究中国文化又研究什么？复旦大学的蔡尚思教授在50年代写了《中国传统思想总批判》一书，提出了一个观点：文化的中心是思想。我们如果谈中国文化，最主要的是谈中国的思想。那么谈巴蜀文化，主要也关注巴蜀的学术思想。巴蜀文化的特点是什么呢？我写过专门的论文，因为中华文化在巴蜀地区形成了特点。巴蜀地区距离中原王朝比较远，地处西鄙之地，另外，它和中原的交通艰难，所以有点自我封闭，北方是秦岭，西边是青藏高原，南边是云贵高原，是个盆地，要出三峡很艰难，所以历代王朝都把巴蜀看作一块特殊的地区，而且是很重要的一个地区，所以学术方面它有它的特点，我归纳为三点：第一，固守传统，但是有些时候又站在学术前沿。因为它跟中原文化有点隔绝，巴蜀文化不是时髦文化，时髦文化在中原，一会儿就过时了，就跟妇女穿的时装一样。这里因为远一点，它比较保守，因此传统文化在这里相应地比较牢固。正因为它牢固，当时髦文化变化了之后，巴蜀的司马相如、扬雄、李白、陈子昂这些人出去，就显得不同，因为是代表着传统的文化，提倡风雅，显得正统了，独领风骚了。第二点，我考察了从古到今三十多位巴蜀的学者，发现在四川找不到纯粹的儒者，四川学者的学问比较杂，像扬雄的《方言》《太玄经》，往往表现出异端的倾向。这一点在中国比较特殊，像谯周，他就主张蜀汉投降；像写《长短经》的赵蕤的纵横术；还有北宋的龙昌期，反对周公，反对孔子；打倒孔家店的吴虞；还有达州的唐甄，写了一部《潜书》，现在看起来都是些惊心动魄的大言；李宗吾的《厚黑学》，也是一个异端。第三点，既重实学，又富于思辨。杨升庵就提倡实学，反对空疏之学。还有今文学家廖平写的《古今学考》比较实在，他也采取了实证方法。但后来是荒诞的，所以他是实学和思辨相混杂的。我说的这些，虽然在其他省也找得到例子，但是四川的这一特点特别鲜明。应该说，四川学术大概有这三个特点。

儒学是我们中国传统文化的核心，中国有各种学术，都无法跟儒学竞争。儒学的基本观念是仁、义、礼，由这三种基本观念构成的政治伦理学说，应该具有普遍意义。在中国古代，其他任何一种学术都不可能成为国家政治和伦理的基础，儒学只有适应了社会统治者的需要，才可能成为统治思想。它在理论上站得住脚，其他的理论都比较偏颇，站不住脚的。它可以成为治理社会最好的一种学术，甚至比欧洲的很多学术都先进。《白虎通义》将它确立为中国统治思想。它统治了中国两千多年，说明其具有合理性，所以不能盲目反对。新儒学是宋代开始的理学，将儒学更增加思辨的色彩，解决了很多理论的问题，思辨上达到非常高的高度。此外，它在道德上提出了相当高的境界："自天子以至于庶人，壹是皆以修身为本。"提倡修身，提倡个人的道德。不管对不对，提出了一个道德的最高境界，天子、庶人是平等的，所以理学家了不起。虽然理学家是被统治者利用了，但是他们把儒家的学说发展到极精微、极富于思辨的程度，理性相当强。还有就是现代新儒学家，以冯友兰、牟宗三、唐君毅、杜维明等人为代表。19世纪以来，中国社会混乱，传统的伦理道德遭到破坏，新的标准没有树立起来，他们就想从传统儒家中发现一些伦理道德，适合我们现代人需要，想以此重建社会的道德伦理标准。我是极端反对现代新儒家学派的，我认为，在40年代，郭沫若发表了一个意见，对我们现在都有指导意义：他说，首先，在现代社会，提倡任何一家学说都是错误的，都是与时代背驰的；其次，中国古代的各种学说中的合理的部分，都融合在了我们现代的进步思想当中。所以我说，儒家的道德伦理学说是有道理的，但是主要适用于古代，对现代来说还是像郭沫若说的那样，所以现代新儒学家是与时代背道而驰的。我们不能以传统儒家的伦理道德、甚至道家的伦理道德来取代我们现代的核心价值观，也不能以儒家传统的道德观念来否定我们现代基本的价值观念。

问：感谢谢老师分享您的求学、治学经历，尤其您在词学、国学研究方面的心得，让我们受益匪浅。对于今天正在求学的青年学生，您有哪些建议？

答：在治学上，还是要像清代学者提倡的"博学明辨"，学问要广博，但是要明辨，用理性来看待学术。另外，你们青年学生对于原典的研究不够，更强调研究的理论色彩，强调现实性。我还是主张纯学术的研究，不要盲目地去应用和联系现实，还是要从事实研究上升到理论，在学理上站得住脚。我不鼓励学生参加课题，我在社科院，不参加任何学会，不申请任何课题，我自己想写什么就写什么。我的著作，很多出第三版，有些是出第二版。我写的这些东西不是课题，我为出版社和杂志社工作，真正的对象是读者。我是自由地写，只要读书、研究有心得我就写。写文章、写书是愉快的，没有压力。我要适应出版社、杂志社、读者的需要，所以我的研究进入一个良性循环。学者应有纯正的学术兴趣和崇高的学术使命感，努力推动所从事的学科的发展，必须保持独立与自由的精神，永远去探索学理以求真知。我深感从事学术研究的人很多，然而要成为一位真正的学者却是艰难的，所以我至今尚在努力。

关于治学的经验，我总结出几个要点：一是要树立学科意识；二是要有广阔的学术视野，适当地向邻近学科转移；三是不断探索学理。已故的老友洛地先生曾说，一个创造性的谬误胜过重复千百次的常理。在求真知的过程中可能会出现错误，然而这又必须经过学术界长期的验证才可成为定论。

植根巴蜀文化，传承蜀学文脉
——谭继和、祁和晖伉俪蜀学访谈录

受访人：谭继和　祁和晖　采访人：陈祎舒*

采访手记：新年伊始，四川大学古籍所一行三人来到西南民族大学老校区，拜访了蜀学前辈谭继和、祁和晖两位先生。不久

　　* 受访人简介：谭继和，生于 1940 年，四川开县（今重庆开州）人。1965 年四川大学历史系先秦史专业副博士研究生毕业（导师徐中舒），后在北京中国科学院近代史研究所范文澜先生《中国通史》编写组工作。1976 年回到成都后，长期从事历史研究、巴蜀文化研究和编辑出版工作，曾任第五届至第八届四川省政协委员、成都市新闻出版局局长等。现任四川省政府文史研究馆馆员、四川省社科院二级研究员、四川省历史学会会长等。国务院政府特殊津贴专家、四川省学术和技术带头人。代表性论著有《神奇神秘神妙的巴蜀文化》《十三经恒解：笺解本》《巴蜀文化辨思集》等。参与的文创产业与旅游景观规划有《四川省政府文化旅游发展报告》《成都城市特色塑造研究》、汶川石纽大禹祭坛、锦江与沙河文化景观规划、天府广场文化景观等。主讲国学与巴蜀文化讲座百余场。
　　祁和辉，生于 1939 年，四川开县（今重庆开州）人。1961 年毕业于西南师范学院中文系，现为西南民族大学文学与新闻学院中国文学教授，四川省杜甫研究学会副会长。长期从事汉唐文学、文艺理论文化学、巴蜀文化的教学与研究。主要著述有《杜甫诗圣论》《茅屋为秋风所破歌新探》《诗圣诗史论》等，主持和参与《四川省政府文化旅游发展报告》《成都城市特色塑造研究》等，主讲学术讲座数十场。
　　采访人简介：陈祎舒，生于 1990 年，陕西西安人，四川大学古籍整理研究所 2017 级历史文献学专业在读博士研究生。

之前，谭老获得了"天府成都十大文化名人"的荣誉称号，我们在送上衷心祝贺的同时，希望就蜀学相关问题对二老进行一次全面的访谈。3月19日上午九时许，我们如约来到了谭、祁二老的家中，那是位于西南民族大学教职工生活区的一栋居民楼，楼房虽然老旧，却是在成都闹市区中难得的一片清幽之地。谭、祁两位先生的家中藏书极其丰富，"天府藏书家"的牌匾至今还挂在客厅中。访谈开始之前，古卷翰墨的芬芳已经令几位来访者感受到了这个文化家庭深厚的人文底蕴与学术涵养。两位先生虽已年逾古稀，却依旧对学术研究表现出旺盛的精力，让我们不由肃然起敬！

一、谭继和教授访谈

（一）回忆学习和学术生涯

问：谭老师，您好！欣闻您不久之前获得了"天府成都十大文化名人"的奖项，我谨代表四川大学古籍所向您送上最真挚的祝贺。同时，很高兴今天能有这样一个机会来采访您，向您学习。可否请您先谈谈您的学术经历？

答：关于我个人小时候为什么要读书，有一些趣事。我父亲在新中国成立前就去世了，母亲在新中国成立后没多久也去世了。10岁考中学时，我还在读四年级，小学还没毕业，因看到中学招生布告中讲中学有助学金，可以解决吃饭问题，生活有依靠，所以就选择了报考中学，继续读书。当时西潭院子的左邻右舍说："这个娃娃未来'恼火'，估计只有拉板板车的命。"这句话影响了我一生，我想，我要避免拉板板车的命运，就只有读书，读书之路就是我对自己命运的选择。我从1951年读初中，一直读到 1965 年研究生毕业。最初的想法很简单，就是为了解决生活的经济来源，也没像后来所说的"学而优则仕"，这就养成了我一生读书的好习惯。

我们两个（我和老伴祁老师）的学术基础是中学奠定的。我们中学的语文课本分为文学与语言两种。中学时的语文老师杨谨伯先生，人非常好，是重庆大学毕业的，抗战胜利后回到家乡开县来教书。当时的文学课本是从《诗经》《楚辞》选起的，一直按顺序选，直到近代邹容的《革命军》。这个教材引起我们很大的兴趣，杨老师又教得好，还在课外让我们组成学习组，由当时全年级语文成绩最好的十个同学组成，第一名就是祁老师，第二名就是我。我开始按文学史顺序选择读书，先读《诗经》，接下来读《史记》，最后读《红楼梦》。杨老师还教我们写诗填词，从小就让我们记住了新诗的特点是易写难工，旧诗的特点是难入门，入门后则易工。诗要写得好就要有诗眼，要有和别人不同的意境。传统诗词中，古诗最容易，律诗绝句就难一些。由于我们中学时就打下了很好的诗词基础，所以现在写古诗不算困难。90年代我还常写诗填词在《诗词报》上发表，得过"杜甫诗歌杯"一等奖。中学时老师给我语文卷子打了一百分，我的兴趣就更大了。我们语文老师有个很好的教法，就是每周都把写得好的学生作文在全年级作为范文念，经常念祁老师的，我的次数也不少。

因为中学读了《史记》，我就喜欢历史，1957 年报考了川大历史系。系主任是一级教授、王国维的弟子徐中舒先生。当时川大有两个王牌专业：历史学、数学。数学系有柯召、张鼎铭先生，历史系有徐中舒先生。当时教我们的还有蒙文通先生，我们最喜欢听他的课，他讲宋史，但是绝不局限于宋史，现在回忆起来还有经学、蜀学等。他很喜欢学生，他家住在水津街，学生们晚上爱去他家，随便问个问题，他就会天南海北地谈很多，现在想起来真是一种享受。蒙先生当时和昭觉寺慈青和尚是好朋友，他把我们带到昭觉寺，在那里听他们二人谈佛学。大学时代我们有最好的良师，如徐中舒、蒙文通、缪钺、冯汉骥、谭英华等先生。在这些名师的学术熏陶下，我们学生很受用。1962 年我报考了徐中舒先生的先秦史专业副博士研究生。当时报考研究生的条件较高，本科毕业论文必须是优，才有报考资格。我本科毕业论文写的是吴虞反礼教的思想，这篇论文与我的导师的观点有些相左，能否及格有点悬。后来在答辩的时候，蒙默先生很欣赏，徐老也很欣赏，给了优，取得了报考资格。现在回想起来，我在学术观点上喜欢翻陈案，创己说，就是这样养成的。前几年我写过《巴蜀文化想象力的创新》，这篇文章代表我的学术观点，我主张巴蜀文化来源于蜀人的好奇心、想象力。现在回溯过往，研究巴蜀文化，仍然需要研究思维的想象力和创新力。

1962 年徐中舒先生收了三个副博士研究生，我是其中之一，学习先秦史，还有两位是古文字学专业。我们虽然专业不一样，但课程开的都一样，有先秦史、先秦史料学、古文字学，是在徐老家里书房上课。先秦史的笔记至今我还保留着。音韵学，徐老是请中文系甄尚灵老师来上的。她是位女先生，川大音韵学第一人。此课也是在她家上的。缪钺先生很喜欢我，因为我是课代表，我的文学基础比较好，缪先生喜欢文笔好的学生，他后来因此也就很喜欢祁老师。那是在 1979 年，有一次在杜甫草堂开完会，晚上聊天，缪先生说："你们都是我的学生。"祁老师就说："可惜我不是您的学生。"当时缪先生就说："我现在就收你为弟子。"

后来我就到北京的中国科学院近代史研究所，在范文澜先生中国通史组工作。当时在范老课题组，第一是蔡美彪先生，他是通史组的组长，现在已经九十多岁了，他对我们就像小弟弟一样，实际上就是我们的老师。1976 年，我就回到四川来工作了。我确定巴蜀文化的研究方向是在 1979 年。当时我在近代史所的老朋友耿云志先生（现为中国现代文化史料学会会长），建议我将研究方向转向文化学，我还参加了他主编的《中国文化大辞典》的编写。经过考虑我转向文化学就主要研究巴蜀文化，这个研究方向就这样确定下来的，至今为止已有近 40 年了。我始终有个信念，学术是一切研究和应用的根本，学术是文化的内涵。没有学术的根柢，做不好文化研究，也做不好文创应用。一晃几十年过去了，我研究巴蜀文化就像一种命中注定。

（二）徐老的巴蜀文化和蜀学研究对我的启示

问：您刚才说到您的学术生涯注定与巴蜀文化结缘，那么能否谈谈您在蜀学研究方面，前辈们的研究是否对您有所启发？

答：巴蜀文化学包含蜀学，徐中舒先生和顾颉刚先生等在全面抗战时期来到四川就注意到巴蜀文化，但当时学界对此并没有统一的认识。徐中舒先生在其师王国维的二重证据法基础上提出了"三重证据法"，要求从历史文献学、考古学、民族学三方面论证。徐、蒙、缪、冯四先生为巴蜀文化的研究奠定了基础。1962 年徐先生曾在历史系发起关于巴蜀文化的大讨论，其中蒙文通先生谈得最多。另外，那个时候还专门请了好多先生来给我们开讲座，如蔡尚思先生，很开阔我们的眼界。1962 年历史系的巴蜀文化专题研讨会也标志着蜀学研究的复兴。而蜀学作为专门讨论的真正热潮是在改革开放以后。我认为当前蜀学研究最深入的年轻一辈学者有舒大刚、蔡方鹿、金生杨等先生，我主编的《巴蜀文化通史》就是请蔡方鹿、金生杨、刘俊哲来写哲学思想卷，专门谈蜀学。

侧重蜀学研究来讲，徐老给了我很多启示。记得当时徐老有这么几个课题：第一个就是关于巴蜀的穴居文化与巢居文化。徐老写了穴居文化的论文，专门给我们讲穴居文化。徐老说，黄河流域就是穴居文化，穴居发展出窑洞，后来走向宫殿建筑，这是穴居文化系统，这些徐老都写出来了。另外一个系统就是巢居文化系统，徐老说，所谓巢居文化就是指巴蜀地区的人最初在树上居住，就像鸟一样。后来人们就用树桩作地基，然后铺上木板，上面盖起茅草楼房，这就是杆栏。我们成都十二桥就发现了殷周杆栏遗址。当时讲到巢居文化系统，我就很有兴趣，徐老就鼓励我来做巢居文化的系统研究。直到十二桥杆栏遗址发掘出来后，我才写成巴蜀巢居文化发展系统的论文，算是初步完成徐老的一个遗愿。我肯定了我们西蜀是巢居文化的起源地。从广义的蜀学来说，人居文化，也算是其中的一部分。

第二个课题至今都没有完成，就是关于语言的研究，语音同民族和部族的关系的研究。徐老一直有一个观点，认为人类最初的语言都是一样的。最初的语言，不管是哪个国家的语言，都是生下来喊爸爸、妈妈，属于重唇音，是世界所共有的。后来人类语言环境变化，便促使语言产生分化。最早的语言有两支，一支是重唇音，一支是舌上音。重唇音民族就是蛮、闽，舌上音民族是北狄、东夷和西戎，这是最早的语言。在巴蜀地区来讲，重唇音民族就是巴。巴这一支是高辛氏帝喾系统，高辛氏就是在森林里狩猎的部族，巴部族就是这个特点。巴部族自称巴，就是重唇音，巴人在森林里就是这样呼喊。蜀是舌上音民族，当然这个舌上音民族多，包括戎，包括夷，都属于高阳氏颛顼这个系统。巴和蜀连在一起，形成一个部族联合共同体，就像恩格斯讲的，摩尔根的《古代社会》也说清楚了，是两个相反相成的部族联合在一起，黑白二分制部族。所以他就专门讲了舌上音系统和重唇音系统分化出来的部族。总之，从语音上研究部族的形成，民族的形成，还可以得到很多的收获，这是个困难又有趣但值得深入挖掘的课题。

　　第三个课题就是关于文字学的研究。文字学一定要联系文献和民族学资料来解读，做连锁性的论证。即一个字滋生出若干字，这个字就可以看出背后它的文化扩展力。徐老经常在用这种方法讲很多文字。比如我举例来说，长寿的"寿"（繁体为"壽"，小篆为"🉑"）字，就是从铸造青铜器的"铸"字演变来的。因为这个"寿"字的字形就是烧化的铜水汁流入青铜器模子的形象，弯弯曲曲，像个铜模，三个"口"字就是水滴形象。就人而言，这个铸造的"铸"是指掌握青铜器铸造技术最好的工匠。工匠越老技术越好，就越值钱，大家就越尊重这个长寿的人。老人的经验是从祖先那里传授来的，所以要尊祖敬宗。引申开来，老人打猎、捕鱼的经验最好，所以年轻人都要向他们学习，要有尊重敬畏之心。既然他们最有经验值得学习，所以人人要争取长寿，"铸"字也就被作为"寿"字使用。如果是三点水，就是"浇"，如果是金字旁就是铸造的"铸"。"寿"字和"老"（小篆"🉑"）有关，"老"字形是老年人头顶头发稀疏，故只有两条线表示，那一撇就是拐杖，下边是人身。"老"字就是头发稀疏拄着拐杖的人。刚才讲的长寿，敬老，加个儿子的"子"就成了"孝"字。孝字就是这样来的，不少字是互相孳乳的。如："良"字指通风良好的穴居通风烟道，引申开来，又指通风的复道，故"良""复""覆""闾"诸字相通。解字当重孳乳化，寻找不同字形背后相通的文化基因，则一通百通，当年徐老就是这样给我们讲的。

　　（三）蜀学研究的心得和收获

　　问：您刚才谈到了在蜀学研究过程中，徐老对您的启发，接下来能否请您谈谈您最近关于蜀学研究的收获？

　　答：去年出版的刘沅《十三经恒解：笺解本》，算是近年来我在蜀学方面的新收获。这一年我就刘沅的《十三经恒解》为题开讲座，也多达十余次了。我觉得我们蜀学，大家讲古代、中古前多，讲近代以来讲得少。近代又集中在廖平等人身上，所以，我选择了刘沅研究。应该说，近代蜀学是从刘沅这儿开始的。当然在他之前还有李调元、张问陶，但他们都在近代史时期到来以前，就去世了。而刘沅出生于乾隆后期，历道光、咸丰、同治，88岁才去世，以道光二十年（1840）为界，他的时间刚好在近代前后。过去学界没有把刘沅放在近代开端时期来讲是有缺陷的，所以我就把他放到近代开端前后时期来考察，分析认定他是近代开端时期新心学体系的启蒙思想家，应与龚自珍、魏源同等地位。过去的研究都忽略了这点。他的学术是继承陆王心学，对朱熹理学采取批判态度。总的来说，他是继承张载的"横渠四句"，讲"天理良心"四个字。这四个字又落实在人生的人伦五常上，落实在重民生、重民彝、重民用上。这是"天理"的安顿处，也是"良心"的安身处，因为"天理"讲的是自然与人合一的规律，"良心"讲的是人与自然、人与社会互相感应互相报恩，二者组成一个命运共同体。这正是陆王以来"宇宙即吾心"的新心学的本质，刘沅是讲清楚了的。这个新心学理论，对现实还很有价值。因为我们讲文化是灵魂，文化是精神家园，心灵的美是人的第一位的东西。这要用机械唯物论是讲不通的，而只有用历史的辩证法才能讲得通。现代新儒家梁漱溟、冯友兰、贺麟、牟宗三、饶宗颐，他们都各自有成就。但他们的观点启蒙都在刘沅那个时期。这些我都有过分析，现在开讲座我就讲这些理论。刘沅的新心学，他就讲"天理良心"是"圣人之心"，也是百姓"平常之心"几个字，突破了程朱理学。程朱理学把天理与人欲、良心对立化了。他们基本方面还是讲得好，但越讲越对立就有问题了。所以刘沅对朱熹理学，是又继承又批判。他就从朱熹篡改元典入手批判他。例如《大学》元典是"一经五传"，而朱熹篡改为"一经十传"，按他的理念需要，增加了篇数。刘沅的《十三经恒解》，是个笼统的称呼，我分析了他认为的元典是哪些经，他为什么要去恒解，哪些经他又不恒解，是什么原因。比如《尔雅》，他不笺解，因为《尔雅》是入门的小学，而四书五经他都要作为首位、作为重点来恒解。回到元典、原本，这是第一层。第二层是回到历代以来对这个元典的传注解读，这个解读既是传承的，又是有所发展的，不能把后来的传注解读看成元典的内容。注的本义是灌水，所以传注就是给经文灌水，它的位置要夹在经文中间。如果把经文与注文混淆了，就容易讲成心灵鸡汤，这个不行。第三层就是我们今天这个时代，今人如何解读。刘沅把这三层意思叫作"抓住训诂这个中间环节，下可达辞章考据注疏，上可通'义理'研绎（即后人解读）"。这个研究方法是蜀学重今文经学的传统。这个方法避免了只重义理而易流入宋学的空疏，或只重考据而易流入汉学的烦琐的弊病。抓住中间环节"训诂"，既可依托考据史料作为扎实的学问基础，又可从中提升有创新见解的"义理"。张栻、魏了翁、李调元都用过这种方法。李调元专门从汉唐人的经学注疏中找出其"领异标新之语"，编成了《诸疏锦字》一书。刘沅不过是继蜀学前辈之后加以理论性的总结和系统的实践。我就是用刘沅这个研究方法，把"笺解"分成了上面三个层次，明白清晰，不含混。

第一个观点，我肯定刘沅是近代新儒家、新心学的开创人，特别是近代蜀学的开端。第二个观点就是说刘沅应该是和龚自珍、魏源同等齐观，都是启蒙思想受到近代西方文化的冲击时，传统儒学回应的产物。回应方式不一样，在东部更开放，魏源写《海国图志》，学术就更开放。龚自珍喊出"我劝天公重抖擞，不拘一格降人才"，表达冲破黑暗，盼望光明的人才思想。这是东部学术对西方文化冲撞的回应，开放明朗，启蒙鲜明。而刘沅在西部，接受西方信息晚一些，信息量也少得多，他的《十三经恒解》也吸收了一些西方的思想，但比较皮毛，启蒙思想也朦胧模糊得多，反映了东部、西部接受西方文化的冲击与回应是不同的。但刘沅作为西部启蒙思想家的代表，在呼唤民生心灵方面却也比东部的实在得多。因此，西部的刘沅应与东部的启蒙思想家龚自珍、魏源地位相当，各有特点。

（四）蜀与儒释道三学根柢

问：您说过儒释道三学或开源于蜀，或奠基于蜀，能否就这个问题为我们讲讲蜀学与儒释道三者的密切关系？

答：我重点放在钻研儒释道的根柢与蜀学的关系上，写出了《儒释道的根柢与巴蜀文化》一文，实际上是想更集中写蜀学的根柢。儒释道的来源和奠基都和蜀有关，这是谢无量先生的观点，他写了《蜀学原始论》。我拜读后，系统整理了我的观点，也是发挥和笺解了谢先生的观点。

道教来源于古蜀神仙道，这是受蒙文通先生的启发，又得到王家祐先生的启示，他说昆仑仙道有六千年，我却告诉王先生，说六千年起源，我论证不出来。但论证起源三千年前的三星堆和金沙，是有把握的。我送给他看了我这篇文章，他非常高兴，说你把它推进了。我就回答说：王法师，你的六千年说是"哥德巴赫猜想"，总有论证出来的一天。这篇文章是在台湾《义守大学学报》发的，题目是《道源：古蜀仙道》，2007年发的。这篇文章讲道教的来源是古蜀的神仙道，古蜀的神仙道是从蚕丛、鱼凫一直发展到杜宇、开明。文献有记载，还有考古证明，古蜀仙道是从三星堆开始的，三星堆有浓烈的飞鸟崇拜的意识和形象。

从青铜文物看，有飞鸟形象，有鸟翅膀形象，有飞到神树上的青铜人面鸟形象，还有脚踏飞鸟的形象，都反映了人想飞上天，通过神树飞上天。神仙道发展到金沙遗址时期，就变成神鸟飞到太阳身边去了。还出现了玉琮羽人形象，直接传承到汉代的羽人。总之，道的核心来源就是讲羽化飞仙怎么形成，它是道教文化的根柢，今天的术语就叫作"羽化飞仙的文化想象力和梦想力"。我们蜀学很早就形成了神仙思想，这种神仙思想不仅是信奉道教者有，而且成了我们巴蜀文化三千年来从精英阶层一直到普通老百姓的思想。所以巴蜀人都喜欢逍遥自在似神仙、行云流水的生活方式。神仙道最早出现在巴蜀，叫昆仑仙宗，比齐鲁的蓬莱仙宗还早。这个观点我是从闻一多的那些材料里发展出来的。这个神仙思想，后来到葛洪时代就发展出"天仙""地仙"的思想，人能长翅膀飞上天，就是天仙。人长不成翅膀就广游名山，就成地仙。道教的创立者张道陵是学习古蜀神仙道，再加上巫鬼教的仪式才形成道教的，叫作"正一盟威之道"，也就是信奉正统唯一的仙，而由"仙友雅集"（此词见于简阳石碑，比张道陵早）盟誓自然生威的"道"的意思。所以，张道陵化道的方法就叫作画符箓水，实际上是用符水来想象，这叫作"符箓派"。而葛洪的丹鼎派就必须是化学炼丹。我们巴蜀地区信仰符箓，只要你有这种想象力，有这种信念，画个符就解决了。这是一条精神信仰之路，古蜀人由此而发展成为仰望星空、飞驰太空、善于梦想的浪漫主义传统。这种想象，司马相如作赋的时候总结了四句话，《西京杂记》里有，作赋的文心，就是"包括宇宙，总览人物，控引天地，错综古今"。到唐代，王勃来到四川，他就惊叹，剑南乃宇宙之绝观。其实司马相如不仅是赋圣，首先他是一位通儒，龙显昭先生对此有过考证，我就宣传龙先生的观点。司马相如才是蜀学的开创者，蜀学是从他开始的，然后还有第一次集蜀学之大成的扬雄，扬雄是"汉代的孔子"。当然相如之前，先秦时期还可以讲点土著蜀学渊源，但谈不上系统的蜀学。系统的蜀学以儒为本，就是从司马相如开始，他的时代和文翁兴学的时代是一致的。有"文翁遣相如受七经"之说，那他是不是文翁兴学以后才出来的？不是。他是文翁兴学的坚强后盾。故《汉书》才肯定"文翁倡其教，相如为之师"，这是实事，不是无根的游谈，所以《汉书》才会记录这句话。他的《难蜀父老书》，可说是蜀学的开篇之作，这里面最重要的几句话，就是"世必有非常之人，然后有非常之事，然后有非常之功"，这就是蜀学精神。相如开发西南夷，就是用的这种"非常精神"取得了非常成功，使西南夷融入汉文化，民族团结搞得好，至今这里也是民族交融的典范。相如还有句话就是"错综古今"，现在就叫作传统文化与现代文明交融。这个思想早在司马相如就有了，他的赋古今交融。他还有句话就是"控引天地"，就是说天地就在我的掌握之中。经天纬地这种思想在蜀人的浪漫主义思潮中早就有。司马相如的这种浪漫主义来自三星堆的神仙道。他的《大人赋》是仿照屈原的《远游》，但是他突破了屈原的思想，专门写列仙之儒，就是成了仙的儒。"列仙之儒"是他发明的概念。这个列仙之儒从南游开始，按南、西、北、东顺序游仙，这与中原讲究东南西北的顺序是不一样的，蒙文通先生曾专门分析过这个问题。后来才会有游仙赋啊，游仙诗啊，这是从司马相如开始的。汉武帝读了他的《大人赋》就"飘飘有凌云之气，似游天地之间意"，完全是想成神仙。他肯定不是因为《子虚》《上林》而有这种感觉，肯定是读《大人赋》才有这种感觉，这是我猜想的哈。这个神仙思想是从巴蜀带去的。所以蜀学，一个很中心的思想就是仙化的思想，后来又融入了禅学，成为仙禅观念，它不仅是蜀学的根本，也是巴蜀文化的根本特征。仙化今天来讲就是梦幻的浪漫主义，没有仙化的想象力就产生不出浪漫。直到现在，我们巴蜀地区的人这种仙化的思想都是很突出的，蜀学在文学上的特征就是浪漫主义传统。

蜀学第二个特点就是不鸣则已，一鸣必定惊人，一定要出人头地，一定要争得第一，这也是刚才讲的以非常之人，做非常之事的精神的体现。所以我们今天讲的创造性转化、创新性发展，蜀学早已有之，其系统转型就是从扬、马开拓出来的。扬雄仿《论语》作《法言》，仿《易经》作《太玄》，语言上创作《方言》。文字学方面，相如有《凡将篇》，扬雄有《训纂篇》，相如还创作了中国历史上第一部书法书——《季候四时书》，都是创新性的著作。所以后来宋代总结蜀学是"垂千年而耀万邦"。为什么能垂千年而耀万邦，就是他善于创新，来源于以仙化为特征的创造力、创新力、想象力。做学问，没有创造力、想象力是做不出来的，科学也是如此。这是蜀学一直信奉的特征。

下面再说佛教。我最初在北京工作的时候，就开始抄佛教的卡片，当时就和佛经接触了。回到四川以后，当时贾题韬先生是省佛协的副会长。他是了不起的佛学家，也是象棋大师。他就把成都的学者组织起来，搞了个四川禅学研究会。他要求我来组织筹备这个会，当时我任成都市社会科学研究所的所长，每个星期日都在文殊院，由贾老讲解，我们来提问。我在20世纪90年代写过专门分析禅诗的文章，其重要的观点，是引用了恩格斯的话论证，在人的主观艺术世界范畴内，人把无机的自然看成人的有机的身体，人的主观思想意识反而是第一位的，而客观物质世界是第二位的。佛学的法与相的关系，八识种因的关系，它的论证和讲法就利用了人类认识的这个特性，由此引起了我对中国化禅学的唯识的思考。因这篇文章，我与宗性大和尚（现任中国佛学院常务副院长兼秘书长、中国佛协驻会副会长、文殊院住持）

结下了学术缘分，至今我们夫妇俩常还与宗性法师讨论禅学与国学问题，他是唯识论研究的大家，让我们受益不少。他还专门邀我当了市佛协的顾问，也在市佛协开讲座。我们在佛学方面的研究也就集中在巴蜀禅系、天府禅系方面。我早年写过玄奘与巴蜀文化，当时成都市政府要求开讲座，我也讲这个题目，谈玄奘，尤其是他的唯识学对巴蜀文化的贡献。唯识、法相作为宗派没传下来，但是唯识、法相的思想是贯穿于禅的，整个禅就是以唯识的思想作根柢。巴蜀禅系最大的特点就是以唯识为宗，主张顿渐兼融，随缘自在。巴蜀禅系、天府禅系的创立者是智诜，他与北宗神秀、南宗慧能，都是弘忍的弟子。他把北宗神秀的渐修与南宗慧能的顿悟会通起来，主张顿渐随缘，由禅入净，这是巴蜀禅系的特点，也是巴蜀文化的特点。巴蜀文化的特点就是兼容开放，以一本为宗。这个特点也是蜀学的特点。蜀学的根本特点就是南北兼容，诸种学术包容，并以自己的创新为本。从扬雄、陈子昂、李白、杜甫、苏轼，一直到杨升庵、郭沫若，都是这个特点。

关于儒家的来源，我信奉先师徐老主张的"孔子绝不是儒家的开山祖师"的观点。徐先生从甲骨文中找出了十几种"儒"，但我当时还没胆量论证这个问题。直到后来在《崇文集》中读到谢无量先生的《儒学原始论》，主张"蜀有学先于中国（即'原'）""儒之学蜀人所创""禹纯然为原始儒学之祖"，大受启发。我就接着谢、徐先生的创意往下说，在自己神仙道和禅学研究的基础上，讲兴于西羌的大禹是"原始儒学"的创立者，并把这个观点写进了《中华地域文化通览·四川卷》中。但后来听从了中央文史馆袁行霈馆长的意见，把这个观点删去了。确实应该删去，因为这个观点还没得到公认。更重要的是，严格地说，我只是按谢、徐先生的创意"照着讲"，而缺乏能力

"接着讲"，功力不行，没论证好，不能使人信服，故应该删去。但这却刺激我把这个"创见"继续研究下去，后来我经过不断补充，初步拿出了《儒释道根柢与巴蜀文化》一文，还以此文参加了中央文史研究馆、国务院参事室召开的"国学论坛"，也在川内做了十多次讲座。但我仍然觉得不足，还没有建立起完整的体系来，因此今后需要继续努力。

我现在的初步看法是：蜀学是以儒为本，会通道释，兼容百家百科的开放性体系，蜀学大师往往有百科全书式的球型思维和今文经学研究思维的特点。蜀学对儒、道有开源性的贡献，对释家禅学虽无开源性贡献，但却有奠基性贡献。刚才讲了神仙道的源，讲了蜀学浪漫主义的传承，想象力的传承，这是对道学的开源，没有问题。第二个就是禅学。中国化禅宗是六祖慧能开端，但蜀中从智诜、处寂、无相，到马祖道一（八祖），为禅宗的人间化、百姓化和生活化做了奠基性贡献的。这个结论也没有问题。

第三个就是儒源，这个比较费解。谢无量先生说了大禹的"洪范九畴"是儒源，中舒先生讲了殷商分散在不同地域的儒师祭师集团是儒源。我体味二位大师的含义讲了三点：一是初儒讲以水为首的"五行"，是从大禹开始的。大禹治水，故将五行顺序定为水火木金土，以水为首，体观对水的敬畏，以水为祭祀的对象。我们传统文化就是源于水，水是文明之母，文明伴水而生。汉以后的儒家才将五行顺序改为以金为首，金者禁也，失去了以水为首、顺水之性为善政的意义。二是大禹在《洪范》五行里保留的《洛书》六十五个字，讲五福五行与民生的关系，这是儒家的根本思想。三是大禹重视人伦重视民生，孔子把这个思想发展了，刘沅也更发展了儒家重民生、重民彝、重民用的思想，这些思想都是大禹和孔子的思想发展下来的。再看大禹的作为，以治水为根本，有一套治水的方法，要顺水之性，让水自然之流。这一套治水法运用到为政与社会治理上，就是上善若水的管理。后来到荀子、唐太宗，主张"水能载舟，亦能覆舟"。整个这一套思想都是从大禹来的，所以说儒的本根从大禹开始没问题。大禹又是古羌人，今天羌族还有大禹文化的传承。大禹的禹步，是因治水得风湿病，走路一歪一歪的，后被道教的踏罡步斗和羌族的踢踏舞、云云鞋继承了。我就论证这些。后来我又根据杨超先生的说法进一步引申出儒释道的来源是《易经》，它是中华文化思想的根本。《易经》思想产生于伏羲结绳而治的时代，大绳结、小绳结是最早的八卦符号。后来夏有《连山易》，殷有《归藏易》，甲骨文记录下来了数字易，结绳而治就变成了数字符号。所以中国文化之源就在《易》，儒释道都从《易》发展出不同的研究方法、思维方式而出现不同的哲学。道家最先吸收，以道为根本，这个道路的道、物质的道变成了精神的道、阴阳变化之道。《易经》第一卦乾卦，讲龙的信仰和龙的锻炼变化过程，就是讲中华文明发生的过程，这个思想为道与儒两家所发展。龙有"龙德"，从"潜龙在渊"到"飞龙在天"的几个阶段，乾卦讲得很清楚。这个过程中的哪个阶段发生文明呢？就是"见龙在田，天下文明"。我们的文明观不同于西方的文明观，龙出现在农耕田野上，"田"是指"田在地表，而有人功者也"。田是人功加以耕种的地表，这就是文明的开始。这个"文明"的含义，只有蜀人李鼎祚的《周易集解》讲得最清楚。他认为"百草萌芽孚甲，故曰文明"。中华民族作为龙的传人，发展出农耕文化时文明就出现了。这个文明出现就相当于草木萌生的时候，春天到来。《易经》"文明"一词则蕴涵着青春精神、奋斗精神、以文化育的精神、向善生长的精神。因此中华民族的文明是以龙为最大的象征符号和文化标志。乾卦阐述了"龙的传人"

的科学内涵，也是中国文明的独特标志。道、儒都根据乾卦这一条在发展、解释这个文明概念。考古发现六千年前红山文化的卵石摆龙和玉猪龙，就是中华"文明"龙概念的实证。

蜀学是我最近这些年所致力的。我的想法是，蜀学是巴蜀地域文化凝魂聚力的精神内核。如果没有蜀学精神与学术研究的支撑，巴蜀文化显不出特点。它有四千年大禹原始儒学观念的孕育根系，有近三千年蜀中土著学问——黄老、卜筮、历数、辞赋的学术起步，有两千多年从文翁兴学以来"蜀地学于京师"、融入多源一脉的儒学正统的历史。不是说归入儒学之前就没有蜀学，蒙文通先生始终坚持说蜀学自古就有，这个观点我很信服。蜀学是以蜀中原始儒学和卜筮历数、原始土著蜀学为基础，创新性转型为孔子儒学。其源远而流长，从蜀学的形成、发展、衍变、转型，直到现代化，自成体系，从未失其根脉。但它又常葆地域特色，自有异彩，新质旧因，变动不居。蜀学和巴蜀文化一样，都不是一个固定概念，它可以是一个地域的概念，不过地域在变化，它也在变化。蜀学既是个空间的概念，又是个时间的概念，每个时代有每个时代的蜀学，不一样。正因为这样子，我们不能给它很准确的定义，可以说学者见仁见智，各人说各人的。但是有些根本点可以取得共识：蜀学首先是巴地与蜀地的学术，二者构成蜀学命运共同体。学者对这个共同体，再细分为若干小的地域单位的学术进行研究。这就是今天蜀学研究的任务。这个小的地域单位，按照苏秉琦先生的观点，可以今天以"市""区""县"为单位，因为行政上的市和县往往是一个文化根脉和基因传承下来的。我们把这些小地域的学术研究清楚了，然后综合起来，总体的蜀学命运共同体的特征也就容易弄清楚了。对每个小地域文化的创意化与现代化，也容易带来通经致用的好处。

（五）对蜀学的看法

问：谭老师，既然您对蜀学已经有了十分深入的研究，那么是否可以就蜀学的特点为我们进行一下归纳呢？

答：蜀学是巴蜀地域源远流长的学问，是巴蜀文化发展和凝心聚力的精神内核。四千年前伊始，兴于西羌的大禹原始儒学和本土历算阴阳、术数《易》学、辞赋古谣谚是它孕育发芽的根系。自两千年前汉代文翁以儒化蜀，蜀人以不法古、好翻案的创见性思维解读儒经，使蜀学发生第一次创新性转化。它的第二次创新性转型在晋唐时代，出现文史并重、仙禅入儒，石版儒经最先法典化、杜（光庭）撰《道藏》第一次集成化、禅学中国化，巴蜀独特的学术路径（唯识为本，顿渐随缘）第一次形成。顺便说一句，"杜撰"一词即源于杜光庭纂集《道藏》一事，杜氏确有把自己著作纳入《道藏》之事，故曰"杜撰"。第三次创新性转型在宋代，此时的蜀学人才优越秀冠、磊落奇瑰，不鸣则已，一鸣惊人，出现蜀学成果之盛冠天下而垂于无穷的特色。第四次创新性转型出现于近代，近代蜀中学人以今文经学和新心学作为启蒙思想武器，凸显对抗西方文化的本位思潮，坚守本土文化自信，形成古今鲜俪的新蜀学。当前新时代应该是开创蜀学历史传承与现代创新的新时期，是让蜀学走入民间，活在当下，宣传出去，走进人心的新作为时期。它有四个特征：

第一个特征就是心向北京，心向中原文化，心向儒化中国，以明儒经、贯释道、通百家，以"儒源在蜀""仙道在蜀""菩萨在蜀""易学在蜀""天数在蜀"为特点。

第二个特点就是"以文辞显于世"，"文章冠天下"，出现"西蜀自古出文宗""蜀女自古多才"的特色。

第三个就是文史并重，兼综百科，以通儒之学为主线。蜀学的一个特点就是杂，百科全书式。蜀学研究也有各种方向，是个向外开放的而不是自我封闭的体系。各派各门当互学、互信、互融、互敬，无门户之见，有会通之心。除了已经仙逝的蜀学前辈以外，现今研究蜀学卓有成就的老学者有胡昭曦、龙显昭、林向、冯广宏、徐金华、陈世松、杨世明等先生，还涌现了一批蜀学研究硕果累累的，颇有才华的中年学者，如舒大刚、蔡方鹿、王炎、陈廷湘、徐希平、潘殊闲、尹波、杨世文、金生杨等，值得尊重学习。此外，还有市、州卓有成绩的地方蜀学学者。他们是我们将来发展地方区域蜀学的力量，如绵阳的蒋志，泸州的赵永康，彭州的管遗瑞，都江堰的蒋永志、王国平，新都的冯修齐、倪宗新，蓬安的邓郁章，邛崃的胡立嘉，遂宁的胡传淮，奉节的胡焕章，南充的周子瑜，双流的刘伯谷，崇州的张伯龄，郫都的季国泰，剑阁的蒲龙，眉山的刘清泉，阆中的张治平等先生，还有各市、州、县方志办的学者和专家。这里只举了我熟悉的学者，他们都是地方上研究蜀学的佼佼者。

第四个特点就是今古并举，尤重今文经学，世承相如"包括宇内，总览人物，控引天地，错综古今"的宏观思维，擅长学术翻案，富于浪漫奇肆的想象力。会通的思想是蜀学的根本，从扬雄、司马相如一直到廖平、刘咸炘，传至当代的郭沫若、贺麟。

需要说明一下，有学者认为扬雄是古文经学家，这有问题。从实质上看，扬雄是在仿《论语》、仿《易经》进行创新，《易》是阴阳二元论，道是无为太极一元论，扬雄则把孔子思想发展为"天地人"三方三玄的三元论，这完全是今文经学的翻案思维。

我们蜀学是重视通经致用的，可以作为历史文化资源。蜀学作为精神养料，既可内润于精神家园，也可外化于物质家园。既能成为交错古今的文化创意资源，也能成为经纬工商的文化景观资源。总之，今天的文创资源，不能只学蜀学表现出来的形式，而是要学蜀学的根本精神，学习它的文化创新力，每个时代都能站在时代的前列，与时偕行，与时俱新。清刘沆重修武侯祠，修缮文臣武将廊，整修草堂，都是在通经致用思想指导下进行的。金马碧鸡坊、望江楼都是将蜀学思想内涵注入景观的产物。我参加锦江（府河、南河）、沙河、天府广场、春熙路景观、百花诗境园、草堂万福楼、合江亭水文化景观、通祠街诸葛文心园与君平街严遵园、汶川石纽大禹祭坛等文化景观的策划与设计，都是以蜀学文化为指导思想并贯穿到相应的景观和碑记中去的。最近，舒大刚提出蜀学主题公园的设想和倡议，都是极有价值的蜀学创新性转化的思想。以上意见不成熟，仅供参考。

二、祁和辉教授访谈

问：祁老师，刚才谭老师已经就蜀学的相关问题为我们做了比较全面的论述，接下来想请您加以补充，并且谈一谈您对蜀学的看法。

答："学"者，形而上者谓之学，形而下者谓之术。所以蜀学同蜀文化是有区别的。文化是兼形而上和形而下的。蜀学则主要是指形而上的部分。巴蜀地域文化，它的社会发展情况是和中原同步的。《史记》和《华阳国志》都讲得很清楚。司马迁没有写《三皇本纪》，《三皇本纪》是后来司马贞补撰的。因为《三皇本纪》没有，所以蜀人苏辙才写了《古史》来补这一段。黄帝和嫘祖所生的长子、次子的封地，都在巴蜀。长子玄嚣，封于江水，就是岷江流域，是为帝喾高辛氏集团。次子昌意，封于若水，就是金沙江与雅砻江汇流的流域。而昌意又娶了蜀山氏之女昌濮为妻，生子颛顼，是为颛顼帝高阳氏集团。后世搞历史地理的学者基本认同江水与若水皆在蜀，确实如此。江水、若水都在长江流域，而且长子玄嚣所封地如果是在江水的话，与次子所封若水的源头相隔不远，也就是现在的四川。黄河上游和长江上游都从四川流过，黄河第一弯就在四川阿坝州，所以这些文献是可信的。由于顾颉刚氏疑古派兴起之后，一些学者不敢使用历史文献，而是使用那些零星的地下发掘文献。地下发掘文献是宝贵的，但是它绝不是系统的，它具有很大的偶然性。地下文物考古是宝贵的，但也不能完全凭借，它并不系统，有很大的缺环。而地上的文献，由于文献的丧失，有时候也不完全。但是如果极端化地唯地下考古文物是判，也是不对的。所以我们重视地上文献，地上的文字文献也是有文献考古价值的。文字文献考古，我们不能一味地去质疑它。

巴蜀祖先记述的史事应该说起码是一种历史标志、阶段性符号，不一定是一个具体的事件。摩尔根把人类学分成蒙昧时期、野蛮时期、文明时期。蒙昧时期长达百万年至几十万年，野蛮时期就可能比蒙昧时期短一点，但是整个野蛮时期的标志事件是人类开始知道驯养动物、种植植物，这是一个很主要的标志，而有使用冶炼金属的使用，应该是人类已进入野蛮时期高级阶段的标志。摩尔根的聪明之处就在于不把历史时期一年一年地分出来细分缕析，而是将其生产生活中的标志性事物定出来。我们中国是一个崇拜历史的国度，我们不是崇拜神的民族，而是个重实重史的民族，因此崇拜祖先，崇拜祖先留下来的信息、经验、智慧和教训。正因为这样，我们中国人写历史，往往都要证之以史实和记述。《史记·五帝本纪》中的《黄帝本纪》，它提及黄帝的一个儿子封地在今巴蜀的西边，娶的是蜀山氏之女为妻。蜀山氏能与黄帝族群成为儿女亲家，说明蜀山氏与黄帝族群的社会发展程度应该是一致的，就是说这一地区的社会发展水平是与黄帝族群同步的。这就证明三皇时代的伏羲氏，是历史实有的而非虚构的。苏辙的《古史》就直接认定伏羲氏是太昊。中国南方民族，各个民族都信奉伏羲氏。这不是偶然的，这说明在那个时候，中国的长江流域民族都在发展，并非只有黄河流域在发展，这是蜀人、蜀学的史学观点。司马迁曾经到巴蜀地区考察过，也表现出这一倾向。司马迁是陕西人，他出生在黄河支脉渭水流域，但是距长江流域、汉水流域并不远，所以他就受到了江汉文化与巴蜀文化的影响。黄帝儿子娶蜀山氏为妻，这个应该是个文化符号，你不能把他当成具体事件来看。这个符号说明两个部族在这个时候是通婚的，说明巴蜀文化发源是很早的。苏辙认为太昊氏就是伏羲，而相信伏羲的就是整个南方民族，以长江流域及其以南最多。太昊氏关于龙的崇拜不仅仅是黄河流域独有的。我早年写文章，分析三皇有数种推导模式：苏辙以伏羲氏、神农氏、黄帝为“三皇”，《史记》则认为黄帝不是“三皇”之一，而是“五帝”之始。我认为《史记》这一点是对的。古人关于三皇的说法起码有七种，其中流传较广的应该是女娲氏、伏羲氏、神农氏。女娲氏往往放在最后，我认为应该放在最前面，因为与摩尔根的《古代社会》配合起来看，先有母系氏族社会。到了伏羲时代，他已经晓得做符号了。按照苏辙《古史》的说法，伏羲氏已经开始驯养或栽培动植物了，而到神农时代，则有了初期的农业和畜牧业。我认为这代表了蜀学最早的史学观点，也就是说蜀文化的发展是很早的。研究中国文化，不能只从黄河流域开始，而如果从长江流域开始，你就不能回避巴蜀这一地区。巴蜀这一块地域偏远，而历史时期中国人又多逐鹿中原，文人往往对巴蜀了解不深，往往把巴蜀看成是边缘地带。其实，巴蜀是《尚书·牧誓》伐纣的八个方国之一，这八个方国成为姬周盟国，表明他们已经不是落后的民族，并且不是隔绝状态，因为八个方国都是直接参加武王伐纣的。还有一点，《华阳国志》称，后来周朝分崩离析，"蜀先称王"。这一句，我发现没有被人重视，为什么？因为整个周朝实际上是把巴蜀这一块作为特区，它已经是黄帝时代传下来的一个特区，一般的夏商周三王都不直接管辖它，使它有充分自由发展的余地。我认为就应该这样解读，而中原的史书，往往就忽略了这一点。

蜀文化方面的理论层面，无论是史学、文学、哲学，确实有它独特的史料和观点。这个观点，司马迁虽然不是蜀人，但他已经提供了线索。蜀学要称得上是"学"，应该要有个标志。我们现在仅存的文献，无法看到它早期的标志。我只能说我读《吕览》（即《吕氏春秋》），发现吕不韦集群臣修《吕览》的时候，对巴蜀这块地域非常重视，因为整个秦国变成秦朝，是以灭蜀国、巴国，建立蜀郡、巴郡作为后方的。正因为有后方基地，秦国才最终战胜楚、齐。如果没有巴蜀这个大后方，它是无法比拼富饶的楚国、齐国，甚至三晋的。三晋就不需要说了，三家分晋，变成赵、魏、韩，但是齐、楚二国依旧强大，一居于东海富饶之地，一居于南方广大之野。但是自从有了巴蜀，秦国就能顺江而下伐楚。《华阳国志》对此的记载十分生动，仅载军粮的船，从岷江这一支，就有数百艘。巴蜀对秦的统一起到了根据地的作用。巴蜀是早期稻作文化的发源地之一，粮食丰富；还有嘉陵江的丝织（在南充举办的研讨会上，有人称那里是丝织的祖源地）。我认为丝织祖源南充的观点肯定不对，嘉陵江的丝织一定晚于岷江。你看看古地理，长江（我说的这个长江还不是现在从宜宾开始的长江）在没有自然贯通之前，巫山挡住了水流，巫山以西的水，不能直接和东边的水联通。巫山以东的扬子江，向东流入东海；巫山以西的水，在地质时代，不是我们文明时代，流入巴蜀湖。我们成都平原就是巴蜀湖的腹地，海拔 500 米，它比重庆高。你到重庆去，到处都是山。我是重庆人，但是重庆的平均海拔，实际上要比成都的低一点，所以水才往低处流。但四川盆地的水原来是流不出盆地的，因为巫山壁立在东面。巴蜀湖水越过湖岸也就是现在四川盆地的彭州，就进入古云贵湖。你现在去云贵高原看，那里有很多大大小小的高原湖泊。洱海等就是它的遗留。除了洱海，你从大理往丽江走，那里也有很多高原自然湖泊，也是古云贵湖的遗留。它的海拔为 1000 米到 1500 米左右。古云贵湖通过横断山脉的怒江和澜沧江，通过沟槽，直接流入了印度洋。由于长期的自然侵蚀，巫山越磨越平。青藏高原很高，它往南流的冲击度没有往东流的冲击度大，所以巫山天天被轰隆隆地冲，冲得差不多了，又加上数代人的治理，就被冲开了水口。中国古人把治水的艰巨任务寄托在五帝身上，尤其是帝尧、帝舜、帝禹。可以肯定的是，不是大禹最后一个人把它疏通的，但却是以大禹为代表的古人打通了巫山峡水路。中国古人也将黄河的三门峡疏通归于大禹的功劳。虽然古人把整个巫山的疏通记在大禹的名下，但是巫山的疏通是有自然的演变在起作用，这使我们巴蜀湖的水慢慢地流动了。但是流动之后，即使古蜀王时代还在不断治水。为什么蚕丛、柏灌、鱼凫、杜宇、开明都在治水？因为巴蜀湖的水向东流之后，四川盆地变成了一块湿地，当时的成都平原还没有完全陆地化，沼泽地甚多，所以就迁都，这才有了个"郫"字，即低地当中的聚落、低地当中的一个高地。我说这些就是想说巴蜀文化发源很早。文化是有形而上和形而下之分的，不管你是否意识到，它必然有形而下的层面，自然而然会抽取出更精粹的、更形而上的东西，即思想层面。有了思想层面的成果，就会产生蜀学。但是，早期的蜀学文献流传下来的不多，我只能说从《吕览》中看到有蜀学的影子。秦朝是以巴蜀为基地而建立的统一王朝，它的大臣重视这一区域，所以吕不韦后来被灭族以后，被驱逐的吕不韦族人，就往南方走，沿着横断山脉往现在的云南走，所以云南有不韦县。中国青海、甘肃、西藏的民族最早是往东方迁移，以炎帝为标志，牧羊之人东移走出黄土高原、东渡黄河到达"中原"的西界中条山。此后又有许多牧羊部落，沿着横断山脉之间的河谷往南方迁移，沿途留下群落，形成后来的"西南夷"族群。其中还有数支群落远迁到现在的印度支那半岛，甚至印支半岛。你看缅甸北部的民族，基本上和我们黄河流域留下的民族是一样的。越南北部更不需要说，他的族群、语言，都有很多与蜀有亲缘关系，甚至印度北境的一部分民族都有。中华民族文化发源最早的是炎黄系。炎帝本身就是姜姓人，黄帝有一半是。而周朝，像周文王的母亲就是姜人，她是姜嫄之后，姜就是"羌"。中华民族的炎黄文化肯定是中华文化的源头之一。因此炎黄文化中，怎么能少得了巴蜀文化？巴蜀文化的核心是蜀学，不管是从历史地理学、人类学视角看，还是从我们的思想文化视角看，都是如此。这也是谢无量先生认为儒释道的源头都是蜀学的原因。他的说法是有道理的，所以我就说要重申谢先生的观点。他那篇《蜀学原始论》是他二十五岁左右做临时大总统孙中山的中文秘书时写的。这篇文章没有收入谢无量先生的文集里，中央文史馆有收藏。我最早使用它的时候，中央文史馆的文献还没整理出来，所以我找出来赶紧录。

关于司马相如，《汉书》里相关史料是有矛盾的。班固在《文翁传》里头说文翁办学，相如为之师，但在其他的地方又说文翁办学以后，相如是学员，好像是派到长安去留学的人之一。有的人以为是文翁来了蜀地才有蜀学，其实根本不是这回事。据我考证，司马相如是司马错的后人，所以他生在嘉陵江流域，司马错练兵伐楚就在嘉陵江流域，现在蓬安那一带有他的基地。当时儒学受到中原礼乐文明的影响，而礼乐完全制度化，必须中规中矩，守礼制。但司马相如敢于突破，他提倡非常精神。非常者，非常之事与人也。司马相如行非常之事才能建非常之功，这个非常精神就是蜀学精神，它一直贯穿下来，敢于冲破常规和因袭，勇于创新。当然创新不是乱来，认为合理的就可以。例如，蜀学在经学观点上有特殊之处，它不仅仅是把经书当成政治教科书，也把它当成文学和史学之书。经书当中那些神采飞扬的思路与词彩，蜀中学者同样重视，不只是看其政治思想。司马相如的大赋，首先吸收了周朝礼治厚重的观点，讲究对称的东南西北中的布局。但他只是取法了那个结构，而词彩，他不仅从经书中撷取，甚至还从纵横家那里撷取。这就是蜀学，形而上的文学的观点。你做大赋要包括天地，总览万物，这已经是形而上的。司马相如一辈子就带了一个"研究生"，还是个少数民族，盛览，祖上可能是爨人，是中原大族。云南爨人都是中原大族，为避天灾人祸迁移到云贵高原去的，其大量后裔就是现在的白族，就是后来的东爨、西爨、"乌蛮""北蛮"。有些爨人实际上是中原大族，文化很高。当前很多人无知，总想去给少数民族制定文字。其实，很多兄弟民族在历史上参与了创造汉字，一直使用汉字，文化也高。那种总把他们看成是无文字的民族的观点是错误的。按照摩尔根的观点，没有文字的民族，虽然进入了文明阶段也是低级文明阶段，而文字的使用是一个民族进入文明时代最突出的标志，可以说是个门坎。我们很多兄弟民族早就使用汉字，却总有人要把他们看成是无文字的族群而要去多事地为他们制造一个拼音文字，结果又用不惯，实际上你把他们看成始终处于野蛮民族阶段了。我不同意这个观点，年轻时候我就不同意！其实，他们早就是使用汉字的兄弟民族了，因为汉字不只是汉族才有资格使用，它是我们多民族发明创造的，兄弟民族和现在的汉族有同等的权利去使用它。我对少数民族一视同仁，若封闭地方的汉族没受过教育的，同兄弟民族封闭地方的少数民族没受过教育是一样的，而受过教育的汉族与受过教育的少数民族的聪明也是一样的。这也是蜀学的观点。这就是说形而上的蜀学发源很早，我们做巴蜀文化研究，自然而然地要从形而下的研究，进入形而上的研究。例如苏辙《古史》，认定伏羲氏是太昊，与其他人的论述不同。我从苏辙的《古史》中受到了启发。后人读书，大意麻痹，把两个"挚"混淆成一个。一个是太昊之"挚"，一个是黄帝"挚"青阳氏。而黄帝的玄孙，又有取名"挚"的，后辈取名与祖先一样，这种例子在东方、西方都多。两个"挚"字一样，我估计篆文里也差不多，就说不清楚了。苏辙的《古史》就把它补充起来了，明确了。《史记》的《五帝本纪》基本上不记青阳氏的支系，而是认为青阳氏是子孙，是曾经执政的。青阳氏以后，才有高阳氏和高辛氏。但是青阳是如何执政的，《史记》却没有记述。苏辙就按照他掌握的材料，补充了《史记》没有的这一段史实。这个补充很有必要。正是在补充这些史事的时候，他把两个"挚"区分开来。还有伯夷，也是有几个伯夷，我就受到启发，把殷纣的伯夷和协助大禹治水的伯夷区分开。蜀学，它在史学、文学、哲学甚至经济学上都有它独特的观点。它所独有的史料甚至史事、传说系统，都是非常宝贵的。

我认为蜀学发展的高峰时期是北宋。北宋在哲学上四派并立，那就是洛学、关学、新学、蜀学。当时这四派并立，所以任继愈的《中国哲学史纲》，将"蜀学"作为专门一派来解说。蜀学有专门的特质，什么叫蜀学？有些人把蜀文化直接说成是蜀学，这是不合适的。蜀学的基本精神值得挖掘，比如蜀之史学，像苏辙的《古史》，是可以开专题蜀学会的，因为研究史学的人不一定看得懂他那个《古史》好在哪里。当然他也有局限，粗浅如我等也看得出来。但是他有很多精彩之处，这个我们得探讨。我们没几个能发得起言，因为得穷尽经典，还要熟悉《史记》，读一遍两遍还不行。"温故而知新"这句话，至今还是非常有效的。因此蜀学，起码我们从秦汉开始，两千多年来它是事实上的存在，它和巴蜀文化学有区别，显然的，形而上的部分就是蜀学。蜀学不必在定义上过分去追求。谢无量先生的观点值得充分重视。假如不是有司马相如的非常精神，谢先生也不敢发此大论，哪个敢说儒学之源在蜀？因为他认为儒学来自大禹，大禹是蜀人嘛！他说道学之源也在蜀，禅学之源也在蜀。因为佛学，尤其是禅宗，虽然北禅是神秀，而神秀的主要道场是现在主要讲四川话的湖北的玉皇观。玄奘的佛学基本观点，是他十六岁进成都，到他二十一岁离开成都这五年间奠定的。而玄奘从印度那烂陀寺回国以后，建立了唯识宗。唯识宗基本上代替了之前所有的汉传佛教的基本理论。而唯识宗又被慧能传承发展，创立了南禅，在潮东一带传播。南禅后来经过蜀中马祖道一的发扬光大，奠定了禅宗成为人间佛教的基础。马祖道一是洪山祖师，其弘法在江西。既然我们可以把杜甫看成是巴蜀的文化名人，当然江西也可以把马祖道一看成他们的文化名人。马祖道一出生、成长在什邡，受俱足戒在重庆。又进资州德纯寺修禅寂，资州德纯寺方丈处寂和他是师兄弟。处寂拜师智诜，智诜跟神秀都是五祖弘忍的弟子。慧能还不是正式弟子，仅是入室弟子，但慧能创立南禅，就是顿悟派。南禅后经过马祖道一才传扬开的。有北禅渐悟，有南禅顿悟，巴蜀提出了可顿可渐，亦顿亦渐，这叫随缘，随缘是谁提的？马祖道一提的。可顿可渐，是无相提的，无相原籍在新罗，又叫金和尚。因此中国化禅学，是蜀学奠定基础的，这没错啊，可是我们自己没有理出来。梳理这些需要长久的功夫，不必急。你们年轻人可以秉此非常精神，言之有据地去梳理清楚。古史是需要梳理的，从《史记》到苏辙的《古史》，还包括《三皇本纪》的补史。梳理是很有趣味的。人都有好奇心，好奇心都会催促我们去读这些书，去梳理，去写这些文章。好，我就说这些。

三、谭祁伉俪生活剪影

问：谭老师、祁老师，你们二位自幼在一起，师友之间常称"二和"君，两人名字均含"和"字，年轻的学者对此很感兴趣，希望了解二位老师的学术生活，现在能否请你们谈一谈？

答（谭继和）：说起来话长，简答如下。

我们俩都是开县人，两家相距一里左右，小学和中学都在一起读书。除了前面提到的事以外，还有点茶余饭后的故事。小学时，时任校长隗瀛涛曾当导演组织我们演小剧《白雪公主》，祁老师是白雪公主主角，因为她自幼能歌善舞，会弹三弦，会拉二胡。我参演的是个群众角色，化装成小白兔。后来我在川大求学，隗瀛涛先生又是我的老师，我们三个人聚会，才晓得是小时候同演了一台戏。在中学读书时，祁老师的家很穷，我的父母去世早，她母亲对我们同学非常好，常说我是"无娘儿，天照顾"。我们俩都是第一批少儿队（后改名"少先队"）队员，她作大队长，我是中队长、副大队长，是她部下。她的成绩在整个万县地区是第一，每门课包括音乐、美术，都在 95 分以上，得过一支关勒铭金笔做奖赏，因为穷，卖掉了做家里生活费。她在全校写作竞赛和故事演讲会都得的是一等奖，是全校优秀生。我的成绩在班上第一。前面说过了，我们都在一个语文课外学习组，学习写诗填词。记得在高中时，我俩之间发生了一次大风波。我对语文课讲颜回"安贫乐道"很有意见，认为不符合

"穷则思变，变则通"的原则，写了一篇文章投给当时学校的油印报和黑板报。主编是祁老师，我是她手下的编辑。她听校领导的话，不让发表。我很生气，认为她在压制新生力量，就擅自拿到初中部黑板报发表了。以后全校语文课停正课一节，对我的文章观点评论批判，认为该观点违背"部颁"教学大纲（那时我还不知道这个帽子的厉害，不在意）。语文老师教训了我，又对我的独立思考和文采表示赞许。这件事后，我写了一封长信给祁老师，信开头称呼"和晖兄"，这是我们中学同学之间的常称，当时有称兄道弟之风气。信的具体内容记不得了，只记得起当时不知天高地厚地与她讨论了尼采超人哲学。还有件趣事，我们考大学要到万县赶考，临出发前，我约她到教室里把鸡蛋吃光了，这才想起路上没吃的了。

我们大学是分开的，她在重庆读西师（西南师范学院，后改为西南师范大学，后并入今西南大学），我在成都读川大（四川大学）。她分配到成都西南民院教书时，我还在毕业班，正准备考副博士研究生。她来看望我，一是发现我的枕头上的简陋的绣花是她绣的，但我不知道，她也不知道，因为这是二嫂送给我的，二嫂曾教她学过绣花。这个枕头我已经枕了五年了。二是我床头上贴着我用草纸写的孟子的"天将降大任于斯人也"一段话，她看到后很惊喜，认为我的本性还没变，其实那时我已是年级的团支部书记了。这是成都初会时的两件趣事。

后来，我在北京，她在成都，两人通信频繁。通信特点是信封上不写下款地址，常写一句古诗或者毛主席诗词。例如，"文化大革命"中，我写"正西风落叶下长安"，她就回"待到山花烂漫时"。我们二人心中都懂得彼此会心的是两诗未写出的下句才是当时的时局与处境。

我们两人的学术生涯，在外人看来是志同道合，琴瑟和鸣。

其实这只是一面，几十年来她由文入史，我由史入文，互相讨论切磋，并重文史确实是两人的特点。另一面，我们的学术观点上有时也是有分歧的，相互论不清道不明就各写各的。如武则天评价，我们俩的看法侧重点不一样，就写一观点相反的两篇论文。我俩合作写论文时也会互相"计较"一下，各写一半，不能偷懒，互相监督。有趣的是，研究郭沫若的师友发现这个特点后，就不准我们二人合写，要求我们必须各拿各的论文，觉得这样才过瘾。年轻时还有趣事，我写的诗词，朋友总认为是祁老师的。我就有时不让她知道，自己拿去发表了，以避嫌疑。我得过杜甫诗歌杯一等奖，我要在她面前炫耀一下，她会不服气地说，一家人不能拿两个第一，我是自愿降成第二的。她写论文时，十分专注，我就当她的书童，当听用，说要某书，我就立即找出来。我常抱怨，我是"书童"，又是"书厨"。

关于国学研究，我们俩观点也会有所不同，这在上面的访谈中已可发现。但是，我俩有一条是共同的，即不经过彼此的"挑剔"，不把论文拿出去发表。我们的特点是重论文，不重写书，因为自己的见解和观点只有论文才能畅写，写书就受限多了，必须重复已有成果，而我们确实不喜欢重复别人的或已公认的观点。我们的新观点、新提法较多，但是这些新提法被大家通用以后，我们又会不满意，总想有更新的提法。这次"成都十大文化名人""评奖词"中说我做学问很专注，好些提法可视为"经典"。这是学友们过誉，但我真心感谢这些老朋友评委们，他们是我俩的"知己"。我们做学问就相信一句话：一个人的学术生涯中只要有一篇珠玉文章能承传、能流传、能弘扬也就满足了。我们离这个目标还远，因此我们始终记着苏轼的绝句："春来濯濯江边柳，秋后离离湖上花。不羡千金买歌舞，一篇珠玉是生涯。"学术生涯，理当如此。

勤于读书慎动笔
筚路蓝缕心不辍

——著名古籍整理学家刘琳教授访谈录

受访人：刘　琳　　采访人：邵莘越[*]

问：刘老师您好！很高兴您能接受我们的采访。作为晚辈，我们一直敬佩您在古籍整理方面所做出的贡献，可否向我们分享您求学、教学、治学的历程？

答：我是1939年出生在贵州省的一个很偏僻、落后的小县，还是一个汉族跟少数民族杂居的地区，叫作丹寨县。1955年，我考进了川大历史系的历史专业，那个时候我还很小，才16岁。我从1955年到川大，到现在六十多年了，一直都没有离开过川大。1959年毕业留校，1960年的春季就开始上讲堂。教的第一门课叫"写作概论"，因为那一年的学生中，工农兵学员比较

---

* 受访人简介：刘琳，生于1939年，贵州丹寨人。1955年考入四川大学历史系，1959年毕业后留校任教，1984年任古籍整理研究所副所长。长期从事古籍整理研究工作，主编《全宋文》《宋会要辑稿》等。主要研究方向为魏晋南北朝史、历史地理学、西南民族史、道教史等，先后出版《华阳国志校注》《四川古代史稿》《现存宋人著述总录》《古籍整理学》《全宋文》等著作。

采访人简介：邵莘越，生于1991年，黑龙江省齐齐哈尔人，四川大学古籍整理研究所2017级历史文献学专业在读硕士研究生。

多，他们在写作方面比较困难，所以就开了"写作概论"这么一门课。到了 1960 年秋天，又开始上"古代汉语"（或称"中国历史文选"）。为什么系里让我上这门课呢？我从小的古文功底比较好，七八岁就可以读《三国演义》，那是半文言的，虽然不是完全读得懂，但是基本上是懂的。所以后来系上说，你古代汉语比较好，就上这门课吧。这两门课是我上得最久的课程，从 1960 年开始一直到 1983 年，中间"文化大革命"的十年没上课，那不算。1980 年以后，有几年在讲"中国古文献学"，其他还有一些课，但是相对来说时间比较短。通过上课，达到教学相长，使自己提高很快。

　　研究工作方面，我参加工作当了助教之后，系里就分配我跟徐中舒老师学习古文字学。那几年，在徐老师的指导之下，我学习了清代的小学，以文字、音韵、训诂为主，并结合先秦两汉的历史。学习情况还不错，虽然从 1959 年到 1966 年"文化大革命"之前运动很多，但是还可以读书。读了些什么书呢？一是读从清代以来到现代学者有关文字、音韵、训诂的著作。从顾炎武的音韵学著作，到乾嘉学者段玉裁、王念孙、王引之、俞樾、孙诒让，一直到现代郭沫若的甲骨文方面的著作，所以对甲骨文、金文也学习过一段时间；二是要读《说文解字》，要通读，那是最基本的经典；三是读经，十三经当中，《论语》《孟子》《左传》是通读的，《礼记》是选读，其他的是浏览；四是读先秦到两汉著名的史学著作，《国语》《战国策》《史记》《汉书》等。所以几年下来，我读了不少的书，增长了很多知识。特别是学到了乾嘉学派的考据方法，以及他们实事求是、踏实、重证据的学风，这对我一生的治学道路、治学风格影响很深。所以那几年跟徐老师学习，使我打下了比较扎实的文史功底。这是第一阶段，即从 1959 年到 1966 年，这是非常宝贵的。如果没有这几年，那就没有我后面的治学风格和特点了。

1966 年就开始"文化大革命"了，整整十年，当然不可能再搞什么专业的学习和研究了，那是不允许的。读古书，一个是"只专不红"，再一个是沉溺在"四旧"当中。但在那十年，我读了很多马克思主义的著作，马克思、列宁、毛主席的著作，能够找到的都要通读、精读，这有很大的好处，使我懂得了唯物论和辩证法，帮助树立了历史唯物论的世界观、为人民服务的人生观、唯物辩证法的思想方法。所以这十年对我这一生还是有很大影响的，树立了我的世界观、人生观，树立了自己有特色的思想方法。

这一阶段最后几年环境稍微宽松一点了，可以读一点书。到了 1974 年，巴蜀书社约我写《华阳国志校注》，我就接受了这个任务，从此就开始研究四川史。《华阳国志》这本书我基本上可以背诵，你只要说一句，我就知道在什么地方。这也是基本功，你要整理一部古籍，首先就要完全熟悉，甚至于到可以差不多背诵的程度。然后就是翻阅古今有关四川、特别是有关《华阳国志》的文献，包括上百种的地方志。那几年我成天泡在图书馆里，主要是翻地方志，所有的四川地方志都要看。另外还有云南、贵州、甘肃、陕西、湖北地区的方志，凡是跟《华阳国志》有关的这几个地区，很多地方志都要去认真地翻阅。为了校这部书，我查阅了大概一千多种的古今文献，还去了北京图书馆查了两个月，校对《华阳国志》的各种版本，在版本校勘这方面也是花费了很多心血。除了读书、查阅有关资料和版本之外，也做了一些实地调查，因为《华阳国志》这部书牵涉很多地理方面的内容，有些东西只是在书本上去了解，那是很不够的，根本不知道当地是什么情况。那个时候很可怜，没有经费。后来一位副校长开了恩，借给我两百块钱。那个时候的两百块钱至少相当于现在的几千块钱。用那两百块钱，我就到广元、剑门关那一带，还有其他的一些地方，去做了实地考察。因为没有钱，所以走的地方也不算很多。但是实地调查还是很有必要的，因为很多地方仅从文献上去了解是很模糊的。从 1974 年到 1981年，主要就是做这些工作，后来就写出了这本书——《华阳国志校注》。

同时，围绕《华阳国志》这本书，我还做了多方面的研究，一个是先秦两汉魏晋南北朝史，因为这是跟《华阳国志》有关的历史。二是历史地理学，因为它牵涉地理沿革考证，读了清代以来很多这方面的著作。三是西南民族史，西南地区少数民族众多，《华阳国志》里有很多涉及少数民族历史的内容，所以我下了比较大的功夫，去查阅有关西南地区的民族史、民族志，还有民国年间到新中国成立之后关于少数民族的调查报告。四是道教史。为什么要研究道教史，因为这本书里也牵涉道教，四川是道教的发源地之一。为了研究道教史，我在省图书馆泡了一年多，从头到尾查阅整部《道藏》，重点是两汉魏晋南北朝这一段。但是《道藏》这部书，有很多内容根本不知道年代，特别是隋唐以前，所以一边读一边要鉴定它是哪个时代的著作，把属于两汉魏晋南北朝的著作全部鉴定出来。所以我有一个心得，有时候你用一个项目就可以带动自己的学习、研究，增加各个方面的知识。

1984 年，学校把我调到古籍所，我和曾枣庄老师两个成为古籍所副所长。那段时间古籍所没有所长，只有我们两个副所长。到了古籍所之后，一直到 1996 年舒老师接替我们，这十余年，古籍所主要工作就是编《全宋文》。

我的治学道路大概可以分为四段：一是 1959 年毕业之后到1966 年"文化大革命"开始之前，二是"文化大革命"十年，三是 1974—1983 年在历史系，四是 1984 年后在古籍所。

问：在这几十年的学术研究历程中，您形成了属于自己的研究风格，您是如何总结自己的学术特点的？

答：我这几十年的治学特色，我自己总结了一下，首先是知识面广，很多学者对我这一点都还是比较称道的。前面我已经提到了，除了先秦两汉史方面，后来我还学习了魏晋南北朝史。到了古籍所之后，因为编纂《全宋文》，我又接触了宋代文史。另外，历史地理学、道教史、少数民族史这些方面都有所涉猎。其次是功底扎实，治学严谨。但这两大特点，也造成了我的缺点，就是博而欠专，方向分散。有时候人家笑我说"东一榔头西一棒槌"，我说我就是这个特点。这个当然有主观原因，也有客观原因。主观原因就是我自己爱好比较广泛，有时候兴趣到哪儿我就研究什么。所以常常在个领域有点心得后，又转到另外一个领域了，没有始终如一、锲而不舍地去钻研某一个比较窄的方面。对此，我自己并不后悔，古人有一句话说"古之学者为己，今之学者为人"，什么意思呢？古之学者为己，古人学习是为了自己增长知识，并不是学了东西给人家看；今之学者为人，今人学习是为了给人家看的。我自认为自己有点古之学者风范，虽然几十年没有在某一方面钻得很深，但是我自己学到了比较广博的知识。

问：在治学方法上，您有哪些心得可以分享？

答：我的治学方法主要是三个方面。第一个方面是唯物辩证法，这是主要的思想方法。我通读马克思、列宁、毛泽东的著作，学到了几点：一是要全面地看问题，不要片面地看问题；二是要系统地看问题，不要孤立地看问题；三是要用发展的眼光看问题，不要静止地看问题；四是要从本质上看问题，不要从表面上看问题；五是要客观地看问题，不要主观地看问题。唯物辩证法的精髓就是这几个方面。我以后的治学和看问题，对这几方面都比较注意，所以学习马克思主义著作对我是有很大的好处。如果不掌握这些，看问题就有偏差。

第二个方面就是乾嘉考据的方法。乾嘉学派的特点就是注重证据，做学问把证据放在第一位，不像明朝以前很多学者，看问题是主观的，片面的，不要证据，自己想说什么就说什么。乾嘉学者治学是很科学的，一切要靠证据说话。为了做到这一点，他们在读古书、看问题的时候，都尽可能地去找证据。我举个例子，比如古音韵学，清代学者在这方面的成就是非常巨大的。比如说我们读《诗经》或者先秦两汉的很多韵文，就经常会发现怎么不押韵？这个实际上清朝以前的人也知道，但是不明白是什么缘由，有时候就牵强附会地加以解释。到了宋代已经有学者注意到了这个问题，说古人的读音可能跟现在不同。到了清代学者，从顾炎武开始就对古音韵进行了科学的研究。到了乾嘉学者，江声、段玉裁、王念孙、王引之，一直到民国年间的章太炎、黄侃，最后到王力，研究古代的音韵，到处去找证据。主要用什么方法呢？综合、归纳、分析。比如对《诗经》的韵，他们把每首诗、每个字的韵综合起来加以分析，分成很多韵部，哪些字跟哪些字是同一个韵部，这就跟之前有很大不同了。所以古音韵的韵部就越分越细，从顾炎武分成七部，到江声、段玉裁、王念孙、王引之分成二十一部，到王力又分成二十八部，这都是很科学的。我觉得我们做学问，特别是研究古代文史，跟刑侦人员破案有很多地方相通。比如说刑侦人员拿到一个案子，首先要去到犯罪地点考察，访问，翻阅档案，找各个方面的材料和证据，然后把这些材料证据加以分析。很多问题从细小的地方入手，去找线索，找到破案的途径。我们治学，特别是搞古代史研究，因为很多问题的史料记载很少，所以要自己去找线索，要自己根据一些点点滴滴史料的进行分析，然后得出比较可靠的结论。这个跟破案基本上是一样的。乾嘉考据学用这种方法来治学，对我的影响很大。所以我做学问，没有证据就不写文章。不管是看问题、研究问题还是整理古籍，都是要根据证据。

第三个方面是工作后接触到的西方的历史统计学。西方学者运用历史统计学分析问题的时候，尽可能地进行统计，然后根据统计数据得出结论。我认为，对于历史研究来说，这个方法很有用，所以我在很多文章当中都运用了统计数据。比如我写的《从〈全宋文〉的"全"看它的学术价值》，那篇文章就重点运用数字统计的方法。对于古代的东西，统计往往是很困难的，但是还是可以去做。虽然不是很全面、很准确的统计数字，但是对于分析问题有用，能够说明一定问题，就比凭想象去空论、去猜测要好得多。

所以总结起来，我的治学方法，一是唯物辩证法，二是乾嘉考据法，三是历史统计学。

问：您是如何评价自己的学术成果的呢？
答：我这一辈子做研究有一个特点，就是勤于读书，慎于动笔。喜欢读书，但是写文章比较慎重。说得不好听一点，就是勤于读书，懒于动笔。懒于动笔也是比较慎重的意思。我认为写学术文章，一定要言之有物，要有内容。要言之有据，一定要有证据，没有证据就不要去空论。还有就是要言之有得，一定要有自己的心得。言之有物，言之有据，言之有得，这是我对自己的要求。如果没有什么比较扎实的内容，没有证据，没有自己的心得，我就不写。所以我写的东西，总的来说就是重质不重量，写一些比较扎实的文章，而不管产量多少。所以这样一来，我这辈子写的文章的确不是很多。专著有十一部，其中包括了很多古籍整理方面的，论文只发表了四五十篇。但是我自认为，无论是专著还是论文，都有比较高的质量，所以无愧于心。

这十一部著作中，有六部是得了省部级奖的。当然，不是说得了奖就是好的，但是至少得了奖就说明有一定质量，不是随随便便写的。这几十篇论文中，有一些我自己觉得学术质量还是可以的。比如说《论东晋南北朝道教的变革与发展》，也是得了省部级奖的，两万多字，研究三国魏晋到南北朝这段时间道教历史的发展特点，这也是我研究道教史的成果。是怎样研究的呢？首先，我在《道藏》中把所有属于东晋南北朝这段时期的著作先断代，确定哪些著作是属于这一历史阶段的。后来我发现有一些研究道教史的学者就不注重这个方面，隋唐以前的有些著作，茫然不知它究竟是属于什么时期的。不知道时期你研究什么！所以说他们在这一方面下的功夫不够。虽然我不是专门研究道教史的，但是我觉得，研究道教史，应该首先把《道藏》中的著作断代，然后再做下一步的研究。接下来，我从这些著作之中总结出这段时间道教是怎么变革的，怎么发展的。后来中国社会科学出版社编了《中国道教史》，关于东晋南北朝这一段就直接采用我这篇文章的观点和论据，等于把这篇文章进行改写。所以从这篇文章中也可以看出我的研究方法来。

问：可以分享您对于四川史研究的看法吗？

答：从 1955 年到现在我一直都没有离开过成都，没有离开过川大，已经六十多年了，所以成都是我的第二故乡，我很热爱四川、热爱成都。我之所以接受《华阳国志校注》这一任务，也是觉得四川历史中有很多东西是值得研究的。从接受《华阳国志校注》这个任务后，我就跟四川史研究结下了不解之缘。此后很多时间都在研究四川史，包括我的很多部古籍整理的著作也是跟成都、跟四川有关的。所以下面我就讲一讲《华阳国志校注》。

刚才我也讲了，为了写这部书，我查阅了一千多种古今文献，还做过了实地调查，所以在校注《华阳国志》的过程中，我实际上是进行了多方面的研究工作。这部书的注释比较简明，有中等文化程度的人都可以读懂。但同时又有比较深的学术内涵，深入浅出。这部书出版之后，社会评价说质量比较高，有些人说它的特点就是简明、严谨、实用，还有人说校勘细致、标点准确、注释精审。第一版出来几年之后，市场上就买不到了，很多搞地方志、搞四川史研究的学者都跟我说，你这部书是我的案头必备之书，很实用。特别是做西南地方志研究的学者，基本上都要读这部书。在国内外学术界的影响都比较大，在国内有很多学者写了文章来评论它，说学术质量很高。在国外，特别是日本，有很大的反响。后来日本东洋大学在翻译《华阳国志》过程中，就以我这本《华阳国志校注》作为主要的参考书之一，完成了《〈华阳国志〉今译》。有两次日本学者来访问我，也问有关这部书的一些问题。这就是我研究四川史的第一本著作。就因为这部著作的指引，使我不断地在这方面进行研究。所以后来又写过一些著作，比如说《四川古代史稿》。这部书是我还在历史系的时候，历史系的几位老师分头写的。蒙默老师写先秦，我写两汉魏晋南北朝这一段，大概有六万多字。那本书虽然字数不多，但是质量还是比较高的。四川民国年间有位学者叫作龚煦春，他写了一部《四川郡县志》。80年代，成都古籍书店约我们校点龚煦春先生的《四川郡县志》，我也是主要的校点人之一。后来又校点了《全蜀艺文志》《成都文类》。零几年的时候，成都地方志办公室他们编了一套《成都旧志》，其中就收入了我校点的《成都文类》。现在古籍所叫我重新修订这部书，以后要纳入《巴蜀全书》。另外还写了很多关于四川史、成都史的论文：《〈华阳国志〉简论》《常璩评传》《成都城池变迁史考述》《高骈与成都罗城》《成都在中国历史上的重要地位》《离堆辨》《僚人入蜀考》《唐宋之际北人迁蜀与四川文化的发展》。《成都城池变迁史考述》这篇文章虽然也不是很长，但是有比较高的质量，系统地考证了成都从古到今城池的变化、城墙的范围、成都这两条河的变迁，这篇文章影响也比较大。

　　另外，除了自己搞研究，我还参加了一些普及四川史、成都史知识的社会工作。我在历史系的时候，系上曾经开过一个培训班，培训四川各个县的地方志工作人员。我跟胡昭曦老师两人主讲四川史，我讲从先秦到魏晋南北朝这一段，胡昭曦老师讲隋唐以后。另外我还曾经有一段时间在四川地方志办讲成都史。做这些工作时，虽然文章不多，著作也不多，但我自认为尽到了最大的力量，做出了一点自己的贡献。比如《离堆辨》这篇文章，很短，但是很有特点。离堆大家都晓得，从唐朝以后很多人都认为它就是都江堰这个离堆。但是实际上，从先秦到汉代到魏晋南北朝，那时候人所说的离堆，根本不是现在都江堰这个离堆。根据我的研究，凌云山大佛崖才是李冰所凿离堆。这篇文章就是考证为什么两汉魏晋南北朝，包括《史记》《汉书》写的离堆，不是现在都江堰这个离堆。这篇文章后来有很多杂志转载。我就举这个小例子，说明我在四川史研究方面还是多多少少有一些成就。

　　在四川，可以说我是属于第一批对四川史、成都史做比较系统、比较全面的研究的学者之一。当然现在研究四川史的学者比较多了，但是我们那个时候可以说是筚路蓝缕，因为那个时候还是很少有人系统地研究四川史。所以我们写的《四川古代史稿》，就是从古到今中国第一部用比较科学的方法来全面研究四川史的一项成果。四川史方面，还有很多问题值得继续研究，特别是四川的古代史，还有很多没有解开的迷。比如说先秦的四川究竟是什么样子的，像《华阳国志》和其他一些史书有不少的记载、传说，从蚕丛开始，一直到杜宇、开明，很多所谓的古代的蜀王、历史人物，似乎都是想象中的部落的首领。从 20 世纪以来，四川的考古方面有很多的重要成果，特别是三星堆遗址，那么古代四川史有很多逐渐地清楚了。但是还有很多谜，有些考古发掘出的地下文物、古迹，跟文献上记载的匹配不起来。比如说三星堆遗址，究竟跟蚕丛、柏灌、鱼凫、杜宇、开明有什么关系呢？就这些所谓古代的蜀王，哪一位在哪个时期，都还是解释不了。包括三星堆，究竟是属于哪个民族？他们是从什么地方来的？因此，如果你们对四川史有兴趣，有很多东西还值得深入地研究。我们的有些成果，为后面的学者提供了一些看法、意见。

问：您在古籍整理领域所做出的成绩早已为我们所熟知，请您谈谈您在古籍整理和研究方面的心得。

答：我这几十年的治学生涯，虽然研究的方向比较杂，但是主要领域还是在历史文献学方面，做古籍整理与研究，研究中国文献学史。不管是自己的研究还是教学，都是集中在这个方面，所以这几十年也在这一方面积累了一些经验，或者说是心得。我曾经把我这几十年在历史文献学和古籍整理与研究方面的经验和心得写成一本书，叫《古籍整理学》。这本书虽然篇幅不大，只有三十万字，但是里边有很多是属于我独到的心得，所以这本书可以说是一个开创。古籍整理这个领域在中国有几千年的历史，至少是从周代汇集《诗经》开始，汇集《诗经》本来就属于古籍整理。从那以后，一直到现代，古籍整理都是中国国学当中最重要的一门，但是从来没有人说过叫什么古籍整理学。古籍整理大家都在搞，但是总结规律的却很少。一直到现在，大家都在说古籍整理，但是什么叫作古籍整理，这个概念很混乱，很空泛，把凡是跟古籍有关或是相关的所有的整理研究，通通都叫作古籍整理。也从来没有人把它当作一个学科来对待，根本没有"古籍整理学"这么一个词。通过我这几十年来古籍整理的实践和研究，我觉得古籍整理应该有一个明确的定义，不应该像现在这样子，什么乱七八糟的都称之为古籍整理，所有学科混在一起，糊里糊涂地分不清楚。古籍整理应该作为一门独立的学科，所以我就叫"古籍整理学"。

那么，什么叫古籍整理呢？我给它下了一个定义，即对古代文献的原文（重点是"原文"两个字）进行一定形式的整理加工，以供读者阅读和研究，这就是古籍整理。这个定义是什么意思呢？也就是说，严格意义上的古籍整理，就是整理古代文献的原文。其他的版本、目录、断代、辨伪、书史（书籍形制的发展史），另外还有一些专科的古代文献，这些跟古籍整理都有紧密的关系，但都不是对古籍原文进行整理加工。比如目录学，并不是说整理原文，它只是讲古书的目录演变；版本学只讲古籍的版本，也不是整理原文；断代辨伪学也是如此，讲某一部书是哪个年代写的，后来传世的书是真品还是伪书，但是都不是整理古籍的原文。古籍整理学就是对整理古籍的各个环节、各个领域的规律进行总结，包括整理古籍的各种方式、方法，其中有什么规律等。古籍整理学，在我看来，它的上级学科应该叫作中国古文献学，历史系叫历史文献学，中文系叫古典文献学，这都是很混乱的分科方式，是对有关的学科体系还没有搞清楚。所以我就在这本书当中，发表了一点自己的看法，像这些都应该叫作中国古文献学。古文献学之下又有很多子学科，其中就包括书史，即古代书籍的形制发展，从竹简、帛书，到后来的纸书，有很多这方面的著作，这也是属于古文献学的一个方面。另外，古籍版本学、古籍目录学、古籍断代辨伪学、古籍检索学、专科文献学（如中医文献、少数民族方籍等），都跟古籍整理学有关系，但是又都有自己不同的研究对象、研究范围，不能把它们混为一谈。所以在古文献学这一大学科之下，可以分很多子学科，其中一个学科就是古籍整理学。

在这本书当中，我大概介绍了一下关于古籍整理学的理论。当然，重点还是古籍整理学这一定义。那么古籍整理学包括哪些整理的方式？我总结出六种方式：校勘、标点、注释、今译、辑佚、抄纂。根据我的定义，古籍整理的方式归结起来就是这六种。你们去看，所有整理古籍原文的，都没有超过这六种。我这本书，在每一种方式下都首先讲到这种方式的功用是什么，比如说注释，为什么要注释古籍，注释古籍的作用是什么；其次是规律，这种方式有什么规律，整理的方法是什么，如注释，书中讲到要如何去注释，注释的方法是什么；还有就是在各种方式之中，重点和难点分别是什么，这种方式对我们整理者提出了什么要求，即整理者应该注意什么。每一种方式下，我就系统地论述了这样一些内容。这都是我自己积累的经验，以及看了很多古籍整理的书所归纳出来的。

这六种方式当中，有很多有我自己比较独到的见解，特别是古籍抄纂。什么叫抄纂呢？《四库全书》里面说宋人有所谓抄书之学。整理古书有一种方式，就是把古书的原文根据不同的目的、不同的用途，用各种方式去抄写，再将它们编纂起来，这就叫作抄纂。像注释、标点、校勘这些方面，学者做的研究还是比较多，有不少研究成果，但是从来没有人研究过抄书之学。所以，在这本书里，这算是一个特点，一个创新。中国古籍当中，有很大一部分都属于抄纂。抄纂当中有选编、节编、摘编、类编、合编，就是抄书有各种抄法；抄下来之后又有各种编辑形式，比如类纂、类编。这就是古代的各种类书。像《永乐大典》，这也属于抄书了。

为什么抄纂属于古籍整理呢？因为根据我对古籍整理的定义——对古籍的原文进行某种形式的加工整理——来看，抄纂也是整理古书的原文，不是用自己的话去论述，而是抄写原文之后把它们编纂起来。像我们的《全宋文》，这个叫作全编，就是把某一代某个领域某个方面所有的文章，所有有关的材料，一个不漏的全部编起来。这种方式也属于抄纂。就像《宋会要辑稿》，就是从《永乐大典》中抄的《宋会要》。《宋会要》的底本叫作《类编国朝会要》，这部书也属于抄纂而成，就是把宋代十几种加前代的十几种会要汇合起来，然后根据自己的需要，把会要的原文抄录下来，加以汇编，所以叫作《类编国朝会要》。所以这个方法应用非常广泛，从古到今，成千上万的著作都属于抄纂。然而，以前从来没有人系统地研究过抄纂是一门什么学问，有什么规律。《古籍整理学》的这一章就是专门研究古籍抄纂的规律、方法、用途，等等，讲得比较系统，比较全面，但是论述又简明扼要，这可以说是此书一个大的特点。

这本书也系统地总结了我这几十年在古籍整理与研究方面的一些心得。在这本书中，有些地方我特别强调了要怎样才能把古籍整理好，其中有两个方面要特别注意。古籍整理得好不好，和古籍整理者的学术素质有很大关系，你的素质的高低决定了你成果水平的高低。学术素质是什么呢？一个是学识，另一个是学风。

学识就是要有广博的知识，扎实的功底，这一点是非常重要的。所以我们做古籍整理的学者，做古文献研究的学者，要整理好古籍就要有比较广博的知识，知识面窄了是整理不好的。这一点我自己就有很深的体会，整理一个古籍，有时候比自己写文章、写书还困难。为什么呢？自己写文章，有什么心得我就写什么，不懂的我就不写，可以避开。但整理古籍不行，古人说到哪儿你就要跟到哪儿，书里面牵涉什么知识你就要懂得那门知识，这方面就比自己写文章、写书要困难。所以这就要求整理者要有比较广博的知识，知识面窄了古人说的东西你就不懂，不懂的话整理出来水平就不够高，所以说要有学识。

第二个是学风。整理古籍是一件很烦琐的事情，所以要求一定要很细致、很认真。没有这样一种学术素质，你就整理不好。没有比较深的学识、没有比较好的学风，就不可能搞古籍整理了。这几十年来，古籍整理方面的书非常多，但是在我看来，高水平的却不多。你拿到一本古籍整理的书，只要稍微翻一翻就可以知道整理者的水平是怎么样的，就可以看出这个学者学识够不够，会不会有时候粗心大意不认真，该整理的没有整理，不该整理的有时候又去整理了。现在很多古籍整理者的功力都是不够的。举一个小例子：校勘。校勘某一本书的时候，不同版本的文字有异同，把文字的异同列出来比较容易，但是这个字、这句话，这本书这样写，那本书那样写，究竟哪一个是对的，哪一个错的，这就需要整理者下一个判断。这种判断有时候比较容易，有时候就很困难。因为这往往要涉及各个方面的知识，如果没有某方面的知识，就没法判断。所以我们现在看很多古籍整理的书，他把异文都列出来了，但是他没有自己的判断。为什么没有自己的判断？因为判断不了。所以以后你们搞历史文献学，一定要加强对自己功底的训练。

刚才我讲了一些自己在古籍整理方面的经验、心得，工作几十年来，我关于古籍整理的书是比较多的，像《四川古代史稿》、道教史这些成果，也大部分跟古籍整理、古文献研究相关。这里着重介绍两个。

一是《全宋文》。《全宋文》是我们古籍整理的一个集体成果，我就讲讲我们编纂《全宋文》的过程，对你们年轻人的学习和工作也许有一些参考。《全宋文》是怎么编成的？1984年，学校任命我和曾枣庄老师为古籍所的副所长，安排我们来建设古籍所。那个时候古籍所的建设才刚刚起步，就是有一间房子，有一批书，如此而已，人也没有，设备也没有。上任之后，我们俩就开始研究古籍所要怎么建设。我们第一步是调了一批人来我们所，这些人主要是历史系、中文系陆陆续续毕业的成绩比较好的研究生、本科生，先后调来了十余人。这十多人来了以后怎么办呢？我们认为，这些年轻人在古籍所各做各的不行，因为本身水平还不高，各做各的话，若干年后也不会有多大的起色，所以我们就想做一个大项目，用项目来带动古籍所的建设。这个大项目在锻炼了人的同时，也可以确定我们古籍所今后的发展方向。所以我们就想走这个路子，用大项目来带动古籍所的建设。接下来就考虑做什么大项目，因为曾老师是做文学的，我是做历史的，他就建议我们来编《全宋诗》，所以编《全宋诗》是我们最早提出来的项目。我们往教育部全国高等院校古籍整理研究工作委员会（以下简称"古委会"）上报了一段时间过后，发现北大也计划做这个项目，虽然他们想起这个项目比我们晚，但他们是近水楼台（"古委会"常设办事机构是秘书处，设在北京大学），古委会最终把这个项目给他们了，由北大来编《全宋诗》。有一段时间我们就考虑，他们把这个项目做了之后，我们怎么办？后来我就提出，他们编《全宋诗》，我们就来编《全宋文》。那个时候我们是很大胆的，因为诗比较好编，量不是很大，找起来也比较容易，而宋代的文章太多了，我们有这个能力编吗？后来经过分析认为，我们十几个人，只要规划好，大家齐心一点，努力一点，还是编得出来的。所以我们就开始设计要怎样编，要从哪里着手，通过什么方式、什么步骤来编。我们做了一些规划，立了一些方案，认为项目可行性大，我们就往古委会报，结果就批下来了，我们获得了 20 万元经费。

我们从 1985 年开始编纂工作。《全宋文》要收集宋代的单篇文章，要去哪里收集呢？这又是一个很大的问题。有集子的比较好办，可以去查目录，有什么集子就把这些集子收集起来。但是集子以外那些单篇的、零散的文章又怎么办？该到哪里去找？这就根本没有方向了，就只能采取大网捞鱼、沙里淘金的方法。我们就抱着《中国丛书综录》查找，因为中国的古籍有很大一部分是收入丛书的，所以《中国丛书综录》可以解决很大一部分问题。我们就从《中国丛书综录》和一些主要图书馆的书目中靠经验来筛选，就是凭经验判断这本书中可能有宋文，而实际上根本不知道有没有，只能根据书的内容来猜测。当然，被筛选的得是宋朝以后的书，宋朝以前的不可能有宋文。我们就根据经验来定出普查的范围，这个范围相当大，但是没办法，只能撒网，这一网撒下去捞得到还是捞不到，谁也不知道，但是又只能这样撒网。根据我们拟定的书目，我们全所十几个人"倾巢而出"，到北京图书馆、上海图书馆、中国社会科学院图书馆、四川省图书馆还有各高校的图书馆，在这些主要图书馆，我们按照勾选的书目一本一本地找。要是发现了一篇宋文就登记下来，我们专门设计了一个表格来登记书名、篇名、作者、出处。那两年我们几乎所有人都是在这些图书馆里查资料，所里只有一两个人留守。那两年是非常艰苦的，在北京图书馆普查的老师们都是住地下室，因为经费有限，地上的旅馆住不起，吃饭则是中午啃馒头。就这样，那两年普查了上万种书，把表格里的篇名、作者这些复制出来，做成一册一册的篇目表。篇目表里的篇目可能有几十万条，因为不知道哪些是重复的。我们根据篇目表归纳起来，去除重复之后，再去复印，对一些短的文章，我们就去抄录。就这样做了整整两年，我们基本上把这些要查的、要复制的、要拍胶卷的做好了。有了复印件、抄本后，我们按照作者名字的四角号码分类，分类之后，就把资料分发下去进行点校。点校好就收上来，由我们主编再请有关的人员审稿。就这样，经过了很多道工序，这部书最后编出来了。

编出了这部书后，我们送到巴蜀书社去出版。巴蜀书社出版五十册后没钱了，无法继续出版，就放弃了。又经过了好几年，我们又遇到了湖南一家企业，他们说来接手，然而他们接手后做了一年，又不干了。于是又耽误了一两年，最后才由上海辞书出版社、安徽教育出版社共同完成这部书的出版。就这样，从编这部书，再到出版这部书，我们十几个人后来发展到二十几个人，前前后后折腾了三十年才完成。

当然，这部书的学术价值还是很大的，这一点不可否认。我认为一百年以内没有人会来重编《全宋文》的。《全宋文》的价值主要就是全，所谓全，当然也是相对的，因为我们后来发现还是有遗漏的，这是不可避免的。遗漏的原因，其中之一就是我们参加工作的老师中有一两位态度不太认真，也不太感兴趣，接受了任务之后又不好好干，分给他的篇目又有不少遗失了，遗失之后我们就没法恢复。所以做古籍整理，态度一定要认真。但是总的来说，《全宋文》还是比较全的。这部书有上亿字，篇目有十七万多篇，作者有九千多人，规模比《全唐文》大多了。单从字数上来说，《全宋文》就是《全唐文》的十倍，从篇目上来说则是《全唐文》的九倍，所以任何个人单独来编纂都是根本无法想象的。我们的遗漏，现在也有很多学者在帮助补遗，不过，我们的《全宋文》至少是收录了宋代文章的百分之九十以上。因此，全书收宋文十七万篇，遗漏的不会超过一万七千篇。就已有文集来说，流传至今的宋人文集还有386种，我们《全宋文》收录了384种，有两种没找到，当时也没经费高价购买，所以没有收录。但收录的384种文集都在《全宋文》里面。如果再把《全宋诗》加进去，那么这384种集子就全部齐全了。如果没有这两部书，你自己到各处去查，就非常艰难了。因此你若有了这两部书，就等于拥有了384种全集。

另外就是辑佚。佚文的价值有时比文集中文章的价值还高。因为有文集的话就比较集中，去查文集就行了。但那些分散的、数量很庞大的单篇文章，要去查就很困难了。《全宋文》中，集内文章占了三分之二，集外的佚文占了三分之一，有几万篇佚文，这部分的价值相当高。《全宋文》出版之后，我专门写了一篇论文——《从〈全宋文〉的"全"看其学术价值》。在这篇文章中，我做了统计，收录的集子有多少，集中的文章有多少篇；集外我们收集的文章有多少篇。从这篇文章中，我们可以看出编《全宋文》的艰苦、艰难以及它的价值。所以这部书是一项比较重大的成果，也可以说是中国到目前为止最大的一部文章总集。

通过编纂《全宋文》，我们所还收获了另外几项比较重要的成果。其中之一就是我们利用《全宋文》的经费，购置了一大批和宋代有关的图书，所以我们图书室的图书还算是比较丰富的，这就归功于编《全宋文》，这是物质方面的成果。当然，更主要的是通过《全宋文》的编纂，我们培养了一批学者，现在古籍所主要的骨干都是编《全宋文》时培养起来的，包括现在在所里的郭齐老师、杨世文老师、王智勇老师、尹波老师、吴洪泽老师、黄锦君老师。我们这一批人在大学里面，在原来单位里面所从事的方向都是分散的，有研究文学的、研究诗歌的、研究语言的、研究历史的，还有研究其他方向的。通过编《全宋文》，大家的方向就变得比较集中了，主要的研究方向都在宋代这一段。后来舒大刚老师来了之后，研究方向逐渐扩大了，但是宋代还是我们的一个重要方向、领域和特色。另一个成果就是培养了我们古籍所传统的学风。这个学风可以分为两个方面，一是吃苦的精神。我们编《全宋文》的确就是坐冷板凳，这么多年，二十余人，经费很少，大家经受了很大的考验。就像我前面说的，那两年很苦，在北京住地下室，啃冷馒头。但大家都熬过来了，把这部书编出来了，有这种吃苦的精神，坐冷板凳的精神。后来这种精神就发扬在《儒藏》编纂工作中。你坐不下来，就没法做这个事情。第二个就是团队精神，大家一条心，要做就集中力量认认真真地做。这一点现在我们古籍所也坚持下来了，如果没有这样的传统学风，那么古籍所的很多书都编不出来。

我认为，我们四川大学古籍所和其他兄弟院校的古籍所相比较有这样一个特点，即如果单打独斗，我们比不上其他一些学校，如北大。北大的一些老师很有名，我们这里出名的不多，单打独斗可能比不上人家。但是要说团队精神，说集中力量办大事，在全国所有古籍所里面，可能没有一个能和川大古籍所相比。我们就是能团结在一起，坐得下来，然后去做一些比较大的工程，这一点就连北大也是比不了的。北大有几位老师很突出，他们不愿意做这种集体的事，其他想做的呢，又没人带头。就拿编《儒藏》来说，北大的《儒藏》不知道要哪一年才能编出来。他们的汤一介先生当然是非常著名的学者，但是单靠一个汤老师就能编出来吗？当然不能，下面必须要有一批人，而且这一批人要很齐心。所以古籍所传统的学风不仅现在要保留下来，以后还要继续发扬光大。因为要办大事，的确需要这两种精神，一个吃苦精神，一个团队精神。

关于古籍整理成果，我还要说一说《宋会要辑稿》。我们还在编《全宋文》的时候，台湾"中央研究院"历史语言研究所就来找我们合作，计划把《宋会要辑稿》初步校点出来。2000年左右我们做了一个比较粗糙的校点版，现在在网上还可以查到。但是当时我们在审稿《全宋文》，只能抽出一定的时间进行初步的整理加工。后来上海古籍出版社来找到我们合作，我们就承担下来了，即在原来校点本的基础上进行精加工，目标就是要编成一部高质量、高水平的古籍整理著作。我们承担项目之后，主要由刁忠民老师和我两个人来做，他负责初审，我负责终审定稿。后来尹波老师也参加进来做了一些事，主要是做文字的校对。就这样做了四年多。这四年也是比较艰苦的，因为我早就退休了，七十多岁了，但是接受了这个任务后，我每一天至少要工作八个小时，基本上没有星期六和星期天的休息。因为这部书太难整理了，我在该书序言中说，这是中国最难整理的古籍之一。这四年可以说是全力以赴，也可以说是呕心沥血。所以我经常说，做这一部书我会折寿好几年。果不其然，2014年整理工作完成后，我就住了两次院。这部书仅是校勘记就有三万多条，这三万多条，还不计比较明显的、在正文中直接用括号标注出来的错字。这三万多条都是文字校勘记，需要专门做出的说明。在校勘记当中，主要的还不是文字的正误，而是年代等问题，所以这三万多条只是一个表面上的统计。

这部书主要的成就在什么地方？我认为不是改正文字的讹误，而是在以下几个方面：

一是我们通过这部书的整理，收集了很多证据，证明了《永乐大典》所收的《宋会要》的底本是什么。关于这个问题，此前学界是没有定论的，很多人都在用这部书，但不知道是什么人编的，底本到底是什么，所以就有很多不同的说法。《永乐大典》中抄录的《宋会要》原文下面又标有《庆历会要》《元祐会要》这些具体的会要名称，所以就有很多种看法，比如说《永乐大典》把历朝的会要都收进来了，还有一些人说是宋代以后的人编的，还有人说这是一部书，还有人说底稿有很多部书。但底本究竟是什么版本，是一直没有结论的。我们这一次通过校点整理，弄清楚了这个问题。它实际上是一部书，不是很多种书，《永乐大典》抄的就是这一部大书。这一部大书就是张从祖编、李心传续编的《总类国朝会要》，该书于嘉泰末、开禧初由四川崇庆人张从祖初编，端平中由四川井研人李心传续编，且李心传将初编、续编合于一书，刻于蜀中，就叫作《总类国朝会要》。这就弄清楚了《永乐大典》所收《宋会要辑稿》的底本和编者。为什么我们现在要把《宋会要辑稿》收入《巴蜀全书》？因为这是我们四川学者编的。

二是考证《宋会要辑稿》中的年月日。年月日的错误就太多了，错误也有很多原因。没有整理本之前，大家都在用《宋会要辑稿》，但上面记载的年月日很多都是错的，连时代都没弄清楚就来使用，那么研究就不可能很正确。这次我们整理，就尽可能地去弄清楚哪些年月日错了，是怎么错的。我们改正了两千多条错误，这也是一个很大的成果。

三是鉴别《宋会要辑稿》中不属于《宋会要》的内容。一种情况是标明了出自《宋会要》，但实际上并不是；另一种情况是没有标注，但是收在《宋会要辑稿》里面。这次整理，我们做的一项重要的工作就是鉴别出了哪些内容是属于《宋会要》的，哪些是从其他书误抄进来的。鉴别结果是：误抄进来的一共有六百多处，好几万字。

鉴别的标准是什么？我们总结了以下几个：

第一，看纪日是用数字还是干支。《宋会要》里面一般都是数字纪日，某年某月某日，《唐会要》也是，这是会要的一般体例。但是《宋会要辑稿》里面就很乱，大部分是数字纪日，但有些是干支纪日，还有些又用数字又用干支，比如某年某月十五日癸丑。对于这一点，我们经过深入的研究，发现凡是用干支纪日或者数字干支混合纪日的，一般都有问题。或是抄自其他的书，或是抄自《宋会要》却被后来人添加了干支。看纪日是用数字还是干支就成了我们鉴别文字是否来自《宋会要》的一个重要标准。

第二，看纪事的体裁和风格。《宋会要》记事有一个固定的体裁，和这个体裁不合者往往抄自其他书。《宋会要辑稿》里面有很多内容是从类书中抄出来的，不属于《宋会要》。

第三，看时代、地域。《宋会要》记载的时间是到理宗以前的宋宁宗。若是记载时间为唐代的，就显然不属于《宋会要》。地域方面，如果记载的不是宋代统治地域，比如是在北方，那也不是《宋会要》的文字。

第四，看抄录的其他痕迹。比如抄书的时候会有错乱的。只要是抄的过程中有问题的，总会露出一些蛛丝马迹，从这些细小的痕迹我们就可以看出这不是《宋会要》的文字。

我们就是根据以上这些标准来判断的，而得出这些标准实际上是经过了非常艰苦的考证和研究。现在说来很容易，但这是通过长期的实践得出的结论。此外还要经过长期的比较。比如说《玉海》这本类书，抄了很多《宋会要》的文字。王应麟在抄年月日的时候，会自己把干支加上去，或者会把数字纪日去掉，换成干支。总而言之，虽然里面有很多东西抄了《宋会要》，但他自己也把很多东西改变了。我们对比了《玉海》抄录的《宋会要》和《宋会要辑稿》，经过几百条的一一对比，发现了哪些是《宋会要》的原文，哪些是《玉海》中的文字，哪些是《永乐大典》误把《玉海》的文字抄成《宋会要》的。这是一个非常细致的工作，就要像乾嘉学者一样去考据，像破案一样去鉴别。

四是对错简的乙正。《宋会要辑稿》这部书，可能是中国古籍中错简最严重的一部了。我们经过长期的研究比对，发现了50多处错简。本来这段文字应该在这个地方，但是在《宋会要辑稿》中却被移到了另一个地方；还有本来应该在前一卷的，却被置于后一卷；还有本来应该在这一类，结果却放到了那一类，隔得很远。像这些错误，就需要进行细致的比对，有读不通的地方，就需要根据记忆去查，一查就查出来了这一段应该在这个地方，不应该在那个地方。所以发现错简首先就是因为读不通，要非常仔细地去读，读不通了你就会发现有问题。如果你读得不够仔细，或者不通的地方你认为是通的，那就不可能发现错简问题。错简有时是单纯的错简，就是这一段被误放到其他地方去了；还有些是相互错简，就是两段文字的位置交换了；还有就是递增错减，甲移到乙那里去了，乙移到丙那里去了，丙又移到甲那里去了，这种错法是很奇怪的。

这些问题绝大部分都是《永乐大典》抄写的问题。《永乐大典》的规模太大了，有时候页码乱了，抄的人不够仔细，就直接抄下来了。《永乐大典》这部书，学术价值的确非常高，要编这么大规模的一部书，没有很高的学术水平和领导能力是编不出来的。但《永乐大典》的问题也非常多，不注意的话，很多问题是发现不了的。我们做《宋会要辑稿》的整理，就发现了《永乐大典》中的很多问题。比如年月日的错误，这个错误是在抄书过程中产生的。抄书的流程是：总编纂派下任务来，很多人分头去抄。虽然抄的时候不一定错，但是编的时候就很可能出现问题。《永乐大典》是部类书，《宋会要》的分类和《永乐大典》的分类不一样，抄的时候却要按《永乐大典》的分类来调整。所以抄书者就要把《宋会要》原文打散，然后根据《永乐大典》的分类放入。这个过程就需要剪裁，原书归在这一类，《永乐大典》归在另一类，抄书者就要把原文剪下来放过去。剪的过程中出现的错误是如何产生的？打个比方，《宋会要》中庆历三年二月条目，后面的条目凡是庆历三年的，就会省去庆历三年；如果下一条也是庆历三年二月，还会省去二月。也就是前面有时间统领的，下面的各目就会省去相同文字。《永乐大典》把这些条目剪下来的时候，就没有恢复原本的年月日，这样就乱套了，没有年月日的就不知道是源自哪里的了，就编在另外的地方去了。《永乐大典》里大部分都属于这样的情况。这些只有通过认真整理才能发现。

　　五是行款的改正。古籍整理的学者，一般都只注意文字的正误，不太注意行款。实际上，行款对不对，对古籍整理是很重要的。什么叫行款？主要就是分段。《宋会要辑稿》中有大量的这种例子，它的体例是每一条之间有一个空格，不是像我们现在这样每一条抬头。但是抄的时候往往就抄乱了，有时候有空格，有时候没空格，有些地方不该有空格却有空格。这就是典型的行款错误，就是分条错乱。分条错乱就带来了很多后续错误，比如年月日的混乱。分段错了，根据前一条来看日期就不对了。因为纪事的时候是会回溯的。比如庆历三年，纪事的时候可能会回溯到庆历二年，也可能谈到庆历四年，如果分条错乱，这个就完全乱套。所以行款是非常重要的。我在校《华阳国志》的时候也有同样的问题，分段一错就根本读不通了。所以我们在整理的时候，就要一条一条地分析，判断哪些地方该空格，哪些地方不该空格，尽量地恢复原文，又不至于引起年月日的混乱。

　　这些贡献都是我们经过了很艰苦、很细致的工作总结出来的。这部书，出版社对我们的要求就是要形成一部高水平、高质量的古籍整理著作。我认为我们现在出版的这个著作，基本上达到了这个要求。

回忆我的恩师陈治恒教授

马 宇*

摘 要：恩师陈治恒教授是国家第一批名老中医药专家，一生为发展四川中医药事业做了很多工作。本文通过回忆与恩师的点点滴滴，表达作者对恩师辛勤培育的感激之情，并以此缅怀恩师。

关键词：陈治恒 医案 中医

我的恩师陈治恒教授是国家第一批名老中医药专家，成都中医学院第一批本科毕业生。他一生为发展四川中医药事业做了很多工作，在人民群众中享有很高的威望。恩师不幸于 2017 年 11 月 3 日逝世，今撰小文以回忆随师学习的点滴，履行"勿忘初心，砥砺前行；济世养生，为民福祉"的学医初衷。

恩师 1929 年 10 月 29 日生于今重庆市九龙坡区走马镇。家里多人行医卖药，其伯父陈心良是江津名中医。在这样的环境下，恩师耳濡目染，自幼喜好中医，立志要成为像前辈先贤那样的好医生，为人民的健康做出自己的贡献。1945 年正式拜其伯父为师，通过 5 年的学徒教育，于 1950 年独立门诊悬壶乡里。

---

* 作者简介：马宇，生于 1984 年，四川成都人。毕业于成都中医药大学，四川大学特聘副教授、国家执业医师，蜀医伤寒学派传人，师承杜菊园、陈治恒、文昌凡、邹学熹等国医大家。

因医术高明，被赞誉为"陈氏医学传人"。1953 年 2 月，恩师考入重庆市中医进修学校专修班学习，亲聆胡光慈、唐权等著名中西医专家的教诲。1956 年恩师为进一步提高自己理论及临床水平，毅然放弃当时巴县卫生协会直属医疗队的稳定工作，以青年中医身份考入刚创建的成都中医学院医学系中医六年制本科专业。因其中医功底扎实、有一定领导能力，于 1960 年提前毕业，进入成都中医学院教务处科研科。后专门师事全国著名伤寒学家、有着"邓伤寒"之美誉的邓绍先先生，精研中医经典及历代名家著述。恩师通过多年的理论与文献相结合，闯出了自己的一条大道。

我与恩师相识于 2004 年底，那时候也就是一个问一个答，关系就是老师和学生的关系。因为对中医的执着和对恩师的仰慕，便一直缠着老人家，希望拜他为师。当时他说他如果才 70 岁肯定收，现在年纪大了，怕误人子弟。我倒是不理会，仍然去求他，而他也只回答专业问题，其他一概不提。一切变化，发生在 2007 年。

2006 年我开始在北京同仁堂春熙路店工作，陈老就告诉我好好利用资源，多看别人的方子，多请教其他老师。如果保守的，就问患者服药情况，这样会学到很多东西，我也照做了。3 月的时候，陈老让我记录成都的温湿度，没有说为什么。我也没有问，只想是他让做的，肯定有原因，那就做吧。冬去春来，一年很快就过去了，我把记录的一年 12 个月详细划分，写下我认为不同季节发病的一些特点，打印出来，高兴地带去给他看。我还记得那天我早早到崇德门诊，远远看见他慢慢走过来。他穿的是一套白色的西装，很显眼的。我小跑过去，恭敬地把一年的心血交给他看。他接下来，翻了翻，嘴里只蹦出来一个字："嗯。"我一下就愣了，呆了几秒钟，而他已经走向门诊部。我一年的心血啊，为了每天两次的记录，我可是做表观察，有时候不在家也请我父亲代为记录，365 天的认真付出，只有一声"嗯"！当时我鼻血就出来啦，里面的人还在说那个小伙子流好多血。我看着他，他也看着我。我知道，我不应该出现的，不应该强迫要拜他为师。我没说一句话，径直回家去了，当晚痛哭一场，腹泻胸闷头痛什么症状都来了。有老师知道后，专门开药，吃后无效。我便思索着，知道这不是一般的中暑，是太阳传经太阴，便处方桂枝汤加减，一服药便好了。我当时发誓我会努力，让他知道，今天的羞辱是我成功的动力。4 月 27 日我离开成都，去福建学习工作。

2008 年 1 月，我去北京同仁堂高升桥店工作，也去过他的门诊部，但是已经关门转让了，我想可能没有缘分了吧！日子就这样过下去，我还是努力地看书，认真地学习，好好地上班。突然有一天，一位阿姨来抓药，我当时看着处方上熟悉的字迹，不由自主地看向签名栏，是他！就是他！"陈治恒"三个字赫赫在目。我便问那位阿姨可否告诉我这个大夫在哪里坐诊。她却说她也不知道，是帮一位老太太来抓药的。她说要不留个电话，回去问问再说。我想也只能如此，给了号码后就是等待，揪心地等待：我想和他再次见面，又怕再次见面带来的是新的伤害。电话响起来，是那位老太太，她详细给我说了地址和陈老的坐诊时间。现在回想起来，真的很感谢那位阿姨和老太太。星期四下午我同父亲一起去他门诊，到了，我才发现就是一街之隔，中间绿化带树木长得太好，没看见。细眼望去，病人还是那么多，堆着一群。我父亲让我去给老爷子打招呼，我说算啦，我能看看他，我心里就满意啦。到家，随即我就写了一封信，请我父亲在周六陈老门诊时带给他。过了几天，家里座机忽报电话号码，我父亲说号码是青羊区的，可能是陈老，让我去接。我心里真的十分忐忐，接起来，对面一个熟悉的声音问道："小马哇?"我应声答道："嗯，陈老。"又是一句："信我看了，我们见一下吧。"我答："好，时间地点你定。"他说："好……"

见面那天是老君圣诞，青羊宫彩旗飘扬，好不热闹，我心里也像孩子过节一般，高兴得很。我们在文化公园喝茶，我一股脑地说出当年事。他不紧不慢地讲到，学医要有耐心，也要有悟性。为什么让你记录温湿度，你看见了，要让你体会不同季节多发病特点这块。但是最重要的没有观察到，那就是伤寒和温病的关系。天有六气，病有六淫，温度是寒热，湿度是燥湿，而天地间的空气呢，就是这个风。风可以吹热风也可以吹冷风，那么伤寒温病的关系就出来了：太阳寒水，同气相求，那么伤寒首先侵犯太阳；阳明燥气，同气相求，温病就是首先口干舌燥，胃肠道也有一定征兆。我马上点头。他喝口茶问道："薯蓣丸知道吗?"我说："嗯。""重要性知道吗?"我摇头。"虚劳诸不足，风气百疾。这九个字很重要。"我不解地点着头。"宋人学伤寒学得最好，你看这个方子，衍生出啥子了。"我立马回忆处方构成，一句"喔，四君，四物"。"虚劳诸不足告诉你气血调补，风气不仅仅理解为风为百病之长，还告诉你呆补不行，要流动、升降的问题。"这次重逢，真正开启了我们师徒之门，他一步步接纳我了。现在我写出我对薯蓣丸的理解，恩师在天之灵一定会高兴的。

《金匮要略》："虚劳诸不足，风气百疾，薯蓣丸主之。"主述仅9个字，但它涵盖了中医理论的很多大问题。《太极图说》："五行一阴阳也，阴阳一太极也，太极本无极也。五行之生也，各一其性。无极之真，二五之精，妙合而凝。乾道成男，坤道成女，二气交感，化生万物。万物生生，而变化无穷焉。"明确指出无极之真在二五妙凝，二指阴阳、五指五行。又《汉书》"太极元气，含三为一"，即是阴阳推演五行，两仪生四象之意。气属阳，血属阴，气血是人体生存下去的本源，而阴阳是构成人体的本质。阴阳互生互根，又相互对立，在天之乾，以一气下降入坤，而成坎，两阴爻中一阳爻，一元阳生发，方能带动阴血周游四肢百末、灌养五脏六腑。五行一阴阳又各一其性，就说明其有共性也有个性。那么反观这个方子在针对虚劳诸不足上，一要补气血，一要注意五脏生成，一要注意气机的调畅，升降有序。天地相交，才是否极泰来，身体就好了。在学习这个方子的时候，我发现白蔹这个清热解毒药在这个方子里面很不搭配。从篆体来看，一个是 𦥯，一个是 𧄔。细查《本经》："白芷味辛温，主女人漏下赤白，血闭，阴肿，寒热，风头，侵目，泪出，长肌肤，润泽，可作面脂；白蔹味苦平，主痈肿疽创，散结气，止痛除热，目中赤，小儿惊痫，温疟，女子阴中肿痛。"从这几方面我认为应该是白芷。薯蓣丸 21 味药。主药是：薯蓣（山药）30分、甘草 28 分、大枣百枚，健脾补肾；补气：人参 7 分、白术6 分、茯苓 5 分；补血：地黄 10 分、当归 10 分、芍药 6 分、芎藭 6 分；润燥：麦冬 6 分、阿胶 7 分；温通三阳经：太阳桂枝 10分、阳明干姜 3 分、少阳柴胡 5 分；通调气机：脾升（升清神曲10 分、降浊豆黄卷 10 分），肺降（降气杏仁 6 分、升气桔梗 5分）；祛风：防风 6 分、白芷 2 分。

通过这张方子的学习，我总结恩师过去治疗外感的方子，整理出一个常用方，拟名"桔梗防风汤"，构成如下：桔梗、防风、大力子、杏仁、茯苓、陈皮、甘草。这张方子很简单，以宣降肺气、祛风除湿为主，治疗外感很好。而我把这张方子用活了，通过理论学习还治疗外感以外的疾病，举案例如下：

咳嗽 2 例

1. 瞿某，男，28 岁，2018 年 3 月 10 日诊。

主述：咳嗽两个多月。西医诊断：刺激性咳嗽。治疗无效。

处方：桔梗 15g，防风 18g，大力子 15g，杏仁 12g，炙枇杷叶 15g，桑叶 12g，天花粉 15g，茯苓 30g，甘草 3g。　共 4 副。

反馈：治愈。

2. 吴某，女，76 岁，2018 年 3 月 15 日诊。

主述：暴咳一周。西医诊断：过敏性咳嗽。治疗无效。

处方：桔梗 15g，防风 18g，大力子 12g，杏仁 12g，炙枇杷叶 15g，桑叶 12g，紫苏叶 12g，蝉蜕 8g，甘草 3g。　共 4 副。

反馈：治愈。

月经不调 2 例

3. 周某，女，21 岁，2017 年 12 月 27 日诊。

主述：月经愆期，经期为：6 月 15 日，8 月 4 日，10 月 17 日。

处方：桔梗 12g，防风 18g，大力子 12g，杏仁 12g，炒香附米 15g，陈皮 12g，熟大黄 8g，茯苓 30g，甘草 3g。　共 4 副。

反馈：服药后，12 月 31 日月经至，经行 7 日。

4. 吴某，女，22 岁，2018 年 3 月 8 日诊。

主述：末次月经 2017 年 12 月 28 日，否定怀孕。

处方：桔梗 12g，防风 18g，大力子 12g，杏仁 12g，炒香附米 12g，莪术 12g，炒枳壳 12g，茯苓 30g，益母草 30g。　共 7 副。

反馈：服药后，3 月 12 日月经至。

案 3、案 4，就是举一反三，一个治疗外感的方子，治疗咳嗽还想得过去，怎么治疗月经不调效果也不错呢？《素问·评热病论篇》："月事不来者，胞脉闭也。胞脉者，属心而络于胞中。今气上迫肺心，气不得下通，故月事不来也。"这里面的第一个气是指邪；第二个气指宗气，它的主要组成部分就有肺吸入的清气，主要功能有贯心脉以行气血的方面。邪气侵扰心肺，不利于宗气下注于气街，故而月经紊乱。那么治疗上就要宣通肺气，这就从理论上解释了案 3、案 4 有效的原因，所以恩师非常强调理论与临床的结合。

通过随师十余年的学习，我也拟了一个调燮阴阳的方子，命名"淑君汤"，组成如下：鹿角霜、炙淫羊藿、枸杞、茯苓、生牡蛎、海藻、陈皮、炒车前子、生姜。

瘿病 1 例

1. 周某，女，45 岁，2016 年 11 月 2 日诊。

主述：甲状腺右侧叶实性低回声结节。

处方：鹿角霜 15g，炙淫羊藿 18g，枸杞 15g，茯苓 15g，生牡蛎 30g，海藻 12g，陈皮 15g，丹参 15g，焦山楂 12g，炒内金 12g，黄芩 12g，地骨皮 12g，白花蛇舌草 15g，生姜两片。 共 7 副。

反馈：服药 2 月余，两家医院复查结节消失。

不孕 2 例

2. 胡某，女，38 岁，2017 年 12 月 30 日诊。

主述：继发性不孕。末次月经 12 月 26 日。

处方：鹿角霜 15g，炙淫羊藿 18g，枸杞 15g，茯神 30g，生牡蛎 30g，炒枳壳 12g，炒车前子 12g，当归 15g，秫米 30g。共 30 副。

反馈：3 月 13 日华西医院检查，已孕。

3. 陈某，女，29 岁，2018 年 3 月 17 日诊。

主述：原发性不孕。末次月经 3 月 11 日。

处方：鹿角霜 15g，炙淫羊藿 18g，枸杞 15g，白术 15g，巴戟天 12g，炒枳壳 12g，川芎 8g，桃仁 12g，炒车前 12g。 共 10 副。

反馈：4 月 14 日四川省石油局医院检查，已孕。

恩师对我的启发还有很多，这只是沧海一粟，容我日后继续道来。

当杜甫遇见成都

向以鲜[*]

摘　要： 本文着重探讨杜甫客居成都三年多的生活对其诗歌创作和人生态度所带来的前所未见的影响，剖析杜甫与成都相互热爱相互滋养的微妙关系。当杜甫遇见了成都，成都也就遇见了杜甫。杜甫在成都西郊构筑草堂，既是一种生活与生命的因缘，也是一次诗歌与历史的馈赠。

关键词： 杜甫　成都　草堂

从我与杜甫的缘分说起

我一直认为：一个诗人，在他一生中，一定会和另一个诗人，尤其是历史上的某个诗人发生神秘的联系——要么成为异代的兄弟，要么成为精神上的父亲——私下里，我一直称杜甫为子美哥哥——虽然有点儿攀附之嫌，但也不是完全没有一点儿来由。眼下谈杜甫说杜甫的诗人不少，但是真正了解杜甫的诗人，真正细读过杜甫的诗人，真正通读过杜诗全集的诗人，又有多少呢？其实，大家心里还是有数的。我曾看见一位当代著名诗人为

---

　　[*] 作者简介：向以鲜，生于 1963 年，四川万源人，四川大学古籍整理研究所研究员，当代诗人。主要研究方向：中国古典文学、历史文献学。

了表示他对杜甫的了解，随手引用了一句杜甫诗歌，结果十个字竟然就引错了三个字，并且是相当关键的三个字——这让"语不惊人死不休"的杜甫知道了，情何以堪！

1979年秋天，我考入重庆北碚西南师范大学中文系，时年甫至十六岁，还是一个懵懂少年。大约是在入学的次年，也就是1980年下半年，中文系的杜诗研究专家曹慕樊先生（先生系目录学泰斗刘国钧、哲学家熊十力高足）给七七、七八级的学生开了一门选修课：杜诗选读。就我有限的见闻来看，这应该是全国高校首次开设关于杜甫研究的专题课。

上曹先生这门选修课的学生，以七七级、七八级高年级的学生为主，学生平均年龄估计都在二十五岁以上。我作为低年级的少年学生，去旁听曹先生这门颇显高深的课程，坐在一群成熟男人之中，显得特别刺眼。一次课闲时间，曹先生走到我的面前，随手拿起放在书桌上的《杜诗选读》——那是曹先生亲自编选的铅印本内部参考教材，我认为迄今仍是中国最好的杜诗选本，亦是我的案头必备——曹先生看见书页中，凡有空隙处均密密麻麻写满了读书笔记，并且粘贴着各种读书札记纸条，目光中露出几分欣喜和讶异之色。

曹先生低声问我："你这么小，为什么要来听大哥哥们的课？"我毫不迟疑地回答：我要报考先生的杜诗研究生。曹先生微微停顿了一下，郑重地说道："你要考我的研究生可以，不过得有一个条件——你把杜甫诗歌全部背诵下来时，我就收你做学生。"我的神经一下子被刺激起来，不无挑衅地问道："先生，历史上有没有一个人能把杜甫留下来的一千四百多首诗歌全部背诵完呢？"曹先生摘下厚厚的镜片，呵了一下，然后撩起衣角轻轻地擦着："有，当然有。他是谁？"曹先生重新戴好眼镜，笑眯眯地拍了一下我的头："康南海。"说真的，当时我还真不知道康南海是谁。曹先生看出了我的疑惑，接着补充道："就是梁启超的老师康有为。"我庄严地站起来，对曹先生说："好，先生等我两年。"

接下来的事情，就变成了一次美与记忆力的历险：用清人杨伦的《杜诗镜铨》为底本，我以平均每天背诵两首的速度，开始了一个人的杜诗苦旅。在美丽的西南师大校园，几乎每一个角落，都留下了我背诵杜甫诗歌的身影。杜诗真是一片深不可测的大海啊，我成了一叶颠簸其上的小舟。两年时间很快过去了，我兑现了自己的诺言。大三撰写毕业论文时，我毫不犹豫地选择了杜甫，最终确定的题目是《杜甫诗学研究》。由刘健芬教授做指导，通过一年的努力，最终撰成三万字的论文。据称，这是我们那一届毕业生中写得最长的一篇学士论文。

大三下半年，我叩开了曹先生的家门。曹先生第一句话就是："怎么样，全背了吗?"我说全背了。曹先生说："那你把《秋兴八首》背给我听。"我说："这个太简单了，来点儿难的，我给你背《奉先咏怀五百字》吧。"我只背了几句，曹先生面呈得意之色，摆了摆手说，不用背了。但是，令曹先生意外的是，我告诉先生，我不准备报考他的研究生了。曹先生颇感意外，我解释道，现在我喜欢闻一多，特别喜欢闻一多，我要去读闻一多弟子的研究生。曹先生绝对大家风范，很快恢复了平静，立即告诉我，南充师院的郑临川先生，就是闻先生的弟子，如果我愿意，他可以代为推荐。

那时的我，真是心高气傲啊，婉谢了曹先生的好意。我没有告诉曹先生我不去郑先生门下的原因：那时的我还有很多虚荣心，眼中根本瞧不上南充师院呀。后来，我以第一名的成绩，考上了南开大学中文系王达津教授的研究生。王先生乃名家之后，其祖父王铁珊系蔡元培、许寿裳好友，先生先后师从刘永济、唐兰、高亨、朱东润、闻一多、朱光潜、冯沅君等。闻一多还是王先生研究生毕业论文答辩时的座师。

关于我背诵杜甫诗歌的事情，在我们那一届的中文系上，还是小有名气的。1981 年夏天，南充发洪水，我在故乡聂家岩，平生第一次给异性同学写了一封书信，那位名叫可可的女同学（后来成了我的妻子）给我回了一封不冷不热的信。信的末尾是这样写的："向小先生，听说你特别喜欢杜诗，相信在不远的将来，你一定会成为研究杜诗的大先生的。"这句话好像是在鼓励我，实际上是深深伤害了我颗那不可一世的自尊心。我在后来的诗作《我的两地书》中还提及此事：

> 唉！我能把 1400 多首杜甫诗歌
> 脱口背诵出来又如何？
> 聂家岩的少年维特
> 独自躲到香樟树下漫卷诗书

可以说，我是在重庆开始认识杜甫的。大三暑假期间，我曾专程到成都礼拜杜甫生活过的草堂。南开大学研究生毕业时，我则毫不犹豫地选择了坐落在成都的四川大学。到成都来的原因很多，其中有一条，就是想离杜甫热爱的草堂更近一些，更近一些。

从少陵野老到杜工部

一个人一生中，总会与某个地方的某片土地发生神秘的联系。通常而言，有两个地方是人生中最重要的，绕不过去的：一个是出生地，你呱呱坠地的地方；一个是辞世地，你归于尘土的地方。即使是佛陀释迦牟尼也是如此，佛陀的圣迹甚多，但蓝毗尼花园（出生地）和拘尸那罗（涅槃地）却是其中最为著名的。

世事无绝对，也有例外，唐代大诗人杜甫就是一个例外。现代诗人冯至在其名著《杜甫传》中就曾指出：人们谈到杜甫的时候，完全可以不提他的生地（河南巩县，今河南巩义市）与死所（湖南耒阳），却不能不提到成都。当杜甫遇见成都或成都遇见杜甫，到底是成都的幸运，还是杜甫的幸运呢？答案是相互的幸运：如果成都没有杜甫的寓居岁月，成都的诗意将缺少一道壮丽的底色；如果杜甫没有经历成都的山川风物之美，那我们所看到的杜甫可能完全是另一副模样——除了悲苦，还是悲苦；除了绝望，还是绝望。

杜甫（712—770），祖籍襄阳，河南巩县人。杜甫字子美，这个名字显然意味着杜氏一门对他的某种人格魅力的期待。杜甫虽然并非玉树临风般的型男，但就其沉郁顿挫的风格素养来看，还是担得起这美名的。杜甫自号少陵野老——这个称谓来源于杜甫早年的经历，他年轻时曾在西安南郊少陵一带居住过，世人又称杜少陵。杜甫还有一些别的称呼，均与其经历有关：杜甫曾在肃宗时代的凤翔任过左拾遗，所以又称杜拾遗。杜甫本人似乎更在乎另一个更不起眼的官位，老朋友严武在成都时给杜甫申任了一个名字颇长的闲职：节度使署中参谋、检校工部员外郎、赐绯鱼袋。以此，人们又称之为杜工部。虽然杜甫并不喜欢严武的幕府工作，那种冗长的、单调的官僚作风，和诗人杜甫渴望自由，渴望像沙鸥般纵横于天地的梦想相去甚远，但是杜甫很在乎"工部员外郎"这个称号，尤其是对与此相匹配的标准官服装饰如"纱帽""绯鱼""朱绂"等等色彩绚丽之物，还是颇为留意的。这大概与杜甫的儒家济世思想有关，尽管经历了太多伤痛和失望，也早没有了当年"致君尧舜上，再使风俗淳"（《奉赠韦左丞丈二十二韵》）的壮志雄心，但从他那首写于成都的不朽诗篇《茅屋为秋风所破歌》所体现出来的大同甚至共享精神来看，杜甫心中的火焰一刻也没有熄灭过。纵然不能致君于尧舜之上，但只要一想到，一触摸到皇帝赐予的耀眼绯衣和鱼袋，他就禁不住热血沸腾起来。从少陵野老到杜工部，至少是完成了一次带有想象色彩的身份转换。

飘如转蓬的杜子美

杜子美到过很多地方，几乎把整个中国走了个遍。杜甫的一生，飘如转蓬的一生，一直处于迁移动荡之中。杜甫的童年是在出生地河南巩县度过的，后来结婚时还在故乡那儿打造过一处简单的窑洞（土室）。杜甫的青少年主要在洛阳姑妈家晃动，并混迹于各种官场社交活动中。又曾浪游吴越、齐赵、梁宋之间，过着一种类似于纨绔子弟的生活，用杜甫的话说："放荡齐赵间，裘马颇清狂。"（《壮游》）这期间还结识了大诗人李白和高适等人。经过一番折腾，杜甫觉得不能再这样游下去了，中年的杜甫重返长安，本想施展自己宏伟的政治理想，却没有料及世事的风云突变，一切来得那样突然，势不可挡：战争、混乱、饥荒、逃亡、贬谪，一个接着一个的来。从华州（今陕西渭南市华州区）到秦州（今甘肃天水市），再到同谷（今甘肃成县）。每到一处，杜甫都以为那就是终点，以为在那儿可以安定下来，结果每一处都是虚幻的不真实的不可靠的。杜甫在《发同谷》诗中绝望地写道："奈何迫物累，一岁四行役。"华州待不了到秦州，秦州待不了到同谷，同谷待不了又到哪儿？我们知道杜甫后来到了成都，住了几年，接着杜甫又沿江而下，在夔州（今重庆奉节县）、潭州（今湖南长沙市）、衡州（今湖南衡阳市）之间徘徊，最后病殁于自潭州摇向岳阳的小船上，诗骨埋于湖南耒阳。

　　肃宗乾元二年（759）的腊月初，杜甫决定带着全家老小，从同谷向成都进发。蜀道之艰险他是有心理准备的，杜甫一定读过李白的《蜀道难》。但是杜甫决定到成都生活，仍然是一种理性的选择。除了投亲靠友的考虑之外，对于蜀道的各种可能性，他也有过认真的权衡。他不是一个人去闯成都，而是带着一家人拖儿带女去生活。蜀道是难，但是随着唐玄宗的避难入蜀，蜀道的艰险已有相当程度的改观，在当时甚至形成了一种入蜀寻找相对安稳生活的浪潮。史书描述说："关中比饥，士人流入蜀者道路相系。"① 可以想见，杜甫挈妇将雏奔走于蜀道之上，他们并不是唯一的历险者。

　　经过长途跋涉，杜甫全家于是年岁暮抵达成都。杜甫初至异乡成都，被朋友（杜甫称之为"故人"的这个人很可能就是时任成都尹兼剑南西川节度使的裴冕）安排在浣花寺里暂时居住。这个冷寂的古寺，似乎让杜甫对初识的成都颇有点失望，其中也包含着对故人的部分失望。虽然那个故人给杜甫一家找了个临时栖身之所，还送来了一些禄米，"古寺僧牢落，空房客寓居。故人供禄米，邻舍与园蔬"（《酬高使君相赠》）。但是，故人的帮助十分有限，杜甫一家不得不从好心的邻居那儿，获得一些聊以充饥的蔬菜之类。杜甫心中的失落感，我们还可以在他初到成都时所写的第一首成都诗作《成都府》中，寻觅到隐约的痕迹。在这首五古诗中，我们几乎看不到杜甫对繁华成都的真诚赞美。初到成都的杜甫，患着深深的怀乡病，身在成都，却有一种梦游的感觉："翳翳桑榆日，照我征衣裳。我行山川异，忽在天一方。"

---

　　① （宋）欧阳修等：《新唐书》卷一四三《高适传》，北京：中华书局，1975年，第4680页。

草堂拨动了诗歌神经

是什么东西彻底改变了杜甫对成都的看法，并且从生命本质层面上拨动了杜甫那股敏感的诗歌神经呢？

草堂！是的，是杜甫的茅屋，是杜甫的草堂。有了草堂之后，杜甫渐渐爱上了这座城，这片土地，这方人民。

有了草堂之后，杜甫就打算不走了，杜甫应该是成都历史上第一个著名的来了就不想走的异乡人。他在《为农》诗中写道："卜宅从兹老，为农去国赊。"在浣花溪畔的草堂岁月，是杜甫一生中最静好、最悠游不迫的岁月。史书上说："甫于成都浣花里种竹植树，结庐枕江，纵酒啸咏，与田夫野老相狎荡，无拘检。"① 杜甫并非口头上说说不想走（从兹老），而是立即付诸行动：为了长住久安下来，杜甫开始精心营造自己的草堂。杜甫在很多地方都曾产生过安居的幻觉，但都没有实际行动，即使行动了，也没有用心过，因为杜甫知道那不过是一个风雨飘摇的临时住所，自己永远是一个过客。但是对于成都的草堂，杜甫的认识和行为迥然不同：这儿将是他的家，永远的家。杜甫的草堂绝不是一个随意的暂避风雨的简陋之所，而是一个颇具匠心的诗意栖居。

杜甫到达成都的次年，也就是肃宗上元元年（760）的春天，杜甫开始着手修建他在成都府的正式住所。毫无疑问，草堂倾注了杜甫在建筑与园艺方面的全部热情和才华。我们从杜甫诗歌中，可以获得大量的关于营造草堂的背景信息：草堂的空间、

---

① （后晋）刘昫等：《旧唐书·杜甫传》，北京：中华书局，1975年，第5054~5055页。

当杜甫遇见成都

环境、邻里、修建资金和艺术品位，等等。比如构筑草堂的启动资金就来源于杜甫的表弟，一个小小的军事官员王司马，而不是那位享有国家丰厚禄米的故人（《王十五司马弟出郭相访兼遗营草堂资》）。除了表弟的资助之外，杜甫也会向朋友们求助，但并不是每一个朋友的应诺都可以兑现，有个叫王录事的人就是这样。不得已，杜甫只好写诗催问（《王录事许修草堂资不到聊小诘》）。但是，这些物质生活中的琐屑之事，并没有影响杜甫构筑草堂的兴致，不仅没有影响，由于是杜甫平生第一次真正下功夫建筑自己的家园，反而让杜甫从中体味到了别样的艰辛与甜蜜。

诗歌植物学家

杜甫对于居住环境和各种植物的热爱与讲究，在历史上除了苏东坡之外，很难再找到第二个人。杜甫将草堂选址于浣花溪畔，固然有诸多的因素，适当的距离与安静等都在考量之内。最直接的原因则是那儿一株已有两百多年历史的古楠树："倚江楠树草堂前，故老相传二百年。诛茅卜居总为此，五月仿佛闻寒蝉。"（《楠树为风雨所拔叹》）可惜不久这株参天楠树就被一场暴风雨给毁掉了，这次意外的事件给杜甫带来了巨大的伤害，甚至让诗人觉得他为草堂付出的心血都白费了："虎倒龙颠委榛棘，泪痕血点垂胸臆。我有新诗何处吟，草堂自此无颜色。"但是，杜甫并不是那样容易击倒的人，生活还得继续，楠木倒了，还可以种植其他树木。为了给草堂营造一个优雅朴素的氛围，杜甫用诗歌的方式，如同一个诗歌植物学家一样，向身边的朋友们发出强烈的植物请求：杜甫喜欢松树，就向韦班要松苗（《凭韦少府班觅松树子栽》）。松树是缓生树，且不容易栽活，从杜甫

· 433 ·

的记载可知，他在草堂一共只栽活了四棵松树（《四松》）。有人说杜甫不喜欢竹子，理由是杜甫曾写过"新松恨不高千尺，恶竹应需斩万竿"（《将赴成都草堂途中有作先寄严郑公五首》）。其实这是断章取义，忽略了杜甫的上下文。杜甫这儿只是说竹子长得太快，完全夺走了松树的生长空间。杜甫曾向绵竹县令韦续索要竹苗种于草堂周围（《从韦二明府续处觅绵竹》）。杜甫《杜鹃》诗中说，他在草堂种植的竹子面积，曾达到惊人的一顷（相当于一百亩地）。杜甫是很喜欢竹子的，并且从竹子那儿获得过不少收益，草堂的很多建筑及修缮材料，都来自杜甫手种的竹子（《营屋》）。和松树相比，另一种蜀中特有的速生树桤木深得杜甫的赞许，他毫不掩饰自己对于桤木的偏爱，伸手向绵谷县尉何邕索取桤木苗（《凭何十一少府邕觅桤木栽》）。当草堂完全落成之时，这种见风就疯长的桤木，真的已经成林了。松竹桤木之外，杜甫对桃树也甚为迷恋，不仅可食用，其灿烂的花朵更是养眼的绝妙风物。于是，杜甫向县令萧实又要了一百根桃苗（《萧八明府实处觅桃栽》）。杜甫还曾向成都权势人物徐知道要过别的珍贵果木（《诣徐卿觅果栽》），以丰富草堂的植物种类。

经过一番苦心经营，杜甫在成都的草堂，终于初具规模，可以安心住下来了。为此，杜甫写下著名的《堂成》一诗，以歌颂这异乡的"巢"——"背郭堂成荫白茅，缘江路熟俯青郊。桤林碍日吟风叶，笼竹和烟滴露梢。暂止飞鸟将数子，频来语燕定新巢。旁人错比扬雄宅，懒惰无心作解嘲。"成都给了杜甫这样一片小小的天地，虽然也有秋风肆虐，使茅屋破败，但更多的时候是安静、安适、安稳的。再加上还有老友、一方军政要人高适（任彭州刺史、蜀州刺史和成都尹）或严武（任绵州刺史、成都尹兼御史大夫和东西川节度使）的不时照顾，中间还夹杂着战乱，但总的来说，在成都度过的近四年生活，是杜甫一生中最值得留恋的岁月。成都就像是一个慈爱的母亲，给杜甫这样的饱经忧患、一身是伤的异乡游子带来无尽的身心抚慰。成都又像是一位秘密的情人，唤醒了杜甫沉睡的抒情的审美意识，让杜甫的人生，在悲苦之中多了几色明亮之色，多了几分生动之气。

杜甫的锦江儿女

　　杜甫举家从同谷到成都，绝非一时冲动的冒险之行，而是经过了认真的权衡才做出的决定。杜甫不是一个人（包括妻子杨氏，两个儿子宗文、宗武，两个小女儿和至少一个仆人，共七人），不能说走就走。杜甫深爱自己的家人，尤其热爱自己的儿女，尤其是那对不知名的小女儿。在整个唐代诗人中，依我之见，杜甫是最疼爱自己女儿的一个大诗人。虽然李白也曾在言谈中提及自己的女儿明月奴，但仅仅一笔带过。杜甫就不同了，在诗中不仅常提及，并且有着生动的细节呈现。在杜甫的认识中，天府成都不仅是最后的避难之所，也是能让家人安稳过日子，能让儿女们得以茁壮成长的地方——果然，我们在写于上元元年（760）的《江村》诗中，看到了一幅杜甫在到达成都之前的诗歌里，十分罕见的大自然与天伦之乐完美融洽在一起的夏日图景："清江一曲抱村流，长夏江村事事幽。自去自来梁上燕，相亲相近水中鸥。老妻画纸为棋局，稚子敲针作钓钩。但有故人供禄米，微躯此外更何求？"清澈的浣花溪（锦江在西郊一段的名字）环绕着城外小小的村落；漫长的夏天无所事事，安静而寂寥；那些梁上的燕子、水中的沙鸥们是多么自由、亲爱、无拘无束啊！岁月和沧桑虽然刻满妻子的面容，她仍有一颗青春的心，画纸为棋局，在想象的对弈中，体味来之不易的幸福；可爱的孩子们，把缝纫衣被的铁针敲成弯曲的鱼钩，他们要从成都的江水中，钓出银色的欢乐……彼时的杜甫，内心中一定洋溢着对成都满满的爱和感激。

相对西方诗人而言，中国诗人的家族或家庭情结似乎要浓厚得多，在中国诗人的笔下，我们往往能通过字里行间，寻觅到强烈且鲜明的诗人家庭的印记，诗人的妻子、儿女或亲友，会以各种形象和方式活跃其中，让人感受着强烈的生活气息和亲情，这大概与中国人特有的家族血缘观念相关。在西方诗人的作品中，则很难看到这样的情景，无论是古希腊的史诗还是文艺复兴以来的浪漫主义诗歌或十九世纪的现实主义作品，都是如此。在西方诗人的笔底，涌现的是波澜壮阔的历史画卷、时代风云或一己悲思，却极少及触及家庭成员的个人化的日常生活图景。

在人们的心目中，中国人自汉以来可能更重视男性子嗣而轻视女性子嗣。然而我们在细读诗史时发现，中国诗人笔下，女儿们的身影似乎出现得更为频繁且可爱得多。这或许与小女儿的娇憨可爱有较大关系，此一现象当值得研究中国女性文化史者关注。

杜甫是一个柔情的人，热爱自己儿女，尤其是女儿的诗人，一定是伟大的诗人。

在名篇《北征》中写小女儿仿效母亲画妆，寥寥三十字，便将一幅乱世里苦中作乐的场景跃然纸上："瘦妻面复光，痴女头自栉。学母无不为，晓妆随手抹。移时施朱铅，狼籍画眉阔。"有学者指出杜甫《北征》诗意可能受到左思《娇女诗》的影响，《娇女诗》云："鬓发覆广额，双耳似连璧。明朝弄梳台，黛眉类扫迹。浓朱衍丹唇，黄吻澜漫赤。"仔细比较，发现二诗的确有颇多异曲同工之处：首先当然最显在的是，诗人都是以自己钟爱的小女儿为摹写对象；其次是都写到了小女儿最爱做的一件事情，就是学习画妆；第三则是她们化妆时皆因年纪太小而弄巧成拙：杜甫的"痴女"用"朱铅"把眉毛画得一片"狼籍"，左思的"娇女"则用"浓朱"把嘴角弄得鲜红"澜漫"。不同之处在于，杜甫的女儿是画眉毛，左思的女儿则画的是口红。虽然两个小女儿各有其侧重点，但总算是抓住了女性画妆的要害：眉毛和嘴唇。

"画眉阔"在这里是什么意思，是因为画得狼藉而变阔呢，还是画眉本来就要阔，只是画得狼藉而已？还是因为本来画得好又阔，只是后来不小心弄得狼藉了？有人认为这与唐代流行阔叶眉（亦称桂叶眉）的习尚相关，也就是说杜甫女儿本身就是要描出两道阔叶眉，只不过是没有画好而已。有人则认为"狼藉画眉阔"与时尚无关，开元之际并没有流行阔叶眉，流行的是柳叶眉。所以此处杜甫意在描写女儿天真烂漫情态，描眉手法和姿势均不正确，致使眉毛又粗又乱："故致狼藉变阔，恰与此女意中所追求的眉样相反，故诗人以为戏谑。"①

如果当时本来就流行阔叶眉，杜甫的小女儿也想画出阔叶眉，但由于手腕不准，阔倒是阔了，却十分紊乱，不整齐，这是可以理解的。如果当时并不流行阔叶眉而流行的是柳叶眉或修眉，小女孩在以母亲眉毛为范本之时却把修眉画成了混乱的阔眉，则似乎于常理颇难相通，纵然是"晓妆随手抹"，也顶多是画得弯弯曲曲，而不至于画得又粗又阔吧。我们知道少女对画妆一事是有着天生的模仿能力的，这对她们而言，几乎是一种本能的反应。

杜甫的家安在了成都的草堂，在这儿，风景淳朴，风色宜人。在写下《江村》的次年，也就是上元二年（761），也就是

---

① 曹慕樊：《杜甫〈北征〉新说》，《西南师范大学学报》（人文社会科学版）1979 年第 3 期。

杜甫入川的第三个年头，杜甫在《进艇》诗中，再一次为我们描绘了相似的锦江天伦图，可视为《江村》诗的姐妹篇："南京久客耕南亩，北望伤神坐北窗。昼引老妻乘小艇，晴看稚子浴清江。俱飞蛱蝶元相逐，并蒂芙蓉本自双。茗饮蔗浆携所有，瓷罂无谢玉为缸。"

这儿的"南京"就是成都，因唐明皇幸蜀，号成都为南京置尹。杜甫似乎已经习惯了成都的安逸生活，这儿有田可供自己耕种，有小艇可供与妻子杨氏一起乘兴坐游，有清澈的江水可供两个淘气的孩子（此时宗文已经十一岁，宗武也已八岁了）游泳嬉戏，天空还有翻飞追逐的蛱蝶，溪水有并蒂的芙蓉相爱相亲。这还不够，还有可口的甘蔗汁儿当茶饮，还有绿瓷玉缸中的醪酒散发着芬芳。

这样的幸福，是之前的杜甫从未曾体会过的。仇兆鳌《杜诗详注》引葛常之的话说："《北征》诗云：'经年至茅屋，妻子衣百结。恸哭松声回，悲泉共幽咽。'是时方脱身于万死一生，以得见妻儿为幸。至秦州，则有'晒药能无妇，应门亦有儿'之句，已非北征时矣。及成都卜居后，《江村》诗云：'老妻画纸为棋局，稚子敲针作钓钩。'《进艇》诗云：'昼引老妻乘小艇，晴看稚子浴清江。'其优游愉悦之情，见于嬉戏之际，则又异于客秦时矣。"[1] 由此可以想见，那对在《北征》中学母亲画妆的小女儿，到了成都，此时该有多么的开心快乐啊！

从杜甫对儿女，对小女儿们的爱，我们可以真切感受到诗人内心中最柔软的那一部分。这种爱，和杜甫在成都茅屋中所生发出来的"安得广厦千万间"的爱是一脉相承的。可以说，不仅

---

① （唐）杜甫撰，（清）仇兆鳌注：《杜诗详注》，北京：中华书局，1979 年，第 820 页。

杜甫和妻子在成都的锦江边找到了乱世中的快乐，他的儿女们，在成都的锦江，也找到了属于他们自己的珍贵的美好时光。

当成都遇见杜甫

当杜甫遇见了成都，成都也就遇见了杜甫。成都毫无保留地接纳了杜甫，杜甫也毫不吝啬地赞美着成都，歌唱着成都——如同翠柳上的黄鹂，青天中的白鹭。因此，我们凭借杜甫的史诗之笔，看见了生动的、鲜活的唐代成都；看见了花径和蓬门（《客至》）；看见了在城中十万户此地两三家的对照中，鱼儿在细雨里出没，燕子在微风中快乐翻飞（《水槛遣心》）；看见了一场好雨，看见了野径上的黑云，看见了江船上的渔火，还看见了黎明中的沾满雨露的花朵（《春夜喜雨》）。我们还看见了唐代成都幕府中的梧桐、蜡炬、月色（《宿府》），看见了城外柏树森森的诸葛武侯祠堂（《蜀相》）；还看见了来自天地之间的锦江春色，看见了变幻古今的玉垒浮云（《登楼》）。当然，成都也不是世外桃源，我们从杜甫诗中，听见了萧瑟的秋风，看见了破败，看见了人间的悲伤。我们甚至还从杜甫诗中，知道了唐代成都人以槐树叶制作成的绿色凉粉（《槐叶冷淘》）。

杜甫离开成都时，曾写有《去蜀》一诗："五载客蜀都，一年居梓州。"实际上杜甫在成都居住时间不到四年，只有三年零九个月。中途避乱到了梓州、阆中等地，在这些地方待了一年零八个月。加上这些时间，杜甫一共在四川境内呆了差不多五年半的时间（759—765）。

在杜甫待过、走过、住过、爱过、恨过的众多地方中，为何只有成都如此重要，不可或缺？那么多地方中，为什么只有成都显得格外不同寻常？在数据说话的时代，我们也可以试着用几个数据来回答一下这个古老的问题：其一，杜甫现存的一千四百多首诗作中，写于四川境内的达四百多首，差不多占去杜甫全部作品的三分之一，其中写于成都的诗作就有两百多首；其二，杜甫现存一千四百多首诗作，有一千首多一点都是在杜甫到达成都之后的十年内写出来的，这实在是一个惊人的现象！我们有足够的理由相信：是成都打开了杜甫的诗歌闸门，并且一发而不可收拾。我们知道，杜甫并不是一个晚熟的诗人，而是一个相当早熟的天才诗人，他在《壮游》中说自己七岁时就才思敏捷，一开口就咏出了《凤凰》诗篇；九岁时学会了书写擘窠大字，俨然一少年书家。但是就目前所流传下来的杜诗来看，基本上都是中晚年之作，早年的作品很少见到，最早的一首《望岳》，大约写于杜甫北游齐赵的青年时代。仅就传承下来的杜甫诗作来看，杜甫算是一个大器晚成的诗人，而这个晚成，恰恰就是从成都开始的，这一年杜甫刚好四十八岁，本命年。其三，杜甫到了四川境内尤其到成都之后，在诗歌写作形式方面发生了一个重要变化：在踏入蜀地之前，杜甫主要采用的诗歌形式是古风歌行或律诗（五律或七律），极少采用另一重要形式绝句。在杜甫入蜀前的七绝诗中，大概只有一首，名叫《赠李白》。杜甫众多精彩的脍炙人口的绝句，基本上都是在成都写出来的。这个现象颇值得玩味，是什么东西触动了杜甫诗思之中那份宜于以二十个字或二十八字来表达的灵动和跳跃呢？以上三个与数据相关的事实，虽然不能完全回答我们的问题，但已经可以部分说明，成都对于杜甫来说，确实非同寻常：成都是诗人杜甫的福地。

很难想象，如果杜甫不到成都，我们还能看到如此瑰奇多姿、汪洋恣肆的杜甫吗？离开成都之后的杜甫，再也没有找到一处像成都这样让他心安的地方，直到他死去，再也没有找到。杜甫虽然终究还是离开了成都，但成都人民一刻也没有忘记这位伟大的诗人。在四川人或成都人的心目中，杜甫就是他们的亲人，杜甫就是四川人，就是成都人，成都的花径和柴门，一直为杜甫打扫着，打开着。

写给杜甫的话

亲爱的子美哥哥，应该怎样来称呼你才合适呢？你是真正的诗歌圣人诗歌先生，但是，我内心之中更愿意称你为子美哥哥——虽然你比我整整大 1251 岁。

私下里，我们常常谈到你。我认为，衡量一个诗人是否伟大，有很多尺度，但是有一个尺度，也是最重要的尺度，那就是得看看，他是否为拓展母语的宽度和深度做出了贡献。子美哥哥，你在这方面做得真好，比李白做得还好。可以这样说，如果没有你的诗歌，汉语的表达力将为之减色。这样的例子可以举出一大把，比如"白云苍狗"，比如"暮云春树"，等等。这些已经深入汉语内部血液的词语，全都来自子美哥哥的诗章。

你也说过："文章千古事，得失寸心知。"千古太久了，生命多么短暂啊！

子美哥哥，我打从十六岁上大学时起，就一直喜欢你，一刻也没有停止过。癸巳年冬，我写下组诗《唐诗弥撒曲》，谢谢子美哥哥，这组诗，没有你是不能成立的。这也再一次证明：新诗或现代诗与传统尤其是古典诗歌之间，并没有鸿沟，不仅没有鸿沟，很多时候，古典诗歌本身就是现代诗歌的精神源泉。那组诗中的《剑舞》，当然是献给哥哥的。还有，最后的《空山》，全诗最后的几句，借用的就是子美哥哥的诗句——这是我们的秘密，只有极少数真正了解你的人才知道：

哦万嶂之中

那儿万象吐纳万籁交响

一只蝼蚁跋涉向枯萎的梨子

而苍穹之上依然日升月沉

我坚信，子美哥哥，如果你也生活在今天，那你一定是一位了不起的现代诗人，先锋诗人，也一定是一位关注时代命运，关注民间疾苦，关注世界真相的新诗人真诗人！这一点，我确信不疑。

子美哥哥，我所理解的新诗，我所理解的现代汉语诗歌，一定是接通汉语血脉、打通中西隔膜的诗歌。我们绝不能仅仅从诗歌的形式（旧体诗或现代诗），去判断诗歌的好坏！不是说你旧体了，你文言了，你平仄了，你工整了，你佩文韵府了，就好诗了，事情完全不是这么回事。乾隆皇帝写了多少标准的旧体诗啊，有谁能记住他哪怕是一句呢！当然，也不能说，你新诗了，你自由了，你白话了，你解放了，你分行了，就好诗了，也不是。那是什么呢，诗歌的本质是音乐性，但绝不能片面地理解为平仄或押韵，而是合乎大自然节律，合乎潮汐，合乎呼吸或心律的节奏，这种内在的，生命的节奏，要具有一种击打地心的生命力量，这样的诗，才是好诗。

子美哥哥，请允许我在这儿放言：二十一世纪的中国诗歌，一定不是旧体诗的时代，一定是新诗的时代！二十一世纪的中国好诗，一定是接通汉语血脉、打通中西隔膜的现代汉语诗歌。

好了，亲爱的子美哥哥，纸短诗长，就此搁笔吧！

——丁酉仲夏至仲冬成都石不语斋

按语：

　　邓觉新先生长期生活、学习、工作在四川大学，六十多年来亲历社会变迁，蜀中往事、趣闻、野史、民俗记忆犹新，而今年岁渐长，自谓当有责任抢救记忆留与世人。但由于工作性质，多年来写有不少应时之调研类文章，虽闲时即兴写些短诗、散文，不过是随写随扔罢了，未曾保留和发表。近两年来，经其多年好友、《巴蜀文献》主编舒大刚先生鼓励并约稿，他特作几篇散文，以为蜀中乡土往事之点滴回忆。

巴蜀旧事拾遗

邓觉新*

被爱死的流苏

　　20世纪80年代的一个初夏，有位农科院植物学专家到原成都科技大学（现四川大学西区，下文简称"科大"）参观，经过学校行政大楼旁边时，被一棵非常奇特的大树所吸引，巨大的树冠枝繁叶茂，枝头上盛开着成千上万的白花。专家惊讶地发现这竟是一棵世间罕见的流苏树（也叫白槐子树），树干超越大楼屋顶，高达二十多米，直径竟有八十多厘米，要两人才能合抱，

---

　　* 作者简介：邓觉新，生于1953年，四川盐亭县人，四川大学副研究员。主要从事社会科学理论研究，擅长论文及散文、诗歌写作。

树龄应在 400 年以上，据说国内只有青岛公园和清皇家陵园才有，而且都很矮小，仅十来米高。专家们一致认为，学校这棵流苏树具有国宝价值，是极为珍贵的名木古树。

这棵树，偌大的树荫遮住了半边天，荫蔽着一半的红砖行政大楼。盛夏时节为每扇窗户送进阵阵清凉，寒冬稀疏枝条又漏入暖暖阳光。我那时在行政楼三楼宣传部上班，从不觉办公室酷暑严寒，更不知空调为何物。放眼望去，常有十分可爱的画眉、麻雀蹦蹦跳跳、来来回回穿梭于树梢、窗台，嬉闹对唱。花开时节，更有无数欢天喜地的蜜蜂、蝴蝶在花蕾中忙忙碌碌。一近黄昏，行政大楼周边暗香浮动阵阵袭来，令人陶醉，流连忘返。

科大发现流苏树，爆炸性新闻惊动了整个学校，甚至报刊新闻媒体也大肆宣传，一时间引来了校内外许多好奇的人们前来观望，一些人竟爬到树上攀折树枝、采摘白花。很快学校就做了个大牌子"保护珍稀古树，人人有责"，挂在了树上。学校还责成总务处，对大树进行封闭式保护，于是总务处修缮队就用红砖为大树砌起了一个像桶一样的圆形高墙，旁边设了有锁的小门，常有人挑来在厕所茅坑中舀的大粪，开门进去施肥灌溉。从此无人再能到树下，更不说爬上树了。

夏去秋来，人们发现，当年树叶竟落得比往年更早，冬至树干渐枯，到了来年春天，万物复苏发芽、百花齐放，而这棵树静悄悄的居然全无声息。学校急了，找来各路专家，撤掉围墙、松土施药，忙乎了很久却无力回天了，大树死掉了，被爱死了！

这棵四百年流苏树，历经明、清两朝，静观民国、新中国巨变，经历过无数磨难，包括"文化大革命"中双方武斗动枪，子弹打在树干上也只是弹痕累累，它都坚强地活了下来。而现在一经被人们发现，哪怕是在知识分子成堆的成都科技大学，居然会用砌沉重高墙、灌新鲜人粪这样愚蠢的方式给活活爱死了。

很快枯木被拉倒弄走，这里补种上了夹竹桃。疯长的夹竹桃树，花开"香味"闷人，很不舒服，当人们听说夹竹桃有毒，马上就被全部砍掉了。

呜呼！流苏，在野苗壮，一经出名红颜薄命！为众人所爱，亦为众人所杀矣。

（2017 年 9 月 18 日）

回忆郭家桥

20 世纪五六十年代，现郭家桥这一带，曾经一片田园风光：水稻、小麦、油菜随季节轮换，竹林掩映的农舍多为草屋。黎明，晨雾缭绕、炊烟袅袅；入夜，萤火起舞、虫唱蛙鸣。一条名为火烧堰的小河沿成都工学院北大门左侧围墙，流进一处名为牛头堰的大水塘，这里是娃娃们光屁股跳水、游泳、洗澡、嬉闹的好地方。此处安有木头栏板闸门，枯水时，农人们架上木头做的水车，需两人趴在上面不停地踏啊踏，水就从下面给带上塘内，缓缓流进条条小沟。水盛时闸门就打开，小河水自然分流辐射广袤田野。稻田中常见白鹭、咚鸡自由飞翔、欢快觅食，好一派迷人的田园风光。

火烧堰主流最后穿越九三（九眼桥至三瓦窑）公路上的小桥汇入府河，跨路石板桥就叫郭家桥，因桥旁几户人家姓郭而得名。那时河水、溪流均清澈见底。小河被沿岸杨柳拥抱，隐藏于茂密草丛中的小溪流水潺潺。水中常见鲫鱼穿梭成群、小虾弹跳，掀开水下鹅卵石，大小螃蟹顿时横行逃遁。

经郭家桥的九三公路当时叫劳动路，桥边沿府河内侧有一排排青瓦平房，为川大的竹林村宿舍，该村没有自来水，仅有一口水井，饮水自挑，井边总是有不少妇人在洗涤衣裳。竹林村以竹子多为名，小间套型，多居住讲师以下教职工。

劳动路起于成都工学院、川大之间的文化路，路至郭家桥就沿府河奔高攀桥、三瓦窑方向而去了。河对岸为河心岛，劳动路过郭家桥后成为滨江公路，沿河北上则顺川大围墙仅有一条临河小道至望江楼公园断头。

郭家桥周边，有望江楼小学，后改名劳动路小学，也就是现位于川大内九眼桥小学和劳动路小学合并后的四川大学附属小学。望江楼小学，其生源主要是川大、成都工学院教职工的孩子。学校很有名望，培养出了许多大师和名人，这所学校曾经就是川大兴办的，有着百年悠久的历史和优良的办学传统，教育质量很高，20世纪五六十年代的校长为顾品月女士，她就住在川大华西村宿舍。

牛头堰有一支流，再回头绕成都工学院另一侧围墙至文化路，墙内沿边共有20世纪五十年代建的四排、共三层的新式楼房，为工学院教工宿舍，青砖红瓦当时颇具现代气息，虽然也属筒子楼，却是令无数人羡慕的高档住宅，现已不复存在。

劳动路往南路渐窄，一侧川大围墙，一侧为川大科仪厂，是成都工学院及住文化路的小学生上学必经之地，厂里养有生物系做科研实验的大狗。放学后，调皮的孩子们总喜欢在科仪厂门口逗狗玩，一旦狗被激怒出击，小家伙些崩山乱跑，时不时会有被咬者鬼哭狼嚎。

小学旁路边是川大木工房，生产、修理课堂桌椅板凳。房内堆有很多刨花木屑和锯木子，群众都可以去讨要，刨花木屑可用于做饭柴火，锯木子熏腊肉好吃得很。

五六十年弹指一挥间，沧海桑田，此处现已是车水马龙、灯红酒绿的闹市，郭家桥不见踪影，特写此文，聊以怀念。

（2017年9月于成都）

山明村变迁

（一）

1978 年我从乡下调回成都，常常思念曾经度过六年青春时光的四川石棉县山明村。三年后有幸在单位上请到了假，我乘了两天长途汽车又回到那里。

青山依旧，大渡河水奔腾咆哮，熟悉的公路旁边，一条沿着山地、悬崖的羊肠小道弯弯曲曲，当来到那咒骂过无数次的漫漫土路、十里钻天长坡时头都大了，但我已不再是农民，心情当然也就不一样了。当汗流浃背再次爬上大坡，又见村头那块熟悉的大石头，上面用石灰刷上的"农业学大寨"的标语，字迹还依稀可见。

此时天空豁然开朗，梯田、旱地里庄稼郁郁葱葱，掩映在竹林中的农舍炊烟袅袅、泉水淙淙、鸭戏水塘，好一派被群山拥抱的田园风光。真奇怪，过去我怎么从来就感觉不到呢？

我回来的消息不胫而走，老朋友再相会喜不胜言，家家农民争着、抢着请我吃饭，拉着就不准走。许多过去破烂的茅草房，虽还是干打磊土墙，但翻新盖上了小青瓦，屋内竹楼上堆满了苞谷棒子、大木桶里盛装着金灿灿的谷子，曾经空荡荡的灶房梁上，挂上了腊肉和香肠。我惊呆了，过去家家缺粮饿肚子，只有年关才能吃上点肉，常常为少记了点工分，少分了几斤玉米、红苕而争得面红耳赤，甚至大打出手的社员们如此快就一步登天了。

我被队上郭会计老郭争抢到家，餐桌上四菜一汤，有鸡有肉，主人却十分抱歉："实在对不起，这两天要抢时节抓紧播种小春作物，不敢耽误，就这点家常菜将就吃吧。"饭后天已经黑了，会计把我安顿好，全家人除了一个守着煮猪食的老妈妈在家，竟都不见人了。我好奇推开房门，只见黑夜中，散布在大片田野里星星点点的火把不断晃动，一幅震撼心灵的场面出现在我眼前。会计家 60 多岁的老父扶着犁头，老郭与老婆、大儿子、半人多高的女儿把绳子套在肩上，埋着头、咬紧牙关使劲拖着沉重的犁头，伴随着轻轻喊号声，一步步坚定地往前挪，赤着脚的 7 岁小女和 4 岁幺儿，一前一后举着向日葵杆枝做的火把，仔细地给爷爷、爸妈和哥姐照明，后面是一道道犁翻了的肥沃黑土。我的眼睛湿润了，抬头远望，每家每户都是这样，他们在自家的土地上，倾注下全家的心血、汗水和对温饱生活的渴望。

没有出工、收工的钟响哨声，没有队长的吆喝催促和计分员的逐人清点，更没有拖拉机的轰鸣。自己家养的牛已干了一整天，累了，主人心痛，舍不得晚上再使用，他们就披星戴月、拼尽全家人力赶抢时节。

一切一切都在发生变化，尤其是人的精神面貌，我深深感慨，党的十一届三中全会后，责任田承包到户也就三年时间，穷怕了的农民，就自己在解决温饱问题了！

分别的时候大家纷纷送来挂面、酒米、黄豆和核桃。我当年的邻居徐大妈送来一大块腊肉，她尴尬地笑着说："这是好猪，正月杀的，放心吃。"我不由得想起那年夏天，她家养的唯一过年猪死了，徐大妈号啕大哭，一把鼻涕一把眼泪："死个娃儿都算了，猪儿死了拿啥上交？咋个过年哦……"（那年头，农户必须养一头猪，杀后交供销社半头）最终她家舍不得丢，还是把那半大、已发臭的瘟猪儿煮来吃了，结果全家人上吐下泻，都给放翻了，还真的差点毒死了几个娃娃。谁曾想，她家现在一年要杀两头大肥猪，肉是吃不完了。

那次回乡感触最深的是，乡村开始在发生着巨变。

（二）

又过了十五年，我利用学校暑假期间，骄傲地开着新买的奥托汽车再次前往梦中常回的山明村。

一见到大渡河就感觉到巨大的变化，国家开始实行天然林保护工程，禁止破坏森林资源，于是激流中消失了伐木场在上游砍伐推至河中、任由流水漂运到下游捞起装车、运走的大量原木。

更大变化是国家在大渡河上要建一座大型水力发电站，我们乡在河边的几个村属于库区淹没地带，均纳入了搬迁移民范畴。山区农民渴望着通过国家的搬迁政策致富，但山明村地处高山半腰，不受影水利工程的影响，享受不到移民待遇。

不过，山下居然有了一条乡上给补贴、农民投劳力自建的通往山上的简易毛路，真不敢称为"乡道"，仅可供拖拉机等农用车辆勉强通行。这条土路虽泥泞破烂、陡峭狭窄，还要蹚过几处小溪激流和散水，不劳烧身体骨油的"11号腿腿车"，已是很幸运了。小奥托硬是轰足油门，颠颠簸簸、绕来绕去，艰难地盘山挺进，爬上了大坡，路才略见平坦。这次爬山居然也出大汗，但与以往不同的是，这次是开车紧张，惊讶出了一身冷汗。

时值农闲，道路两旁的地里玉米叶子已漫过车顶，开进村里，惊讶地发现人怎么少了很多，除了老人、小孩，几乎看不到中、青年人了，但村里公房的墙上却写着"计划生育好，只生一个宝"的大幅标语，村小学都看不到娃娃了，还只生一个好？我觉得很可笑。

熟悉的朋友们在渐老，儿童相见不相识。已60多岁的老队长黎大叔告诉我，吃穿没有问题的，关键乡下挣钱难啊，村里的青壮年差不多都跑到沿海甚至全国各地打工去了。老黎说，过去队上一半梯田，一半坡地，田地里均满种庄稼，现在大遍坡地几乎都撂荒了。说着说着老人的传呼机叫了，赶紧跑到小卖部去打公用电话，话机两端谈的是孩子的情况。

老黎回来指着池塘边一处破草房说："那个最穷的曾老汉家闺女，去年居然考上了成都的大学！这是村子里盘古开天头一回啊，鸡窝窝飞出金凤凰！全村人羡慕惨了，每家凑十元，共捐了几百元学费，敲锣打鼓送她下山，登上开往成都的长途汽车。"老黎叹口气："现在最头痛的是留守儿童的读书问题。"他说，娃娃些过去在山明小学就近入学三年读初小（一至三年级），上了十岁即转至山下乡上的中心校读高小（四至六年级），娃娃就可以自己跑去读书。五年前，随着最后一位老师退休，山明小学停办了。从此，所有适龄儿童都要到乡中心小学住校，读到小学毕业。他接着说："娃爸妈都打工走了，每个星期天下午，四周各村都是老人带着儿童的换洗衣服、背着大米走十多二十里山路送孙辈去住校念书，周一至周五，天天心都很纠结，学校里一个生活老师要管几十个七八岁娃娃的生活，咋个照顾得过来啊，最担心孩子生病，但有啥法呢？"我深深感叹，无论城乡，"可怜天下亲人心啊"！

农民挣了钱首先回乡盖房，全村几乎都建起或在建两层小楼房，从规模、内外装修能看出各家经济实力。还住小青瓦土房的多半缺劳力或无人外出务工，家里缺钱，农民生活已开始拉开档次了。但家家户户屋上，都伸出长长竹竿做的蜘蛛网天线，以导入室内收看电视节目，老年人一天都离不开那玩意儿。殷实人家更有摩托车，常在土路上骑起狂奔，一路吼起、屁股上冒烟绝尘而去，炫得不得了。

村里已没有几头牛了，五家农机专业户的拖拉机就可以把全村土地耕完，闲时很多。

山里老汉历来喜欢抽烟，见到我都会递上一支香烟。记得当知青那些年，农民哪有香烟抽哦，自留地种点烟叶，晒干做成叶子烟，走到哪坐下来，从口袋里掏两片裹起点燃就抽，不会花钱的。我赶场时曾看见一个老头坐在石头上，裹好叶子烟却没火柴，摸遍全身仅有一分钱，而每盒火柴要两分，他在供销社门口终于等到一个卖了鸡蛋的同队妇人来买火柴，好不容易分到半盒，两人一根根仔细点数，盒子上的擦皮各撕半边，可想农民的钱有多么金贵，全靠养的"鸡屁股银行"，屙几个鸡蛋卖成钱，来买灯用的煤油、盐巴和火柴等。

看着老农民躺在沙发上抽烟、看电视，开始有点钱了，但仍报怨粮贱，收成再好也卖不起钱。乡下的钱也确实难挣，盖房子劳力都是"调换"互助，不计工钱。而上缴农业税、社队提留款和生活用钱，非得靠在外的孩子们挣钱寄回来才行。

（三）

一晃到了 2017 年，我已退休四年，又想山明村了。怕农村路烂，我专门找了辆越野小车前往。这是一次非常愉快的自驾旅程，"成雅高速"连着"雅西高速"，行走在桥梁云端之上，穿越于山洞河流之间，横跨过峡谷深渊，曾经狂暴的大渡河已是山腰起平湖、明镜映蓝天，山清水秀无比美丽，奔驰在这神奇的天路上，令人心旷神怡！

从成都出发仅四个多小时，就到达过去翻山越岭，要坐两天汽车的偏远乡上。沿省道行至三岔路口有块路标，箭头指向"山明村"，那是通往队上的水泥路啊？我简直不敢相信自己的眼睛。顺着平坦舒畅的公路上行，沿途满山遍野种的果树，满挂着黄黄的橙子。水泥路不断分岔，通往各村家家户户。

刚开上大坡，阵阵荷香迎面扑来，一道道梯田被层层浓密的荷叶覆盖，全都种着莲藕竟不见水稻踪影了。

　　原山明村小学围墙上的大字"绿水青山就是金山银山"格外醒目。原教室已经改造为漂亮的村民活动场所，村委会办公室、党支部活动室、阅览室、棋牌娱乐室，操场也改成了篮球场，甚至还有一间卡拉 OK 厅……

　　现在村上人多起来了，但只有那群老年人还认识我这老知青。已七十开外的郭会计激动万分，不断大喊："我们老知青回来了，老邓回来了！"那个亲热劲啊……老朋友围着我问长问短。

　　他们七嘴八舌争着说，农业税国家早就全免了，社队提留款也不交了；县上拨专款修建的大堰水量丰沛，原有梯田因地制宜，全村都改水稻为种莲藕了，每亩从过去种水稻收入 1500 元，到现在种莲藕收入万元左右，增长了六倍多。他们还说，政府派来的专家引进来一种黄橘柑子，个大、肉厚、汁多、醇香、甘甜，非常适合这里的土壤，果子特别受市场青睐。于是，过去大面积的荒坡、野岭、山地变成了黄金宝地，全部种上这种水果。农民们尤其感谢国家"村村通公路工程"的落实，山区受益最大！不然就算有好东西也运不出去，只能烂在地里。现在每到收获季节，各地采购商纷纷驱车前来收购莲藕、黄橘柑、猕猴桃等特色农产品。为了形成规模效益，村里还成立了山明村果木农产品合作社，家家户户都入了社，收入非常可观。现在守在家就可挣钱，在外的人都回乡了，哪个还出去打工哦！

　　大家最开心的是，村上正在洽谈将山上两百亩土地租给一家农业科技公司种猕猴桃，并计划深加工成系列产品，将来不少人还可以在那里上班挣工资呢。

　　说着说着，一辆卡通状漂亮的黄色校车开进了篮球场。大家围上前去，接走从车上下来的一群小学生。农民说，每天有车准时接送孩子，家长们放心多了。

一近黄昏，大群妇女聚集在篮球场，随着音乐起步，做起了佳木斯操，许多老太太动作滑稽，欢快极了。

我走进那个曾经全村最穷、但却出了个大学生的曾家院子，那是一座被盛开的鲜花包围着的漂亮小洋楼，大厅窗明几净，他家两个小孙子一个正在做作业，一个在玩手机，其中一个孩子见我进来，竟递上拖鞋要求我换上，搞得我有点狼狈。

村子里大学生已不稀罕，好几家农户门前、院里都停放着私家汽车，顺丰物流的车子常常开上山来，年青一代农民也会扫二维码消费……我突然产生了一种落伍的惭愧感觉。

举目环望，青山依旧却换了人间！这里是那个曾经全劳力一天仅挣8分钱的生产队吗？是那个姑娘们都想嫁下山、光棍成群的穷山村吗？是那个一年干到头都填不饱肚皮的鬼地方吗？

现在农民们议论的话题，竟然是南海争端、朝鲜问题，最关心的是党的十九大后会出台什么最新政策……面对乡村剧变，我简直不敢相信我的所见所闻，真是三十年河东、三十年河西啊！我终于有幸完整地见证了我的第二故乡——山明村的变迁。

（2017年12月7日于海南）

过　年

回忆我们小时候过年，十分有趣。也就50多年前吧，那时物资缺乏，家家都很穷，许多人从冬月起就开始准备过年了。先要勒紧肚子把粮票省下来，以便那几天可以敞开吃个饱饭。到了腊月就紧忙起来了，粮店或副食品店门口会贴出购物号号票告示：1号酒米1斤、2号加肉半斤、3号香烟5支、4号木耳1两、5号海椒面3钱、6号白糖二两、7号、8号、9号……黄花、花椒面、水果糖、白酒、粉条、红糖……一直排到30多号。尽管每号商品都只有一点点，但告示前围着的大群人都拿着笔认真记下来，那是错不得的哦。

我到肉铺子买肉，那时肉相当紧张，老早起来排队，大人叮咛又叮咛，首选头刀，依次二刀、保肋……总之越肥越好，我看见买肉的每个人都小心地向屠子赔笑脸，指望多割点肥的，但往往只有他的熟人才能割到肥膘肉。如果买的肉瘦多肥少，回家可是要挨骂甚至挨打的。

过年要吃汤圆，糯米粉子须自己用石磨推，许多家人共用一台石磨子算幸运的了。磨子被搬来抬去，挨家挨户接到推，有时要轮到下半夜才磨得成。下家接上家的空磨子总是干干净净的，洗磨子的水定要端走，水下会有薄薄的沉淀呢！不会给下家留下一丁点儿。

临近过年会买许多小菜，全家人商讨，列出年夜饭菜谱，大到红烧肉，小到诸如冷拌萝卜丝、炒芹菜等十多个品种。宝贵的肥肉一定要做成甜烧白和咸烧白……

年三十没有人会在外面闲逛，每家大人、娃娃全围着蜂窝煤炉子转，眼睛都落在锅头了。"切点葱花""拿瓣蒜来""抓块生姜"……吆喝声不停，人人都在相互监督，绝不准尝、不准偷吃！

回想起来那年夜饭真好！老父要先敬祖，把爷爷，婆婆等过世老人照片放在桌上，率大家跪下，摆上甜、咸烧白敬酒磕头，然后才宣布动手："整！"没有任何人说话，就听到嘴响和筷子打架的声音，敞开肚皮吃，海吃！先搞荤的，甜烧白蜜到心窝窝头了，咸烧白好赶口，塞进嘴就满口都在流油，可惜啊！一人只有一片，手快夹到大块的最合算。吃到深夜全都胀翻，个个手杆、脚杆细得可怜的老少们，此时大小肚皮都是圆鼓鼓的，盛过肉的盘子被舔得光光的，都可以不用洗了，剩下的就是些蔬菜萝卜了。

一到了半夜最可笑，公共旱厕一定是全满员，苦了那些痛苦憋着等蹲位的人。不得已，常常一个蹲位蹲着两个人，绝大多数在闹肚子拉稀，打臭饱嗝！就是肚子头不消化而发臭了的东西和屁混在一起，甚至一些秽物从嘴里呕吐出来啊！好难受好难受哦！整得人鼻涕口水齐流，眼泪花花转，平时肚子头都填些毛毛菜，过年嘴巴倒是享福，肚皮肯定是受罪了。第二天一早包汤圆，娃娃些都要包露馅，往往煮得一锅糊，反正汤圆烂了在锅头，不管年夜饭吃得好多、好胀，不管来不来得及消化，还是要使劲填，吃下的汤圆变成积食，肚子更难消受。记得有年初一，全家人脑壳都凑在锅上紧盯着汤圆，那是按人头分配个数的，我一不小心就把锅给按翻了，顿时红糖汤圆遍地滚啊，像沾了芝麻一样，涂满了炭碴和灰尘，只见大人、小孩的手都在地上乱抓，抓起来，刨一下积尘再吹两口！还是滚烫的汤圆就往嘴里塞，几下就吞进肚子，嘴里的沙却吐不干净了，很久都在打磨牙齿。

总之，过年时，很多人非要弄得上吐下泻才过瘾，然后痛苦地熬过初三，等好起来大人就要上班了，年也就算过完了。现在回想起来还是有趣，当时那些过年菜怎么就那样好吃啊！

（2016 年 12 月 30 日于海南）

楹联咏巴蜀

沈伯峻[*]

为"诸葛亮研究中心"揭牌作①

懿德遗爱千秋在②，智慧忠贞继世长。
大纛一挥天地动，中华再涌好文章。

2018 年 3 月 25 日凌晨于锦里诚恒斋

---

　　* 作者简介：沈伯俊（1946—2018），生于重庆，原籍安徽庐江。曾任四川省社会科学院文学研究所副所长、哲学文化研究所所长、文学研究所所长，兼任四川大学文学与新闻学院教授、南开大学客座教授，兼任中国《三国演义》学会常务副会长兼秘书长、中国俗文学学会理事、《中华文化论坛》副主编、四川三国文化研究所所长、四川省社会科学重点研究基地诸葛亮研究中心学术委员会主任、中国明代文学学会理事、中国《西游记》文化研究会理事。
　　① "诸葛亮研究中心"系四川省社会科学重点研究基地，2017 年 12 月批准成立，余任首席专家，2018 年 3 月 26 日举行揭牌仪式。
　　② 苏轼《隆中》诗："诸葛来西国，千年爱未衰。"

为丹棱"大雅堂"撰联

（一）大雅堂主殿

> 义并风骚，千秋教化丹棱地
> 美兼真善，百代弦歌大雅堂

> 缘起少陵，诗赋涵容天地事
> 堂名大雅，风骚化育典章篇

（二）北大门"大雅在兹"处

> 气壮山河，巴韵蜀风，唐宋英杰宏道去
> 名播天地，杜诗黄笔，炎黄儿女觅踪来

> 风雅系怀，有子美诗章，恣肆汪洋播四海
> 斯文奕世，看涪翁笔墨，纵横飘逸耀千秋

2013 年 9 月 13—21 日初稿于锦里诚恒斋，9 月 30 日修订。

张善子画虎：《怒吼吧，中国》

　　张善子（1882—1940），四川内江人，名泽，字善，一作善孖，又作善之，号虎痴。现代名画家，张大千的二哥，画虎大师。少年从母学画，曾拜李瑞清、曾熙门下，喜爱武术，跟其弟张大千师从心意拳大师宝鼎习心意拳及内功十三段。张善子虽然名声不如其弟张大千，但张善子同样够资格列为"东方艺术代表"，他是中国画家在巴黎国家博物馆开个人画展的第一人，日本画坛称其为"近代黄山画派始祖"。其笔下的人物、花鸟、山水、动物等画作，都有很高造诣。在众多题材中，最为登峰造极的，则是画虎。

张善子画虎：《怒吼吧，中国》

　　1937 年全面抗日战争爆发后，张善子出于爱国热情，决心拥护政府抗战到底。上海、苏州相继沦陷后，张善子将心爱的老虎送给当时大名鼎鼎的印光法师，然后率家人匆忙内迁。他率家人先是到安徽郎溪，然后到湖北武汉，最后经宜昌到重庆。

　　逃难途中，目睹日本战机狂轰滥炸，毁我国土，杀我同胞，张善子先生义愤填膺，恨不得将手中的画笔掷向敌机，手刃侵略者，为国家民族雪耻，为亲人同胞报仇。他不顾旅途艰辛，画了许多虎画和扇面，寄赠给前方将士，鼓励他们奋勇杀敌，保家卫国。同时，他又在构思一幅反映中华民族团结一致，不屈不挠，勇猛战斗，一定会消灭日本侵略者而取得伟大神圣的抗日卫国战争最后胜利的巨幅虎画。

　　到了武汉，他用长二丈、宽一丈二尺的画布，令儿子张心德、女儿张心嘉和侄儿张心俭为他牵布磨墨，在这幅画布上勾勒出一群猛虎下山的轮廓。这幅画还没有完成，日寇已逼近武汉，敌机经常在武汉上空狂轰滥炸。张善子只得卷起没有完成的画卷，带领一家老小来到宜昌，住在弟弟张立诚开的绸缎商店里。在创作过程之中，经常有亲友围着张善子先生，听他讲述此画的含义。张善子先生也经常因躲敌机轰炸而停笔。

　　就在这幅画快要完成的那天，有许多群众都来看他作画，这时，空袭警报拉响了，周围看画的亲友都喊张善子先生一道去躲空袭警报。"你们赶紧去躲警报。"张善子先生说，"我今天就不躲，非要把它画完。""难道我们中国就这样任人欺凌？难道我们中国就不能怒吼？不敢反抗？""我们中国就要吼出来，要大声吼。"张善子在这尖叫的空袭警报声中，运用画笔在画的左下角抹上了一轮快要落山的太阳，完成了这幅富有象征意义的巨幅作品。画中二十八只猛虎威武雄壮，虎视眈眈地盯着那摇摇欲坠的落日，笔法严谨，气势雄伟。他对赏画的亲友说，"这些老虎一群一群地卷地而来，是象征前赴后继的抗战精神；而虎群所趋的方向是西面，这是黄昏落日的地方，是象征我们必将消灭日本侵略者，取得最后的抗战胜利。"沉思片刻，他奋笔疾书几个大字："怒吼吧，中国。"并在右下角题写道："雄大王风，一致怒吼。威撼河山，势吞小丑。"张善子还在巨画《怒吼吧，中国》前照相留念，其肃穆的面容与画融为一体，充分显示了中华民族不容侵犯的神圣威严，并为后人留下了珍贵的影像。

《怒吼吧，中国》这幅画从武汉一直画到宜昌，历时四个多月，张善子把自己忧国忧民之情融入了画中。